PERDOA!...

— DITADO PELO ESPÍRITO JÉSUS GONÇALVES

CÉLIA XAVIER CAMARGO

— DITADO PELO ESPÍRITO JÉSUS GONÇALVES

CAPA: Programação visual
— José Luiz Cechelero
Desenho
— Maria Lúcia O. Jorge de Júlio

 CASA EDITORA
O CLARIM

4ª edição
Do 42º ao 52º milheiro

NOVEMBRO — 1997

Composto e impresso nas oficinas gráficas da Casa Editora O Clarim (propriedades do Centro Espírita "Amantes da Pobreza")
C.G.C. 52313780/0001-23 - Insc. Est. 441002767116
Rua Rui Barbosa, 1070 — Cx. Postal 09
CEP 15990-000 — Fone (016) 282-1066/282-1471
Fax (016) 282-1647 — Matão-SP

FICHA CATALOGRÁFICA
(C.D.D.) CLASSIFICAÇÃO DECIMAL DEWEY

133.91
Camargo, Célia Xavier
PERDOA!...
Autor Espiritual: Jésus Gonçalves
Casa Editora O Clarim
Matão, SP – Brasil
320 páginas – 15 x 22 cm

ÍNDICE PARA CATÁLOGO SISTEMÁTICO

133.9   Espiritismo
133.901 Filosofia e Teoria
133.91 Mediunidade
133.92 Fenômenos Físicos
133.93 Fenômenos Psíquicos

ÍNDICE

		Página
Palavras do autor espiritual		11
Palavras da médium		13
Capítulo I –	Reencontro	15
Capítulo II –	Novos Rumos	19
Capítulo III –	A Grande Cidade	23
Capítulo IV –	A Prisioneira	26
Capítulo V –	Novo Encontro	30
Capítulo VI –	Enfermidade Providencial	37
Capítulo VII –	Misericórdia Divina	42
Capítulo VIII –	Pacto Sinistro	48
Capítulo IX –	Derrocada Moral	56
Capítulo X –	Solenes Exéquias	62
Capítulo XI –	Caem as Máscaras	68
Capítulo XII –	Rumo ao Desconhecido	72
Capítulo XIII –	Apuros de um Morto	78
Capítulo XIV –	Um Encontro Singular	86
Capítulo XV –	O Acampamento Bizantino	102
Capítulo XVI –	A Tomada de Ravena	111
Capítulo XVII –	O Imperador Justiniano	121
Capítulo XVIII –	Os Noivos	125
Capítulo XIX –	Compromissos Assumidos	129
Capítulo XX –	Mudança de Planos	138

Capítulo	XXI	– Bruno Di Castelverde	150
Capítulo	XXII	– Últimos Preparativos	156
Capítulo	XXIII	– As Núpcias	164
Capítulo	XXIV	– Sofrimento e Morte	168
Capítulo	XXV	– Nika	174
Capítulo	XXVI	– Tamara	184
Capítulo	XXVII	– Perdoa!...	191
Capítulo	XXVIII	– A Confissão	198
Capítulo	XXIX	– Os Ostrogodos em Ravena	206
Capítulo	XXX	– Retorno de Belisário	216
Capítulo	XXXI	– Novas Esperanças	222
Capítulo	XXXII	– Vencendo Barreiras	230
Capítulo	XXXIII	– Novos Compromissos	235
Capítulo	XXXIV	– O Prisioneiro	240
Capítulo	XXXV	– Denúncia	247
Capítulo	XXXVI	– Novos Planos	254
Capítulo	XXXVII	– Na Prisão	261
Capítulo	XXXVIII	– As Bodas	270
Capítulo	XXXIX	– Colheita Nefasta	283
Capítulo	XL	– No Plano Espiritual	292
Capítulo	XLI	– Novas Tarefas	296
Capítulo	XLII	– Duas Décadas Depois...	300
Capítulo	XLIII	– Novos Rumos Redentores	308

PALAVRAS DO AUTOR ESPIRITUAL

Paz em Jesus!
É sempre com grande emoção que relembramos fatos ocorridos no passado, os dramas por nós vivenciados e os erros cometidos.
Também é com gratidão que nos lembramos dos momentos em que iniciamos a nossa reabilitação frente à Justiça Divina.
Jesus, Nosso Mestre Todo Misericordioso, concedeu-me a permissão de algo relatar do meu pretérito de lutas e sofrimentos para que servisse de lição aos companheiros encarnados.
A intenção ao escrever a obra não foi relatar com fidelidade os fatos da História tal como se desenrolaram, mas apenas situar no tempo e no espaço o drama vivido pelos personagens e proporcionar, à luz da Doutrina Espírita, oportunidade aos leitores de aproveitarem as experiências e lições que possam ser extraídas do texto.
Alguns dos personagens estão com nomes fictícios, em nome da caridade que se deve ter para com todos, pois encontram-se presentemente encarnados e é possível que venham a ler a presente obra. E não é intenção nossa acordar em seus espíritos lembranças adormecidas indesejáveis quão funestas.
Que o drama desenrolado, quase que totalmente tendo por palco a esplendorosa cidade de Ravena, possa calar fundo nos corações e que sintam a magnanimidade de Deus que, não obstante a enormidade das nossas faltas, nos faculta sempre meios de reparar os erros cometidos e retomar o caminho do bem.
Que o rancor, o ódio e a vingança possam ser extirpados do coração do homem, como terrível chaga cancerosa de difícil cura que é, bem assim o orgulho, a vaidade e o egoísmo, que nos jogam nos resvaladouros da queda moral.
Que aprendamos a seguir os Caminhos do Amor, como Jesus nos ensinou, e nós, que fazemos parte da falange do Consolador Prometido, que acreditamos nos postulados da Doutrina Espírita, possamos seguir sempre em frente, com o coração aberto e a mente elevada, conscientes

de que nunca é tarde para recomeçar. Deus nos concederá sempre novas oportunidades.

O nosso agradecimento ao Mestre pela dádiva do trabalho que nos foi concedida, e que Deus nos abençoe os esforços no rumo do bem.

Do humilde servidor de todos.

Jésus Gonçalves

Rolândia, 6/12/85

PALAVRAS DA MÉDIUM

Qual não foi minha surpresa quando, durante as lides psicográficas a que me entrego regularmente na sede da Sociedade Espírita Maria de Nazaré, em Rolândia (PR), percebi às primeiras linhas que estava sendo ditada uma história. A princípio, julguei que fosse um conto, mas o relato do companheiro espiritual estendeu-se por quase quinze meses, num período que vai do dia 23/2/84 a 10/5/85, ininterruptamente.
Depois de muito esforço e trabalho árduo chegamos ao final.
Durante todo esse tempo a influência amorosa dos mentores espirituais se fez presente, auxiliando-me poderosamente nos momentos difíceis.
TRABALHA... CONFIA... ESPERA...
Em meus ouvidos vibravam sempre essas palavras, que me fizeram prosseguir sem medo e que valem por todo um programa de vida, e, confiante, prossegui até o término da tarefa que Jesus me havia concedido.
O resultado aqui está.
O meu agradecimento aos Mensageiros de Jesus que me auxiliaram no recebimento da obra.
Ao Amigo e Companheiro Jésus Gonçalves, sob cuja assistência amorosa e vontade firme desenvolveu-se o trabalho, o meu agradecimento sincero e imorredouro pelas lições de vida que soube transmitir e pela paciência que teve para comigo frente às minhas muitas deficiências.
Ao Mestre dos Mestres a gratidão pela oportunidade de elevação e reajuste que me foi concedida através do trabalho redentor.
E aqueles que, porventura, vierem a folhear estas páginas, que as lições contidas no texto possam auxiliar de alguma forma, servir de exemplo e meditação, e que seja de algum proveito as experiências aqui relatadas.
Espero ter conseguido captar o ambiente, o clima e a emoção que o autor espiritual procurou transmitir no desenrolar das cenas e que senti durante a psicografia.

As falhas que por acaso surgirem devem ser debitadas à falta de condição da médium em transmitir com fidelidade e clareza as idéias do autor espiritual.

Que Jesus possa nos abençoar a todos.

CÉLIA XAVIER CAMARGO

Rolândia, 6/12/85

CAPÍTULO I

REENCONTRO

Quero deixar aqui, para que sirva de exemplo e alerta, a minha experiência dolorosa de vida.

Nasci em ambiente fraterno e amigo. Tive pais que me rodearam de amor, tornando-me a existência uma bênção de paz.

Amigos generosos, do plano espiritual, auxiliavam de todas as maneiras, propiciando-me condições de renovação interior.

Não obstante, cercado de benditas oportunidades de elevação que a misericórdia de Deus me oferecia a todo instante, cedo comecei a mostrar minhas tendências para o mal.

Meus pais eram criaturas de índole boa e tementes a Deus, indo regularmente à igreja.

Desde a infância, demonstrei meu desagrado por qualquer tipo de disciplina, especialmente a espiritual. Não contente em fazer chacota de tudo o que meus genitores consideravam mais sagrado, que era a fé em Deus, enquanto iam à igreja rezar e pedir por mim, ficava pelos campos a maltratar avezinhas indefesas ou a brigar com os companheiros menores e mais fracos do que eu. Sentia estranho prazer em fazer sofrer, como se minha felicidade adviesse do sofrimento alheio.

Minha mãe, alma boa e generosa, percebia minhas más inclinações e sofria com isso. Advertia-me brandamente, talvez intuída por seres angelicais, mas suas meigas palavras não faziam pousada em meu coração.

O tempo foi passando. Cresci forte e robusto. A vida ao ar livre fazia-me muito bem, dando-me saúde e agilidade.

Os habitantes da nossa pequena aldeia não deixavam de admirar-me o porte atlético. De estatura elevada, possuía o rosto belo, cuja fisionomia acusava o caráter forte da minha personalidade. Os olhos eram claros, encimados por sobrancelhas cerradas, dando-me um ar algo severo; os cabelos louros e encaracolados reluziam ao sol.

As jovens da aldeia demonstravam seu interesse por mim através de olhares dissimulados, de gestos e palavras, daquelas pequeninas coisas que não deixam dúvidas sobre as intenções de quem as emite, mas jamais me interessei por qualquer uma delas, considerando-as insípidas e não sentindo mais do que tédio em suas companhias.

Passava o tempo a adestrar-me em jogos e lutas e, dentre todos os jovens da aldeia, eu era o melhor, o mais forte, o mais admirado. Ninguém me vencia no lançamento de dardo, arremesso de flechas, na luta de espadas e no combate corpo a corpo.

Corria o ano 535 da era cristã.

Certo dia, em que me exercitava no passatempo favorito, que era a luta, junto de alguns companheiros tão desocupados quanto eu, ouvimos um tropel de cavalos. Logo assomou à entrada do vilarejo um bando de cavaleiros suados e cansados da viagem. Seus metais brilhavam ao sol forte da manhã.

Chegaram levantando nuvens de poeira e frearam os cavalos na praça onde nos encontrávamos. Eram uns vinte ao todo e reconheci o chefe pela luxuosa armadura e ar arrogante. Pediram água e apearam para descansar um pouco à sombra das árvores.

Alguém aprestou-se em trazer uma bilha de água e beberam com sofreguidão. Um deles pegou uma caneca e, enchendo-a com água fresca, levou-a até um cavaleiro que se encontrava sentado à sombra de uma árvore, separado dos demais e sem ânimo de se levantar.

Estranhando aquela atitude, comecei a observar melhor e só então me dei conta de que o cavaleiro era uma jovem disfarçada.

Ela tirou o chapéu que lhe cobria quase que totalmente o rosto e seus cabelos escuros se espalharam pelos ombros. Pegou a água que lhe era oferecida e bebeu-a avidamente. Ao estender as mãos para entregar a vasilha, ergueu os olhos e pude ver que eram claros e tristes. De sua pessoa emanava um ar de dignidade e orgulho. Seus traços infantis eram belos e meigos; seus gestos elegantes traíam a posição social nobre, embora os trajes velhos e sujos.

Nada perguntei, mesmo porque o procedimento daqueles cavaleiros não encorajava conversação mais amigável. Percebi, porém, por suas atitudes, pela maneira com que era tratada, que era uma presa de guerra.

Era uma prisioneira. Mas quem seria ela? O que teria acontecido para que se encontrasse presentemente em posição de escrava?

As perguntas choviam em meu cérebro que fervilhava. Atração incomum nasceu em mim por aquela moça. Meu coração batia desordenadamente e desejei ardentemente acompanhá-los.

Em determinado momento percebi que o chefe observava-me à distância. Chamou um subordinado, homem de fisionomia grosseira e rude e deu-lhe uma ordem em voz baixa. Em seguida esse homem aproximou-se e disse-me que seu chefe e senhor destas terras desejava falar-me. Aproximei-me algo temeroso, visto que jamais falara a alguém tão importante, mas sentindo no íntimo um raio de esperança.

Disse-me que ao chegar vira-me lutar e lhe agradara o meu porte e habilidade. A perícia que demonstrara nos golpes era surpreendente, principalmente em alguém tão jovem. Não gostaria de engajar-me a seu serviço? Necessitava de soldados, homens corajosos e fortes. Voltava de uma campanha onde perdera muitas vidas e havia necessidade de suprir as lacunas existentes no contingente. Sem contar que poderia continuar me exercitando, visto ter a seu serviço excelentes treinadores e poderia dessa maneira me aprimorar nos jogos e lutas de meu interesse.

Aquilo ultrapassava tudo o que sonhara até então. Era o coroamento dos meus mais secretos desejos e aspirações. Naturalmente, aceitei incontinenti seu oferecimento, balbuciando alguns agradecimentos. Ficaria perto dela, afinal. Meu coração encheu-se de júbilo.

Ficou combinado que me reuniria a eles mais tarde, após resolver meus problemas mais imediatos. Deram-me a localização do ponto de parada, para a pousada daquela noite, e aprestaram-se para a partida.

Tinham pressa. Os cavalos, descansados e refeitos, foram preparados rapidamente. Notei, com desagrado, quando o chefe aproximou-se da jovem procurando auxiliá-la a montar. Seus olhos se cruzaram e percebi, ao rejeitar o oferecimento, que nos dela havia revolta e ódio, e nos dele interesse indisfarçável.

O chefe afastou-se rindo da soberba atitude da prisioneira e senti pela primeira vez em minha vida uma dor aguda no peito; uma agulhada de ciúme a par de inesperada aversão por aquele que doravante seria meu chefe e senhor.

Partiram numa nuvem de poeira, deixando nossa pobre aldeia novamente entregue à sua morna tranqüilidade.

CAPÍTULO II

NOVOS RUMOS

Arrumei meus magros pertences e parti, sem tristezas e receios, deixando minha pobre mãe inconsolável.

Ao entregar-me o pequeno farnel que preparara às pressas, limpando as lágrimas que teimavam em correr de seus olhos, com a fímbria das vestes, perguntou-me se tinha certeza de que era aquilo que desejava fazer.

Terminando de arrear o cavalo, virei-me, abracei-a e disse-lhe que não se preocupasse comigo; mandaria notícias. Sim, era o que mais almejava no momento e estava feliz em partir. Meu futuro estava feito, sob a proteção de um homem tão importante quanto aquele. Quando tivesse ganho muito dinheiro, já com posição estabilizada, voltaria para buscá-la.

Ela suspirou, resignada, e abençoou-me. Montei no animal e parti. Apenas uma vez olhei para trás e vi que me acenava. Nesse instante tive pena. Achei-a tão acabada, parece que envelhecera de repente. Seu rosto suave estava marcado pelas rugas, os cabelos já grisalhos e presos por um lenço escapavam aqui e ali, e as vestes que lhe cobriam os pés eram surradas.

Parece que pela primeira vez olhava realmente aquela mulher. À distância, observava aquela criatura que envelhecera ao meu lado e meu coração endurecido e egoísta confrangeu-se. Nunca me preocupara realmente com ela, nunca procurara saber o que sentia ou o que desejava. Como uma escrava, servira-me a vida toda sem receber nada em troca. E agora sombrios vaticínios tomavam-me de assalto e senti que talvez não mais a visse com vida.

Galopando pela mata, pouco tempo depois meus pensamentos já haviam tomado outro rumo. Esqueci-me completamente da velha mãe, da pacata aldeia que eu detestava e dos amigos. Não via a hora de me encontrar com o contingente que seguira horas antes.

Sabia onde iriam acampar para passar a noite e aguardava ansiosamente o momento do reencontro. A imagem da jovem prisioneira dominava meus pensamentos.

Algumas horas após parei para descansar e comer alguma coisa à sombra generosa de algumas árvores na beira do caminho. Um riacho que corria manso, nas imediações, matou-me a sede.

Pouco tempo depois já estava novamente a caminho, incapaz de refrear a impaciência.

Com o passar das horas a temperatura tornou-se mais agradável, o ar mais ameno e a viagem mais fácil. Já era noite fechada quando atingi o acampamento. Dei-me a conhecer à sentinela antes que, na escuridão da noite, me julgasse um malfeitor e fui levado à presença do chefe.

Sua tenda ficava localizada no meio do acampamento e distinguia-se das demais pelo tamanho e formato.

Entrei. De momento nada consegui perceber. A luz interior cegou-me. Meus olhos acostumados às trevas só aos poucos foram se habituando com a claridade ambiente.

Luxo oriental caracterizava o interior da tenda. Almofadas de brocado e cetim espalhavam-se sobre os grossos tapetes persas. Ao lado de uma mesa baixa, o chefe encontrava-se reclinado em almofadas, bebendo vinho numa taça de ouro cravejada de pedras preciosas. À sua frente, sobre a mesa, iguarias diversas se espalhavam, bem como frutas e doces finos.

Pelo que pude observar, já havia bebido bastante. À primeira vista pareceu não me reconhecer. Tive que refrescar-lhe a memória, quando minha vontade era dar-lhe uns murros.

— Ah! sim! O rapazinho da aldeia!

Senti que o sangue me ferveu nas veias. Todo o meu orgulho se rebelou diante da sua maneira displicente e arrogante de tratamento. Jurei a mim mesmo que ele me pagaria caro por isso. Essa humilhação não ficaria impune.

Nada demonstrei, porém. Era perito na arte da dissimulação e inclinei-me, concordando, com um sorriso. Mandou que me instalassem numa tenda e despediu-me com um gesto.

Curvei-me, agradecendo, como era de se esperar num servo e, antes de sair, ao levantar a cabeça, olhei ao redor e só então percebi, a um canto, entre almofadas, a prisioneira de guerra.

Sua beleza entonteceu-me. Haviam-lhe dado um bom banho, lavado os cabelos e, sem toda aquela poeira, sua beleza resplandecia. Parecia mais jovem; teria no máximo quinze anos. Estava vestida com um traje de tecido transparente, muito leve, de tonalidade azul-clara, que deixava seu colo descoberto. O pescoço delicado encimava uma cabeça soberba. A pele suave e macia tinha a tonalidade do pêssego e seus lábios vermelhos eram bem delineados; os olhos azuis fitavam-me com arrogância e lia-se neles uma ponta de desprezo. Ainda assim, eram os olhos mais tristes que já vira e de uma beleza sem igual. Seus cabelos escuros, brilhantes e longos, caíam pelas espáduas numa moldura perfeita ao seu rosto.

Tudo nela era harmonioso. Meus olhos não se desviavam daquele conjunto encantador.

Ouvi uma gargalhada. Olhei e percebi que o chefe sentira meu interesse nascente. Corei ao ser apanhado em flagrante.

Com um gesto ordenou que ela se aproximasse. A jovem fingiu não ter ouvido a ordem. Após nova gargalhada divertida, determinou que um dos homens a trouxesse até ele.

Arrastaram a prisioneira e atiraram-na aos pés dele.

– Quero que dances para mim – disse, imperioso.

A jovem continuou de cabeça baixa ignorando a ordem. Já colérico, ele repetiu a ordem: – Não estás ouvindo? Quero que dances para mim!

Não obtendo resposta, chamou um dos guardas e ordenou-lhe aplicasse uma chibatada.

Ao ouvi-lo não me contive e avancei, sendo impedido pelos guardas, mas foi o bastante para que ele também percebesse meu gesto de ameaça e se enfurecesse com isso.

– Já não te ordenei que saísses? Tirem-no daqui!

Ao sair ainda pude ouvir os soluços da jovem e a música que recomeçara. Ela dançou para ele nessa noite.

A aragem fresca da noite acalmou-me o espírito. O manto estrelado se estendia num convite à mansidão e à paz, mas em meu coração havia ódio.

Nessa noite não pude conciliar o sono, arquitetando planos sinistros.

CAPÍTULO III

A GRANDE CIDADE

No dia seguinte, antes do amanhecer, nos aprestamos para a partida, colocando-nos a caminho.

Minha disposição não era das melhores, visto que não conseguira conciliar o sono à noite, mas tudo era novidade e engolfei-me no serviço que me entregaram, esquecendo os sinistros pensamentos noturnos. Mesmo porque a prisioneira e o chefe já haviam partido na frente com um grupo da guarda, deixando o pessoal do serviço para trás, arrumando as bagagens e utensílios.

A viagem foi agradável. O dia estava magnífico e a natureza naquela região era pródiga. Algumas horas depois divisamos as muralhas da cidade, ao longe, e logo nela penetramos, passando pelos portões de acesso.

À medida que avançávamos pelas ruas calçadas, extasiava-me com o burburinho existente; jamais havia conhecido uma grande cidade e o ruído característico era-me estranho.

Observava interessado tudo o que ocorria. Mercadores de diversas procedências ofereciam seus produtos em altos brados; homens do povo regateavam no preço; mulheres de vestes coloridas faziam compras que depositavam em grandes cestas; garotos carregavam água para as residências e estabelecimentos comerciais; servos lavavam alimárias e muitas outras coisas.

De repente, surgia um grupo que, ao som de uma cítara, aplaudia uma jovem dançarina do povo, que revolteava ao som das palmas e ditos chistosos. Tudo isso acompanhado de sons e cheiros característicos. Ao virar uma esquina, percebia-se odor de frituras de alimentos, carnes e doces; mais adiante, aroma sutil de perfumes e óleos aromáticos.

Durante o percurso até o palácio fiquei fascinado com a agitação da cidade, certo de que me daria muito bem dentro dela.

Chegando ao palácio nos dirigimos para os alojamentos dos criados e nos instalamos convenientemente.

Fiquei perambulando pelo pátio interno da propriedade, mas como nada tivesse para fazer e todos se houvessem esquecido da minha presença, saí para conhecer a cidade.

Andei pelos arredores, onde se levantavam residências senhoris, vendo os senhores, ricamente trajados, que saíam acompanhados de servos. Percorri as ruas da cidade e meus passos me conduziram até as imediações do mercado. Como tivesse fome, procurei nas algibeiras e encontrando uma moeda comprei uma guloseima e algumas frutas, que saboreei com agrado.

Andando a esmo, cheguei até os quarteirões mais pobres, onde o povo faminto e sofredor vegetava, sem participar da abundância de seus senhores. Crianças quase nuas, desnutridas e macilentas se aglomeravam pelas esquinas, em meio à imundície geral e à lama. O mau cheiro era nauseante; cheiro de sujeira, de excrementos humanos e de animais, de lodo apodrecido. Com o sol escaldante os odores desagradáveis se tornavam mais intensos, desprendendo-se do solo e penetrando nas narinas, acremente.

Mas o povo parecia nada perceber e nada sentir, pois continuavam as conversas e querelas, gargalhando a cada passo. As crianças brincavam sem nada sentir, já acostumadas àquela ambiência putrefata. Retirei-me do local rapidamente, entontecido e nauseado.

Encontrei-me, sem perceber, perto dos portões da cidade e, passando pelos guardas, saí, dirigindo-me ao campo. O ar tornara-se mais ameno; o sol iniciava sua descida pelos céus e reconfortei-me com o ar puro do campo, enchendo os pulmões com satisfação.

Já anoitecia quando retornei ao palácio. Ingeri algum alimento e recolhi-me ao alojamento.

O dia movimentado e cheio de surpresas deixara-me exausto. Adormeci quase que imediatamente.

Algum tempo depois (não sei precisar quanto), vi-me num lugar diferente. Branda claridade envolvia tudo. Procurava reconhecer o local quando percebi tênue fumaça que se foi condensando até surgir uma criatura à minha frente. Toda vestida de branco, parecia emitir delicada claridade que a envolvia completamente.

A cabeça era de um velho de barbas e cabelos brancos; sua fisionomia irradiava simpatia e segurança; seus olhos claros eram tranqüilos e ternos.

Coloquei-me de joelhos, sem perceber o que fazia e emocionei-me até às lágrimas. Não conhecia o homem que ali estava, mas senti que o revia depois de longo tempo e que o amava intensamente. Saudade pungente dominou-me interiormente e abaixei a cabeça, com as lágrimas correndo livremente pelo rosto.

Suas mãos diáfanas tocaram minha cabeça e bem-estar indizível reconfortou-me o coração. Com voz suave dirigiu-se a mim:

— "Não chores, meu filho. Coragem! Estamos separados momentaneamente, mas graças à misericórdia do Criador posso estar ao teu lado, sempre que possível. Procura cultivar os dons do espírito e poderemos nos comunicar com mais facilidade. Não aumentes a distância que nos separa, distância essa causada pelos teus desatinos do passado. Não te deixes envolver por idéias malsãs, que só poderão trazer-te malefícios. Procura, ao contrário, levar uma vida sadia e útil, cultivando a paz interior. O passado coloca-te presentemente frente aos teus desentendimentos do pretérito. É preciso aproveitar a dádiva da oportunidade que a Providência Divina coloca ao teu dispor. Não deixes que a ambição desmedida e as paixões nefastas te dominem. Trabalha com afinco para domar tuas más inclinações, teu caráter impetuoso e rebelde. Aqui começa uma nova etapa para teu espírito. A presença de teus comparsas do pretérito poderá conduzir-te a nova queda, principalmente porque o móvel de vossos interesses conjuntos também se reuniu ao grupo. Tem muito cuidado. Esta etapa reencarnatória poderá ser muito proveitosa, mas depende de ti. Por outro lado companheiros vingativos e revoltados, do lado de cá da vida, tudo farão para arrojar-te a nova derrocada moral. Pensa em Deus e ora. Confia que estaremos unidos pelo pensamento. Que o Senhor te abençoe!"

Sentindo-me tocado por suas palavras chorei convulsivamente, sem conseguir pronunciar uma palavra sequer. Quando percebi já havia partido, deixando-me uma sensação de vazio no peito.

Acordei com a emoção a dominar-me o íntimo. Olhei pela janela e vi o manto estrelado da noite. Branda claridade da lua entrava pela janela e envolvia todas as coisas. Fiquei meditando. Quem seria aquele personagem? Por que tivera a sensação de que o conhecera anteriormente? Então, existiria uma outra vida? E Deus, esse Ser superior que a tudo governa, existiria realmente? Ou teria apenas sonhado?

Com tantas indagações na cabeça, adormeci novamente, só acordando quando era dia claro.

CAPÍTULO IV

A PRISIONEIRA

Alguns dias se passaram sem que fossem dignos de nota. Nada de interessante acontecia e aquela vida insípida começou a me incomodar. Era encarregado de pequenos trabalhos domésticos e às vezes auxiliava nas cavalariças, alimentando e lavando os animais. Já com conhecimento relativo da cidade em vista das minhas incursões freqüentes, era encarregado de pequenas compras ou recados às pessoas mais influentes.

Sentia-me humilhado; meu espírito rebelde e orgulhoso em excesso revoltava-se com aquela situação servil e degradante, segundo minha maneira de pensar.

Contando na época dezessete anos, sentia o sangue estuar febril nas veias. Toda a vitalidade e energia concentradas precisavam ser utilizadas, o que não ocorria no momento. Em minha aldeia natal extravasava minhas emoções através de atividade constante, e ali, inativo, fazendo apenas tarefas ocasionais, sentia-me irritado e nervoso. Considerava-me um inútil, desprezado por todos, acolhendo em meu íntimo idéias nocivas de vingança que só poderiam conduzir-me para o mal.

Uma tarde, finalmente, vieram chamar-me. O servo levou-me através do pátio interno e conduziu-me até uma porta pequena, que até então não notara. Entramos e descemos uma escadaria que levava até o local onde era esperado.

O homem que lá estava era rude e forte. Muito alto, para a época, possuía fortes músculos que saltavam sob sua pele morena e lustrosa. Vestia uma túnica curta que lhe cobria os quadris, e seus pés, enormes, calçavam sandálias de couro cru, como de uso então.

Seus olhos penetrantes cruzaram com os meus e pude notar que não me facilitaria em nada a vida.

Submeteu-me a alguns testes de arremesso de dardo e lançamento de flechas e creio ter-me saído razoavelmente bem, embora na luta corpo a corpo tenha demonstrado ser muito superior a mim. Deixou-me caído no chão com a sensação de ter quebrado alguns ossos, tal a dor que me acometeu. Minha cabeça girava e foi necessária a sua ajuda para que me levantasse. As costas, que se feriram de encontro ao chão, latejavam, e da minha testa corria um filete de sangue.

Notei que sorria ironicamente.

— Pensaste que podias me vencer, não é verdade?

Sua voz soou forte e grave. Não respondi. Ele continuou:

— Como te chamas?

— Ciro — respondi de má vontade.

— Pois bem, Ciro. Já viste que as coisas por aqui não são muito fáceis. Podes ir embora e voltar para tua aldeia, se assim o desejares. Se permaneceres aqui, porém, terás que te esforçar muito. O meu senhor não gosta de fracos. Tens possibilidades de te saíres bem, mas precisas aprender muito ainda. Se ficares, teremos treinamento intenso, e posso apostar que, quando terminar o serviço, ninguém teria feito melhor. Pensa e, se resolveres, procura-me amanhã logo cedo.

Virou-se sobre os calcanhares e saiu sem dar-me oportunidade de responder.

Intimamente sabia que ficaria, embora no momento meu corpo todo doesse terrivelmente. Arrastei-me até o alojamento e deitei-me para repousar um pouco.

Ana, a única criatura que se peocupava um pouco comigo, não me vendo aparecer para a refeição da tarde e conhecendo minha fome voraz, foi me procurar, encontrando-me deitado.

— O que houve, Ciro?

— Submeteram-me a alguns testes e quase acabaram comigo.

— Ah! Já esperava por isso. O tratamento inicial de Tamba é assustador e muitos não resistem. É a sua maneira de selecionar o pessoal. Não te preocupes. Ele não é tão mau como parece. Diverte-se em aterrorizar os principiantes, mas no fundo é boa pessoa. Vou mandar trazer algo para comeres. Infelizmente o horário do jantar já passou, mas vou ver o que posso arranjar. Fica aí.

Desnecessário esse pedido para que não saísse, já que não conseguia levantar-me.

Não demorou muito e a porta abriu-se dando passagem a uma jovem morena com uma bandeja com comestíveis e uma caixa de madeira. Estendeu-me uma caneca de vinho e colocou-me nas mãos um pedaço de carne, pão fresco e algumas frutas.

Enquanto comi ficou olhando-me com curiosidade. Estava de mau humor e sem vontade de conversar, por isso comi em silêncio.

Quando terminei, ela abriu a caixa e percebi que trazia ataduras e ungüento para passar em meus ferimentos. Com um pano úmido limpou os locais machucados. Não pude deixar de apreciar o frescor das suas mãos suaves. Deitei-me de costas e ela pensou minhas feridas com agilidade e delicadeza.

Saiu silenciosamente, como entrara.

No dia seguinte, logo cedo, sentindo-me melhor, fui em busca de Tamba.

O dia inteiro treinamos sem parar, salvo as breves pausas para as refeições. Percebi que ele queria me vencer pelo cansaço. Redobrei minhas forças e intimamente decidi que Tamba não me faria desistir de tudo. Veríamos quem seria o mais forte.

Com o passar dos dias o cansaço era tanto que mal conseguia me arrastar até o alojamento após um dia exaustivo. Já não tinha tempo para pensar na prisioneira e só às vezes me perguntava o que teria acontecido com ela. Mas como ninguém tocasse no assunto, não me animei a fazer perguntas.

O senhor levava vida à parte e quase nunca o via. Os escravos que serviam eram sempre os mesmos e nós tínhamos uma vida que, até certo ponto, era tranqüila.

Certa manhã, fui encarregado de levar comida para um prisioneiro de uma determinada masmorra. Nunca penetrara no local e fiquei horrorizado. Um guarda deixou-me entrar fechando a porta sobre mim, com lúgubre ruído. Percorri um corredor e desci longa escadaria em seguida. O carcereiro indicou-me a porta e para lá me dirigi.

O ar estava sufocante. A atmosfera era opressiva pela falta de ventilação. Um arrepio percorreu-me o corpo e não pude deixar de pensar o que teria feito esse infeliz para merecer tal castigo.

O carcereiro abriu a porta, que gemeu nos gonzos. Não pude perceber de pronto quem ali estava. A claridade que chegava era insuficiente. Percebi alguém que se movia em meio às palhas infectas que lhe serviam de leito. O mau cheiro tornara-se insuportável.

Ofereci a tigela de comida e a caneca dágua e o prisioneiro estendeu os braços para apanhar. Observei que era magro e de mãos delicadas. Ao olhá-las lembrei-me da jovem prisioneira de guerra. Assombrado, perguntei-lhe:

– Quem és tu?

Num sussuro emitiu um apelo, que demonstrava o seu desespero:

– Por favor, tira-me daqui. Não agüento mais. Vou morrer sufocada e sem ver a luz do sol. Estou doente...

Dei um passo para trás, horrorizado. Não pude responder porque já o carcereiro, que havia se afastado um pouco, aproximou-se incisivo e colérico.

– Não é permitido conversar com a prisioneira! Deixa a comida e sai.

Saí quase a correr daquele local infecto, ouvindo ainda o seu choro convulsivo em meus ouvidos. O que teria acontecido para que ela se encontrasse num local tão tenebroso? Que crime hediondo teria cometido?

Eu que julgava que a jovem prisioneira estivesse nas boas graças do Conde de Ravena, que não escondia seu interesse por ela. Imaginava-a sempre bem vestida e coberta de jóias, como a vira pela última vez, na tenda do acampamento.

A realidade deixou-me perplexo. A luz do sol banhou-me o rosto, enchendo-me de alívio por estar em liberdade.

Mas meu coração ficara preso, dentro do calabouço. Não conseguiria mais esquecê-la, tinha certeza.

Procurei não demonstrar meu estado de espírito, para que não me impedissem de vê-la novamente. E resolvi que faria perguntas a Ana na primeira oportunidade.

CAPÍTULO V

NOVO ENCONTRO

Durante alguns dias não pude realizar meu intento e conversar com minha amiga Ana sem despertar suspeitas ou desconfianças. O Conde de Ravena, que havia estado em viagem por alguns dias, retornara e a azáfama não permitiu que me aproximasse dela.

Eram almoços e jantares cheios de pratos exóticos, doces e refrescos durante todo o dia, carnes das mais variadas espécies para limpar, adicionar os temperos tão ao gosto do anfitrião e assar, carnes essas que, depois de ornamentadas condignamente, iriam para a mesa fazendo a alegria e admiração dos convivas. Sim, porque, quando permanecia na propriedade, o senhor gostava de rodear-se de amigos e convidados.

O ritmo da casa ganhava novo impulso. Todos tinham suas tarefas determinadas e moviam-se freneticamente durante todo o dia.

Minha vida não se alterara praticamente em nada. Continuava os treinamentos diários, já agora sem me cansar tanto, adaptado ao novo ritmo.

Uma única vez consegui avistar-me com a jovem prisioneira de guerra.

Procurava sempre colocar-me nas imediações da entrada das prisões porque esperava, desejando ardentemente, que me dessem novamente a incumbência de levar a refeição à prisioneira.

Certo dia, sentado numa pedra do pátio, vi chegar o servo encarregado de levar a comida. Era um rapaz com quem já travara conhecimento e com quem procurava ser agradável sempre que possível, atento às minhas intenções.

Logo que me avistou, cumprimentou-me e percebi que estava descontente. Aproveitando a oportunidade, perguntei solícito:

— O que te aflige, meu amigo? Parece que não estás no teu melhor humor hoje!

Como o rapaz era algo falante, o que eu não desconhecia, e só esperava uma oportunidade para alinhar suas queixas, não se fez de rogado:

— Tens razão, meu velho. Estou cheio de serviço e ainda incumbiram-me de levar a comida ao calabouço, coisa que absolutamente não me agrada.

— Bem, se puder servir-te em alguma coisa... Sabes que podes contar comigo.

— Ah! Eu agradeço a gentileza do amigo, mas nada podes fazer para ajudar-me...

— Talvez! Estou desocupado no momento e nada me agradaria mais do que poder ser-te útil, para compensar de alguma forma as delicadezas que tenho recebido.

— Infelizmente, não é possível, embora eu te ficasse muito agradecido. Mas, se alguém souber que deixei minhas tarefas, levaria boas chibatadas e tenho muito apreço pela minha pele.

— Tens razão! — respondi, concordando. Mas, como se uma idéia surgisse repentinamente, completei pressuroso:

— ...Se alguém ficasse sabendo, tua situação seria melindrosa de fato. Mas, não há necessidade de ninguém ficar sabendo.

Ele entendeu minha sugestão e como era algo preguiçoso e tivesse pressa em empurrar sua obrigação para outro, não se fez de rogado e aceitou com olhos sorridentes, embora ainda algo temerosos.

— Farias isso por mim? Não contarias a ninguém?

— Por que não? Nada me custaria e teria prazer em ajudar um amigo. E não temas, ninguém ficará sabendo.

— És realmente meu amigo e ficar-te-ei eternamente grato.

Entregou-me a bandeja, agradecendo efusivamente, ainda com um resto de receio:

— Não digas nada ao carcereiro; ele pensará que fui substituído nas funções, mas se perguntar diga que estou doente. Quando retornares, deixa a bandeja aqui neste canto, que depois levarei para a cozinha.

Afastou-se sem perceber o ar de satisfação que aflorara em meu rosto.

A prisioneira estava mais debilitada ainda. Se não fizesse algo urgente ela morreria ali, sem ter esperança alguma, naquele lugar úmido, escuro e asqueroso, onde os vermes e roedores passeavam livremente.

A um descuido do guarda que vigiava constantemente, sussurrei:

— Tenha confiança. Verei o que posso fazer por ti.

Ela olhou-me com um vislumbre de esperança nos olhos tristes. Nada respondeu, mas percebi que entendera a mensagem.

O carcereiro aproximou-se desconfiado:

— O que estás falando? Não sabes que não podes dirigir a palavra à presa?

— Sim, amigo, eu sei. Apenas disse para tomar cuidado e não derrubar a comida, pois não traria outra, tal o tremor de suas mãos.

Afastei-me apressadamente para não despertar suspeitas, respirando livremente apenas ao colocar os pés fora daquele recinto sombrio.

Decidi que teria de me apressar. Ela não resistiria muito tempo mais, se ali permanecesse.

Ao término do dia, quando as primeiras sombras da noite se aproximavam, procurei Ana e disse-lhe que precisava ter uma conversa com ela.

— Fala, meu filho. Estou escutando.

— Agora não. Nem o momento, nem o local são propícios. Temo ouvidos indiscretos. Mais tarde, após terminar o serviço, espera-me no pequeno banco, perto do alojamento dos escravos.

Ela concordou, algo surpresa, mas nada perguntou, reservando as indagações para hora mais apropriada, percebendo que algo inusitado acontecera.

Esperei-a por uma hora, aproximadamente. Aos poucos os ruídos do palácio foram diminuindo até cessarem de todo e as luzes se apagando uma a uma.

A noite estava límpida e podia-se ver as estrelas que brilhavam no firmamento. Não havia lua, o que era realmente providencial.

Ouvi ruído de passos e movimento de folhagens e só percebi a mulher quando já bem próxima de mim. Um tufo de folhagens e trepadeiras formava um refúgio natural e poderíamos conversar tranqüilamente, sem que alguém do alojamento dos servos ou das janelas do palácio nos visse.

Sentou-se ao meu lado no banco de pedra e ficou esperando que eu falasse.

— Ana, preciso da tua ajuda. Só confio em ti neste lugar.

— Fala, meu filho. Ajudar-te-ei naquilo que puder.

— Trata-se da prisioneira que o Senhor mantém nos calabouços.

Estava nervoso e continha-me com dificuldade. Ela replicou, franzindo os sobrolhos:

— E o que tens com isso? Não sabes, meu rapaz, que é perigoso te meteres onde não deves?

Anuí com um movimento de cabeça: — Sei que é perigoso, por isso resolvi dirigir-me a ti. Nada tenho com isso, reconheço, mas penaliza-me sobremaneira a situação da pobre moça. O que fez ela de tão terrível?

Ana respirou profundamente antes de responder-me, com voz pausada e suave:

— Sei pouca coisa também. Ela chegou naquele dia que também chegaste. Os servos comentaram que é possuidora de extraordinária beleza e o Senhor, como não poderia deixar de ser, interessou-se vivamente por ela. Mandou instalá-la regiamente e colocou diversas serviçais à sua disposição, prontas a atender-lhe o menor capricho, desde que não fosse ausentar-se dos seus aposentos, evidentemente. Mas ela mantinha-se sempre triste, com o olhar perdido ao longe, sem prestar a mínima atenção a todo o luxo que a cercava, aos objetos de toucador que fariam a felicidade de qualquer mulher e causariam inveja a todas as outras. Cobriu-a de jóias e de trajes belíssimos. Tocadores de alaúde cantavam para tornar seu sono mais agradável e dançarinas executavam bailados exóticos e sensuais para alegrar seus dias. Nada disso adiantou, porém. Em meio às almofadas de cetim e brocado, só fazia chorar o dia inteiro; quando não, dava-se a crises de desespero e raiva, quebrando tudo o que estivesse ao seu alcance...

Ouvia com a respiração suspensa as palavras da serva, que faziam com que as imagens criassem vida em meu pensamento. Ela fez uma pausa e continuou:

— ... mas, no dia seguinte, o Senhor repunha os objetos quebrados e trazia novos mimos ainda mais belos, mais exóticos e mais valiosos para presenteá-la.

Quando Ana fez uma pausa mais longa, aproveitei para perguntar se "ele" a visitava.

— Os servos disseram-me que sim, mas somente de vez em quando, pois ela o maltratava muito. Não lhe dava a mínima atenção e não respondia quando ele lhe dirigia a palavra, o que o irritava sobremaneira.

— E o que aconteceu para que as coisas mudassem dessa maneira?

— Um dia "ele" se irritou com a frieza da jovem e tentou aproximar-se mais dela, já não contendo mais seus impulsos inferiores e tentou agarrá-la. Ele, que até então tinha sido paciente, esperando calmamente que ela mudasse o tratamento para com sua pessoa, aproximou-se para beijá-la. Rapidamente, ela cravou as unhas no rosto dele, deixando-o com riscos de sangue. Surpreso, levou a mão ao rosto com um grito de dor. Seus olhos fuzilaram de raiva e esbofeteou-a violentamente. Ela foi arremessada ao chão com o golpe recebido e seus olhos encheram-se de lágrimas.

— Gata selvagem, eu te domarei! Deverias agradecer-me o que tenho te proporcionado e, ao invés disso, me agrides. Terás o que mereces daqui por diante.

Saiu espumando de raiva, deixando-a caída no tapete.

Uma das servas ajudou-a a levantar-se, pensando o ferimento que sangrava em seu rosto, produzido por um grande anel que o Senhor usava no dedo médio da mão direita.

Não continha minha impaciência, algo feliz com a reação da prisioneira às arremetidas do amo.

— E então? — perguntei. — O que aconteceu depois?

Com a calma que lhe era peculiar, Ana respondeu:

— Logo depois, dois guardas vieram buscá-la, levando-a para uma prisão bastante cômoda, até. Simples, mas com certo conforto. O local era asseado, os lençóis eram limpos e havia uma bilha com água fresca. Por uma semana permaneceu isolada, sem receber visitas. Ao cabo desse tempo, "ele" não se conteve mais e mandou que a trouxessem à sua presença.

Ao vê-la seus olhos se iluminaram, mas procurou demonstrar indiferença. Mandou que se aproximasse e, indicando-lhe uma almofada, ordenou que se sentasse. Tomando de uma taça de vinho que um servo lhe oferecia, perguntou-lhe algo irônico:

— Estás mais calma agora? Espero que o isolamento tenha curado teu desejo de agredir-me. Vê como sou generoso: poderia ter mandado açoitar-te e, em seguida, decapitar-te pela injúria que me fizeste, mas aqui estás como se nada tivesse ocorrido. Mas previno-te que minha paciência tem limites! Não me obrigues a tomar atitudes mais severas contigo, porque não é do meu agrado. Quero-te para mim, mas por tua livre vontade. Vais voltar para os teus antigos aposentos, mas espero ser melhor recebido da próxima vez. Entendeste?

Ela abaixou a fronte, mordendo os lábios ligeiramente, num esforço para se conter e concordou com um gesto de cabeça.

O Senhor pareceu satisfeito com a docilidade demonstrada, sem perceber que ela apenas estava ganhando tempo.

Alguns dias mais se passaram e tudo parecia calmo, até que certa tarde ele foi visitá-la. As servas prepararam-na, enfeitando-a com jóias e adereços, pentearam-lhe os cabelos escuros e sedosos, entremeando-os de fios de pérolas. Suas vestes brancas, de um tecido delicado e transparente, eram bordadas com pequenas flores em ouro.

Ao vê-la, ele extasiou-se. Aproximou-se, tomando-lhe as mãos e levando-as aos lábios com delicadeza.

— Tua beleza empalidece o brilho do próprio Sol, minha querida. Jamais estiveste tão bela como hoje e eu te felicito. Vamos brindar este momento em que nos reencontramos.

Com um gesto característico, ordenou que trouxessem vinho e brindaram: ele alegremente, ela com um meio sorriso enigmático no belo rosto, onde seus olhos brilhavam estranhamente.

Solicitou que a jovem cantasse alguma coisa para ele e Tamara, docilmente, tomou do alaúde e sentou-se entre as almofadas com gestos elegantes e delicados. Sua voz ergueu-se melodiosa; a canção era triste e falava da terra natal distante, de amores perdidos e tristezas infindas. Quando as últimas notas soaram todos estavam emocionados, e nos olhos da pequena tocadora de alaúde havia duas lágrimas presas.

— Muito bela a canção que cantaste, mas muito melancólica também. Quero que te sintas feliz aqui e proíbo-te de cantares melodias que lembrem o passado.

— Meu Senhor — disse num sussurro —, não se pode obrigar alguém a ser feliz!
Surpreso com a resposta inesperada, replicou colérico:
— Pois eu exijo que sejas feliz! Que te falta afinal? Não tens tudo aqui neste palácio? Não procuro satisfazer teus menores desejos? Tens roupas que fariam inveja a uma rainha, tuas jóias encantam a todas as mulheres. Que te falta afinal? O que desejas?
E a voz da jovem se fez ouvir, baixa mas perfeitamente audível:
— A liberdade.
Aquela voz soou na enorme sala causando impacto. Fez-se silêncio geral. As servas pararam seus afazeres e aguardaram a reação do amo, que, sabiam, seria terrível, tal a ousadia da prisioneira.
Ele recuou, surpreso. Seus olhos demonstraram espanto incontido.
Aproveitando-se do momento, em face da hesitação de que ele dera mostras, ela rojou-se-lhe aos pés, suplicando-lhe entre lágrimas:
— Dá-me a liberdade e eu te serei eternamente grata. Não me mantenhas prisioneira, que eu morro a cada dia que passa. Deixa que eu volte para meu lar, para aqueles que me amam e choram a minha ausência...
— Isso nunca! A única coisa que não posso oferecer-te é a liberdade. Amo-te, não entendes? Quero-te para mim e serás minha nem que demore cem anos. Tu me enlouqueces e não suporto mais a vida longe de ti. Falas em amores distantes, mas ninguém te ama mais do que eu. Nunca a liberdade, nunca! — bradou, colérico.
Ela recuou e, num gesto rápido quão inesperado, tirando das dobras da faixa que lhe circundava a cintura um pequeno punhal, cravejado de pedras preciosas, jogou-se sobre ele enterrando-o em pleno peito.
— Morre, então, miserável! Morre! Nada mais me importa. Ser tua prisioneira, nunca! Prefiro a morte à prisão.
O homem caiu pesadamente no tapete, enquanto os guardas tentavam segurá-la, esperneando com fúria.
Aproximaram-se para socorrê-lo. Com voz sumida, pediu que não a matassem. Bem a tempo, pois um dos guardas já se preparava para atingi-la com a espada.
Rapidamente trouxeram o médico e trataram do Senhor, levando-o depois para seus aposentos, com todo o cuidado possível.
— Soube que o Senhor se ferira em combate! — retruquei, perplexo.
— É o que ele quer que todos pensem. Ameaçou de morte aquele que dissesse o contrário. Depois desse dia, a jovem prisioneira está onde a viste, esperando que ele decida a sua sorte.
— Pobre criança! não teria alguma maneira de ajudá-la?
— Nem pense nisso! — retrucou, assustada. — Jogarias a tua cabeça, sem a certeza de um resultado favorável. Também penalizo-me da sua condição, mas nada podemos fazer. Somos apenas criados, entendeste?

Não temos poder, amizades, glórias e riquezas. Só muito trabalho. E por falar nisso, vamos recolher-nos, que amanhã teremos um dia duro.

— Ana, obrigado por teres me contado. Serei teu amigo fiel em qualquer circunstância. Não contes nossa conversa a ninguém. Até amanhã.

Após a mulher ter-se recolhido, fiquei ainda algum tempo pensando em tudo o que ouvira. Tinha que fazer alguma coisa por ela. Ana tinha razão. Não possuíamos meios para ajudá-la, mas teria que encontrar uma maneira.

Já a claridade da manhã se aproximava quando me recolhi ao alojamento, cansado de tanto meditar.

CAPÍTULO VI

ENFERMIDADE PROVIDENCIAL

Nos dias subseqüentes aos esclarecimentos de minha amiga Ana, não consegui deixar de pensar no assunto. Desejava fazer alguma coisa, mas não sabia o quê e nem como. Não consegui mais aproximar-me de Tamara e a incerteza tirava a minha tranqüilidade. Andava irritado e descontente; o mau humor transparecendo na expressão fisionômica: cenho carregado, testa franzida, olhos que expeliam chamas odientas. Enfim, nada corria bem. Ana observava-me à distância e eu percebia a preocupação e estranheza em seu olhar.

A imagem da prisioneira não deixava meu pensamento; tornara-se uma idéia fixa a dominar-me o íntimo tumultuado. Aos poucos, idéias menos felizes foram-se assenhoreando do meu espírito, ativadas pelos companheiros espirituais desejosos de me destruir, e encontrando eco nas raízes de meus desejos profundos.

Vezes sem conta via-me discutindo com o amo e agredindo-o violentamente. Ouvia sua voz "em meu pensamento", humilhando-me com satisfação, dirigindo-me palavras em que traduzia todo o desprezo de que se sentia possuído, como se me conhecesse de longa data. E eu reagia, agredindo-o. Via-o caído no chão implorando o meu perdão e rogando misericórdia e eu rindo escarninhamente, aproveitando o momento da vingança. Não satisfeito em vê-lo aos meus pés, levantava o braço homicida cravando em seu peito a espada e deliciando-me ao ver o sangue correr aos borbotões do seu peito aberto.

Essas imagens repetiam-se amiúde e comecei realmente a agasalhar dentro de mim o desejo de matá-lo. Por que não? Meus problemas estariam resolvidos. Ela ficaria livre e poderíamos ir embora juntos.

Essa alternativa parecia-me mais viável porque não tinha meios de subtraí-la ao seu domínio e, mesmo que conseguisse libertá-la e fugir, ele não nos daria tréguas.

Sim, era preciso que ele morresse para que pudéssemos ser felizes. E eu, em minhas divagações, imaginava-a a meus pés, trêmula e agradecida, fitando-me com amor infinito e dócil à minha vontade. Nesses momentos, meu coração batia desordenadamente no peito e sentia que, por ela, seria capaz de qualquer coisa, de qualquer crime, por mais torpe que fosse. Só o que me importava era tê-la junto a mim pelo resto da vida. Nunca mais nos separaríamos e seríamos muito felizes.

Mas, havia "ele", o tirano, que era preciso retirar do caminho, como a uma serpente venenosa.

Certo dia minha amiga aproximou-se, vendo-me com o olhar perdido no vazio, e colocando a mão em meu ombro falou-me com delicadeza, mas deixando transparecer a preocupação em sua voz:

— Meu filho! Posso chamar-te assim, não é? Afinal, poderia ser tua mãe, se o Senhor de Nossas Vidas não tivesse te colocado em outro lar, e estimo-te como se o fosses. Abre teu coração! Vejo-te e sinto-te desnorteado e meu coração se entristece. Já não és o rapaz alegre e folgazão que aqui chegou. Quem sabe posso ajudar-te?

— Nada podes fazer por mim — respondi com amargura.

— Se não sei o que acontece, realmente nada posso fazer, meu filho!

— Estás preocupada à toa. Estou muito bem.

— Desculpa-me contradizer-te — respondeu com um sorriso triste —, mas não é verdade! Andas muito irritável ultimamente e discutes por um nada. Os outros servos têm até medo de dirigir-te a palavra, receando tua reação. Lembras-te da briga de outro dia? Amaro quis apenas gracejar contigo e, enfurecido qual um animal selvagem, o agrediste com teus fortes punhos, deixando-o todo machucado.

— Ele bem que mereceu aquela surra, o idiota. Assim talvez aprenda a não se intrometer na vida alheia — retruquei agressivo.

Ana baixou a cabeça, triste:

— Ele pagou bem caro a brincadeira que quis fazer contigo! Mas percebes como estás diferente? Pareces desequilibrado, como se fora da realidade das coisas. Teus olhos estão baços e um brilho mau o envolve, como se estivesses planejando algo de muito terrível. Sinto, sem saber como explicar, que seres revoltados e odientos dominam-te o pensamento. Às vezes parece que os vejo ao teu redor e um arrepio percorre meu corpo.

Suas palavras assustaram-me. Seria verdade? Como sabia o que me passava pela mente? Talvez fosse adivinha. De qualquer forma, aborreceu-me e respondi irritado:

— Ora, deixa-te de asneiras, mulher. Cuida da tua vida que já fazes muito e não vejas problemas onde não existem.

Saí apressadamente, deixando-a sozinha, sem ver a perplexidade em seu olhar.

Não conversamos mais. Ela me irritava profundamente, como todos os outros, por sinal.

Um dia pediram-me que levasse a refeição ao cárcere e fiquei contente, vendo na ocasião uma oportunidade que me competia aproveitar.

O carcereiro abriu a porta, que rangeu lugubremente sobre os gonzos. Chamei-a, mas não respondeu. Não se via movimento algum dentro da cela e a escuridão tornava tudo mais difícil, para quem vinha da luz do Sol.

Entrei na cela, olhando atentamente, e aos poucos pude perceber um corpo no chão, em meio às palhas infectas.

Estendi os braços e levantei-a do chão. Quase não senti seu peso, tão leve me pareceu. Chamei o carcereiro e retirei-a da cela, levando-a para um local mais claro e mais arejado. Enfureceu-se comigo:

— Como ousas retirar a prisioneira da cela, sem ordem?

— Não vês o seu estado? Parece morta! Queres ter a responsabilidade da sua morte em tuas costas? Como darias conta ao Senhor? Por acaso te é desconhecido o interesse que ele nutre por ela?

Pareceu refletir por breves momentos e aceitou meus argumentos, preocupado com sua situação pessoal:

— Achas que está muito mal? — perguntou-me, apreensivo.

— Tenho certeza! — respondi, colocando-a num banco largo sob uma janela. Aproximei meu ouvido do seu peito, tentando ouvir as batidas do coração.

— O coração ainda bate, mas muito fracamente. Mal se percebe. Temos que chamar um médico!

— Estás louco?

— Louco estás tu se não fores já fazer o que estou mandando! Não tens amor à vida? Vamos, avia-te! — falei com autoridade, jogando uma cartada decisiva.

— Mas, não posso abandonar meu posto! — respondeu aflito, torcendo as mãos, ainda relutante.

— Não te preocupes. Tomo conta de tudo. Avisa teu amo e volta rápido com o médico. Além disso, bem vês que essa infeliz não poderá ir a parte alguma na situação em que se encontra!

Pareceu tranqüilizar-se e saiu como uma flecha.

A sós com a jovem, no silêncio que envolvia tudo, pude analisar melhor o seu estado. Era uma sombra do que fora. Seu rosto emagrecido e pálido nada fazia lembrar a beleza de outrora. Seus cabelos estavam sujos e emaranhados; suas vestes, rotas e imundas, exalavam mau cheiro. Toda a sua figura era um atestado mudo dos sofrimentos a que fora submetida.

Olhava-a e não via a imagem do presente que causava repugnância. Lembrava-me da jovem bela e bem tratada, irradiando saúde por todos os poros. O amor tomava todo o meu peito, prestes a explodir. Segurei sua mãozinha entre as minhas e levei-a aos lábios num transporte de felicidade inefável. Nunca estivera tão perto dela, nunca a vira tão indefesa, tão desprotegida.

Naqueles momentos de paz e intraduzível felicidade para mim, pareceu-me ver uma figura diáfana e ouvir a voz do ancião que já vira em sonhos falar-me com doçura:

— "Detém-te enquanto é tempo. Ajuda-a naquilo que puderes, mas não compliques tua evolução espiritual com novos desatinos. Pára e pensa. Ora e medita. Pobre de ti se te deixares envolver mais profundamente nas malhas do crime e da insensatez. Procura ouvir nos recessos de tua alma a consciência que te adverte. Lembra-te que todos somos filhos do mesmo Pai. Não adiciones à ingratidão o crime nefando que planejas. Acorda, insensato, enquanto é tempo. Ora a Deus e confia na Sua justiça e misericórdia. Adeus."

Fiquei assustado e olhei ao redor com medo de que alguém pudesse ter ouvido as palavras que me eram dirigidas. Tranqüilizei-me, lembrando-me de que estava sozinho. Os conceitos de alerta martelavam-me a mente, fazendo-me refletir melhor. Quem sabe, realmente poderíamos fugir juntos, sem ocasionar danos maiores? Um suspiro abafado escapou-me do peito.

Nesse momento, o esculápio entrou junto com o carcereiro, e vendo a paciente estendida no banco examinou-a sem proferir palavra.

— Temos que retirá-la daqui! Este ambiente sufoca! — disse, olhando em torno com desagrado.

— Não tenho ordem para isso. Trata-a aqui mesmo, respondeu o carcereiro.

— Não é possível medicá-la aqui. Respondo por isso perante meu Senhor. O Senhor Conde está em viagem, mas incumbo-me de notificá-lo. Vamos levá-la.

Tomei-a nos braços, obedecendo a uma ordem dele e nos dirigimos ao interior do palácio. Percorremos salas e corredores sem fim, cheios de quartos. Subimos uma escadaria que levava aos pavimentos superiores. Andamos bastante até que chegamos defronte a uma porta que o médico abriu, ordenando-me que a depositasse numa cama macia e de lençóis limpos e alvos. Chamou duas escravas e ordenou que a banhassem. Depois dirigiu-se a mim, dispensando-me os serviços.

Com lágrimas nos olhos, rojei-me a seus pés, suplicando-lhe que me permitisse auxiliá-lo no tratamento da doente. Faria qualquer coisa, desde que pudesse ficar ao seu lado.

— Qual é teu interesse no caso? — perguntou-me, surpreso.

Não respondi de pronto.

— Já conhecias esta jovem?

Meneei a cabeça, concordando.

— Teu interesse por ela é muito grande, suponho.

Ergui a fronte, fitando aqueles olhos lúcidos que me olhavam com profunda compreensão.

— Muito. Eu amo esta jovem. Daria minha vida por ela e não posso perdê-la. Deixa-me ficar e serei teu escravo.

— Infeliz! Não sabes o perigo que corres confessando teus sentimentos por uma mulher que é propriedade do teu amo e senhor?

— Sei de tudo isso, mas não posso evitar. Ajuda-me e eu te serei grato pelo resto de minha vida.

— Não posso permitir que aqui permaneças sem o consentimento do Conde, mas prometo manter-te informado sobre o estado de saúde da minha paciente. E, quem sabe, vez por outra, poderás vir até aqui verificar por ti mesmo os progressos que tenha feito... se resistir, porém.

As últimas palavras pronunciou com entonação de apreensão e tristeza.

Tomei suas mãos e beijei-as, agradecido. A esperança voltava a bafejar-me o íntimo.

Retirei-me dos aposentos do médico com o coração em festa. Uma etapa estava concluída. Conseguira retirá-la do calabouço, mesmo que fosse em tristes condições de saúde, mas já era uma vitória. E que vitória!

CAPÍTULO VII

MISERICÓRDIA DIVINA

Tratava-se de Godofredo, Conde de Ravena.

Na verdade, ele não era mau, mas, acostumado a ter tudo o que desejasse desde a mais tenra idade, habituara-se a não ser contestado.

Seus pais, de família muito rica e descendência nobre, cumularam-no de carinho estragando-o com excesso de mimos. Fora uma criança rebelde e egoísta por culpa dos genitores; nada era demais para aquele filho que viera quando estavam já desanimados de esperar. Fora o Sol a iluminar-lhes a existência até então monótona e sem alegrias.

Cresceu entre afagos, sem jamais ser castigado, mesmo ligeiramente. A criança, linda e rechonchuda, "à semelhança dos anjos do céu", como costumava dizer sua mãe, tornou-se um jovem prepotente, egoísta, déspota, embora soubesse ser agradável quando necessário.

Com a morte dos pais, viu-se dono de colossal fortuna e, já não tendo qualquer freio a respeitar, freio que na realidade já não existia, diga-se de passagem, mergulhou numa vida de prazeres e excessos de toda natureza, só a abandonando quando se fazia necessário defender seus direitos e vantagens conquistados. Sentia-se bem lutando e se empenhando em lutas fratricidas.

Com o conflito que surgira em suas fronteiras, ameaçado pelos flancos por um inimigo figadal que ambicionava seus haveres, relegara os prazeres para um segundo plano, dedicando-se a defender seus interesses.

De caráter fogoso e apaixonado, estava sempre envolvido com mulheres de todas as classes sociais, fossem nobres ou plebéias, camponesas ou escravas. Mulheres que abandonava sem qualquer explicação, assim que seus desejos estivessem satisfeitos. Sabia, porém, tratá-las segundo sua educação e classe, demonstrando-se muitas vezes delicado, gentil, atencioso e encantador, desde que a dama merecesse um tratamento diferente, pela sua posição social.

Envolvera-se com quase todas as servas, que precisavam submeter-se a seus caprichos, embora muitas o fizessem de bom grado.

Uma delas, porém, tomou-se de amores pelo amo, apaixonando-se perdidamente. Quando foi excluída do seu convívio, pensou enlouquecer de dor e revolta. Possuidora de tendências negativas muito pronunciadas e dona de espírito irascível e vingativo, não se conformou com o desprezo daquele a quem amava acima de tudo na vida, embora na realidade sofresse também pelo amor próprio ferido e ambição desmedida insatisfeita, e jurou vingar-se.

Passou a observá-lo seguidamente, vigiando todos os seus passos. Sentiu que existia uma mulher por detrás do desinteresse demonstrado por sua pessoa.

Quando viu a jovem prisioneira pela primeira vez, sentiu uma fisgada de ciúme. Percebeu os olhares cúpidos do amo, seu interesse não dissimulado e sempre crescente. Aquilatou o perigo que aquela mulher representava em sua vida e odiou-a com todas as forças do seu coração, desejando afastá-la do seu caminho de todas as maneiras.

Não passou despercebido também à sua argúcia e percepção meu interesse pela prisioneira, analisando-me o comportamento.

Sentiu que em mim teria um aliado a seu favor, mesmo porque meus sentimentos em relação ao Senhor eram difíceis de serem encobertos. Resolveu que me usaria nos planos que já se delineavam em sua mente doentia.

Certo dia aguardou-me nas proximidades da porta que conduzia aos aposentos interiores do palácio; sentou-se nos degraus e, quando me aproximei, abordou-me com um sorriso irônico a bailar nos lábios rubros:

— Como vai ela?

Corei instantaneamente, incapaz de controlar-me.

— Ela, quem? Não sei a quem te referes.

— Falo da jovem e linda prisioneira de guerra que tanto te agrada!

— Cala-te! Como te atreves? — respondi algo agastado. — Toma cuidado com o que dizes! Alguém pode nos ouvir e interpretar mal tuas palavras. O médico mandou chamar-me e vou ver o que deseja.

Ela riu sarcasticamente.

— Teu senhor sabe do teu "interesse" por sua conquista de guerra?

— Não te atrevas a insinuar nada, maldosa criatura, e muito menos para teu senhor. Se souber que abriste a boca sofrerás o peso de meus braços em teu lombo. Cuida da tua vida e deixa-me em paz — respondi, irritado.

— Tranqüiliza-te! — respondeu, conciliadora. — Não pretendo prejudicar-te. Acho-te até muito simpático e gostaria de ajudar-te.

— Em que poderias ajudar-me, serpente venenosa?

— Talvez facilitando teus amores com a escolhida do teu coração! Tenho interesse em afastá-la deste local, pois não me convém que aqui permaneça — concluiu com raiva contida.

— Entendo. Já soube da tua ligação com o Conde.
— Sim, eu o amo e não quero perdê-lo. Se quiseres ser meu aliado procura-me...
— Embora não simpatize contigo, creio que poderemos unir nossos esforços num interesse comum. Agora não é o momento propício, alguém pode nos ver. Conversaremos em outra hora e local.

Afastamo-nos satisfeitos, tendo concluído o acordo que resultaria em tanto mal. Dirigi-me aos aposentos do médico para saber notícias da minha deusa.

Sua vida continuava em perigo. A pneumonia irrompera gravemente, propiciada pelo ambiente em que permanecera tanto tempo, e o esculápio lutava por amenizar seus sofrimentos. A febre, rebelde, não cedia e notei-o bem preocupado.

Desci algo desanimado, sentindo que perdia a única coisa que me interessava no mundo, e que nada podia fazer. Sensação de impotência, revolta e dor dominou-me o íntimo. Sentei-me num banco do jardim, com a cabeça entre as mãos. O meu mundo desabava e sentia-me impotente para ajudar. Eu, que possuía um caráter ativo e que resolvia meus problemas através da força, encontrava-me defronte a uma situação em que nada podia fazer! Se pelo menos eu acreditasse em Deus, naquele Deus de quem todos falavam e em quem eu não conseguia crer! Se "Ele" existisse realmente talvez pudesse auxiliar-me, mas por que se preocuparia com um ser insignificante como eu?

Pensamentos tumultuavam minha cabeça e fervilhavam em meu cérebro, sem conceder-me a paz almejada.

Súbito, senti uma mão tocar de leve meus cabelos. Levantei a fronte e dei com Ana à minha frente.

— Por que este desânimo todo? — perguntou-me com doçura.

Abaixei os olhos, incapaz de responder; tinha um nó na garganta que ameaçava sufocar-me.

— Já sei! Para que demonstres tanta aflição é porque o problema é com "ela". Acertei?

— Sim — respondi a custo. — Tamara está passando muito mal. O médico não acredita numa recuperação.

Ela sentou-se ao meu lado, procurando acalmar-me:

— Não te preocupes. Veremos o que pode ser feito. Tenho umas ervas muito boas e que surtem excelente resultado. Tem confiança! Ora e pede a Deus que te ajude!

Suspirei profundamente e não respondi. Como explicar a ela que não podia suplicar algo a alguém em quem não cria?

Combinamos que, assim que ela terminasse o serviço, nos encontraríamos para ver a prisioneira.

Separamo-nos, voltando cada um a seus afazeres. Já era tempo, pois Tamba estava à minha procura.

Estava satisfeito com o acordo firmado com a escrava, embora intrigado, e não conseguia deixar de pensar no assunto. Aquela criatura, conquanto bela e atraente, produzia-me estranho mal-estar, como se sua simples presença me fosse profundamente incômoda e desagradável.

Desprezava suas maneiras vulgares, tão diferentes das de minha preferida. Seus olhares tinham laivos de maldade incontida, quando ousavam repreendê-la por qualquer razão; seus gestos lembravam os dos felinos e toda ela exsudava sensualidade. Sem saber por que, sua presença causava-me sensação de medo e ligeiro pânico, como se fosse prenúncio de tragédia, de desgraça.

Quando ela abriu o jogo comigo, passei a vê-la sob uma ótica diferente: a da aliada, que, embora detestável, não deixava de ser um ponto de apoio e tábua de salvação para quem, como eu, não sabia por onde começar para atingir seus objetivos. E, talvez, ela não fosse tão má assim.

Abafei portanto meus sentimentos em relação à sua pessoa e resignei-me a ter que tratar com ela.

A prisioneira debatia-se entre a vida e a morte, deixando o médico desanimado, embora tudo fizesse para salvá-la.

Na hora aprazada, quando todos já se recolhiam após um dia estafante, dirigi-me com Ana aos aposentos do esculápio.

Batemos. Ele abriu-nos a porta surpreso. Ana dirigiu-lhe algumas palavras em voz baixa e ele permitiu que entrássemos, indicando o caminho.

Adentramos um aposento envolto em penumbra. No centro, um leito e sobre ele, envolta em alvos lençóis, a jovem dormia.

Transpirava abundantemente e sua respiração era difícil e entrecortada por gemidos. Aproximamo-nos. Condoeu-me seu rostinho magro e sofrido. Uma escrava, com delicadeza, de quando em vez enxugava as gotas de suor da sua fronte.

O médico dirigiu-se a Ana, indicando-lhe a doente, num gesto de desalento:

— Se achas que podes fazer algo por ela, faça, e rápido, porque não temos muito tempo. Minha ciência é impotente para salvá-la. Já apliquei todos os meus conhecimentos em vão. Entrego-a nas mãos do Criador, que lhe deu a vida.

Ana agradeceu com um gesto breve e ordenou que todos se retirassem, ficando no aposento apenas nós três: a paciente, Ana e eu.

Afastei-me para um canto escuro, sentei-me no chão e pus-me a observar, desejando com todas as forças que ela pudesse ajudar, mas sem acreditar realmente que pudesse fazê-lo.

45

Ana aproximou-se de uma pequena mesa contendo uma bilha de água, um copo e remédios, tisanas e ervas.

Pegou um pouco de água pura, despejando no copo, e tirou das dobras das vestes um saquinho contendo ervas, das quais deitou um punhado no copo, desprendendo-se um cheiro acre. Em seguida, aproximou-se do leito, depositou o copo na mesa de cabeceira e pareceu concentrar-se.

Erecta, ao lado da cama, parecia outra pessoa. Com os braços estendidos sobre o leito, começou a orar. À medida que orava, parecia desprender-se dela uma tênue fumaça esbranquiçada. Esfreguei os olhos, supondo estar tendo uma alucinação, mas continuei a vislumbrar a fumaça tênue que, saindo do corpo dela, das mãos, da cabeça, da boca, parecia atingir a paciente, envolvendo-a toda e, estranho, ao entrar em contato com a doente, desaparecia, como se fosse assimilada.

Ligeiro torpor dominou-me; minhas pálpebras começaram a pesar como se fossem de chumbo; ouvia sua voz suave repetindo a oração como se viesse de muito longe e nada mais pude perceber, adormecendo profundamente.

Quando dei acordo de mim, Ana fazia com que a prisioneira tomasse um pouco do chá que preparara.

— Muito bem! Agora precisas repousar para recuperares a saúde do corpo. Procura dormir, que amanhã à mesma hora virei ver como passaste o dia.

Fiz um ruído e ela virou-se para onde eu estava, chamando-me.

— Ah! Vejo que acordaste! Ciro, vê como nossa doentinha já está com outro aspecto.

Aproximei-me e realmente pude constatar que a jovem estava bem melhor. Já não transpirava tanto, suas faces adquiriram uma tonalidade rósea e os olhos que me fitavam estavam lúcidos.

Mal podia acreditar. Acontecera um milagre! Não sei o que Ana fizera, porque adormeci totalmente e não acompanhei o tratamento, mas era fora de dúvida que surtira efeito.

Despedimo-nos dela prometendo voltar no dia seguinte e atravessamos a sala onde o médico dormia num sofá e as servas no chão apoiadas em almofadas.

Despertou com a bulha que fizemos e Ana disse-lhe que continuasse com o tratamento aplicado até então, mas que, se não se incomodasse, voltaríamos logo mais para vê-la.

Aturdido e esfregando os olhos, ele penetrou no aposento da doente, de lá saindo perplexo.

— O que fizeste? Já não tem febre, seu pulso está quase normal e a respiração está tranqüila!

— Apenas supliquei o amparo de Deus e dei-lhe a beber um chá de ervas aromáticas.

— É espantoso!

— Já está muito tarde. Amanhã conversaremos com mais vagar, ou melhor, hoje, disse com um sorriso, ao ver a claridade que se escoava pela janela entreaberta.

Saímos. O dia amanhecia. O Sol não tardaria a surgir. Quanto tempo estivera adormecido? Não sabia, mas pelo jeito meu sono durara muitas horas.

Olhamos o céu onde as estrelas pálidas principiavam a desaparecer. Um leve tom avermelhado tingiu o horizonte, prenunciando a chegada do Sol.

Ana ergueu a fronte e, fitando o céu, balbuciou um agradecimento:

— Graças a Deus!

CAPÍTULO VIII

PACTO SINISTRO

Minha cabeça fervilhava. Desejava esclarecimentos que não me sentia com coragem de solicitar no momento. A fisionomia abatida e cansada de Ana refreou minha curiosidade; percebi que se exaurira no tratamento à doente. Não sabia o que ocorrera, mas um verdadeiro milagre tinha se verificado naquele quarto.

Seria uma feiticeira? Teria ligações com os seres infernais? Mas, se assim fosse, como poderia ter praticado uma boa ação? Durante minha vida pouco contato tivera com criaturas endemoninhadas. Meus pais, crentes convictos e fervorosos, evitavam prudentemente toda e qualquer aproximação duvidosa, no que eram assessorados pelo vigário da aldeia, temeroso de contágio em seu rebanho.

Havia uma velha bruxa que vivia há muitos anos no mato, nas imediações da aldeia. Diziam ter pacto com o demônio e que não se aventurava a ir à aldeia com medo da reação do povo.

Um dia, açulados pelo pároco, os aldeões foram até sua choupana e divertiram-se atirando pedras aos montes. Como ela não saísse, atearam fogo, que rápido tomou conta da palha seca e só se ouviam seus gritos pedindo socorro e suplicando piedade aos seus algozes. A pobre mulher só saiu quando já era uma tocha humana, indo cair aos pés do padre, morta.

Só não participei ativamente desse episódio por não gostar de gente de batinas. Sempre tive aversão por padres e jamais gostei de ir à igreja. Talvez porque o sacerdote da aldeia não me inspirasse confiança e esse episódio só serviu para aumentar minha aversão.

E foi só. Na verdade, poucas vezes vi essa bruxa e, embora não me parecesse particularmente perigosa, tinha receio e evitava aproximar-me dela.

Mas, Ana era diferente. Não se parecia em nada com uma bruxa, mas o coração me dizia que o pároco que vivia no castelo não deveria saber desse episódio, pois senão causaria problemas à minha amiga.

Na manhã seguinte, logo que pude aproximar-me, indaguei sobre o que ocorrera naquela noite. Ela limitou-se a dar evasivas, dizendo que fora a fé que curara a enferma, propiciada pela oração e o chá de ervas medicinais.

Nada respondi. Tamba aguardava-me para o treinamento e afastei-me do local rapidamente, após a leve refeição matinal.

O dia passou entre exercícios e treinamentos diversos. Logo haveria os jogos e precisava estar em plena forma para defender as cores do meu amo.

Após um dia exaustivo, Ana e eu nos dirigimos para os aposentos do esculápio. Minha impaciência era grande. Só a possibilidade de revê-la enchia-me o íntimo de satisfação intraduzível.

O médico recebeu-nos, atencioso. A jovem prisioneira dormia sono calmo e reparador. Sua aparência era a melhor possível, retornando à normalidade com rapidez desconcertante. O médico estava perplexo.

— Como conseguiu uma recuperação tão rápida, Ana? Mal posso acreditar no que vejo. Nossa enferma passou o dia otimamente; quase não teve febre e até se alimentou melhor. Sua respiração está calma e a pulsação normalizou. É incrível!

Ana respondeu com um sorriso:

— Bem, fico contente de ter podido ajudar. Nada há de extraordinário. Limitei-me a orar, como nosso santo padre ensinou, e a poção ministrada é de algumas ervas que trouxe da minha terra. Há muito tempo meu povo conhece os poderes medicinais de certas plantas encontradas na região e que aqui não existem. Posso fornecer um pouco, se o senhor desejar.

Como ele aceitasse o oferecimento feito com tanta gentileza e espontaneidade, Ana retirou das dobras do vestido um saquinho contendo ervas secas e entregou-o ao homem, que se pôs a cheirar as ervas, manuseando-as com as pontas dos dedos, como um entendido que era no assunto.

— Realmente, não conheço esta espécie.

Ana confirmou com um gesto a entrega do mimo:

— Podes ficar com o saquinho; tenho mais um pouco em meu quarto. E, por outro lado, o senhor precisa mais do que eu, que sou uma pobre servidora.

O médico agradeceu, quando ouviu-se uma bulha na antecâmera e vozes diferentes encheram o ar. Temeroso, solicitou que nos escondêssemos e foi ver qual a causa do barulho.

Mal nos alojáramos nas dobras de uma pesada cortina quando adentrou o aposento o proprietário do palácio.

Acobertados pela penumbra que envolvia o ambiente, podíamos, do local onde estávamos, observar tudo o que se passava no aposento sem que nossa presença fosse percebida, suspeitada sequer. Prendi a respiração, como se a mesma fosse denunciar nossa posição, enquanto meu coração batia descompassadamente e a cólera me invadia o íntimo. A simples presença daquele homem tinha a capacidade de acordar em mim o que havia de pior em meu caráter. Dominava-me com dificuldade crescente, enquanto minha companheira, tranqüila, aguardava. Olhou-me e colocou a destra em meu braço, tentando insuflar-me calma e coragem, numa advertência muda.

"Ele" entrou e sua presença marcante pareceu encher todo o aposento. Vestia-se luxuosamente e suas jóias e adereços brilhavam na penumbra.

Aproximou-se do leito com ânsia incontida. Debruçando-se sobre a jovem, tomou de sua mão que descansava suavemente sobre as cobertas e levou-a aos lábios. Em seguida, virou-se para o médico que, respeitosamente, aguardava a um passo atrás e perguntou pelo estado geral da paciente.

— Agora está muito bem, Senhor. Como podeis ver, já se encontra em franca recuperação.

— Por que não mandaste avisar-me?

— Senhor, sabíamos apenas que vos encontráveis guerreando, mas ninguém sabia ao certo vosso paradeiro! E, por outro lado — completou com um olhar displicente —, não sabia que era tão importante assim a vida desta moça.

Ele pareceu cair em si, não desejando demonstrar fraqueza diante de um subordinado. Endireitou-se e retrucou, procurando denotar indiferença:

— Quero vê-la curada para que sofra pela agressão à minha pessoa. Terá que pagar pela ofensa e desrespeito demonstrados contra mim, seu amo e Senhor!

O esculápio inclinou a cabeça humildemente e pareceu meditar por momentos:

— Desculpai, Senhor, a ousadia, mas não vos parece que ela já sofreu o suficiente pela falta cometida? Os dias e noites no calabouço, a moléstia que a acometeu como conseqüência disso... e a falta da vossa presença augusta... já não serão castigos suficientes para tão delicada criatura? — e completou com perspicácia — ... e além do mais, Senhor, tereis oportunidade de, mais uma vez, demonstrar a vossa misericórdia, nunca desmentida, perante toda a corte e que, por certo, acrescentará mais glória à vossa pessoa, se isso ainda é possível. Sede magnânimo, Senhor, e sereis abençoado por todos os vossos subordinados que já tanto vos amam!

Assim açulado em sua vaidade e orgulho com maestria pelo médico, grande conhecedor da alma humana, ele pensou, e como não desejasse mais do que perdoar-lhe, só aguardando uma oportunidade, aproveitou a que se oferecia:

— Acho que tens razão. Essa vil criatura já sofreu o suficiente. E, se não, farei com que seja submetida à chibata, se demonstrar nova atitude de rebeldia. Agora, deixa-nos a sós.

O médico inclinou a fronte, sorrindo discretamente e deixou o aposento.

Ao ver-se só com a enferma, o homem pareceu despir-se de uma couraça, modificando bruscamente sua atitude. Inclinou-se para o leito, demonstrando uma paixão violenta e profunda nos olhos penetrantes. Beijava-lhe sofregamente as mãozinhas delicadas e quase diáfanas, tal o estado de fraqueza a que chegara, sussurrando-lhe palavras doces ao ouvido como se ela pudesse ouvi-lo. E repetia aos borbotões tudo o que já dissera antes:

— Viverás para mim. Porque eu o quero e porque te amo acima de tudo no mundo. Serás minha nem que eu tenha de guerrear contra tudo e contra todos e até contra ti mesma. Seremos felizes, verás! Deporei um mundo a teus pés; serás rainha em meus domínios e todos terão de ajoelhar-se à tua passagem. Não tentes fugir-me porque não o conseguirias. Serás minha esposa bem amada perante Deus e serás dona dos meus domínios, como já és dona do meu coração... Casar-nos-emos tão logo te recuperes. Ergue-te, portanto, deste leito, que a felicidade nos aguarda. Faremos oito dias de festas e o palácio se encherá de convivas, pessoas ilustres vindas de longe e toda a corte estará presente...

A jovem dormia placidamente, mas conforme ele ia falando ela foi ficando impaciente, seu sono tornou-se agitado, até que despertou com um grito.

O médico correu e, preocupado com a saúde da paciente, solicitou ao Senhor que deixasse o aposento, visto a enferma necessitar de repouso e se encontrar ainda em desequilíbrio orgânico e emocional.

A prisioneira abrira os olhos e o fitava assustada, sem saber o que estava ocorrendo.

O Conde aquiesceu ao convite para retirar-se, ordenando ao médico que não se descuidasse do tratamento da doente. Queria vê-la logo restabelecida e, aproveitando o ensejo, perguntou como havia conseguido esse milagre, pois, pelo que fora informado, a jovem estivera entre a vida e a morte.

O médico falou-lhe sobre a participação de Ana no acontecido, salientando que, na verdade, a cura devia-se à sua atuação, à fé profunda de que era portadora e que realmente ocorrera uma cura, difícil de ser explicada.

Ninguém percebera que, à soleira da porta, um vulto soturno aguardava: um homem alto e magro, de fisionomia ascética, tez malicenta, olhos fundos e penetrantes, nariz comprido e afilado, mãos longas, finas e nervosas. Trajava um longo hábito sacerdotal e no peito podia-se ver, brilhando, uma grande cruz de ouro suspensa de grossa corrente do mesmo metal.

Quando virou-se, o médico percebeu a presença do sacerdote e estremeceu ligeiramente.

O proprietário do palácio, ao notar-lhe a presença, sorriu obsequioso:

— Oh! Frei Alberico, o que o traz aqui?

O recém-chegado pareceu sair da posição estática de observador em que se encontrava e respondeu com voz baixa, de timbre desagradável ao ouvido:

— Estava à vossa procura, Senhor. Precisamos conversar sobre assuntos de interesse da nossa Santa e Amada Igreja.

— Ah! Muito bem! Percebo que Vossa Reverendíssima quer me sangrar mais um pouco e o que puder fazer, farei de bom grado — e, virando-se para o médico, sorriu bem humorado, completando: — O que não farei eu pela salvação de minha alma?

Saíram conversando animadamente. Parecia bastante satisfeito da vida. Aliás, só ele falava, o religioso ouvia com displicente tolerância. O Senhor Conde estava radiante; já não se podia dizer o mesmo do frade, cuja fisionomia denotava descontentamento e irritação incontidos, diante da atitude irreverente do nobre senhor daquelas terras.

O médico sentiu um calafrio percorrê-lo intimamente, como um prenúncio de desgraças.

Após a retirada do Senhor acompanhado do saderdote, deixamos rapidamente o esconderijo, onde eu mal conseguia me conter.

Enquanto "ele" conversava com ela, assaltou-me um ódio terrível contra aquele homem. Vendo-o dirigir-se a ela com ternura e afeto, a paixão brilhando nos olhos escuros, tive desejos de estrangulá-lo e só não denunciei nossa presença porque Ana, prudentemente, me impediu.

Os pensamentos fervilhavam em meu cérebro, o coração batia desgovernadamente e, à medida que ele falava e expunha seus planos e desejos, percebi que teria de agir rápido. Não poderia mais perder tempo. Era imprescindível matá-lo e fugir com ela para bem longe. A esse pensamento a razão obscureceu-se, o sangue afluiu à cabeça com mais violência e a visão se me toldou numa vertigem rápida. Sim, teria de fazê-lo! Sentia-me forte e resoluto, nada poderia deter-me.

Quando saímos de trás das cortinas, o médico percebeu meu estado de espírito. Olhei a jovem que soluçava baixinho, assustada, e o meu peito encheu-se num longo hausto de amor. Ela era a minha vida!

O esculápio achou melhor que nos retirássemos logo, para evitar novo encontro perigoso. Olhou o corredor vazio, que a penumbra tornava maior, iluminado apenas de longe em longe por pequenas luminárias suspensas nas paredes.

Fez-nos sinal de que o caminho estava livre e saímos rapidamente, cobrindo-nos com as amplas capas que levávamos, muito usadas na época.

Em silêncio, atravessamos corredores e salas intermináveis; abrimos uma pequena porta pouco usada e bastante discreta e saímos do palácio sem que alguém nos interceptasse o caminho. Transpusemos os jardins com cuidado e celeremente chegamos aos alojamentos dos escravos. Antes de nos separarmos, Ana colocou a mão sobre meu braço e dirigiu-me uma súplica:

— Ciro, conheço teu coração e acredito saber o que vai dentro dele. Não deixes que o ciúme te obscureça a razão e nem tomes atitudes de que te arrependerias depois. Tem calma, confia em Deus e espera. Não sejas precipitado e nem comprometas teu futuro com atitudes intempestivas, quanto desarrazoadas. Não te entregues ao desespero e ao desânimo porque só irias te prejudicar. Deus sabe o que faz. Potanto, dorme, confia e espera.

Não esperou resposta; desapareceu entre as folhagens que se agitavam brandamente à aragem noturna, rumo à ala reservada às mulheres. O inverno se aproximava e a noite estava fria.

Dirigi-me ao leito procurando um repouso que não veio. Os pensamentos tumultuavam no cérebro procurando uma solução para meu problema. O dia já clareava quando o cansaço me venceu e consegui adormecer. Tive um sono agitado e pesadelos povoaram minhas horas. Despertei-me dia alto, sentindo-me mais cansado do que ao deitar.

Sem perder tempo, procurei Sula, a escrava minha aliada, e, num momento de descanso, coloquei-a a par da situação.

Tremeu de ódio quando eu falei no casamento planejado e seus olhos fuzilaram, sua boca contraiu-se num rictus amargo e jurou vingar-se. Rapidamente traçamos um plano: não poderia passar da próxima noite. O tempo urgia e a cada hora se tornaria mais difícil, porque a recuperação da jovem era fato consumado. Sula prometeu conseguir um animal nas cavalariças e deixá-lo pronto, equipado com víveres, agasalhos e roupas, e, quando o movimento do palácio diminuísse, eu entraria nos aposentos do médico e, envolvendo-a num amplo manto, levá-la-ia para a liberdade.

Para que isso fosse possível e não tivéssemos de contar com a sua submissão, Sula se utilizaria dos préstimos de uma escrava encarregada do serviço pessoal da prisioneira, que adicionaria um narcótico à água em que costumava ministrar a última dose de um determinado remédio, antes de dormir. Quanto ao médico, minha comparsa se incumbiria de afastá-lo do local, chamando-o para atender a um doente em estado grave.

Quanto à vida "dele", teria de aguardar outra oportunidade, porque Sula não permitiria que atentasse contra sua vida, naturalmente, e nem sequer poderia saber que meu desejo era matá-lo.

Mas, não tinha importância, o que me interessava era estar junto dela, o mais era secundário. Além do que, se "ele" nos perseguisse, eu teria oportunidade de matá-lo, provavelmente.

Tudo porém tinha que sair como planejado, caso contrário estaríamos perdidos.

Passei o dia seguinte numa agitação febril. Tamba estranhou minha indiferença e displicência no treino. Respondi-lhe que não me sentia bem; disse-lhe que estava com fortes dores de cabeça e calafrios percorriam-me o corpo cansado, enquanto que suores gelados banhavam minha pele. O que não era mentira porque realmente não estava bem.

Olhou-me estranhamente:

— Realmente, pareces febril. Teus olhos estão injetados e é melhor que repouses por hoje, já que nada poderias fazer nessas condições. Descansa e amanhã estarás com outra disposição.

Agradeci e procurei o leito para pensar com mais tranqüilidade.

Quanto mais se aproximava o crepúsculo, maior era minha impaciência. Sula procurou-me, discretamente, confirmando que estava tudo em ordem e que o animal ficaria aguardando escondido sob alguns arbustos do lado de fora do portão. Não procurei saber como conseguira e quem a ajudara, aceitando tudo sem fazer indagações. Sabia que ela tinha suas ligações e muitos amigos, portanto agradeci apenas.

Mais tarde, arrumei meus pertences, que eram poucos, e, como ainda fosse cedo, saí para andar um pouco.

Anoitecia. Uma aragem fresca substituía o ardor do dia. Embora o inverno já se aproximasse, ainda fazia calor durante o dia, mas, à medida que o Sol fazia sua caminhada pelo infinito, a temperatura começava a descer.

Sentei-me num banco, pensativo. A paz que existia no momento nos jardins era um convite à meditação. O ambiente ameno, o perfume suave das flores eram um bálsamo em meu espírito atribulado. O momento era decisivo para minha vida. Não pensei que o plano poderia falhar, que algo poderia sair errado, não. Pensei apenas que dentro de poucas horas estaria longe, juntamente com aquela que era o sol da minha existência. Não pensei nos perigos que teria de enfrentar, o desconhecido, a falta de conforto, a insegurança. Somente a imagem da prisioneira enchia meu íntimo de agitação febril, de impaciente espera...

Suspirei profundamente. No lusco-fusco da tarde que caía, senti minha visão se embaralhar como se uma vertigem me atingisse de súbito. Logo, senti a cabeça pesada e ligeiro torpor me dominou, fazendo com que perdesse a noção do que se passava.

Parecia estar dormindo e ao mesmo tempo percebia tudo o que ocorria ao meu redor: os ruídos vindos do palácio, o farfalhar das folhas nos arvoredos, o perfume das flores que se abriam.

De repente, senti que flanava no ar e uma atmosfera branco-azulada envolvia tudo. Senti-me leve e olhei ao redor tentando descobrir onde estava, quando vi aproximar-se a mesma personagem que já vira antes.

O ancião, de barbas brancas, vestes longas e olhar lúcido e amorável, suspendeu a destra para me abençoar. Toda a sua figura estava nimbada de luz e, sem poder conter-me, caí de joelhos, soluçando. Sua mão tocou-me a cabeça e doce refrigério envolveu-me, enchendo-me de um bem-estar inefável.

Dirigiu-se a mim com voz doce e calma, embora a preocupação fosse visível.

– "Meu filho, detém-te enquanto é tempo. Não persistas nesse plano insensato que só te trará tristezas e aborrecimentos. Chega de desatinos! Tenho procurado auxiliar-te e abrir-te os olhos para a luz, mas tens sido sempre rebelde e ingrato. Se persistires em tuas decisões, serás deixado à tua mercê e não poderei mais estar contigo, até que te disponhas a melhorar. Confia em Deus e espera. Ele sabe aquilo de que necessitamos e não deixará órfãos seus filhos do coração. Ama e perdoa. Que Jesus tenha piedade de ti. Adeus."

Percebi que me encontrava ainda sentado no banco de mármore e que a noite descera sobre a Terra. As palavras do velho martelavam-me a cabeça e senti o coração angustiado com tristes presságios.

Passei a mão sobre a testa, como a expulsar pensamentos hostis, e assaltou-me o desejo de voltar atrás em minha decisão de partir raptando a jovem escrava.

Dirigi-me ao alojamento e percebi que meus pertences já tinham sido levados por Sula para serem colocados junto à bagagem que levaríamos.

Engolfei-me novamente em meus problemas e intimamente ouvia uma voz que me dizia: – "Não sejas tolo! Queres desistir agora que já está tudo arrumado e corre bem o plano? O que dirás à Sula? Dirás que és um covarde e sem palavra? E depois, quando terás outra oportunidade de te aproximares da bela prisioneira e tê-la só para ti? Longe daqui terás um mundo de felicidades, a vida te sorrirá e juntos sereis ditosos. Já está quase na hora de partir. Decide-te enquanto é tempo. Aqui, a humilhação e a tristeza; lá fora, a liberdade e a felicidade. Vamos, não percas tempo. Ela te aguarda! A não ser que não te incomodes de vê-la nos braços de outro"...

Esse último argumento fez com que me decidisse. Uma euforia estranha tomou conta de mim e, resoluto, pensei: – "Está feito. Vou arriscar a vida pela liberdade. E que a sorte me seja propícia!"

CAPÍTULO IX

DERROCADA MORAL

Dirigi-me ao leito e deitei-me na hora do costume para não despertar suspeitas. Aguardei os ruídos do palácio terminarem. As luzes foram-se apagando uma a uma e tudo mergulhou em silêncio. Apenas se ouviam os pios de alguma ave noturna, os grilos cricrilando no jardim, o coachar dos sapos e o ruído das folhas caindo com o vento.

Quando me convenci de que não havia mais perigo, levantei-me cautelosamente, calcei as alpercatas e saí.

Dirigi-me para o corpo central do palácio, atravessando o pátio interno. Subia os primeiros degraus quando ouvi vozes vindas de uma das salas. Voltei e fui verificar o que se passava. O Senhor e um amigo, sentados defronte a uma mesa, conversavam animadamente. Praguejei entre dentes por ver meu plano perigar.

Iguarias das mais diversas procedências estavam sobre a mesa, em meio a restos de carnes, ossos, taças sujas, deixando perceber que o festim fora animado. Taças rolavam pelo chão e comidas caídas no tapete persa falavam do estado dos convivas. Gargalhavam ruidosamente a uma anedota mais picante e teciam comentários que eu não conseguia ouvir, pela prudente distância a que me colocara, deixando perceber o estado de embriaguez em que se demoravam. Quando um dos copos estava vazio, o outro logo se incumbia de encher e vive-versa, e a conversa prosseguia animada, para desespero meu.

Já fazia algum tempo que os espreitava sem encontrar solução e já acreditando que teria de adiar o meu intento, pois se ficasse muito tarde teríamos pouco tempo de escuridão para acobertar a fuga e tornar-se-ia muito arriscado persistir nessas condições, quando o visitante demonstrou vontade de se recolher, vencido pelo sono e pelo cansaço. Propôs ao anfitrião que se amparassem mutuamente para chegar até os aposentos respectivos, que eram vizinhos, já que os servos se haviam recolhido por ordem do proprietário, que preferiu ficarem a sós para palestrar mais à vontade, sem ouvidos indiscretos por perto.

Levantaram-se com dificuldade e como o estranho parecia em melhores condições de equilíbrio que o outro, levou-o até os aposentos, deitou-o no leito e, cambaleando, foi para os aposentos que lhe tinham designado.

Enquanto escondido — observava-os subindo as escadarias com imensas dificuldades, dando dois passos para a frente e um para trás, rindo à socapa não se sabia do que — veio-me a idéia de aproveitar a oportunidade e livrar-me dele. Nunca mais encontraria ocasião mais propícia. Ele estava só, os servos dormiam o sono dos justos e eu estava a poucos passos dos aposentos dele. Ninguém poderia me impedir; "ele" não estava em condições de tentar uma defesa, mesmo que acordasse, o que era praticamente impossível.

Levei a mão à cintura e toquei o cabo do pequeno punhal que trazia sempre comigo para qualquer eventualidade, enquanto o coração batia descompassado.

Sim! Este era o momento tão aguardado. Verdade é que Sula não me perdoaria, mas que me importava uma reles escrava? Além do mais, quando descobrissem o que acontecera durante a noite nós já estaríamos longe e a salvo de represálias.

Abri de mansinho a pesada porta e entrei com cuidado. Olhei ao redor, curioso de ver como vivia esse homem que era tão detestado e que era tão poderoso quanto um rei. Havia uma antecâmara, ligada a uma sala de repouso. De um lado, um escritório com uma biblioteca, onde se via uma escrivaninha de mogno pesada; à frente, pesados reposteiros vedavam a entrada ao quarto de dormir. Tudo mobiliado luxuosamente. Das janelas pendiam grossas cortinas de veludo carmesim, e o piso de mármore era recoberto por tapetes persas e bizantinos, que abafavam os passos.

De onde eu estava, podia escutar o ressonar ofegante do homem. Levantei os reposteiros e pude vê-lo estendido sobre o enorme leito, parecendo desmaiado. O odor de bebida era insuportável; eu poderia ter muitos defeitos, mas não gostava de ingerir bebidas alcoólicas. Aproximei-me mais e sua face congestionada, o ressonar forte, a baba que escorria de um canto da boca, deixaram-me nauseado. Asco e desprezo senti naquele instante. Quase tive pena daquela criatura que ali estava à minha mercê, mas dentro de mim alguma coisa me dizia para não titubear. — "Não hesites, mata-o. Não merece viver!"

Levei a mão ao punhal e senti o frio do metal. Retirei-o da cintura e com decisão cravei-o no coração do inimigo mortal.

Tentou leve reação, sem chegar a acordar; quis levantar o braço direito, mas este caiu inerte. Estava morto.

Retirei o punhal, limpando-o nas vestes e saí furtivamente como entrara. Não foi difícil chegar até o quarto do médico, que, como ficara combinado, ali não estava.

Retirei a jovem do palácio rapidamente. Sula ajudou-me a transportá-la até o lado de fora dos muros do palácio onde o cavalo nos aguardava.

Ajeitei-a no animal e partimos em desabalada carreira, deixando no local a morte, o sofrimento, a dor.

Cavalgamos pela noite como se mil demônios nos perseguissem. As trevas noturnas acobertaram nossos passos e tínhamos horas de vantagem até que descobrissem no palácio o que havia acontecido, e era preciso aproveitar o tempo.

Sem parar, galopamos durante muitas horas e somente de quando em vez ouvia um gemido da jovem. Quando percebi que o animal se encontrava extenuado pelo esforço despendido e sem condições de prosseguir, paramos para repousar um pouco.

Retirei a jovem da posição incômoda em que se encontrava e a estendi na relva macia, ainda adormecida. Procurei água pelos arredores seguindo o ruído de um riacho que rumorejava por perto, e tratei do pobre animal. Descansamos um pouco, o que julguei suficiente para recuperar as forças e continuamos a cavalgada.

Logo, o céu tingia-se de branda claridade prenunciando a chegada do Sol, e as trevas foram desaparecendo qual nuvens de aves voando ligeiras, trazendo apreensão ao meu espírito. Era preciso nos esconder-mos para que não fôssemos reconhecidos ou encontrados por aqueles que, fatalmente, viriam à nossa procura.

Com sorte, encontrei uma gruta meio escondida pelas folhagens e que serviria otimamente para nos abrigar naquela contingência. Estávamos próximo à minha aldeia natal e não queria que alguém nos visse. Conhecia aquela região muito bem e não foi difícil localizar a gruta.

Deixei o animal pastando e acomodei a moça o melhor possível, deitando-a sobre palhas frescas que arranjei nas proximidades.

Estava faminto, o estômago vazio e a cabeça zonza. Cozinhei algumas verduras que achei pelos arredores, batatas e couves, fazendo uma sopa que tomei com sofreguidão. Trouxéramos víveres mas, sem saber o que nos aguardava mais adiante, resolvi reservar nossos suprimentos para quando se fizessem realmente necessários.

A jovem não deveria demorar a acordar, pelos meus cálculos. Sentei e fiquei observando-a enquanto dormia. Mais de uma hora depois ela começou a dar sinais de que estava despertando. Movimentou-se nas palhas, gemendo um pouco. Ainda estava convalescente e seu corpo deveria estar dolorido da viagem.

Espreguiçou-se, olhando ao redor de si e procurando reconhecer o ambiente. Sua fisionomia denotava a estranheza que a situação lhe causava. Ao me ver sorridente à sua frente, pulou assustada.

– O que aconteceu? – perguntou aflita.

Procurando incutir-lhe tranqüilidade, respondi com voz branda:

— Calma, não te assustes. Estás livre agora!
Ela pareceu não entender bem o que ouvira de meus lábios.
— Raptei-te esta noite e estamos longe do palácio e do teu algoz.
Um sorriso de contentamento que eu nunca vira antes aflorou em seus lábios purpurinos e quis saber como acontecera. Contei-lhe tudo, sobre os preparativos, a fuga, a viagem, naturalmente omitindo o crime que cometera.
Agradeceu-me efusivamente e seu semblante modificou-se. Estava radiante de beleza, seus olhos brilhavam, seus gestos traduziam a alegria e intensidade do seu estado de espírito. Até seu porte modificou-se, retornando à flexibilidade e segurança de antes, orgulhosa e um pouco arrogante, consciente do seu fascínio e posição social.
Fazia planos, falava sem parar, enquanto eu, sentado, a observava encantado e satisfeito, embora um tanto apreensivo.
— Levar-me-ás até meu país e meu pai te recompensará regiamente, pois somos muito ricos e ele deve julgar que estou morta. Pobre pai! Eu era tudo para ele e o desgosto com o meu desaparecimento deve ter sido muito grande. Mas não importa, agora tudo vai mudar. Retornaremos para casa e ficarás conosco. Meu pai dar-te-á um serviço em nossa casa e nada te faltará. Quando partiremos? Estou ansiosa para rever os meus, abraçar minha mãe, meu pai. E meu noivo, Agar, esperar-me-á ainda? Com certeza ama-me ainda e ficará feliz com meu retorno...
Falava, esquecida da minha presença, absorta em seus pensamentos, sem saber que cravava um punhal no meu coração. Aos poucos seus pensamentos tomaram outro rumo:
— E aquele miserável que me aprisionou? Vingar-me-ei dele. Mandaremos nossos exércitos e destruiremos seu poderio. Somos muito mais fortes do que ele e não terá oportunidade de defesa... Mas, o que estamos esperando? Temos que continuar — falou, autoritária, retornando ao presente.
Balancei a cabeça negativamente:
— Não podemos ser vistos. Descansaremos durante o dia e viajaremos à noite. É mais prudente. Agora, toma este caldo. O alimento te reconfortará o organismo; estás fraca e há muitas horas não te alimentas.
Aceitou o alimento docilmente e comeu com vontade.
— Tens razão em não podermos viajar durante o dia. Que seria de mim sem tua assistência? Jamais poderei te recompensar o suficiente por tudo o que estás fazendo por mim. Ser-te-ei grata para sempre.
Não pude deixar de me felicitar por ver sua disposição de espírito a meu respeito, e não consegui evitar um sorriso irônico ouvindo suas palavras. Tratava-me como um subalterno, alguém que a salvara de um perigo, naturalmente, e que por isso merecia sua condescendência, mas não me tratava como um igual. Para ela, eu era um servo, nada mais.

Resolvi deixá-la acreditar que realmente a levaria até seu lar para poder contar com sua boa vontade. Se ela sentisse que deixara de ser escrava num palácio para ser prisioneira numa gruta as coisas não seriam muito fáceis para mim, que teria de preocupar-me com nossos perseguidores e em vigiá-la. Fingi, portanto, acatar suas idéias e planos até quando me fosse conveniente. Uma coisa era certa: jamais a devolveria aos seus e muito menos ao tal Agar, a quem eu não conhecia mas que já detestava por ter sido seu noivo. Ela era minha e de mais ninguém. Em algum lugar distante, onde não precisasse temer inimigos, adquiriria umas terras, com algumas jóias que trouxera e viveríamos muito felizes e sozinhos, sem nos preocuparmos com mais ninguém.

Meu coração dilatou-se de felicidade a esse pensamento. Um frêmito de emoção agitou-me e suspirei profundamente.

Ao anoitecer, disse-lhe que iria sair, mas que ela deveria ficar quieta dentro da gruta, não saindo em hipótese alguma. Voltaria logo e prosseguiríamos viagem.

Esperei a escuridão cair por completo e saí com cuidado. Habituado a andar pelo mato, a caçar, conhecia todos os seus segredos. Caminhava como um felino, sem fazer ruído e com os ouvidos aguçados ao menor movimento. Após algum tempo de marcha acelerada, a mata foi rareando e logo pude avistar a aldeia que se estendia à minha frente. Tudo estava escuro, salvo uma ou outra luz de alguém que ainda não conseguira adormecer. O mais, tudo tranqüilo; os habitantes da minha aldeia levantavam-se muito cedo para trabalhar no campo e, nada tendo para fazer à noite, recolhiam-se logo após o anoitecer.

Uma ligeira emoção dominou-me ao aproximar-me daquele que fora meu lar durante tanto tempo. A casa estava um pouco mais velha, talvez, achei-a mais feia, mas era a mesma casa.

Bati levemente à porta e logo ouvi bulha no seu interior.

— Quem bate a esta hora da noite?

— Sou eu, pai. Abra a porta.

Imediatamente a porta abriu-se e encontrei-me nos braços de meu pai. Sobre seu ombro vi o semblante de minha velha mãe, banhado em lágrimas. Abracei-a, não deixando de notar seu corpo mais fraco e emagrecido.

— Meu filho, como senti sua falta! — falava passando as mãos em meu rosto, examinando cada traço. — Estás mais amadurecido, pareces mais homem, mas sinto que não estás bem. Este vinco nos cantos da boca não tinhas quando daqui partiste. O que está acontecendo contigo?

Sorri, tentando aparentar tranqüilidade e disfarçando o aborrecimento que suas palavras me causavam:

— Nada, mãe. Estou bem. Tudo corre como desejava. Estou de passagem em busca de outras plagas. Com saudades de ti e do meu pai quis ver-vos. Não vos preocupeis comigo.

Conversamos ainda um pouco e procurei saber notícias de todos da aldeia, contei como era a vida em outros lugares e falei do meu desejo de vida nova. Falei-lhes da jovem que estava comigo, omitindo os acontecimentos mais graves de nossa fuga, naturalmente.

— Queremos nos unir pelos laços do matrimônio e ela é escrava, por isso fugimos. É uma bela jovem e tenho certeza que gostaríeis dela, mas infelizmente temos que partir. Mandarei notícias quando estivermos acomodados em lugar seguro.

Beijei minha mãe, abraçando-a fortemente. Osculei a destra de meu pai, pedindo sua bênção e antes de sair supliquei a eles que nada comentassem da minha visita com quem quer que fosse. Ninguém deveria saber meu paradeiro.

Dirigi-me até os fundos da casa e, em silêncio, atrelei um cavalo e despedimo-nos ainda uma vez. Precisava apressar-me. Perdera muito tempo com a visita e teríamos que ganhar tempo viajando mais rápido. Seria mais fácil agora com Tamara desperta e o peso dividido em dois animais.

Em silêncio, voltei para a gruta pelo mesmo trajeto. A jovem aguardava-me apreensiva. Rapidamente arrumamos nossa pequena bagagem, apagamos os vestígios de nossa passagem pela gruta e reiniciamos a cavalgada rumo ao desconhecido.

CAPÍTULO X

SOLENES EXEQUIAS

A dor, como um negro sudário, abateu-se sobre todo o castelo. A perplexidade, de início, seguida de incredulidade e da desconfiança, pintava-se, em tonalidades diversas, em todos os semblantes.

O camareiro do Conde estranhou a quietude existente em seus aposentos às primeiras horas da manhã, quando, invariavelmente, ao acordar, o Senhor tocava a sineta chamando-o para auxiliá-lo na higiene matinal e para ajudá-lo a se vestir.

Nada disso aconteceu. Como, pelos vestígios encontrados, percebeu que ele se excedera no vinho na noite anterior, julgou que desejava repousar mais um pouco e dispôs-se a esperar o seu chamado, certo de que isso não tardaria a acontecer.

Por outro lado, o médico voltou aos seus aposentos após uma consulta cansativa, em que não conseguira detectar a razão das fortes dores de que se queixava o paciente. E esmerara-se em tisanas e poções, emplastros e todas as técnicas conhecidas pela medicina de então para serem aplicadas naqueles casos. Durante muito tempo permaneceu ao lado do enfermo, sem conseguir aliviar seu sofrimento.

Afinal, exausto, prescreveu um purgativo e retirou-se, prometendo voltar logo às primeiras horas da manhã. Como estivesse extremamente cansado, com sono e aborrecido pelo insucesso do tratamento, recolheu-se sem dar uma última olhadela na sua paciente favorita, certo de que repousava tranqüilamente, recuperando-se rapidamente da enfermidade que a mantivera por tanto tempo no leito entre a vida e a morte.

Sem mais inspirar cuidados, deitou-se e adormeceu imediatamente, só acordando com os chamados insistentes da escrava encarregada de tomar conta da jovem paciente.

Torcia as mãos, nervosa, lágrimas corriam de seus olhos assustados; seus cabelos desfeitos falavam do desespero de que se achava possuída.

– Senhor! – desculpou-se, ajoelhando-se. – Não tive culpa! Não sei o que aconteceu; adormeci e ao acordar ela não estava mais lá.

Perplexo, sem entender nada, o médico procurou acalmá-la:

— Acalma-te, infeliz. Conta-me o que houve porque nada estou entendendo. De quem falas?

— Da moça que o Senhor encarregou-me de servir. Tamara. Não está em seu quarto. Já procuramos por todo lado e não a encontramos. Ao acordar, não a encontrando no leito, julguei que, sentindo-se melhor, poderia ter desejado descer aos jardins, mas também lá não estava. Procuramos por todas as dependências do castelo e nada. Sumiu.

Assim falava, enquanto com as mãos arrancava os cabelos, tomada de desespero, temendo a reação do Senhor e as conseqüências da sua falta.

O médico levantou-se, atônito e assustado. Correu ao aposento da jovem, ainda esperando que nada daquilo fosse verdade. Ao confirmar pessoalmente o acontecido, viu a cama desfeita, suas roupas numa banqueta, seus sapatos pequenos e delicados jogados no chão. Seu pensamento trabalhava célere. O que teria ocorrido? Teria fugido, aproveitando-se da ocasião? Mas, suas roupas estavam todas lá, seus sapatos, nada denotava preparativos de fuga; salvo se tivesse fugido de camisa de dormir, o que não era provável. De qualquer maneira, teria de avisar o Senhor e temia sua reação, conhecedor do seu interesse pela jovem.

Vestiu-se apressadamente e encaminhou-se até os aposentos particulares do Senhor, anunciando ao camareiro, na antecâmara, que tinha assunto urgente a comunicar ao Senhor Conde.

— Impossível, Senhor. Dorme ainda e não tenho ordens de acordá-lo.

Com voz autoritária que não admitia réplicas, o médico respondeu:

— O motivo que aqui me traz é de extrema urgência e, se não quiseres ser responsabilizado pela demora em notificar teu Senhor, acorda-o já. Vamos, avia-te! Tenho pressa e não posso esperar.

O jovem, assustado com o ar sério e furioso do médico, apressou-se em chamar o Senhor.

Logo após sua entrada no aposento em que dormia o Conde, ouviu-se um grito apavorado, que ressoou lugubremente pelos corredores do palácio.

O médico correu e levantou os pesados reposteiros para ver o que estava acontecendo e deu com uma cena horrorosa: o camareiro, de olhos esbugalhados, em choque, olhava para o grande leito onde, com o braço caído fora da cama, olhos abertos e fixos, feição marmórea, jazia morto o dono do palácio, com o peito aberto, de onde o sangue escorrera, abundante, ensopando suas roupas, os lençóis e o próprio tapete.

No primeiro instante o médico estacou, perplexo; logo em seguida, porém, dominou a situação, retomando o sangue-frio e a consciência profissional. Ordenou que todos se afastassem, pois, com os gritos e o choro convulsivo de alguns escravos, começou a juntar gente. Todos queriam satisfazer a curiosidade e saber o que ocorria, e em pouco tempo o quarto ficou cheio de pessoas.

Mandou que se afastassem, ordenou aos guardas que acorreram que mantivessem todos para fora do aposento, só permanecendo o estritamente necessário. Com tristeza examinou o corpo, percebendo à primeira vista, pelo estado geral, temperatura e rigidez cadavérica, que havia morrido há muitas horas, provavelmente umas seis horas ou mais. Tomou todas as providências possíveis no momento e só então lembrou-se do motivo que o conduzira até o local do crime: o desaparecimento da jovem prisioneira. Nada disse a ninguém, mas intimamente começou a ligar os dois acontecimentos, vendo relação entre um e outro. Teria sido a jovem a autora do monstruoso assassinato? Ela tinha razões para odiá-lo, mas, lembrando-se do seu jeito, da sua maneira de falar, o que pensava a respeito das coisas, não a julgava capaz de um ato repugnante e covarde quanto esse. Aprendera a estimá-la. Durante o tempo que permanecera sob seus cuidados, tinham tido muitas ocasiões de conversarem a sós e admirava sua fineza de trato, sua capacidade de raciocínio, sua inteligência viva, seu poder de análise e a sensibilidade de que era dotada. Na verdade, sua personalidade era cativante e ele gostava de passar as tardes ao seu lado, quando, após ter cumprido seus múltiplos afazeres, se propiciava alguns momentos de folga.

Ela falava então da sua pátria distante, dos pais, da vida que levavam, dos costumes diferentes do seu povo, contava estórias alegres e engraçadas que o divertiam muito e, muitas vezes, tomando o alaúde que trouxera, a seu pedido, cantava doces melodias nostálgicas da sua infância e seus olhos, então, turvavam-se de lágrimas cristalinas.

Outras vezes, sentia-se revoltada e então gritava seu desprezo e ódio pelo seu algoz. Maldizia sua existência desejando que os demônios levassem sua alma. Demonstrava então o orgulho indomável de que era detentora, do amor-próprio ferido e chorava maldizendo o dia em que o encontrara. Nestas ocasiões, ele, com delicadeza e carinho procurava serenar-lhe o ânimo, fazendo com que ingerisse alguma substância calmante, após o que a conduzia para o leito para repousar. Às vezes, já no leito, quando ele ajeitava-lhe as cobertas, ela dizia-lhe com entonação triste:

— Ah! doutor, não penseis que sou ingrata. Quero-vos muito bem; agradeço o dia em que vos conheci e percebo que vos entristeceis quando me revolto, mas não posso conformar-me com esta situação deprimente. Vós me curastes o corpo, mas não curastes a alma, doutor. E é ela que está enferma agora. Se algum dia puder ir embora, gostaria de levar-vos em minha companhia, tanto que vos estimo. Não fiqueis triste com minhas palavras desatinadas; elas são fruto do momento. Na verdade, meu amigo, os únicos momentos agradáveis que tive aqui neste palácio foram proporcionados por vós; só ao vosso lado me sinto tranqüila e confiante. Tende paciência comigo, vos imploro.

E ele, então, enternecia-se com sua gentileza e sensibilidade apurada. Sua personalidade era cativante em qualquer circunstância e já sentia saudade da sua presença envolvente. Não, ele não acreditava que Tamara pudesse ter cometido tão bárbaro crime.

Nos dias seguintes a tristeza e o luto cobriram o palácio de crepes pesados.

O corpo foi preparado como era de costume e, após, colocado em exposição em câmara ardente para visitação pública no salão principal, ali permanecendo por uma semana.

As solenes exéquias realizaram-se com toda a pompa a que fazia jus o morto.

Descendente de reis, pertencendo à mais ilustre nobreza ostrogoda, Godofredo, Conde de Ravena, atraiu para o seu sepultamento toda a alta nobreza, pessoas ilustres e artistas das mais diversas procedências. Levando vida dissoluta e alegre, possuía muitos amigos que acorreram ao seu palácio, não acreditando que ele houvesse realmente deixado este mundo.

O palácio esteve sempre repleto de gente durante toda aquela semana. Muitos com ar compungido, procurando demonstrar tristeza, outros com fisionomia indiferente e até meio agastada, cumprindo apenas um dever social, descontentes por serem obrigados a prestar homenagens a um morto quando poderiam estar se divertindo. Em outros, ainda, pintavam-se a curiosidade e o assombro; gente que nunca teria tido oportunidade de penetrar na propriedade em circunstâncias normais, aproveitavam-se da ocasião para conhecer o palácio e ver com os próprios olhos como vivia o ilustre Senhor daquelas terras e, fascinados, admiravam o luxo e a ostentação existentes, procurando nada esquecer para poderem contar aos vizinhos e amigos que ali não estavam tudo o que presenciaram.

Ilustres prelados, arrogantes e ambiciosos, procuravam mentalmente fazer o inventário dos bens do defunto que fora tão pródigo em vida e não deixaria de sê-lo depois de morto, intimamente satisfeitos com a possibilidade de se apossarem de gordo quinhão da imensa fortuna. As fisionomias, porém, mantinham-se impassíveis, um tanto quanto piedosas e complacentes, como convinha a distintos prelados da Igreja.

De todos os visitantes e pessoas da casa, poucos sentiram realmente a morte daquele homem. Muitos tinham motivos de queixa contra ele, e o detestavam. Somente choraram sua morte o camareiro José, mais ligado ao seu serviço pessoal e, portanto, que o conhecia mais intimamente, até participando, vez por outra, das suas confidências; Ana, a servidora fiel, amorosa e sensível, dona de coração terno e misericordioso que, não obstante a sua situação de subserviência, não tinha queixas de ninguém e procurava ajudar a todos na medida de suas possibilidades. Demonstrava uma dor imensa, embora equilibrada, não tanto pela pessoa do Senhor Conde, embora lamentasse sinceramente o acontecido, mas pelas circunstâncias da morte que ela, com o coração oprimido, não conhecia em extensão, mas suspeitava da verdade e sofria com isso, principalmente ao perceber que Ciro desaparecera misteriosamente; Marcus, o médico, amigo e companheiro, que procurava desvendar o crime; Tamba, que demonstrava sempre para com seu Senhor uma fidelidade e devoção caninas.

Mas, quem realmente chorou a morte de Godofredo de Ravena, com desespero incontido e ódio feroz no coração, foi Sula, a escrava desprezada, mas que o amava com todas as forças. Escondida pelos cantos, extravasava sua dor, longe de olhares indiscretos e curiosos; chorava sem consolo, debatendo-se em angústias e tristezas infindas. Nada a poderia compensar pela terrível perda que sofrera com a morte daquele que, embora sem merecer, era detentor de todo o seu afeto. E engolfada na revolta jurava vingar-se daquele ser ignóbil que se utilizara dela para conseguir os seus intentos, deixando, após si, a destruição, a dor e a morte. Afundava-se cada vez mais em vibrações negativas, criando ligações mentais deprimentes com obsessores do mundo espiritual inferior, que seriam de difícil solução no futuro. Envolvia mentalmente os fugitivos em emanações de ódio, que facilitavam a ação dos espíritos menos esclarecidos e criavam vínculos graves que os manteriam unidos por muito tempo ainda.

Comentavam-se em todas as rodas, não obstante a presença do defunto, que deveria inspirar, se não consideração, pelo menos respeito, os seus atos, a maneira de viver, os deslizes que cometera, as vitórias alcançadas em campo de batalha e, sobretudo, a morte tão súbita, embora naqueles dias isso não fosse de causar admiração, pois que uma pessoa podia sair à rua e ser morta logo ao virar a esquina, sem que se procurasse apurar o autor do delito. Vivia-se uma época de insegurança, em que não se confiava realmente em ninguém, insegurança essa que era produto da política vigente no país.

Mas, uma ocorrência dessa, dentro do próprio palácio, cercado de guardas e servidores, causava estranheza e perplexidade, embora a grande quantidade de inimigos que o Conde de Ravena soubera angariar durante toda a sua existência.

Godofredo, Conde de Ravena, não possuía descendentes diretos. Sua esposa, mulher frágil e franzina, com quem se consorciara a instâncias do pai com a finalidade de unir duas famílias ilustres num acordo vantajoso, morrera sem deixar-lhe filhos. Comentava-se, inclusive, que a morte da nobre senhora não ficara bem explicada na ocasião, e muitos o julgavam culpado de um crime. Nada porém ficou provado, mesmo porque, naquela época, ninguém queria se indispor com o todo poderoso Conde de Ravena. A família da jovem e desditosa Melina desconfiou que algo estranho ocorrera na morte dela, mas, como não tinham provas e nada puderam apurar de irregular na conduta do marido, resolveram engolir a dor e aceitar a versão do esposo, dando por encerrado o assunto. Mesmo porque o Conde era muito bem visto pelo Soberano e temiam cair em desgraça com Sua Majestade, atacando um dos seus favoritos. Presentes ao velório, os familiares de Melina cochichavam em um canto, tecendo observações mordazes sobre a pessoa do morto.

O Conde de Ravena possuía apenas um irmão que, juntamente com sua consorte, recebia as condolências dos que vinham prestar suas últimas homenagens ao defunto. Embora nunca tivessem sido muito ligados um ao outro, procurava afivelar ao rosto uma expressão de pesar e dor que absolutamente não sentia. Sua esposa parecia até feliz em ver-se alvo de tantas atenções, embora habilmente disfarçasse seus sentimentos, esforçando-se também por expressar tristeza e desconsolo, através de olhares lânguidos, fundos suspiros e uma que outra lágrima inexistente enxugada com o lencinho perfumado. Na verdade, a morte do irmão e cunhado fora providencial, visto estarem à beira da falência pela vida desregrada que levavam, gastando o que possuíam em noitadas de jogo, onde perdiam a fortuna e a saúde. Na verdade, eram irmãos apenas por parte do pai, que, antes de morrer, com receio de chegar até o Criador cheio de pecados, e querendo reparar uma injustiça, reconheceu publicamente como seu o filho de uma mulher do povo, dona de extraordinária beleza e com quem mantivera relações durante muitos anos. O garoto crescera sob seu amparo e sem que ninguém soubesse, na hora da morte, com receio de deixá-lo ao desamparo, reconheceu sua paternidade e dotou-o regiamente. A herança do velho Conde de Ravena daria para ele levar vida abastada e tranqüila para o resto da vida, mas o rapaz, que nunca levara vida faustosa, ao se ver dono de uma fortuna, perdeu a simplicidade que sempre caracterizara seus gostos e, fascinado com a vida de luxo que passara a levar, gastou tudo em poucos anos. Agora, a ocasião era propícia para refazer seu patrimônio. Com a morte do irmão, com certeza herdaria tudo. Era com terrível dificuldade que representava o papel de irmão dedicado e pesaroso, mas acreditava que seria compensador.

Frei Alberico, ciente da sua posição de condutor de almas naquela casa, procurava cercá-los de atenções, buscando consolidar sua situação junto deles, pois acreditava, seriam os novos senhores.

O sepultamento foi efetuado com toda a pompa na capela do palácio, onde um Cardeal rezou a missa de corpo presente, tendo em vista a importância do defunto, sendo após enterrado no jazido da família.

Aos poucos o palácio foi ficando vazio. Somente ali permaneceram os parentes, já se considerando donos do patrimônio deixado pelo ilustre Godofredo, Conde de Ravena.

CAPÍTULO XI

CAEM AS MÁSCARAS

Após o sepultamento, quando todos os visitantes já haviam se retirado, tendo ainda o "De Profundis" a ressoar nos ouvidos, Maurício e sua esposa Dorotéa deixaram cair as máscaras de parentes pesarosos que por tantos dias tiveram afiveladas aos rostos, e, com autoridade e arrogância, ordenaram aos servos que lhes servissem um lauto banquete. Após serem servidos, com um gesto ele ordenou aos serviçais que se retirassem, pois queriam ficar a sós. Mais à vontade, puderam dar vazão a sua satisfação e comemorar condignamente a nova e brilhante situação. Suas gargalhadas ressoavam por todo o palácio; cantaram e dançaram, contaram anedotas picantes, criticaram os que, até há poucas horas, tiveram de tratar com deferência e respeito. As palavras ferinas e mordazes eram acompanhadas de ditos chistosos e gargalhadas sonoras. A comemoração foi uma verdadeira orgia e só quando o dia começava a clarear o silêncio voltou a imperar no palácio. Adormeceram enfim, exaustos de tanto comer e beber por toda a noite. Os servos os encontraram, no dia seguinte, jogados sobre os coxins em que estavam acomodados, dormindo sob os vapores do álcool.

Uma única pessoa presenciou essa festa deprimente. Frei Alberico, sem conseguir conciliar o sono, engolfado em seus pensamentos, resolveu dar uma volta e surpreendeu-os, embriagados, a se divertirem e fazerem planos para o futuro, contando, naturalmente, com a imensa fortuna herdada do meio-irmão.

Possuía seus aposentos reservados no palácio, para quando ali estivesse. Era comum, naquela época, que os grandes senhores mantivessem um sacerdote da Igreja em suas propriedades, como "condutor espiritual" do rebanho. Isso acrescentava importância e mais poder aos castelães, visto estarem em comunhão com Sua Santidade, o que era imprescindível, dado o poder de que este se revestia.

Deslizava pelos corredores, soturno e grave, arquitetanto a maneira de melhor se aproveitar da situação, quando, ouvindo vozes alegres e descontraídas, aproximou-se e, acobertado pela penumbra, escondido entre as dobras de pesado reposteiro, observou-os com desprezo e asco.

Sim, eles serviriam otimamente aos seus desígnios; não seria difícil dominá-los. Percebia com a acuidade e percepção de que era dotado que eram criaturas fracas e facilmente maleáveis. Conversaria com eles com calma e então veria o que poderia ser feito. Uma coisa era certa: tinha que descobrir o que houve de real na cura da jovem prisioneira e se realmente ocorrera o que temia alguém teria que pagar por isso. As práticas de bruxarias eram severamente punidas pela Igreja. Teria de averiguar. Agora, com a morte do Conde, seria mais fácil. Nas vezes em que tentara tocar no assunto, ele fugira habilmente, mudando o teor da conversa, tendo em vista o seu indisfarçável interesse pela jovem e a satisfação com a melhora súbita da sua saúde. Com os novos senhores poderia verificar sem problemas, visto não terem interesse especial no caso. Tinha ouvido contar que a jovem desaparecera, bem como um servo da casa, e supunha-se que houvessem fugido juntos. Provavelmente, também, seriam os autores do crime contra o Conde de Ravena. Não poderiam ficar impunes.

Caminhava agora pelos jardins absorto em seus pensamentos sombrios e tortuosos. Nada naquele homem fazia lembrar a figura de um ministro de Deus.

De um pastor de almas espera-se compreensão e paciência. Sua imagem deve inspirar confiança e fé em Deus. Mas, infelizmente, os ensinamentos de Jesus Cristo estavam muito esquecidos então. Desaparecera sua pureza na voragem dos interesses inconfessáveis e escusos. Na realidade, o que aquele homem desejava era utilizar-se dos prováveis novos senhores e, depois, destruí-los, ficando com o patrimônio do falecido Conde de Ravena.

Retornou aos seus aposentos e só pela manhã conseguiu conciliar o sono, que foi povoado de pesadelos e seres infernais que o martirizavam, deixando-o prostrado no dia seguinte.

Naquela noite estava escrito que ninguém haveria de dormir tranqüilo. Preocupações diversas dominavam os moradores da propriedade. Sula, a escrava, chorava sem conseguir paz para o seu coração ulcerado.

Ana, que há muito tempo estava prevendo algum acontecimento desagradável, orava e suplicava a Jesus que auxiliasse Ciro e a fugitiva, pois também tinha certeza que estavam juntos e ficava contente. Mas, lamentava o episódio criminoso que colocava o jovem em débito para com a sociedade e para com a Justiça Divina. Sabia que ele teria agora que pagar pelo delito perpetrado, responsável que era pelos seus atos. Tinha a convicção, que lhe fora transmitida por um herbanário da sua terra natal, estudioso de assuntos psíquicos, de que todos estamos sujeitos a leis naturais, sábias e justas; o sofrimento advém justamente da transgressão dessas leis. Acreditava também que vivemos muitas vidas, em corpos e lugares diversos e isso muitas vezes era explicado por entidades espirituais desejosas de instruí-la. Que encontramos durante a existência terrena afetos e desafetos do passado e que precisamos vencer nossas tendências inferiores para caminharmos para Deus, mais conscientes e livres. A situação de Ciro preocupava-a, pois desde que o conhecera sentira uma grande simpatia por ele, que, com o tempo e a convivência, transformou-se em amor. Das tênues névoas do passado sua figura surgia-lhe sempre como alguém muito querido e que lhe competia ajudar. Agora, a sensação de impotência e fracasso dominava suas fibras mais profundas; culpava-se por não ter previsto o desfecho e, de alguma forma, tentado evitar o terrível acontecimento. Agora, só lhe caberia orar e pedir às entidades angélicas, que percebia sempre ao seu lado, que fizessem com que o rapaz voltasse ao equilíbrio e à razão.

O médico, acomodado em seu leito, revolvia-se também sem conseguir conciliar o sono. Seu pensamento buscava a jovem Tamara, envolvendo-a em suas vibrações de afeto e carinho. Como estaria ela? Preocupava-se com seu estado de saúde ainda precário e sujeito a novas recaídas. Temia o desconforto e os perigos por caminhos ínvios a que deveria estar sujeita. Quando soubera do desaparecimento do jovem Ciro, também não tivera dúvidas em ligar os fatos e tirar suas conclusões. Lamentava não ter sido informado, pois poderia dar-lhe remédios para a continuação do tratamento médico, embora temesse a fúria do Conde de Ravena. Não, não era verdade. Lamentava que ela não estivesse ali com ele para participar de sua vida. Sabia que dali por diante estaria sempre só. Não mais teria sua presença terna e envolvente ao seu lado; não ouviria mais seu riso cristalino onde os alvos dentes apareciam como uma fieira de pérolas delicadas; suas histórias alegres e engraçadas, sua voz entoando doces melodias de sua terra natal. Não, sua presença cativante já não estaria ali quando retornasse após um dia exaustivo para seus aposentos e sentavam-se no terraço para conversar nas tardes amenas e perfumadas pelas flores dos jardins. Sua presença era um refrigério para sua alma e nunca fora tão feliz quanto naqueles dias. Como poderia ter se deixado envolver tanto? Sabia que era muito mais velho do que ela e esse afeto crescera dentro de si sem que tomasse conhecimento dele. Agora, apenas agora, ao sentir a ausência, uma dor aguda e sensação de perda dorida o atingiram de chofre. E ele, que nunca amara realmente mulher nenhuma, deixava-se vencer por uma jovem escrava, quase uma menina. Esse sentimento, descoberto assim de repente, fazia vibrar suas fibras mais íntimas e o enchia de alegria e sofrimento ao mesmo tempo. A alegria, por sentir seu coração, que por tanto tempo estivera vazio, encher-se em um longo hausto de amor; e sofrimento, por saber que não a veria mais. Não que agasalhasse esperanças, não. Mas, o simples fato de vê-la, falar-lhe, ouvir seu sorriso e sua voz lhe bastavam. Por outro lado – suspirou desalentado –, alegrava-se que tivesse conseguido a tão sonhada liberdade. Tamara não era alguém destinado a viver em cativeiro, precisava de ar puro, vida e alegria. Lamentava o que ocorrera ao Conde de Ravena, mas, pelo tipo de vida a que estava acostumado, temia um desfecho semelhante: a ira de algum pai desesperado, o amor-próprio de um marido traído e mesmo o ciúme doentio de alguma mulher desprezada. Cada um tem da vida aquilo que procura e Godofredo não vivera de molde a receber apenas amor. Espalhara o ódio, a desdita, o sofrimento, e colhera agora segundo o que plantara. Ele, Marcus, teria vida incerta daqui por diante; não simpatizava com Maurício e sua esposa e percebia que a antipatia era mútua. Portanto, era provável que ali não permanecesse. Era um assalariado e poderia exercer sua profissão em qualquer outra parte. Felizmente os médicos constituíam uma classe reduzida e serviço não lhe faltaria, por certo.

Aos poucos conseguiu adormecer. O silêncio era profundo no palácio. Apenas se ouviam, de quando em vez, o latido de cães ou o pio de um mocho nos galhados do salgueiro.

Acabava uma etapa. Uma nova vida começaria para todos os moradores da propriedade, trazendo insegurança. O futuro era incerto, mas, acima de todas as coisas, Deus velava.

CAPÍTULO XII

RUMO AO DESCONHECIDO

A região era de uma beleza sem par, mas meu espírito atribulado nada percebia. Atravessamos planícies, entrecortadas de riachos murmurantes que saciavam nossa sede; bosques de árvores amigas que nos agasalhavam; a natureza, sempre pródiga, nos acolhia generosa. Os transeuntes eram poucos e procurávamos sempre nos esconder para evitar sermos vistos.

Já agora, mais distantes do ponto de partida, viajávamos durante o dia. Ao chegarmos em alguma aldeia procurávamos sempre nos abastecer de gêneros que provisionávamos para quando estivéssemos em região mais inóspita.

Normalmente dormíamos ao relento, salvo uma ou outra vez em que pessoas generosas, condoídas da nossa sorte, nos ofereciam abrigo num celeiro para passarmos a noite; ou quando o mau tempo nos obrigava a procurar refúgio numa gruta ou outro lugar mais protegido. No dia seguinte, logo ao amanhecer, invariavelmente, já nos púnhamos a caminho, cientes de que era necessário colocar a maior distância possível entre nós e nossos perseguidores.

A vida era rude, as dificuldades imensas e o desconforto era uma constante, mas eu nunca fora tão feliz. A saúde de Tamara, talvez pela necessidade, estava cada vez melhor. Acredito mesmo que a vida livre e rude que levávamos tenha auxiliado a fortalecer seu organismo.

Em suas roupas simples, masculinas, para dar-nos maior facilidade de movimento e não atrair a atenção, ela estava cada vez mais bela. Seus cabelos escuros resplandeciam ao Sol; sua pele tomara a tonalidade do pêssego maduro pela constante exposição aos raios solares, embora nas horas mais ardentes tivesse a protegê-la um chapéu desses usados pelos trabalhadores do campo. Seu riso era mais cristalino, sua alegria contagiante. Impacientemente, inquiria-me quanto tempo ainda teríamos para chegar. Para evitar suas perguntas inoportunas, assegurara-lhe que nos abrigaríamos durante algum tempo na casa de um tio meu, irmão de meu pai, onde ficaríamos protegidos e seguros até que o perigo passasse. Aconselhava-lhe paciência, visto a distância a percorrer ainda ser muito grande. Depois, então, resolveríamos para onde ir.

À noite, ao redor da fogueira, sob o manto estrelado, trocávamos idéias e cada vez mais a conhecia intimamente, o que só fazia aumentar o meu amor por ela.

Certa noite, em que conversávamos após a refeição como bons amigos, perguntei-lhe para satisfazer minha curiosidade:

– Como conseguiram aprisionar-te?

E ela, com os olhos fixos nas chamas, que lhe punham reflexos avermelhados nos cabelos, respondeu-me com voz dorida e como se as imagens que ficaram indelevelmente impressas em sua lembrança bailassem à sua frente:

– Sempre fui muito mimada por meus pais, que nunca puderam negar-me nada. Em nosso palácio, os escravos deveriam atender-me as ordens, satisfazendo o menor capricho. Meu pai, cioso da minha segurança, mantinha uma guarda pessoal para proteger-me, mas eu ria dos seus receios, considerando-os infundados. Sabia que estávamos constantemente em guerra com outros povos, mas não tinha noção do perigo. Irritava-me ter gente sempre vigiando meus passos, observando meus menores movimentos. Assim, muitas vezes, de comum acordo com as aias, embora temerosas da ira de meu pai, eu fugia do palácio e ia para o campo cavalgar. Atravessava florestas, nadava em um rio que passava próximo, ainda em nossos domínios, que eram muito extensos. Andava pelas pequenas aldeias de trabalhadores do campo, conversava com eles e voltava satisfeita ao palácio, para enfrentar minha vida rotineira e insípida, como a considerava. Certo dia, encontrei com alguns soldados que ali foram espionar, acredito, pois estávamos em guerra e não consegui esconder-me a tempo. Ainda tentei escapar, galopando furiosamente e exigindo o máximo do pobre animal que me servia, mas foi em vão. Eles eram em maior número e muito mais fortes; não tive chances – fez uma pausa e suspirou longamente. – Fiquei sabendo que eram soldados depois, pois estavam disfarçados, naturalmente; mas, logo que os vi percebi algo de estranho na atitude deles e tentei fugir – fez nova pausa e concluiu tristemente: – O resto já sabes. Veio a dor, a humilhação, a tristeza, coisas que eu não conhecia. Meu pai deve ter me procurado inutilmente por muito tempo. Talvez até me julgue morta.

Condoeu-me a sua história, mas nada poderia fazer para ajudá-la. Amava-a acima de tudo no mundo; sem ela a vida já não teria sentido. Aprenderia a amar-me também.

Após semanas de viagem, chegamos a uma região montanhosa. Os dias estavam cada vez mais frios e eu sabia que precisávamos de um abrigo seguro contra as intempéries. O inverno se aproximava rapidamente e tínhamos que nos proteger antes que chegasse. Mas, precisávamos atravessar as montanhas, cuja extensão não conhecíamos, pois eu acreditava que, além delas, estava o mar, nossa oportunidade de salvação.

Expus o problema a Tamara falando-lhe dos meus receios. Ela, corajosa que era, resolveu enfrentar e partimos imediatamente. No sopé das montanhas havia uma aldeia, onde nos aprovisionamos com o necessário e, conversando com o comerciante, indicou-me o melhor caminho.

Após muitas peripécias, perigos sem conta, fome e privação, conseguimos atravessar a região montanhosa. O frio já era intenso e na cidadezinha mais próxima, pela primeira vez desde muito tempo, dormimos em um leito confortável e macio.

O cansaço era extremo, estávamos alquebrados e profundamente enfraquecidos. Era preciso retemperar as forças.

Após dormir um dia inteiro, já mais refeitos e alimentados convenientemente, fomos conhecer a cidade. Era pequena, mas agradável. Passamos dias tranqüilos nos fortalecendo para prosseguir a jornada.

De qualquer modo, com a chegada do inverno, toda a navegação seria paralisada e não poderíamos mesmo atravessar o mar. Era preciso aguardar. Expus a Tamara o meu desejo de permanecermos naquela região por algum tempo. Pelo menos, até terminar o inverno. Meus recursos estavam terminando e era preciso arranjar algum serviço. Teríamos de nos alimentar, pagar hospedagem e já não tínhamos quase nada de valor. Além disso, precisávamos de novas roupas, pois as nossas já estavam em triste estado, além de agasalhos mais pesados para nos aquecer.

Respondeu-me que fizesse o que achasse mais conveniente.

— Bem, pretendo alugar nos arredores uma casinha para morarmos. Facilmente passaremos por marido e mulher, pois a tua situação falsa poderá acarretar problemas e aguçar a curiosidade dos moradores da região. Arranjarei um trabalho e tomarás conta da casa; assim, economizaremos, acredito que o suficiente para prosseguirmos viagem.

Acertados os planos, saí para procurar uma casinha, o que não foi difícil. O aluguel era módico e o lugar agradável. Para lá nos mudamos, adquirindo o mínimo indispensável e comecei a trabalhar, fazendo pequenos serviços, como lavar e tratar os animais nas cocheiras, carregar água para os moradores, fazer entregas para os lojistas, varrer calçadas e mesmo alguns pequenos consertos.

A vida corria calma. Chegava cansado da rua, mas a presença de Tamara iluminava tudo e sentia-me outro, desaparecendo o cansaço e a dor no corpo.

O inverno chegara inclemente, cobrindo tudo com seu branco sudário.

O que no início era róseo e belo, pela novidade, com o tempo transformou-se num pesadelo. A falta de trabalho, como conseqüência da estação invernal, trouxe diversas dificuldades, como a falta de lume e muitas vezes de pão.

À noite, quando nos detínhamos a conversar, percebia Tamara cada vez mais cansada da vida rude que levávamos e sempre mais saudosa dos pais. Do noivo Agar raramente falava; com a sensibilidade de que era dotada percebera por certo que não me agradava ouvi-la referir-se a ele.

Certo dia ao chegar encontrei-a debulhada em lágrimas.

Ao inquiri-la, soltou uma série de impropérios reclamando da situação de penúria em que nos demorávamos.

— Tu nos colocaste nesta situação miserável. Sonho todas as noites com um banho decente, roupas macias e uma cama confortável. Habituada ao luxo, eis-me aqui, sofrendo horrores e ainda tendo de fazer todo o serviço. Olha como estão minhas mãos. Eu, de descendência nobre, uma princesa, ter que cozinhar e lavar para um reles criado.

Suas palavras amargas chicotearam-me a face e o sangue ferveu nas veias ao ver o olhar arrogante e orgulhoso com que as acompanhou. A vista turvou-se por momentos e respondi-lhe, asperamente:

— Seria bom que pagasses o muito que tenho feito por ti. Cozinhar e lavar seria o mínimo que deveria exigir de ti, mas nem isso fazes. Na maioria das vezes eu tenho que executar teus deveres. És ingrata e arrogante. Estarias morta se não fosse por mim.

Irritada com minhas palavras, levantou a mão para esbofetear-me o rosto, mas contive seu braço, segurando-o com mão férrea.

Ela lutava para livrar-se do braço forte que a tolhia e segurei-a ainda com mais força, fazendo com que gritasse de dor. Ficamos tão próximos um do outro que eu podia sentir o calor que se evolava do seu corpo jovem. Não me contive mais e aproximei meus lábios dos seus, beijando-a com desespero, enquanto ela lutava para soltar-se.

Nisso, senti um golpe tão grande na cabeça, como se tivesse recebido um soco. Caí, meio desacordado, largando-a de repente, sem entender o que se passava. Estava atordoado e custei a refazer-me; arrepios gelados percorriam-me o corpo e senti medo. Sem saber porque, lembrei-me, no momento, do Conde de Ravena e a visão do seu corpo ensangüentado atormentou-me o espírito.

Tamara parecia possessa. Seu olhar de ódio acompanhava-me os movimentos como um animal ferido.

— Não te aproximes mais de mim, miserável, ou mato-te como a um cão.

Preocupado com o que acontecera, já não prestei atenção às suas palavras e ela, vendo que não tentava aproximar-me mais, acalmou-se aos poucos.

Estranhando minha atitude e percebendo que algo acontecera, perguntou o que estava sentindo.

— Nada... ligeira indisposição acometeu-me, mas já passou. Não te preocupes; não me aproximarei mais de ti.

A partir desse dia nossas relações, que já não eram as melhores, pioraram bastante.

O ambiente estava tenso, quase irrespirável; discutíamos por quase nada e nosso sono não era tranqüilo.

Minhas noites eram povoadas de pesadelos e via sempre o espectro de Godofredo de Ravena a perseguir-me.

— Miserável ingrato, que fizeste? Tiraste-me a vida quando nada fiz que pudesse justificar tal insânia de tua parte. Procurei ajudar-te sempre, embora não nutrisse simpatia por ti. Infame, não terás paz! Quiseste roubar-me a mulher amada, mas não a terás. Ela te odeia, como odeia a mim. Sofrerás mil vezes mais o que me fizeste sofrer.

Acompanhava suas palavras muitas vezes com agressões físicas, maltratando-me o corpo (pelo menos eu assim acreditava). No dia seguinte estava alquebrado, indisposto; o corpo todo doía como se houvesse levado uma surra de verdade.

Com o tempo, por um processo que eu não conseguia entender bem, sua presença passou a assediar-me durante o dia também. Vezes sem conta, via-o rindo sarcasticamente ao presenciar nossas dificuldades. Outras vezes via sua imagem (ou o que eu acreditava que fosse), desfeita, esgar de ódio a contrair-lhe os músculos da face, com a ferida no peito a sangrar continuamente e braço estendido a apontar-me, acusador, dizendo-me:

— Odeio-te, infeliz! Vais morrer como eu, infame, e aí então estarás nas minhas mãos. Vês como sofro? Tudo por tua causa. Era feliz até que entraste na minha vida. Agora, sofro e me debato em tormentos que ninguém poderá de leve avaliar. Odeio-te...odeio-te...

Tamara notou a diferença que lentamente se processava em mim. Com o espírito doente, o corpo material se ressentia e passava a acusar o desequilíbrio psíquico existente no perispírito.

— Estás pálido! Já não te alimentas como antes e emagreceste bastante. O que se passa contigo, Ciro?

Procurava dar evasivas alegando não estar dormindo bem, o que era verdade.

— Sim, eu sei. Inclusive muitas vezes à noite discutes com alguém, parece-me.

Com medo de que ela tivesse percebido algo, retruquei rudemente:

— Tens então escutado à minha porta, como o faria qualquer criada?

— Não se trata disso — respondeu-me com calma desconcertante. — Apenas preocupo-me por ti. Não temas, não consigo entender o que dizes, mesmo que me esforce. Sentes-te ameaçado, posso perceber, mesmo sem saber o que sucede contigo. Tens algum segredo? Fala, Ciro, talvez desabafar te faça bem.

— Não...nada tenho para desabafar — respondi, colocando um ponto final no diálogo.

Saí de perto dela passando para meu quarto, e engolfei-me em meus pensamentos: "Então falava à noite quando dormia? Tamara realmente não saberia de nada ou dissimulava habilmente, como só as mulheres sabem fazer? Não, se ela soubesse não hesitaria em atirar-me em pleno rosto o crime praticado. Até quando sofreria a perseguição daquele infeliz que voltava das regiões infernais para me perturbar?"

Uma sonora gargalhada soou pela pequena casa como se a tomasse por inteiro.

Tamara, que estava no outro aposento, assomou à porta, branca como cera.

— Ouviste? Quem será que gargalha dessa maneira? Causou-me arrepios de medo.

— Não, nada ouvi — respondi, mentindo e procurando aparentar indiferença.

Ela arregalou os olhos, surpresa:

— Nada ouviste? Não é possível! Estarei ficando louca?

Como eu não respondesse, saiu do aposento impressionada e trêmula.

O inverno se aproximava do final. A temperatura começara a subir e percebiam-se os primeiros sinais da primavera. Ligeiros filetes de água desciam das montanhas e, à medida que a neve ia derretendo, iam engrossando até formarem poças. A neve derretia rapidamente e logo as plantas começariam a germinar.

O Sol começara a brilhar num céu muito azul e a esperança voltava a nascer em nossos corações. Os dias sombrios da estação invernal passaram com seu cortejo de tristezas, amargura e desencanto.

Agora com certeza as coisas iriam melhorar.

A presença do Sol é sempre uma bênção divina afugentando as trevas.

CAPÍTULO XIII

APUROS DE UM MORTO

Ao despertar, já no plano espiritual, aquele que tinha sido Godofredo, Conde de Ravena, sentiu-se confuso e aturdido.

Ainda sob os vapores dos alcoólicos ingeridos, percebeu que alguém entrara em seu quarto. Pensou que fosse o amigo que gentilmente o acomodara no leito e que ainda não houvesse saído do aposento ou tivesse voltado por qualquer razão.(*) Tentou abrir as pálpebras que pesavam como chumbo. Com dificuldade conseguiu, em meio ao torpor, vislumbrar um vulto à sua frente, assustando-se ao ver um braço erguido empunhando uma arma pronta para feri-lo.

O desejo de defender-se, o instinto de conservação presente em todo ser humano fizeram com que ensaiasse um movimento de reação, tentando erguer o braço para deter a mão homicida. Mas seu corpo não obedecia ao comando da mente e com horror sempre crescente sentiu o punhal rasgando sua carne e o sangue esguichando da ferida aberta. Percebeu, mais do que viu, o criminoso e, reconhecendo-o, ódio mortal dominou-lhe o íntimo.

Passou por uma vertigem, sentindo que a vida se esvaía em sangue. Perdeu a noção do tempo e das coisas. As imagens da sua existência começaram a afluir à sua mente. Reviu fatos da sua infância que julgava esquecidos: os pais amorosos e condescendentes, os amigos de folguedos, os erros praticados, as mulheres que amara, os perigos das guerras, a imagem envolvente de Tamara... rapidamente os episódios foram se sucedendo até aquele instante em que alguém levantara o braço homicida para tirar-lhe a vida. Pôde aquilatar a inutilidade da sua existência; se morresse, ninguém choraria por ele; ninguém o amava realmente e uma frustração imensa tomou conta do seu coração. Sabia que nada fizera

---

(*) Nota do autor espiritual: — Tudo isso fiquei sabendo muito tempo depois, após ter regressado ao plano espiritual.

para merecer amor e agora lamentava a vida que levara. Aos poucos o sono o venceu e perdeu a noção do tempo.

Ao despertar sentiu uma dor aguda no peito. Não se lembrava de nada até que levou a mão ao coração e percebeu-a tinta de sangue. Recordou o episódio da noite e apavorou-se pensando que morreria sem socorro, pois os servos dormiam, tranqüilos.

Tentou gritar para pedir ajuda, mas o esforço fazia com que o ferimento sangrasse mais, então resolveu aguardar. Não tardariam a acordar, com certeza, e logo seria socorrido. O criminoso aflorou-lhe à mente e suas fibras mais íntimas vibraram de ódio incontido e desejo de vingança. A esse pensamento, a dor tornou-se atroz, insuportável e não pôde sufocar um grito de desespero; o sangue principiara a jorrar intensamente. Por intuição, percebeu que os pensamentos negativos aumentavam a dor com agravamento do estado geral. Resignou-se então a esperar, ciente de que o socorro necessário não tardaria. Adormeceu novamente, acordando com o grito assustado do criado que entrara no quarto e o encontrara inerte no leito, todo ensangüentado.

Suspirou satisfeito. O grito do servo faria com que todos acorressem ao local.

O médico entrara logo em seguida e a confiança bafejou-lhe o íntimo atormentado e sofrido. Conhecia sua atuação competente como profissional e confiava nele. Estranhou, porém, sua atitude. Falou com ele, perguntou se o ferimento era grave, mas não obteve resposta. Meu Deus! acreditava-o morto; que absurdo!

O quarto encheu-se de gente. Os guardas pessoais, encarregados da segurança do palácio, os escravos assustados, o amigo de farra ainda sob os vapores do álcool sem entender bem o que acontecera. Tentou gritar suplicando ajuda mas não lhe deram atenção. Estava perplexo. Saíram todos do quarto deixando-o novamente só com o seu desespero.

Não entendia bem o que estava se passando. Às vezes perdia a noção de tudo por um tempo que não podia precisar, mas sempre voltava à dura realidade que o apavorava. Seu mundo, que parecia tão sólido, estava agora de pernas para o ar. Julgava que algum inimigo, aproveitando-se da escuridão da noite e de algum momento de invigilância dos guardas, houvesse tomado o palácio de assalto e dominado a situação, porque não lhe obedeciam mais; ninguém falava com ele; suplicava algo para comer, pois estava faminto, mas era em vão. A sede torturava seu corpo, sua língua estava seca e não conseguia que lhe dessem um pouco dágua sequer, água que nunca negara a qualquer prisioneiro, mesmo que fosse seu maior inimigo.

Tentava apanhar o pote que estava sobre a mesinha de cabeceira para se servir, mas não conseguia segurá-lo com as mãos, julgando que este fato insólito se devesse à fraqueza de que se achava possuído.

Em determinada hora, acicatado pelas necessidades mais prementes, levantou-se com dificuldade e saiu do quarto. Ouviu vozes no pavimento térreo e para lá se dirigiu.

Quem teria morrido? O caixão, em câmara ardente, era velado por uma quantidade enorme de pessoas que entravam e saíam do palácio.

Sentiu-se atraído para um grupo que palestrava num canto do salão, mas chegando perto levou um choque; sentiu-se mal e seu estado geral piorou. Ouviu que falavam dele, criticando-o acerbamente, inclusive culpando-o por atos que não praticara.

Quis chamar a atenção, justificar-se perante aqueles que até há bem pouco tempo considerava amigos, mas não conseguiu. Cada vez que tentava aproximar-se, sentia como se tivesse levado um tremendo golpe na cabeça e saía cambaleando.

Observou Frei Alberico que conversava com outros ilustres prelados da Igreja, arcebispos e cardeais, e acreditou ser melhor recebido, já que suas relações com a Igreja eram as melhores possíveis. Mas, com imensa tristeza, percebeu que o que os movia era o interesse pecuniário, a ambição desmedida. Nenhum pensamento de gratidão por tudo o que lhes proporcionara, apenas a ganância dominava seus corações empedernidos. E também eles fingiram não notar sua presença. Magoado, afastou-se com asco.

Aproximou-se de cada grupo, de cada pessoa isolada que permanecesse no salão, mas só encontrou maledicência, interesse, calúnia, sarcasmo e desinteresse. Ninguém que se preocupasse com sua saúde, pois acreditava que sabiam que estava ferido.

Afastou-se do salão saindo para os jardins. Sentou-se num banco. Julgara-se prisioneiro dentro do seu próprio palácio, mas a morte de alguém fizera com que se desinteressassem dele. Ninguém a tolher-lhe os passos, a vigiar seus movimentos.

Sentiu-se atraído, em determinado momento, para um canto do jardim, em que os arbustos e plantas trepadeiras criaram um recanto discreto e aconchegante. À medida que se aproximava, brando bem-estar o acometeu. Chegando mais perto, percebeu que o médico e uma serva conversavam. Suas palavras produziam-lhe indizível sensação de bem-estar e doce refrigério para suas dores.

Falavam dele, mas seus pensamentos mais íntimos não o feriam, não eram chicotadas a vergastar-lhe o interior; não criticavam seus atos impensadamente. Apenas enviavam-lhe pensamentos de paz, de reconforto espiritual, fazendo com que se sentisse amparado. Lembravam suas boas ações, embora fossem em número reduzido na verdade, a ajuda que prestara a alguns em seus raros momentos de tolerância, e enviavam uma oração a Deus em seu favor.

Lágrimas assomaram aos seus olhos cansados; queria agradecer-lhes de viva voz tudo de bom que estavam lhe proporcionando, mas não conseguiu. A gratidão que brotou do fundo de seu coração era o sentimento mais sincero e puro que já experimentara em toda a sua vida. É necessário alguém sentir-se só e abandonado para saber valorizar os valores reais da vida, como a amizade sincera. O médico e aquela serva, a quem nunca prestara atenção, a não ser por acaso, entre todos aqueles que julgava fossem seus amigos, eram os únicos a se interessarem por ele, desejando-lhe o melhor de si mesmos.

Naqueles poucos momentos, aprendera mais sobre a amizade do que em toda a sua vida. Percebia agora a fatuidade humana, a futilidade de tudo o que o cercara durante aqueles anos todos.

Branda sensação de paz o envolveu e sentiu-se adormecer novamente, já agora sem tanta dor e desconforto.

De outra vez, sentiu-se atraído poderosamente para uma ala do palácio reservada às mulheres escravas. Como se fosse atraído por um ímã, penetrou num pequeno quarto e, sobre o leito, em prantos, divisou uma escrava que já convivera mais intimamente com ele. Durante um certo tempo julgara amá-la, mas com o tempo veio o desinteresse e a indiferença. Seus pensamentos (ele não sabia por que processo isso era possível) torturados o atingiam e pareciam chicotear-lhe o corpo. Aos poucos foi-se retraindo, assustado, até ficar encolhido num canto, acocorado no chão. Queria retirar-se, mas não podia. Ela acusava-o pelo sofrimento que experimentava na ocasião; sentia que Sula o amava, mas seu amor trazia-lhe mal-estar, desconforto, angústia. Sentia-se culpado por tudo que fizera a ela e agora percebia como a magoara. O ambiente asfixiava, a atmosfera era pesada e num momento em que Sula se acalmara, cansada de tanto sofrer e chorar, conseguiu libertar-se e fugir.

Ao sair do aposento da escrava, encontrou-se com um bando de estranhas criaturas que se dirigiam a ele com gargalhadas sarcásticas, gracejos mordazes e ameaças.

Viu-se envolvido por eles e sentiu medo. Vestiam-se de maneira bizarra, alguns até maltrapilhos. Quem teria deixado entrar no palácio essas abjetas criaturas? Com certeza teriam ludibriado a guarda palaciana de plantão.

Quando um deles, que parecia ser o chefe, rindo ironicamente o interrogou:

— Não te lembras de mim, ilustre Godofredo, Conde de Ravena? — acompanhou suas palavras com uma curvatura que pretendia ser uma reverência respeitosa, mas que não passava de gracejo irreverente e ironia mordaz.

Godofredo olhou-o com curiosidade, tentando rebuscar na memória onde já teria visto esse homem que lhe falava com ar tão galhofeiro.

Lembrou-se de um amigo que tivera há muito tempo, também companheiro de armas e de noitadas alegres. Afonso possuía uma noiva por quem ele, Godofredo, se apaixonara e fora correspondido. Por algum tempo o noivo nada percebera da traição do amigo e da mulher amada. Ao saber, porém, alertado por alguém, desafiou-o para um duelo e, menos hábil do que o seu adversário, sucumbiu naquela ocasião vitimado pelo amigo traidor.

Godofredo arregalou os olhos, estupefato, balbuciando, trêmulo:

— Afonso! Mas tu já morreste há mais de vinte anos!

Novas gargalhadas do grupo de rufiões:

— Ouvistes? Ele acredita que morri há muito tempo! — gargalhadas explodiram novamente de todos os lados.

— Tenho certeza! Pois fui eu mesmo que te feri num duelo e do qual vieste a morrer! — retrucou Godofredo, perplexo.

A fisionomia do oponente modificou-se de súbito. Colocando as mãos na cintura, respostou com ar ferino:

— Ah! Lembras-te, infeliz, de que foste tu a tirar-me a vida, não contente em roubar-me a noiva? Ainda bem que não esqueceste porque terás que pagar por isso. Por acaso não sabes que não existe a morte? Que tudo é um engodo, uma mentira que nos pregaram os sacerdotes?

— Não... não é verdade! — seu semblante aos poucos foi se transformando numa máscara de horror:

— Meu Deus! Mas muitos que aqui vejo já morreram, só agora estou percebendo. Alguns foram meus escravos, outros foram soldados que batalharam sob minha bandeira...

— Sim, é verdade. Todos nós que aqui estamos já morremos! Ainda duvidas que a morte não existe?

— Mas, então como é que estou a vê-los, se já não pertencem a este mundo?

Assobios, risadas e pilhérias surgiram de todos os lados:

— Como? Então não sabes que já não pertences ao mundo dos vivos? Estás em nossas mãos, poderoso senhor, e ninguém poderá proteger-te agora.

Apavorado com essas palavras, Godofredo fugiu do local correndo pelos corredores do palácio, tentando esconder-se da corja que o perseguia.

Encerrado em seus aposentos, tremendo de pavor, procurou acalmar-se e concatenar os pensamentos que turbilhonavam em sua cabeça.

Estava confuso. Tudo parecia diferente e ao mesmo tempo estava igual ao que sempre fora. As pessoas agiam de maneira estranha, como se não o vissem, como se não percebessem sua presença. Não, alguma coisa estava errada. Teria Afonso razão ao dizer que já morrera? Não, recusava-se a acreditar nessa hipótese, negava-se até a analisar essa possibilidade. Pois estava vivo, sentia-se vivo! O ferimento sangrava continuadamente causando-lhe aflição e desconforto, e as dores eram atrozes. Mas, como teria visto aquele bando de degenerados que não pertenciam mais a este mundo, disso tinha certeza? Por certo o sofrimento e a febre o fizeram ter alucinações...

Com a cabeça entre as mãos, sentado no amplo leito, Godofredo debatia-se em tormentos. A situação era insólita e ele não sabia como resolver. Chorou durante muito tempo, desalentado.

De outra feita, sentiu-se atraído para fora e percebeu que o féretro caminhava rumo à capela. Teve vontade de aproximar-se do morto, mas sentiu medo. Mesmo assim, algo o puxava para perto dele, como se liames invisíveis os unissem.

Durante o trajeto viu criaturas horríveis, de facies congestas, roupas em frangalhos, imundas, e carantonhas deformadas que diziam chacotas e gritavam impropérios em altos brados. Entre eles, Afonso divertia-se, dando gargalhadas sonoras.

Quando chegou mais perto ainda, com horror, percebeu que aquela fisionomia marmórea, vítrea, era ele mesmo. Não era possível! Era ele que estava deitado no caixão! Não, não podia ser...

Gritou alucinado, debateu-se em ânsias atrozes até perder a consciência de tudo. Depois de um tempo que não soube precisar, acordou sentindo que vermes roíam suas carnes. Correu como um louco para a porta da cripta mas constatou que o haviam trancado lá dentro, junto com o cadáver.

Gritou até que suas forças se esgotassem, gemeu em estertores, estendido sobre a laje fria. O desespero era inenarrável, o sofrimento superlativo intraduzível, e ali permaneceu sentindo que, à medida que os vermes asquerosos comiam o cadáver, "seu" corpo também sofria as mesmas ações. E foi obrigado a presenciar a decomposição das vísceras, acometido de pavor insano.

Até que um dia, cansado de sofrer e chorar, desejou ardentemente sair daquele local infecto. Sem saber como, viu-se nos jardins do palácio e respirou o ar puro com sofreguidão. Chorou de alegria e permaneceu longo tempo passeando pelas aléias perfumadas.

Resolveu entrar no palácio, saudoso de tudo o que lhe pertencera outrora. Percorreu as salas, os corredores, estranhando as mudanças efetuadas durante sua ausência, a disposição diferente dos móveis, a decoração alterada.

Ouviu vozes na biblioteca e para lá se dirigiu. Ao transpor a pesada porta, constatou que diversas pessoas, elegantemente trajadas, se acomodavam sentadas defronte de ampla mesa, discutiam acaloradamente. O notário, homem encarregado de seu testamento, sentado defronte à assistência, comandava a reunião, tentando conter os ânimos. Ali se encontravam dois ou três primos de 2º e 3º grau, Frei Alberico, seu meio-irmão Maurício e a esposa, e uma mulher ainda jovem e bela, embora um tanto vulgar, sentada próximo a uma menina que teria uns quatorze anos presumíveis.

O coração de Godofredo bateu forte ao reconhecer a dama presente. Estivera ligado a esta mulher por muitos anos e dessa união nascera uma menina, que ele educara, embora à distância, e que agora ali estava à sua frente.

Observando-a, comoveu-se com sua figura meiga, o porte elegante, as maneiras delicadas. O rosto oval, de pele clara e acetinada, era belo. Não dessa beleza exterior que encanta os sentidos, mas possuía uma irradiação que vinha de dentro e se refletia em seus lindos olhos escuros. Os cabelos, longos e ondulados, caíam em madeixas pelas espáduas. Toda a sua figura transpirava um ar de distinção e nobreza. Educada desde tenra idade pelas freiras do convento, como era comum acontecer naquela época, principalmente considerando-se a situação esdrúxula da garota e visando subtraí-la da influência materna, que não reputava das melhores, custeara sua permanência junto às freiras, às quais outorgara a responsabilidade da educação da menina, enfatizando a necessidade de prepará-la para freqüentar a mais alta nobreza, como descendente que era da sua família.

E agora, vendo-a depois de muito tempo, sentiu as fibras mais íntimas vibrarem de emoção e encantamento.

Discutiam seu testamento. Testamento que fizera, não porque julgasse que iria morrer, ou desejasse fazê-lo para salvaguardar os interesses de alguém, mas porque era costume que assim se fizesse.

A vida naqueles tempos era difícil e arriscada. Viviam constantemente em guerras e seus domínios ora aumentavam, ora diminuíam, como conseqüência das vitórias ou derrotas alcançadas. Muitos iam para a frente de batalha e não voltavam, razão por que a maioria dos Senhores deixava um testamento determinando suas últimas vontades para, caso não voltassem ao lar, ser executado.

Como não possuía família direta, já que sua frágil esposa o deixara sem proporcionar-lhe a oportunidade de ser pai, deixou quase toda sua imensa fortuna para a única filha que sabia possuir: Lúcia. Não que se interessasse por ela de maneira especial, mas por não ter para quem legar os seus bens. Assim, num momento de paternal solicitude, resolvera fazê-la sua herdeira, mesmo porque seu único irmão não gozava da sua simpatia e era com satisfação que lhe pregara essa peça, antegozando o momento em que veria frustrados seus mais caros desejos e ambições, embora soubesse que não estaria presente quando isso viesse a ocorrer, pois estaria morto, com certeza.

Não pôde deixar de sorrir ironicamente. Contra todas as probabilidades, ali estava ele, participando do evento, sem que alguém percebesse sua presença.

Viu os olhos injetados de sangue de Maurício, sua cólera por ver escapar pelos vãos dos dedos as imensas riquezas que já considerava como suas. Sua voz estentórica bradava contra a autenticidade do documento apresentado e seus lábios contraíam-se num rictus de crueldade e amargura, enquanto do canto da boca escorria um fio de saliva espumejante. No auge da ira jurou vingar-se. Não pensassem que as coisas ficariam assim. Recorreria ao Soberano e lhe seria dado ganho de causa. Tinha influência e prestígio, dizia, o que não era verdade, e lutaria por seus direitos.

O notário retrucou, com todo respeito, que o documento era perfeitamente legítimo e que fizesse o que julgasse melhor. Terminou a leitura do testamento, que ainda determinava uma soma considerável para a Igreja que, pela expressão de Frei Alberico, era inferior ao esperado, e mais algumas dotações menores de somenos importância.

O ar estava irrespirável; o ódio de Maurício causava a Godofredo infinito mal-estar e retirou-se do local deixando-os entregues à resolução de seus problemas, dos quais não fazia mais parte.

Sentiu-se impulsionado e, sem saber como, quando deu-se conta estava numa pequena cidade próxima a uma região montanhosa.

Entrou numa casa, sem saber por que, e deparou com Tamara que chorava. Seu coração alegrou-se ao vê-la e, sabendo que ela não poderia perceber sua presença, resolveu ficar por ali e acompanhá-la.

Quando Ciro entrou pela porta adentro reconheceu-o e atirou-se sobre ele, agredindo-o. Constatou que sua presença causava-lhe mal-estar e, satisfeito, resolveu aproveitar-se da situação.

Ao vê-lo maltratar Tamara, ficou alucinado e mais feroz ainda se tornou ao vê-lo abraçá-la e beijar seus lábios. Deu-lhe um tremendo soco na cabeça e viu-o cambalear. Surpreso, percebeu que, de alguma maneira, tinha poder sobre ele. O complexo de culpa que o criminoso carregava sobre os ombros propiciava-lhe fácil acesso.

Daí por diante passou a assediá-lo, tornando seus dias e noites um inferno. Não lhe propiciava tréguas cobrando a dívida de que se acreditava credor com crueldade inaudita.

Somente a presença de Tamara conseguia dulcificar-lhe o coração, tornando-o mais acessível e feliz; mesmo que ela não o percebesse, contentava-se em contemplá-la, ficar junto dela, acompanhá-la nos raros passeios que fazia ou mesmo às compras...

Quanto ao traidor infame, este já estava em suas mãos e, mais cedo ou mais tarde, acabaria com a vida dele. Era uma simples questão de tempo. Ciro já não comandava mais seus próprios pensamentos; obedecia-lhe fielmente. O dia da sua vingança não tardaria a chegar. Era preciso ter paciência e tempo não lhe faltava.

CAPÍTULO XIV

UM ENCONTRO SINGULAR

A atmosfera estava leve e límpida. Os dias agora tornavam-se aprazíveis e a temperatura amena. O solo fecundo, já liberto da branca camada de neve que o recobrira durante a estação hibernal, rapidamente se coloria de verde, com a vegetação que brotava luxuriante.

As pessoas mostravam-se mais alegres e comunicativas; a cidadezinha apresentava um movimento desusado e a policromia das cores dos vestuários dava um tom festivo às manhãs de sol. Pelas ruas, mercadores ofereciam seus objetos e utensílios a altos brados para os passantes; crianças brincavam e suas vozes cristalinas enchiam o ar, misturando-se aos odores de óleos perfumados e ao cheiro de comida sendo preparada nas barracas; mulheres passeavam, aproveitando para retirar dos baús roupas mais leves e elegantes, que exibiam satisfeitas. Doces das mais variadas procedências eram saboreados por homens, mulheres e crianças que se divertiam a valer, aproveitando os lindos dias de sol, felizes por estarem livres do inverno.

Eu participava da alegria geral, trabalhando numa taberna que contratara meus serviços para atender os fregueses, satisfeito por estar ganhando algum dinheiro de que tanto carecíamos.

Alguns fregueses, sentados ao redor de uma pequena mesa, conversavam e procurei aguçar os ouvidos:

— Viste os forasteiros que chegaram ontem, amigo?

E o outro respondeu com interesse:

— Não, não vi. Mas contaram-me que estão na hospedaria. São estranhos, fazem muitas perguntas e não respondem quando se lhes dirigem a palavra.

— É verdade. Ainda ontem encontrei-os pelos arredores da praça e parece que procuravam algo ou alguém. Olham para tudo e para todos, são arrogantes e, pelo porte e maneira de caminhar, diria que são soldados, embora não estejam de uniforme.

O coração bateu-me mais forte no peito ao ouvir tais comentários e afastei-me do local discretamente. Solicitei do proprietário a permissão de retirar-me por alguns momentos, alegando urgência no trato de determinado assunto e saí, não obstante notasse a carranca de desagrado do patrão.

Percorri as ruas da cidade com atenção e cuidado desusados, procurando localizar os forasteiros. A princípio, não consegui achá-los e quando já me considerava por vencido nas averiguações, julgando que tivessem abandonado a cidade, ao dobrar uma esquina, numa região de pouco movimento, pobre e sem atrativos, vi cinco homens que bebiam vinho sentados em torno de uma mesa, numa pocilga de ínfima categoria.

Procurei aproximar-se para ouvir o que conversavam e notei quando chamaram o dono do estabelecimento e, dizendo-lhe algumas palavras em voz baixa, fizeram com que tilintassem algumas moedas em suas mãos.

Foi o bastante. Os olhos do homem brilharam de cobiça, enquanto passava as mãos imundas para limpar a boca. Sua barba, maltratada, tinha respingos de alimentos e sua figura toda tresandava sujeira.

Aproximei-me mais, aproveitando as reentrâncias das casas que não eram alinhadas, escondendo-me atrás da parede próximo de onde estavam e dali poderia ouvir tudo o que diziam. Um deles, com irônico sorriso, dirigiu-se ao estalajadeiro:

— Meu bom homem, sabemos que és inteligente, arguto e ambicioso. Que sabes tudo o que acontece de diferente no povoado, como bom comerciante que és...

O homem concordava com a cabeça, rindo de maneira bestial, já prelibando o prazer de ver aquelas lindas moedas de ouro passarem para as suas mãos.

— Sim, meu senhor! — dizia com voz melíflua — procuro servir a todos de maneira que fiquem satisfeitos. O que desejais saber?

— Muito bem! Vejo que não me enganei a teu respeito. Es um homem perspicaz! Procuramos um rapaz, jovem de porte atlético, alto e cabelos claros...

O homem pestanejou, mas não disse nada. E o forasteiro continuou:

— Soubemos que se dirigiram para cá. Traz consigo uma jovem de extraordinária beleza e que dificilmente passaria despercebida nesta pequena cidade. Indagamos do paradeiro de ambos, mas os moradores do povoado negam tê-los visto; porém, pelo olhar de alguns deles, percebi que mentiam. Devem ter chegado por aqui há alguns meses e queremos saber seu paradeiro. São escravos fugidos e nosso amo pagará muito bem a quem os encontrar... ou der notícias do seu paradeiro.

Os olhos cúpidos do pobre homem brilharam com mais intensidade e estendeu as mãos trêmulas para aparar as moedas que o estranho entregava, ao mesmo tempo acenando-lhe com a possibilidade de receber muito mais, mostrando-lhe uma gorda bolsa onde moedas tilintavam alegremente.

Não precisava tanto. O asqueroso homem fingiu aguçar o pensamento, puxando pela memória.

— Sim, agora me lembro. Realmente chegaram aqui há uns quatro meses e tencionavam dirigir-se para o mar, foi o que me contaram.

O forasteiro dirigiu um olhar de entendimento para os companheiros e entreolharam-se satisfeitos. Era a primeira notícia concreta que conseguiam obter.

— Podes informar-nos, bom homem, se continuam aqui na cidade ou se já seguiram viagem?

— Bem, não posso afirmar com certeza — respondeu o estalajadeiro, coçando a barba —, mas o que soube é que apenas esperavam a abertura da navegação do Mar Tirreno para prosseguirem.

— Sabes para onde se dirigem?

O homem fez um muxoxo de descontentamento e tristeza:

— Infelizmente, Senhor, o meu informante não soube dizer. Conseguiu essas informações do próprio fugitivo num dia em que bebera mais do que devia, pois em outras circunstâncias era rapaz discreto e de poucas palavras.

Percebendo pelo aspecto compungido do homem que nada mais conseguiriam arrancar dele, porque nada sabia, pois se soubesse não hesitaria em informar, interessado que estava na pequena fortuna que poderia auferir, levantaram-se para sair após ter jogado uma moeda na mesa, que caiu com alegre ruído.

O homem, nervoso, vendo que se retiravam, perguntou-lhes se não estavam esquecendo algo.

Os forasteiros olharam-se entre si, fingindo não entender. O infeliz timidamente apontou para a sacola de moedas que permanecia pendurada no cinturão daquele que parecia ser o chefe do grupo.

— Julgaste mesmo que te entregaríamos semelhante tesouro? Já recebeste mais do que mereces. Considera-te satisfeito, pois ganhaste mais nestes instantes de agradável palestra conosco do que o farias em um ano de trabalho contínuo.

Gargalhadas acompanharam as palavras ditas com supremo escárnio.

O pobre homem esfregava as mãos com desespero, enquanto lágrimas de frustração e raiva banhavam seu rosto suarento:

— Oh! Senhor! Sois muito generoso, bem sei — retrucou, obsequioso, inclinando-se respeitosamente —, mas prometestes dar-me mais se satisfizesse vossa curiosidade...

E agarrava-se às vestes do forasteiro, chorando e suplicando, impedindo que deixasse o local. Irritado, o estranho empurrou-o com força, jogando-o contra a parede.

— Cala-te, infeliz, nada te devo. Tu, ao contrário, deveria pagar-nos para ingerirmos teu execrável vinho, se é que pode se chamar assim. Contenta-te com o que já obtiveste da minha generosidade e alegra-te por estares com vida. Laércio, aplica-lhe um corretivo para que não se esqueça do respeito que nos deve e para que mantenha a boca fechada.

O forasteiro chamado Laércio aproximou-se do pobre homem que, esparramado no chão, olhava-o apavorado, suplicando piedade. Retirou das vestes um pequeno chicote de cujo cabo saíam diversas tiras de couro, contendo cada uma delas uma pequena haste de metal na ponta, que de encontro às carnes produziam sofrimento atroz.

Dez chicotadas foram o suficiente para deixar o pobre homem todo machucado e desacordado no chão. Os forasteiros afastaram-se ligeiros do local para evitar a curiosidade pública.

Ao perceber que eram nossos perseguidores, corri até nossa casa e ordenei a Tamara que rapidamente reunisse nossos pertences mais indispensáveis para fugirmos da cidade. Não entrei em detalhes para ganhar tempo, só fiz-lhe ver a necessidade de deixarmos a região com a maior brevidade possível.

Em pouco tempo pusemo-nos a caminho, lastimando sinceramente deixar o conforto de uma moradia certa e acolhedora, conquanto simples e sem atrativos, para mergulharmos em novas aventuras, o desconforto e o cansaço do desconhecido.

Teríamos de mudar os planos já estabelecidos. Era impossível agora contarmos com a saída pelo mar, que estaria bem vigiada com toda certeza dali por diante. Imprescindível mudarmos de rota e julguei mais conveniente seguirmos rumo ao interior.

A região era desconhecida; tudo era novo e diferente. O futuro incerto, o perigo deixado à retaguarda, a insegurança do que teríamos de enfrentar pela frente nos encheu o íntimo de angustiosas preocupações e foi com o coração opresso que deixamos para trás aquela região.

As dificuldades a vencer eram imensas e as necessidades imperiosas. Mais difícil se tornara esta segunda etapa da nossa jornada porque na primeira tivera tempo de preparar tudo o que era necessário a uma viagem de longo curso.

Mas agora, saíramos levando apenas o estritamente necessário e, sem provisões armazenadas, sentíamos fome e desconforto em grau superlativo. Caminhamos sempre rumo sul.

Durante uma semana cavalgamos parando apenas para nos alimentar, embora frugalmente, e repousar um pouco. Às vezes encontrávamos alguma aldeia e então comprávamos algo para comer, sempre com bastante cuidado e discrição, visto não sabermos se existiam outros grupos a nos perseguir.

Aos poucos, começamos a encontrar viajores que, como nós, procuravam local mais adequado às próprias necessidades. Primeiro foi uma família que vinha em sentido contrário; um pequeno jumento sobrecarregado ao peso das bagagens humildemente fazia a sua parte, seguido de um casal e duas crianças ainda em tenra idade. Não nos preocupamos, pois, pelas fisionomias simplórias, julgamos que não representavam ameaça para nós.

No dia seguinte encontramos outra família que também, de mudança, se dirigia em sentido contrário ao nosso. Estranhamos o fato, pois viajáramos muitos dias sem encontrar viva alma. Mais adiante, outro grupo composto de homens, mulheres e crianças que passaram por nós com ar estranho, assustado, como se fugisem de alguma coisa.

Entreolhamo-nos surpresos e intrigados sem dizer nada.

Resolvemos, mais adiante, indagar qual a razão daquele êxodo repentino a uma família de aparência amistosa que se aproximava. Responderam-nos com olhos assustados:

— "Eles" vêm aí!

Olhamos um para o outro sem entender.

— "Eles" quem?

— Pois não sabeis? Nossos inimigos! Os soldados de Bizâncio destroem cada cidade, cada aldeia por onde passam. Matam, saqueiam e torturam. Todos estão fugindo e abandonando suas casas, suas plantações, seus haveres, para salvarem as vidas — duas lágrimas rolaram em seu rosto cansado e concluiu: — É melhor mudardes de rumo, amigos, se não quiserdes encontrá-los.

Estarrecido, fiquei parado, tentando pensar. Não cogitara dessa possibilidade! E agora, o que faria? Voltar não era possível, pois à retaguarda estavam nossos perseguidores. À frente não poderíamos continuar, pois cairíamos em poder do exército bizantino. Que fazer? Minha mente trabalhava febrilmente e nem sequer percebi que a família se despedira alegando pressa.

Olhei para Tamara buscando apoio moral, pois teríamos que encontrar uma saída, e rápido, mas fiquei surpreso com sua atitude.

Denotando uma calma e tranquilidade invejáveis, ela sorria toda satisfeita. Nao contive um gesto de desagrado e indaguei, com enfado:

— Alegra-te com nossa infelicidade? Não percebes o perigo que corremos, suponho. Ouviste o que disseram? É imprescindível buscarmos novo rumo, procurando evitar encontros desagradáveis.

Tamara riu, despreocupada:

— Enganas-te! Sei muito bem o que isto significa. Ao contrário do que pensas, é a nossa salvação que chega inesperadamente. Ciro, estamos salvos! É "meu" povo que se aproxima, nada temos a temer! Vamos, rápido, avia-te. Temos que encontrá-los! É a liberdade que se avizinha, alegra-te. Muito em breve serás recompensado por tudo o que fizeste por mim. Verás como meu pai é generoso e reconhecido.

Com os olhos esbugalhados, boca aberta, ouvia tudo o que ela me dizia tentando entender. Tinha que pensar rápido, rápido.

Então, eu não a levara ao encontro dos seus e o destino fizera com que eles viessem ao nosso encontro. Que azar! Estávamos entre dois fogos: não poderíamos recuar e avançar seria cair em mãos bizantinas, o que significava a perda de Tamara, inevitavelmente. Por outro lado, poderia tirar o melhor proveito possível da situação. O Império Bizantino estendia-se por quase todo o mundo conhecido; era muito poderoso e avançava vencendo sempre. Aliando-se a eles, permaneceria perto da mulher amada e estaria protegido dos seus perseguidores. Talvez até voltasse à cidade de onde partimos como vencedor, quem sabe!

— Não respondes? O que se passa contigo? — Tamara inquiriu-me, surpresa.

Tudo isso passou pela minha cabeça em poucos segundos e aos poucos minha fisionomia abriu-se num leve sorriso:

— Desculpa, Tamara. A surpresa fez-me perder a voz. É uma excelente notícia, não tenhas dúvida — respondi tentando aparentar uma alegria que não sentia na realidade.

Ela sorria, feliz, extravasando seu contentamento, batendo com as mãos e dando gritinhos de alegria.

— Vamos, então! O tempo urge. Não vejo a hora de encontrá-los.

Pusemo-nos a caminho. Aos poucos o êxodo foi aumentando. Encontrávamos pessoas cansadas, tristes e deprimidas, arcadas ao peso das bagagens. Muitas trazendo ferimentos profundos, onde o sangue escorria do curativo mal feito, executado às pressas. Alguns amparados em outros mais resistentes, sem poderem caminhar direito. Em todos os semblantes uma tristeza infinita, olhos vermelhos de chorar e muita revolta interior. Eram centenas de criaturas a fugir, buscando um recanto seguro onde obtivessem um pouco de paz.

Quanto mais avançávamos mais o êxodo aumentava, até que se tornara difícil caminhar entre os retirantes. Ao vê-los minhas fibras mais íntimas se confrangiam. Angústia e receio se misturavam em meu coração, menos confiante nos soldados de Bizâncio que Tamara.

Chegamos a uma aldeia e o espetáculo foi de estarrecer. Não havia viva alma. O chão estava coberto de cadáveres e o sangue que escorria dos ferimentos formava poças no chão poeirento. Os poucos que conseguiram escapar com vida já estariam longe àquela hora.

Percorremos a cidadezinha, onde a destruição dominava tudo. A devastação fora total; o fogo se alastrara em certos lugares, completando a ação do homem. Nada mais restava. Após o saque, os guerreiros deixaram a região, partindo para novas vítimas.

Deixamos a cidade sem dizer palavra e tomamos o rumo que as evidências deixaram perceber ser a direção do exército bizantino.

Eu era forte, rijo, de têmpera rude e acostumado à violência. Mas o medo passou a dominar-me.

À medida que avançávamos mais visíveis se tornavam os vestígios da passagem do exército bizantino. Tamara, com dificuldade, continha sua impaciência e eu torcia para que tudo desse certo e fôssemos bem recebidos.

Atravessando local de vegetação espessa, sombrio, onde as grandes árvores com suas copas impediam uma infiltração maior dos raios solares, fomos atacados de repente por alguns soldados que, de pronto, imobilizaram Tamara que, aos gritos, suplicava por socorro.

Tentei lutar e defender-me, conseguindo abater o primeiro atacante; outro pulou em minhas costas agarrando-me o pescoço com força e tentando estrangular-me. Aplicando um golpe que aprendera com Tamba, livrei-me dele, torcendo o corpo e fazendo com que despencasse à minha frente; surpreso com o golpe inesperado ele titubeou e foi fácil derrotá-lo com um soco na cabeça, deixando-o desacordado. Mas o terceiro soldado agrediu-me com um objeto pesado e senti apenas uma dor aguda na cabeça. Tudo se apagou.

Como Tamara não parasse de gritar e espernear, amarraram-na bem e amordaçaram sua boca. Em seguida nos conduziram até o acampamento.

Ao acordar, ainda zonzo com o golpe recebido, sentindo forte dor na cabeça, encontrei-me no interior de uma tenda com as mãos e os pés bem amarrados.

Olhando ao redor divisei Tamara que, sentada a um canto, me observava. Seu semblante se desanuviou e suspirou aliviada ao ver-me desperto, o que não deixou de sensibilizar-me. Sorri de leve para acalmá-la e mostrar que estava tudo bem.

Nisso, entraram dois soldados que, vendo-me desperto, se dirigiram a mim com arrogância:

— Ora, ainda bem que acordaste! Um espião deve morrer consciente do sofrimento. Bem devagarinho... — gargalharam ironicamente e concluiu: — Mas antes queremos saber quais as informações que conseguiste obter.

— Enganai-vos, nobres soldados de Bizâncio. Não somos espiões — respondi com altivez.

Tamara fazia vãos esforços para libertar-se da mordaça e falar.

— Cala-te, gata selvagem, ou mato-te sem contemplação — disse-lhe o soldado com grosseria.

Tamara, irritada, aplicou um pontapé na canela do soldado, que gemeu de dor. Incontinenti, com os olhos chamejando de cólera, ele deu-lhe uma violenta bofetada no rosto, que avermelhou de repente. Com a violência do gesto, a mordaça foi arrancada. Caída ao chão, o ódio a fuzilar nos olhos azuis, demonstrando o caráter altivo e orgulhoso, dirigiu-se a ele como se fosse o último dos homens sobre a face da Terra:

— Como ousas, infeliz, tratar-me desta maneira? Não tens amor à vida? Deverias curvar-te ante meus pés e beijar o chão onde piso.

A princípio, surpreendido com a atitude da jovem, o soldado arregalou os olhos de espanto. Depois, não se conteve e pôs-se a rir, divertido, o que a deixou mais furiosa ainda.

— Viste, Homero, a dama "ordena" que a tratemos com respeito! — e inclinou-se numa mesura sarcástica.

Tamara bateu o pezinho no chão: — Exijo que me leves até o comandante destas tropas. Farei com que te arrependas do tratamento que me deste. Avia-te, não converso com subordinados. Quero falar com teu superior.

O soldado chamado Homero dirigiu-e a mim:

— Está louca esta criatura? Por certo não percebe a situação difícil em que vos encontrais. Sois acusados de espionagem e a pena para tal crime é a morte.

Tentei convencê-lo de que Tamara dizia a verdade, mas pareceu não ouvir-me.

Tamara, depois de muito suplicar, sem encontrar resposta, dirigiu-se a Homero, que parecia ser o mais acessível dos dois, em tom comovedor, aproveitando um momento em que o outro soldado havia saído:

— Ajuda-me, soldado, não te arrependerás. Não te peço o impossível, apenas que nos dês a chance de nos dirigirmos ao teu comandante e contarmos nossa história. Sou natural de Bizâncio, pertenço à mais alta nobreza do Império e, por uma fatalidade, fui aprisionada pelo inimigo e transformada em escrava. Com o auxílio de Ciro consegui fugir e estava a caminho de casa.

Com a dúvida e desconfiança a transparecer no rosto, o soldado retrucou:

— E por que estáveis nos seguindo? Fostes detectados há alguns dias e vigiados desde então...

— Exatamente! Estávamos à vossa procura. Soubemos, pelos remanescentes dos vossos ataques, que estáveis próximos e vínhamos nos juntar a vós. E depois, era difícil não deixar de seguir o vosso rastro pela devastação que ficava à retaguarda e pelos retirantes que encontrávamos no caminho.

Ainda incrédulo, o oficial a fitou tentando descobrir nos traços de sua fisionomia se o que dizia era verdade. Viu uma criatura de beleza estonteante, de rosto delicado emoldurado por lindos e sedosos cabelos escuros a cair pelas espáduas. Dois olhos azuis de brilho cristalino o fitavam de frente e a sinceridade era patente no seu semblante aberto. Sentiu-se tocado em suas fibras mais íntimas e a beleza da prisioneira o comoveu.

Percebendo que ele fraquejava, ela insistiu:

— O que terias a perder? — disse com voz suave. — Se estou mentindo, provavelmente serei castigada. Mas, se estiver falando a verdade, só terás a ganhar atendendo meu pedido.

— Bem, embora não tenha motivos para crer em vossa história — disse tentando aparentar firmeza e severidade — levar-vos-ei até meu comandante, mesmo porque deseja interrogar-vos.

Aliviada, Tamara dirigiu-lhe um sorriso cativante e olhou-me confiante numa súplica muda para que não me preocupasse. Saíram e fiquei a sós por pouco tempo. Logo um soldado veio buscar-me, levando-me para um local isolado, no fim do acampamento e, lá, fui submetido a afligentes torturas para que confessasse o que sabia. Como não tinha informação alguma para dar e, mesmo se tivesse não daria, mantive-me calado. Chicotearam-me, queimaram-me a sola dos pés com ferro em brasa e, por último, colocaram-me pendurado num instrumento. Atadas as mãos e pés, abertos, iam puxando as cordas cada vez que me negava a cooperar, deixando-me com a sensação que os ossos todos se haviam deslocado. A dor era insuportável e perdi a noção do tempo e das coisas. Vendo que nada conseguiriam arrancar de mim, desamarraram-me e deixaram-me caído no chão.

Mais tarde vieram buscar-me e levaram-me através do acampamento. Como não conseguisse andar, devido às queimaduras nas solas dos pés, tiveram de levar-me quase que carregado. Conquanto o sofrimento que sentia no momento, não deixei de notar o aspecto estranho do acampamento. O exército bizantino era composto de raças diferentes e ali se viam godos, visigodos, mouros, hunos e gregos, e essa miscelânea tornava o acampamento diferente. Anoitecia.

Entrei na tenda maior e a luminosidade dos archotes atingiu-me de repente.

Era uma tenda luxuosa, decorada ao estilo oriental. As mesmas raças que já observara ali se reuniam e suas roupas extravagantes e coloridas alegravam o ambiente. À minha frente notei um homem que deveria estar em torno dos quarenta anos, fisionomia agradável, franca, emanando força e vitalidade. Seu olhar firme era penetrante, embora amistoso. Simpatizei com ele à primeira vista.

Ao lado desse homem estava Tamara, deslumbrante de beleza, numa túnica de tom azulado que se harmonizava perfeitamente com sua pele e parecia ser o complemento de seus olhos. Trazia adereços nos cabelos bem penteados e jóias cobriam-lhe o colo bem feito.

Sorriu satisfeita ao ver-me. Não pude deixar de lembrar-me de uma outra vez que entrara numa tenda, mais ou menos nas mesmas condições, embora a situação agora fosse diferente. Na tela da memória as imagens do passado ganharam vida; pareciam pertencer a um tempo distante, embora não tivessem decorrido dois anos. Suspirei profundamente.

Olhei para mim mesmo e não pude deixar de notar o contraste que fazia com todos que ali estavam. Minhas vestes estavam desfeitas, sujas e manchadas de sangue. Algo em mim acordou o orgulho existente. Recusei o amparo dos soldados que, até o momento, sustentavam-me e procurei firmar-me nas próprias pernas.

Ao colocar o peso do corpo sobre os pés feridos dor lancinante dominou-me e cambaleei ligeiramente. Tamara fez menção de levantar para ajudar-me, mas, com olhar severo, fiz com que desistisse do seu intento.

Equilibrei-me e com inaudito esforço mantive-me erecto, aguardando me fosse dirigida a palavra.

O general sorriu discretamente, divertido. Com gesto complacente dirigiu-me a palavra:

— Alegra-me conhecer um homem tão corajoso. Quero que releves a rudeza de meus comandados e fica certo que és bem vindo — e sorrindo, concluiu:— Mas não queremos exigir de ti mais provas de coragem e esforços desnecessários, além dos que já demonstraste até aqui, trazendo até nós minha querida Tamara. Senta-te aqui ao meu lado para conversarmos melhor.

Bem a tempo, pois minhas forças esgotavam-se rapidamente.

Um escravo serviu-me vinho numa taça de ouro cravejada de pedrarias e alimentei-me como há muito não fazia. As iguarias eram muitas e deliciosas; pratos da mais diversa procedência e, mais refeito, conversamos amistosamente por muito tempo.

Queria notícias das nossas aventuras, informações sobre a região que atravessáramos e cada vez mais sentia-me atraído para aquele homem.

Contou-me que o pai de Tamara, conselheiro do Imperador, quase enlouquecera de dor ao julgá-la morta. Algum tempo depois, porém, tiveram notícias de que um grupo de estrangeiros estivera na região para obter informações sobre as condições de defesa da metrópole e foram vistos acompanhados de uma jovem que, pela descrição, era Tamara.

— Daí por diante, foram expedidos espiões por toda a parte para detectarem a localização da jovem. Há pouco tempo soubemos que fora vista em Ravena e procuramos um modo de libertá-la. O Imperador, que já tinha planos de invadir a Itália, apressou os preparativos, pois tem em grande conta seu conselheiro, visando também libertar sua protegida do domínio ostrogodo. Estava há algum tempo guerreando na África quando recebi ordens do Imperador para atacar a Itália. Na verdade, acampado na Tunísia, já havia conquistado a Sicília sem grande dificuldade. Atravessamos o estreito de Messina e submetemos Nápoles pela força de nossas armas. Sempre avançando rumo ao norte, temos conquistado todas as cidades que estão no roteiro. Nosso objetivo é atacar Roma, que está em poder dos ostrogodos.

Prendendo a respiração, somente então percebi que estava defronte do grande general Belisário, braço direito de Justiniano, soberano do Império Bizantino. Já ouvira referências a seu respeito e a fama de grande guerreiro e hábil estrategista o precediam onde quer que se apresentasse. Todos o temiam e respeitavam.

Agora, tendo-o ao meu lado, percebia como era diferente do que imaginara. Acreditava-o arrogante e cruel, como são em geral os grandes líderes, e admirava seu poder e a glória de que se achava investido.

Mas, agora, ao ver sua figura humana acessível e delicada, a palestrar com rara capacidade de prender a atenção do ouvinte, suas palavras vibrantes e o colorido da linguagem, via como era diferente do que acreditara. E cada vez mais deixava-me fascinar pela sua personalidade cativante.

Por sua vez, parecia interessado em minha pessoa. Observava-me disfarçadamente, quando estava distraído, talvez pelo hábito do soldado que não descansa nunca; está sempre vigilante à espera de um perigo e desconfia de tudo e de todos pelo próprio condicionamento da profissão.

À entrada da tenda assomou uma mulher ainda jovem, vestida de maneira berrante e exagerada. Seu rosto, com pintura em excesso, impedia que se lhe vissem os traços perfeitamente. Os olhos, amendoados, contornados a carvão, endureciam-lhe a fisionomia; os lábios, cuidadosamente coloridos de carmim, tinham um ar sarcástico. Enfim, seu rosto assemelhava-se a uma máscara. Entrou. Observei seu andar felino, a sensualidade que transpirava de seu corpo, e retraí-me.

Belisário, sorridente, estendeu-lhe as mãos e notei que sua fisionomia se iluminou ao vê-la.

— Venha, minha querida, senta-te junto a mim. Onde andaste? Estranhei tua ausência.

Com um sorriso ela estendeu a mão e replicou:

— Estava indisposta e recolhi-me para repousar um pouco. Perdoa-me, querido, e apresenta-me o estranho.

Assim falando olhou-me e algo dentro de mim se agitou. Sem saber porque acometeu-me estranho mal-estar e uma sensação desagradável de repulsa. Pelo seu olhar impudico, senti que a agradara e temi que o general percebesse.

Apresentou-nos. Era sua esposa Antonina e fiquei ainda mais admirado.

Cumprimentou Tamara friamente e senti que havia algo no ar.

As relações existentes entre as duas mulheres não pareciam ser das melhores, o que espicaçou-me a curiosidade.

Tamara endereçou-me um olhar divertido, deixando-me intrigado. Notei que percebera os avanços da esposa de Belisário e isso incomodou-me um pouco.

O general, porém, parecia nada notar. O olhar de adoração que dirigia à mulher era claro e seu amor por ela evidente demais para que alguém pudesse alimentar qualquer dúvida. Antonina, porém, com a mão de unhas longas e pintadas de vermelho vivo, a segurar uma taça de vinho, passeava seu olhar pela tenda e não pude deixar de notar que emitia mensagens mudas com os olhos para alguns oficiais, especialmente Homero, a quem fitava com alguma insistência. O oficial, algo embaraçado, procurava disfarçar olhando para outro lado e conversando com um colega.

A diferença entre marido e mulher era flagrante. O que levaria o general a amar tanto a essa mulher? Era bela, sem dúvida, mas uma beleza vulgar que encantava os sentidos e que não poderia atrair um homem durante muito tempo. Suas maneiras eram desagradáveis, sua voz, embora macia e sensual, continha ameaças veladas... Não, decididamente, não conseguia entender o que unia aqueles dois.

Esses pensamentos povoavam minha mente, enquanto os observava discretamente. Belisário trocava idéias com Tamara e Antonina dizia sussurros aos ouvidos de um mouro que se postara ao seu lado e que sorria, satisfeito.

A figura do general Belisário enchia o ambiente. Seu carisma era impressionante e sentia-se um clima de amizade. Seus comandados tinham-no em alta conta e o estimavam. Imerso em meus pensamentos não percebi que me observavam.

A voz de Belisário chegou até mim e notei que falava comigo:

– Não devemos prender-te mais, caro Ciro. É evidente que estás cansado e que tuas forças se exaurem. Um escravo levar-te-á até a tenda que te foi reservada. Descansa e amanhã conversaremos melhor.

Tamara, aproveitando o ensejo, também despediu-se, alegando extremo cansaço.

Quando tentei levantar-me para sair não consegui colocar os pés no chão, embora este fosse recoberto com grosso tapete. Senti que tudo girou à minha volta e perdi a noção de tudo.

No dia seguinte, ao abrir os olhos, estranhei o ambiente. Só então me lembrei dos fatos ocorridos na véspera. A fisionomia ansiosa de uma escrava foi a primeira coisa que vi. Tentei levantar-me, mas fiquei tonto. Tudo começou a girar novamente e minha cabeça pendeu no leito. Um homem de aparência estranha acercou-se de mim e falou-me que não fizesse esforços inúteis. Estava com febre alta devido aos ferimentos e era preciso recuperar as forças.

Mandou que me servissem um caldo reconfortante e examinou meus pés. Trocou as ataduras que haviam sido colocadas na véspera por outras mais novas, após banhar os ferimentos com uma água a que adicionara substância cicatrizante e, em seguida, passou ungüento de cheiro acre. Satisfeito com seu trabalho, sorriu.

— Muito bem. Tua capacidade de recuperação é excelente, e em breves dias poderás passear pelo acampamento.

Agradeci e, tentando mudar a posição do corpo cansado, deixei escapar um gemido, enquanto meus lábios se contraíam num rictus de dor.

— Meu corpo todo dói, como se tivesse sido esmagado — expliquei.

— É natural, após o "tratamento" a que foste submetido. Toma este remédio — disse, apresentando-me um pequeno frasco — e te sentirás melhor.

Obedeci e dentro de poucos minutos minhas pálpebras começaram a pesar, enquanto o sabor adocicado da substância ingerida ainda permanecia na boca.

Adormeci mansamente sob o efeito do sedativo e meu sono foi calmo e repousante.

Quando acordei, já mais refeito, vi a fisionomia de Tamara debruçada sobre o leito. Sorriu ao ver-me abrir os olhos.

— Alegra-me ver-te desperto. Olha que dormiste sem parar durante dois dias e já estava preocupada contigo, embora o médico afirmasse estar tudo bem. Como te sentes?

Agradeci com um sorriso, intimamente reconfortado com suas palavras que demonstravam interesse e respondi em voz baixa que estava bem, embora fraco. Com um gesto, Tamara ordenou à escrava que me trouxesse algo para comer.

Conversamos amistosamente, após haver ingerido algum alimento e demonstrei desejo de levantar-me. Estava sem febre e o corpo já não doía tanto. Meus pés, porém, embora estivessem cicatrizando rapidamente, ainda não conseguiam suportar o peso de meu corpo.

Acomodado em algumas almofadas, senti-me melhor. Tamara, com seu jeito peculiar, colocava-me a par dos últimos acontecimentos. O acampamento estava quase deserto. Belisário ausentara-se com as tropas para atacar uma cidade ao leste de onde estavam e só permaneceram no local as mulheres, velhos, os feridos e os escravos.

Nisso, a entrada da tenda foi aberta e surgiu Antonina, precedida de forte perfume.

Sua presença envolvente encheu o ambiente. Percebi, pela reação de desagrado quase imperceptível de Tamara, o quanto a desgostava esse encontro.

Com certo ar de deboche que lhe era peculiar, a mulher dirigiu-se a nós, enquanto arrumava as pregas da túnica, displicente.

— Ora, creio que vim interromper um colóquio... Talvez o momento não seja o mais indicado para uma visita.

Ciente da posição de destaque dessa mulher, e temeroso de melindrá-la, rapidamente procurei dissipar a impressão causada, retrucando, solícito:

— Tua presença é sempre uma honra. Nada interrompeste, acredite. Tamara veio apenas inteirar-se de minha saúde, solicitude essa baseada na amizade que nos une. Fica à vontade e perdoa não poder levantar-me e saudá-la como as conveniências o exigem.

Pareceu ficar satisfeita com a resposta e sentou-se num coxim. Tamara, em quem a irritação era evidente, respondeu, de pronto, não obstante meu severo olhar de advertência:

— De qualquer modo, supondo-se que estivéssemos tendo um colóquio mais íntimo, nada vejo de mal nisso, considerando-se que ambos somos livres e donos da nossa vontade... embora o mesmo não se possa dizer de certas pessoas.

Em seguida, despediu-se friamente e retirou-se deliberadamente ignorando a presença da mulher.

Antonina, recebendo essa alfinetada que lhe era dirigida, corou imperceptivelmente, mas ignorou o ataque e, dona de invejável autodomínio, dirigiu-se a mim sorridente, para alívio meu.

— Teu aspecto melhorou bastante desde a última vez que te vi. É pena, pois logo acompanharás os guerreiros em suas atividades belicosas...

— Com muito prazer. O leito cansa-me e essa inatividade forçada me aborrece, além do sofrimento experimentado, naturalmente.

Com sutileza ela continuou:

—... mas deixaremos de gozar o prazer da tua companhia — e acompanhou essas palavras com olhar chamejante que não deixava margem a dúvida quanto à sua intenção.

Intimamente, o interesse daquela mulher envaidecia-me e acordava o orgulho e o amor-próprio sempre tão presentes em meu caráter. Embora não nutrisse simpatia por ela, seus olhares despertaram em mim sentimentos menos dignos e desejos escusos, não obstante uma ponta de receio a dominar-me as fibras mais íntimas ao lembrar-me de Belisário, o general todo-poderoso.

Os sentimentos que me agitavam deveriam estar patentes no rosto, pois Antonina, sorrindo, levantou-se e, colocando a destra suavemente sobre meu braço, despediu-se com um olhar cheio de promessas e não desejando forçar mais a situação, considerando com certeza suficiente o avanço conseguido.

Deixou-me só com meus pensamentos, e agitação febril acometeu-me, sem poder precisar a natureza dos sentimentos que afloravam do mais recôndito do meu ser. Era diferente dos laços afetivos que me ligavam a Tamara e, ainda assim, forte o bastante para tirar-me o sossego.

Lembrando-me da jovem, não pude deixar de alegrar-me analisando a reação que demonstrara, enxergando em sua atitude interesse incomum e até, quem sabe, uma ponta de ciúme.

Os dias sucediam-se sempre iguais no acampamento. Já podia levantar-me e, embora com dificuldade, ensaiar os primeiros passos.

Certa tarde ouvimos o tropel de cavalos e o reflexo dos metais banhados pelo sol, que representavam a volta do exército bizantino.

O acampamento, antes quase deserto, transformou-se rapidamente ganhando vida e agitação. O tropel dos cavalos, os gritos de alegria dos guerreiros por estarem de volta, as riquezas obtidas através do saque, o retinir das armas e o crepitar do fogo assando carnes cujo aroma recendia por todo o acampamento, as músicas e danças executadas fascinaram-me, como se tudo aquilo fizesse parte da minha vida.

Sentado à frente da minha tenda observava a movimentação existente e o burburinho das vozes de diferentes raças que, para um estranho, pareciam apenas sons confusos, e não percebi o general que se acercara de mim.

— Não é fascinante vê-los a se divertirem como crianças puras e inocentes?

Virei-me e vi que observava com paternal solicitude os homens que se entregavam ao prazer, cantando, dançando e bebendo vinho. Continuou: — Não parecem os mesmos homens que, numa luta, são cruéis e sanguinários, sedentos de glórias e conquistas; que matam por prazer e desconhecem a piedade. Modificam-se como se fossem outras criaturas e como se nada tivessem a ver com aquelas outras do campo de batalha. É extraordinário!

Olhou-me e sorriu, colocando a destra sobre meu ombro:
— Estou sabendo que tua recuperação foi excelente. Estás disposto a engajar-se conosco e participar da campanha?

— Senhor, nada me seria mais agradável. A inatividade forçada amolenta meu caráter e enfraquece meus músculos. Quero lutar convosco e, para tanto, ofereço-vos meus préstimos, embora sejam de pequena monta.

— Muito bem! — respondeu satisfeito e concluiu: — Amanhã começarás a adestrar-te. Quero ver como te comportas com uma arma na mão.

Afastou-se, mas sua figura imponente, o brilho de seus olhos penetrantes, seu rosto que o crepitar das chamas punha reflexos avermelhados, sua imagem envolvente e carismática permaneceram comigo. Aquele homem representava tudo o que eu mais almejava. Era o ideal acalentado por minhalma. Possuía aquele homem todo o poder e glória que eu desejava, a estima dos soldados que me seduzia, o respeito e consideração de grande parte do mundo conhecido.

Recolhi-me e meus sonhos foram povoados de imagens em que me via coberto de glórias, ébrio de poder dominando multidões e devastando cidades. Forte e poderoso, matava por prazer, torturando e mutilando outros seres, sem conhecer piedade e comiseração para com o próximo.

Tive noite agitada e despertei indisposto.

CAPÍTULO XV

O ACAMPAMENTO BIZANTINO

Embora com certa dificuldade no início, que era natural, aos poucos fui voltando à forma antiga.

Percebia a satisfação de Belisário ao ver-me vencer uma luta com forte adversário, o melhor entre seus homens. Acompanhava meus progressos com interesse e fraternal solicitude. Em pouco tempo era imbatível na luta corpo-a-corpo, no arremesso de flechas, na luta de espadas. Os ensinamentos de Tamba vinham-me com freqüência à memória e intimamente agradecia-lhe a orientação precisa que me fornecera.

O acampamento deixara de ser um local estranho e confuso para ser meu lar. Sentia-me à vontade entre os homens, participava de suas brincadeiras e percebi que, à medida que foram surgindo meus dotes guerreiros, a consideração de todos foi aumentando. Denotavam confiança e respeito por mim e já não me sentia um intruso, mas fazia parte do grupo.

Evitava ficar a sós com Antonina, temeroso de estragar minhas relações com o general, que eram as melhores possíveis.

Partiríamos no dia seguinte para uma nova ofensiva. Aprestavam-se os preparativos, poliam-se as armas, afiavam-se as espadas. Notava-se um ar de expectativa no ambiente do acampamento.

Logo às primeiras horas da manhã, já estavam todos prontos. Dentro da tenda principal, Belisário dava as últimas instruções.

Ao sairmos senti um impacto com o que presenciei. As tropas, já em posição, formavam fileiras compactas, ladeando um pouco à frente da tenda. As armas retiniam e brilhavam aos primeiros raios do Sol.

Belisário saiu na frente, belo como um deus em seu uniforme, e eu postei-me um passo atrás.

Ao vê-lo, os soldados o saudaram todos ao mesmo tempo, brandindo as armas e essa imagem acordou em mim remotas e esquecidas lembranças.

Aqueles homens o amavam. O exército de Belisário era composto em sua maior parte por mercenários de diversas raças e procedências, cujo objetivo principal era o saque, a pilhagem, os despojos de guerra. Não obstante, com a forte personalidade de que era dotado, Belisário conseguira mantê-los unidos e confiantes em sua pessoa. Só ele era capaz de manobrá-los e conduzi-los. Eram leais e seguiam-no para onde fosse.

Pusemo-nos a caminho. Cavalgava ao lado do general, por instância dele. A lembrança das tropas em posição ovacionando em delírio seu chefe guerreiro não me saía da cabeça. Onde já teria visto essa imagem? Não me lembrava de nada semelhante, mesmo porque pela primeira vez me era dado presenciar um exército reunido. Entretanto, era forte a sensação de já ter vivido uma cena parecida. E o engraçado é que pareciam saudar "a mim"!

Procurei afastar da mente esses pensamentos que não tinham razão de ser e senti que Belisário me observava, intrigado.

— Não pareces bem hoje. Estás preocupado com alguma coisa? — perguntou-me, solícito.

— Não desconheceis, Senhor, que esta é minha primeira experiência como soldado. Espero não vos decepcionar.

Soltou uma gargalhada sonora.

— Tu? O terror do acampamento bizantino? O imbatível e corajoso Ciro? Ora, os ostrogodos que se cuidem! Creio que farás um estrago em suas fileiras. Os romanos desejarão não ter-te conhecido.

Abaixei a cabeça, sorrindo de leve, e suspirei profundamente.

Suas últimas palavras me deixaram angustiado. Não sabia porque, mas essa campanha me deixava algo apreensivo.

O exército prosseguiu em seu roteiro e, conquanto as dificuldades do caminho, avançava sempre, deixando após si as marcas da destruição e da morte. Cada cidade, cada aldeia, se transformava em ruínas fumegantes, após a pilhagem.

O trajeto não era o mesmo que Tamara e eu fizéramos na vinda, embora avançássemos sempre rumo ao norte. Nas proximidades da grande metrópole, acampamos ao anoitecer, divisando ao longe, entre as colinas, as cúpulas das igrejas que se destacavam ao encontro do céu.

Foi uma noite agitada por pesadelos sem fim. Ao alvorecer, avançamos contra a grande cidade com todo o peso do exército bizantino.

Roma não ofereceu grande resistência. A cidade, tomada de assalto, rendeu-se sem muita dificuldade.

Penetrando na cidade que passara para o nosso domínio, tomado de curiosidade, pois sempre desejara conhecer a famosa urbe, olhei aqueles prédios destruídos, os escombros que se viam por todo lado, as praças dizimadas, as ruas cujo calçamento evidenciava decadência, as obras de arte esfaceladas, numa devastação total; a tristeza e a perplexidade me dominaram.

Então, era essa a grande metrópole; Roma, a Cidade dos Césares, que constituíra um grande império abrangendo quase todo o mundo conhecido e que agora ali estava, entregue, vencida.

Roma havia sido uma imensa cidade, movimentada e cheia de glória e poder. Agora, após incessantes invasões, não era nem sombra do que fora. Sua população estava bastante reduzida pelas freqüentes matanças e seus cofres de riquezas fantásticas agora permaneciam vazios.

Percorrendo as ruas da cidade, enquanto os soldados faziam a pilhagem, ouvindo o ruído das pedras sob os cascos do cavalo, senti uma dor pungente nos refolhos da alma. Era como se aquelas cenas estivessem se repetindo. Na acústica da alma ressoavam os brados de socorro, gritos e desespero, o choro e a dor que atravessavam o tempo como se fossem outros lamentos, embora semelhantes, de uma época que não sabia precisar.

A angústia envolveu-me e, sem saber porque, lágrimas amargas banharam-me a face. Dentre essas vagas lembranças, encobertas pelo tênue véu do esquecimento, a imagem de um velho de barbas brancas ganhava vida, concitando-me ao arrependimento. Reconheci aquela mesma criatura angélica que já por diversas vezes tentara me ajudar e conduzir para o bem.

Passado e presente se misturavam deixando-me confuso. Eram fenômenos que não sabia explicar e julguei estar sob o efeito de alucinação, produzida pelo cansaço extremo em que me encontrava após a luta.

Completada a dominação, que os romanos aceitaram resignados, deixamos a cidade algum tempo depois, continuando a trajetória preestabelecida.

Não desejava permanecer em Roma, cidade que despertava em mim emoções estranhas e desencontradas.

Certo dia, um cavaleiro suarento e exausto penetrou no acampamento trazendo notícias de Constantinopla. Era um emissário de Justiniano que trazia missiva do Imperador cumprimentando o valente general Belisário pela conquista de Roma. Notificava também que um exército bizantino avançava pelo norte com vistas à tomada de Ravena, importante centro da Itália, com o objetivo de trazer-lhe reforços.

Eufórico, Belisário reuniu seus oficiais, homens de confiança, e notificou-lhes a mensagem do Imperador, o que os encheu de ânimo e coragem.

A entrada da tenda foi aberta e Tamara surgiu, ansiosa.

— Chamaste-me?

— Ah! Tamara, és tu! Regozija-te, minha querida. Por mensagem de Justiniano soube que um exército aproxima-se pelo norte, rumo ao sul, para reforçar nossas defesas, e Agar está com ele.

Às últimas palavras de Belisário, o rosto de Tamara foi se iluminando e alegria incontida dominou-lhe o íntimo.

— Tens certeza?

— Absoluta. Breve iremos encontrá-los, se tudo correr como espero. E eu que planejava enviá-la a Constantinopla na primeira oportunidade segura que se apresentasse, agora tenho dúvidas de que desejes voltar para a terra natal.

— Tens razão, nobre Belisário. Sinto saudades de meu pai, mas esperei tanto tempo que posso aguardar mais um pouco. Desejaria, antes, se não te opões aos meus desejos, encontrar-me com Agar — e completou baixando a cabeça, com as faces levemente coradas: — Revê-lo será minha maior felicidade.

O general fitou-a, compreensivo.

— Sim, sei o que isso significa para ti. Sou testemunha do amor que os une e posso entender teus sentimentos. É justo que queiras rever o homem amado depois de tanto tempo. Não te preocupes. Mandarei uma mensagem contando que estás bem e explicando o que se passa. Teu pai entenderá, tenho certeza. Se quiseres, escreve tu também algumas linhas; ele ficará muito contente.

A felicidade a estampar-se no rosto, Tamara agradeceu efusivamente, solicitando permissão para retirar-se a fim de rabiscar alguma coisa que acalmasse as angústias de seu velho pai.

Belisário fitou-me, intrigado: — Sentes alguma coisa, Ciro? Estás pálido; tuas mãos estão frias e parece que vais perder os sentidos.

— Não, Senhor. Estou bem. Uma ligeira indisposição acometeu-me, mas já estou melhor — respondi, tentando dominar-me.

— Creio que te enganas. Não me pareces com boa saúde. Ficas, a partir de agora, liberado do serviço de rotina por hoje para repousares um pouco.

Agradeci, inclinando-me e retirei-me. Pensamentos desencontrados tumultuavam-me o íntimo. Com dificuldade dominava minhas emoções. Então o miserável Agar, o odiado Agar, vinha ao nosso encontro. Ah! fatalidade do destino! Não, Tamara não seria dele. Antes a morte. Não suportaria vê-los felizes.

Com desespero, passava as mãos nos cabelos revoltos. Por minha mente desfilavam imagens de ambos em atitudes carinhosas. Imaginava-os aos beijos e abraços, risonhos, trocando juras de amor, ou caminhando um ao lado do outro tecendo planos para o futuro. Agitação febril acometeu-me; suores gélidos banhavam-me e calafrios percorriam meu corpo a todo instante.

No leito, delirava entre a realidade e o sonho. Via seres malévolos que tentavam agredir-me, e suas fisionomias grotestas e patibulares causavam-me profundo mal-estar e deixei-me dominar pelo medo.

Acordei no dia imediato com a fisionomia apreensiva de Homero a debruçar-se sobre o leito.

— Preocupava-me contigo — falou solícito. — Como não apareceste hoje para a guarda e ontem estavas indisposto, vim ver-te.

— Agora estou bem. Ajuda-me a vestir-me. Não dormi bem à noite, por isso perdi a hora. Belisário sabe disso?

— Não, ninguém lhe contou que faltaste ao serviço. Mas, parece-me que te preocupas à toa. Ele tem por ti afeto paternal e procura proteger-te em qualquer circunstância, ainda mais sabendo-te adoentado.

— Não ignoro a disposição dele a meu respeito, mas suplico-te que nada lhe contes. Prefiro que ignore o fato; causar-lhe-ia apreensão sem motivo. Além do mais, estou em forma novamente. Vamos?

Saindo da tenda, logo em seguida encontramos Tamara que passeava pelo acampamento acompanhada de uma escrava. A radiante felicidade que sua fisionomia deixava patente aborreceu-me profundamente.

Aproximou-se sorrindo e tentou brincar conosco, mas respondi rispidamente a sua saudação, passando adiante. Homero desmanchava-se em gentilezas para com a jovem sempre que a via, o que não contribuiu para diminuir meu mau humor.

Alcançou-me alguns passos adiante e inquiriu-me, estranhando minha atitude, que não era usual.

— Que se passa contigo, homem? Foste grosseiro e profundamente desagradável para com a gentil e bela Tamara, que parecia tão feliz. Não viste a perplexidade que tua atitude lhe causou?

Dei de ombros, procurando fingir indiferença.

— Que beleza de mulher! Seria o homem mais feliz do mundo se ela se interessasse por mim, mas trata-me com cortesia e afabilidade, é só — Homero falava enlevado, os olhos brilhantes perdidos ao longe, como se contemplasse uma imagem irreal. Fez uma pausa e prosseguiu:

— Viste seus olhos como são belos? Parecem duas estrelas perdidas no firmamento. E sua boca? Uma rosa não seria tão rubra e macia... O seu talhe é perfeito, seus braços divinos...

— Cala-te. Queres parar com isso? — respondi irritado. — Por que não dizes todas esses coisas para ela?

— Gostaria muito, se tivesse oportunidade. Mas, ela ama a esse noivo que vem ao nosso encontro e que é um homem muito atraente. Não creio que tivesse chances num confronto com ele — falou sorrindo, conformado com a situação.

Suas palavras espicaçaram minha curiosidade:

— Tu o conheces?

Concordou com a cabeça. — Sim, eu o conheço. Na corte todos o conhecem e muitos o invejam. As mulheres morrem de amores por ele e os homens o respeitam e admiram.

— Estás exagerando, por certo! — retruquei, despeitado.
— Não, não há exagero. Fisicamente, é um homem de porte atlético, de talhe elegante, alto, cabelos escuros e possui olhos inteligentes. Sua presença suscita admiração onde quer que se apresente e a personalidade vibrante de que é dotado atrai a todos; sua palavra é branda e seus conceitos sensatos. Seu equilíbrio é invejável, nunca se agasta com nada e jamais o viram colérico. É leal, corajoso e disposto a tudo pelos amigos. O Imperador tem por ele uma estima especial, o que torna sua posição na corte invejável.

Mordi os lábios, retrucando com azedume:
— Bem, pelo que me dizes, é um Deus!
— Poderia sê-lo — respondeu com tranqüilidade — pelas qualidades que lhe exornam o caráter. Não obstante, é afável e delicado para com todos...
— Ora, basta de falar nesse Agar, que já me aborreceste — interrompi, agastado. — Quero verificar pessoalmente se dizes a verdade. Vamos ao trabalho.

● ● ● ● ● ● ● ● ● ● ● ● ● ● ● ● ●

O exército bizantino avançava sempre rumo ao norte da Itália. Por onde seguia deixava os vestígios de sua passagem: rastros de destruição e morte. À medida que avançávamos, as cidades iam-se rendendo, uma a uma. As lutas se sucediam ininterruptas, os combates acirrados e as vitórias gloriosas, aumentando sempre o moral das tropas invasoras.

Durante os combates, empenhava-me de corpo e alma. Era infatigável na luta, e os golpes de minha espada juncavam o chão de cadáveres. Aos gritos, incentivava a coragem e o ânimo dos soldados que, assim açulados, dispunham-se ao combate com mais ardor e vitalidade.

Ao lado de Belisário, dizimava o inimigo e o brado de vitória nos unia num mesmo diapasão, quando ele erguia a espada sangrenta, eufórico, determinando o final da peleja, ao ver o inimigo derrotado.

Cada vez mais ganhava sua confiança. Percebia que me observava durante os combates e sua fisionomia denotava nestas ocasiões regozijo indisfarçável.

Cada vez mais requisitava-me a presença, a tal ponto que nos tornamos quase que inseparáveis. Às vezes divertia-se consultando-me a respeito de estratégias militares, ao perceber meu pendor nato para o assunto.

Certo dia em sua tenda, após ter-me exposto um plano de assalto a certa fortificação, pediu minha opinião. Aproximei-me, procurando analisar o mapa que ele mantinha aberto sobre uma pequena mesa e, respeitosamente, observei:

— Vosso plano parece-me interessante, Senhor, e nossas possibilidades de vitória são muito boas — fiz uma pausa e continuei: — ... salvo por este lado — e apontei no mapa o local citado — onde nosso exército ficará desguarnecido, caso sejamos atacados.

Analisou o mapa e olhou-me intrigado; em seguida tornou a interrogar-me:

— O que farias então se estivesses no meu lugar?

— Bem, procuraria atraí-los para essa região, ladeada por montanhas e que formam um anteparo natural. Quando estivessem sem possibilidades de recuar, atacaria com outro grupo, por detrás, após ter contornado os montes e mantendo-os acuados entre duas forças contrárias.

O olhar do general era de perplexidade.

— Que idade tens, Ciro?

— Vinte anos, Senhor. Completarei vinte e um daqui a alguns meses.

— Tua sabedoria é grande para a pouca idade e reduzida experiência que possuis. Com quem e onde aprendeste estratégia militar? — Inquiriu-me, algo desconfiado.

— Com ninguém, Senhor. Asseguro-vos que jamais havia participado de uma escaramuça, até vos encontrar.

— E como explicas tua habilidade para guerrear, a acuidade de hábil estrategista, o discernimento para analisar as situações mais inusitadas e difíceis?

— Não sei explicar, Senhor. Sou de família humilde e sempre vivi numa pacata aldeia italiana onde todos eram vinculados desde a mais tenra idade aos labores da terra, até que o Conde de Ravena interessou-se por mim, colocando-me a seu serviço. Mas, afirmo-vos que nunca fiz parte de nenhum exército. Sinto apenas que esses problemas não me são desconhecidos, que esses assuntos me são naturais; é como se eu soubesse como agir. Não sei explicar de onde vem ou como consegui esses conhecimentos. Eu sei, eis tudo.

Belisário suspirou aliviado ao perceber em minha fisionomia visível a sinceridade e o olhar franco que lhe endereçava.

Olhou o porte atlético, a cabeça forte encimada por bastos cabelos louros, os olhos que espessas sombrancelhas tornavam algo severo, a boca bem feita, cujos traços mostravam vontade e determinação.

— És muito jovem ainda e demonstras uma sabedoria e capacidade muito além do que se poderia esperar. Se continuares assim, terás um futuro brilhante à tua frente. Verás que Justiniano sabe ser reconhecido quando é bem servido.

— Esta é minha esperança, Senhor. Quero servir-vos fielmente e continuar convosco. Sinto que possuo alma de guerreiro; o acampamento é meu lugar e sinto-me bem junto dos soldados. É como se sempre tivesse tido esse tipo de vida. E como se fizesse parte integrante de mim mesmo.

    Falava eufórico. O assunto empolgava-me. Os melhores momentos que passei foi com uma espada na mão.

    Belisário sorriu, compreensivo:

— Tens pendor nato para o exército. É preciso apenas não te deixares envolver demasiadamente, tornando-te cruel sem necessidade. Observei-te outro dia durante um combate e notei que sentias satisfação em matar e mutilar os infelizes que estavam sob teus pés. Lembra-te, Ciro, que a magnanimidade é uma virtude. Ela faz a distinção entre os pequenos e os grandes homens.

    Embora não concordasse com o conceito expendido pelo general, não respondi para evitar um atrito de conseqüências imprevisíveis.

    Percebi, porém, que cada vez mais deixava-me seduzir pelo espírito da guerra. As horas que precediam um ataque, expectativa febril dominava-me as fibras mais íntimas e satisfação sem limites ao golpear com força o inimigo. A vista de sangue jorrando aos borbotões causava-me volúpia estranha durante as batalhas. Não conhecia comiseração nem piedade. Infeliz daquele que caísse sob minha espada.

    Certo dia, um batedor aproximou-se do acampamento numa nuvem de poeira, trazendo a notícia de que o outro exército bizantino acampava a pouca distância. Aproximamo-nos e dentro de poucas horas começamos a avistar os soldados que se dirigiam ao nosso encontro.

    Tamara, numa impaciência febril, nervosamente torcia as mãos. Observando-a a poucos passos de distância, vi quando sua fisionomia se iluminou de repente.

    Com um grito de alegria, correu ao encontro de um homem que se aproximava no meio de outros soldados. Ao avistá-la, desmontou do cavalo e correu ao seu encontro, vencendo rapidamente a distância que os separava.

    Abraçaram-se longamente, felizes por estarem novamente unidos. Aqueles instantes apagavam todo o sofrimento experimentado e uma doce paz se espalhou em seus semblantes.

    Tamara chorava com o rosto escondido no forte peito do soldado, enquanto ele dizia doces palavras aos seus ouvidos.

— Agar, quanto tempo! Já não suportava mais a tua ausência.

— Sofri muito, minha querida, principalmente por não saber do teu paradeiro, se estavas viva ou não... Teu pai quase enlouqueceu de desespero e era de dar pena vê-lo a vagar pelos jardins do palácio a procurar por ti.

— Pobre pai! Calculo como deve ter sofrido. Esperava apenas reverte para volver a Constantinopla. Irás comigo, não é?

Antes que Agar respondesse, percebeu a aproximação de Belisário que, sorridente, se avizinhava deles.

— Sinto interromper os transportes afetivos dos noivos, mas quero cumprimentar o amigo.

Após as efusivas saudações de ambos os lados, Belisário pareceu lembrar-se de algo e, olhando para trás, fez sinal para que me aproximasse.

— Agar, quero apresentar-te Ciro, o jovem que salvou Tamara da escravidão e devolveu-a sã e salva para nosso convívio.

O oficial olhou-me e sua fisionomia simpática e afável abriu-se num sorriso acolhedor. Dirigindo-se a mim, estendeu-me a destra num gesto espontâneo e fraternal.

— Jamais poderemos agradecer o suficiente pelo serviço que nos prestaste, Ciro — e tirando do peito um grande broche cravejado de pedras preciosas ricamente engastadas, que lhe prendia o manto, estendeu-o, completando solícito — ... mas recebe este mimo que te oferto neste instante, na falta de algo melhor, em penhor da nossa amizade.

Ralado de inveja, inclinei-me, apertando o objeto na mão e sentindo como se ele me queimasse a pele, balbuciando um agradecimento. Já esquecidos da minha presença, afastaram-se palestrando animadamente, trocando informações sobre lugares e pessoas que me eram desconhecidas.

Dominava-me com dificuldade. O ódio obscurecia-me a visão e jurei vingar-me. Aquele homem que surgira para roubar-me Tamara, a ingrata que mal me dirigiu um olhar indiferente, não viveria o suficiente para gozar a sua felicidade.

CAPÍTULO XVI

A TOMADA DE RAVENA

Corria o ano de 540...
Os preparativos para a tomada de Ravena se faziam com cuidado.
A poucas léguas da grande cidade, acampamos e preparamos o ataque, reforçando também nossas defesas. A expectativa era grande entre os soldados e todos estavam tensos e preocupados.
Havíamos, desde o encontro com o segundo exército bizantino, avançado lado a lado, o que engrossara muito nossas fileiras.
Belisário, agora com novos interesses, esquecera-se em parte da minha pessoa. Já não me requisitava tanto, preferindo a presença dos amigos bizantinos, especialmente Agar, o que só fazia aumentar a minha inveja e o ódio feroz que germinara nos refolhos do meu ser.
Desapontado, mordia os lábios a cada nova distinção e gentileza dirigidas a Agar, e, rancoroso e vingativo, em oposição, procurava tratá-lo o pior possível.
Muitas vezes, via-o dirigindo-se a mim com sorriso afável no rosto aberto e afastava-me ostensivamente, evitando sua companhia. Outras vezes, dirigia-me a palavra solícito e prazenteiro, ao que eu respondia rispidamente por monossílabos, com a fisionomia fechada.
Percebia que o oficial estranhava minhas atitudes, olhando-me interrogativamente, sem saber a que atribuir, mas procurava ignorá-lo, sempre que possível.
Nessa noite, que precedia o ataque à cidade italiana, recebi um chamado de Belisário. Encontravam-se todos reunidos na tenda do grande general quando ali penetrei.
Curvei-me, respeitosamente, perguntando em seguida:
– Chamastes-me, Senhor?
Com sorriso cordial fez-me sinal que me aproximasse:
– Sim, Ciro. Quero que participes conosco desta agradável reunião. Senta-te neste coxim e bebe conosco.
Agar, sentado ao meu lado, num gesto amigável estendeu-me uma taça de vinho, mas, ignorando sua atitude gentil e delicada, estendi mi-

nha mão para aceitar a taça que me oferecia um escravo. Seus músculos se retesaram, mas manteve-se calado.

— Gostaria de palestrar contigo, Ciro. A sós, se possível.

Virei-me para o lado ao ouvir sua voz, pretextando indiferença, e encontrei seu olhar límpido e tranqüilo, que me desarmou.

— Quando quiseres. Obedeço a ordens; sou um subordinado, lembras-te?

— Esta noite, então, antes de nos recolhermos.

Em seguida, calmamente, virou-se para Tamara que chamava sua atenção para um fato interessante. Abraçou-a, solícito e amoroso, esquecendo-se da minha presença.

Troquei algumas palavras com Belisário, respondi de má vontade algumas perguntas de Homero e procurei ignorar os olhares apaixonados de Antonina.

Pouco depois, tendo em vista a batalha do dia seguinte, todos procuraram se retirar cedo, alegando necessidade de repouso.

Saí da tenda, logo precedido de Agar. Caminhamos em silêncio até um local tranqüilo. Os soldados dormiam há algumas horas e o silêncio do acampamento favorecia nosso encontro.

Meu coração batia descompassado, mas concentrei meus esforços no sentido de manter a fisionomia impassível. Como era perito na arte da dissimulação, isto não foi muito difícil.

Paramos. Com voz suave e de entonação amistosa e tranqüila, ele inquiriu-me:

— Por que recusas minha amizade, Ciro?

Esta pergunta clara e precisa que não esperava, desnorteou-me um pouco. Esse homem era realmente "sui generis"! Poderia esperar uma repreensão; um desejo de ajuste de contas, que não me negaria a dar; uma ameaça, qualquer coisa que fosse, mas não estava preparado para uma pergunta simples e direta como a que me fizera. Nada respondi. Ele continuou:

— Tenho notado que pareces sentir rancor, teus olhos emitem vibração de ódio quando me vês e, em sã consciência, não me recordo de ter-te magoado em nenhum momento. Ao contrário, procuro sempre ser-te agradável, cercar-te de gentilezas buscando um entendimento maior, grato pelo serviço que nos prestaste ao cuidar de Tamara com desvelado carinho fraternal, mas esbarro sempre numa muralha de silêncio e indiferença intransponível. Se acaso te ofendi impensadamente, perdoa-me, Ciro. Asseguro-te que não tive intenção de magoar-te. Amanhã estaremos combatendo lado a lado, quem sabe o que a Divina Providência nos reserva? Se algo me acontecesse, não gostaria de morrer sabendo que alguém me odeia.

Fez uma pausa maior, respirando fundo. Meu desejo naquele momento era estrangulá-lo, mas ele emitia brandas vibrações de paz e serenidade e, sem perceber, à medida que falava, fui me acalmando e a raiva desaparecendo como por encanto. Agar continuou:
— Sejamos amigos. Estimo-te fraternalmente e gostaria de poder contar com tua amizade.
Estendeu-me a destra, com um sorriso.
Embora não soubesse, estava defronte a nova oportunidade de reajuste que o Criador me proporcionava. Aquele aperto de mão poderia significar o término de muitos problemas e a solução de alguns conflitos do pretérito. Infelizmente, ainda não era dessa vez que eu iria aproveitar a bênção divina que me era oferecida para resgatar parte de meus débitos transatos. Amigos espirituais desvelados balsamizavam o ambiente, cercando-me de influências benfazejas no sentido de amparar-me os propósitos de elevação, mas foi tudo em vão. Meus ouvidos estavam cerrados para os bons alvitres, meu espírito endurecido, orgulhoso e egoísta, cego para tudo o que não fosse vingança, ódio e ambição.
Pela influência espiritual que me envolvia, aceitei de momento a amizade que aquele nobre espírito me oferecia com o coração aberto, mas pouco durou essa disposição.
Apertei sua mão que envolveu a minha fortemente. Agar parecia satisfeito e despedimo-nos com tranqüilidade e disposições diferentes.
No dia seguinte, marchamos sobre a cidade. Ravena localizava-se numa região em parte pantanosa, o que dificultava o assédio do inimigo. Mas, conhecedor do terreno a ser palmilhado, sem dificuldade conduzi o exército bizantino até às portas da cidade.
Após ingentes esforços em que a luta se prolongou, acirrada, algum tempo depois a cidade foi derrotada. Fizemos o cerco de Ravena e, com a fome, a cidade afinal rendeu-se, vencida.
Penetramos na cidade como conquistadores vitoriosos. Minha satisfação era imensa, pois saíra foragido e voltava como Senhor.
Meu peito inflava-se de orgulho ao ver a grande cidade vencida a meus pés, derrotada e destruída. Apossamo-nos dos bens dos vencidos e organizamos a defesa da cidade.
Belisário escolheu o mais suntuoso palácio para estabelecer a sede do governo e quartel-general.
Instalados luxuosamente, demos início às comemorações pela captura da cidade. Os soldados, ébrios, dançavam e cantavam nas ruas ao redor das enormes fogueiras que foram acesas ao cair da noite.
A população, cheia de terror, fechada em suas casas, temia os excessos que poderiam cometer os soldados bizantinos, sob os vapores do álcool e dando rédea solta aos seus instintos animalescos. A crueldade dos soldados mercenários era conhecida e toda a cidade, temerosa,

aguardava, sob forte tensão. O pânico se alastrava com o decorrer do tempo e o estado de embriaguez aumentando gradativamente. Nessa noite foram cometidas as maiores atrocidades. Jovens indefesas eram arrancadas de suas casas e estupradas, após o que eram mortas; mulheres honradas e humildes, obrigadas a deixar o convívio da família, eram submetidas aos maiores vexames e, depois, assassinadas, bem como o marido que tentasse uma reação. Mutilavam criaturas pelo prazer de ferir e golpeavam sem piedade aqueles que ousassem sair às ruas.

Eu participava da animação geral, observando satisfeito o divertimento dos soldados, e, embora não fosse dado à bebida, havia ingerido grandes quantidades de vinho.

Súbito, percebi um ligeiro movimento à sombra de um prédio, e, certo de que se tratava de alguém querendo passar despercebido, encaminhei-me sorrateiramente até o local, de lá trazendo uma pobre mulher que, com os olhos cheios de terror, me fitava. Ao seu lado uma criança de seis anos, aproximadamente, chorava.

Arrastei-a até o meio da rua, onde nos divertíamos e, à luz da fogueira, percebi que ainda era jovem e bela. Ajoelhada no chão, ela implorava piedade e nós ríamos do seu pavor, nos divertindo com sua expressão de medo e desespero. Agarrada ao filho, chorava convulsivamente. Os soldados se aproximavam, cobiçosos. Ergui minha espada sobre sua cabeça e dispunha-me a enterrá-la em seu peito, ouvindo seus gritos de terror, quando mão hercúlea segurou-me o braço.

Virei-me irritado e deparei com Agar que me fitava, severo.

— Deixa-a em paz!

— Como ousas interferir nas minhas atitudes? — respondi, colérico.

— Esta pobre mulher nada fez de mal — e, virando-se para a criatura ajoelhada à sua frente, perguntou:

— Que fazias a esta hora da noite fora de casa?

Limpando as lágrimas, ela respondeu:

— Nobre Senhor, estava de visita a uma parenta adoentada gravemente quando fui surpreendida pelo avanço das tropas. Não consegui retornar à minha casa durante o dia e somente agora, às primeiras horas da noite, acreditando tudo já mais calmo, dispunha-me a fazê-lo quando fui surpreendida por este soldado. Ajuda-me, Senhor, sou uma pobre mulher que trabalha para seu sustento e só possuo este filho que é toda a minha vida.

Enternecido, Agar perguntou-lhe:

— E teu marido, onde está?

— Sou viúva, Senhor, meu marido morreu num campo de batalha.

— Não te preocupes, pobre mulher. Vou mandar um soldado acompanhar-te até teu abrigo para que não tenhas mais encontros inoportunos.

Agradeceu efusivamente, osculando as mãos do oficial. Agar chamou um soldado da sua confiança e ordenou-lhe que a conduzisse até lugar seguro.

O ódio dominava meu íntimo e o desejo de matá-lo tornou a encher meu coração. Mas era um subordinado e ele um oficial a quem eu devia obediência. Engoli meus ímpetos de vingança e mais do que nunca desejei destruir-lhe a vida. A oportunidade chegaria, mais cedo ou mais tarde.

● ● ● ● ● ● ● ● ● ● ● ● ● ● ●

A entrega da cidade se fizera com toda a pompa. Todos aqueles que não se recusaram a colaborar tiveram suas vidas poupadas.

O palácio governamental, sede do Império Bizantino na Itália, achava-se profusamente iluminado. Guirlandas de flores enfeitavam as colunatas do grande salão recoberto de piso de mármore. Em diversos pontos, viam-se estátuas da arte clássica, que, com sua beleza e perfeição de linhas, enfeitavam o ambiente suntuoso.

Belisário assentava-se numa espécie de trono, tendo ao lado sua esposa Antonina, e cercava-se dos oficiais do exército.

O colorido do ambiente dava um ar festivo à solenidade. Ostrogodos misturavam-se com godos, vândalos, mouros, hunos, gregos e romanos. Seus trajes, coloridos e exóticos, produziam estranha impressão em todos aqueles que não estavam acostumados ao cortejo de Belisário.

O general bizantino entrara na cidade como um rei. Com o cerco que o exército efetuara à grande cidade, o povo passou fome e o desânimo alastrou-se entre todos os habitantes. Temendo as conseqüências desse cerco e certos de que provavelmente não resistiriam muito tempo mais, os governantes resolveram, após um estudo da situação, inverter a polaridade do processo, numa hábil manobra estratégica e política.

Ora, Belisário era temido pelo seu poder, mas era respeitado por todos. Mesmo seus inimigos não deixavam de reconhecer suas qualidades de grande líder e hábil general, além da dignidade de que se revestia. Nada satisfeitos com os atuais soberanos, resolveram propor a rendição da cidade, desde que Belisário consentisse em aceitar o trono.

A oferta era mais do que um simples general, conquanto famoso, poderia aspirar. Surpreso, Belisário analisou sob todos os ângulos a proposta recebida, ficando, naturalmente, orgulhoso e satisfeito. Sua perspicácia, porém, levou-o a considerar que aquilo talvez fosse um golpe muito bem arquitetado.

Aceitou os termos de rendição e entrou em Ravena, cidade sitiada, como um rei, vitorioso. As cabeças curvadas à sua passagem atestavam a subserviência do povo.

Naquele momento, em que Belisário passaria à história como um exemplo de lealdade e desinteresse, com um gesto pediu silêncio à seleta audiência que ali se congregava. Com voz sonora e firme, que ressoou na acústica do amplo salão, dirigiu-se a todos:

— Aceitei os termos do acordo que foi firmado entre ostrogodos e bizantinos e o trono que me foi oferecido de livre e espontânea vontade. Alegro-me ao ver a boa vontade existente entre os vencidos para com os vencedores. Minha lealdade e respeito para com o Imperador Justiniano obriga-me a que, no cumprimento de minhas obrigações, entregue o que é de direito ao seu verdadeiro soberano. Neste instante, faço solenemente a entrega do trono ao meu Senhor, Imperador Justiniano, tomando a todos por testemunhas. Que Deus o guarde em sua santa paz!

Suas palavras caíram como uma bomba no auditório. Os ostrogodos tornaram-se lívidos, e esgares de ódio contraíram suas fisionomias. Alguns tentaram avançar para agredi-lo, no que foram impedidos pelos fiéis soldados bizantinos.

Belisário fez uma longa pausa e, relanceando o olhar pela assistência, para medir o efeito e o impacto de suas palavras, sem perder a calma, com um gesto ordenou que se fizesse silêncio e continuou:

— Nada devem temer os ostrogodos. As condições continuam sendo as mesmas. Procurarei proporcionar-lhes a segurança e paz que tanto almejam. Basta de guerras. Vivamos em harmonia para alegria e bem-estar do povo em geral.

Aos poucos os vencidos foram se acalmando, conscientes de que não adiantava uma reação naquelas condições.

Belisário, demonstrando boa vontade e desejo de integração, solicitou que lhe fossem apresentados os oficiais do exército derrotado e os ocupantes dos mais altos cargos públicos, bem como os representantes das mais nobres famílias de Ravena.

O encarregado anunciava o nome da pessoa, que se adiantava, prosternando-se perante Belisário e jurando fidelidade ao Imperador.

Inicialmente apresentaram-se os oficiais e ocupantes de cargos públicos. Somente um deles, ao aproximar-se do grande general, ao invés de curvar-se respeitosamente, ergueu a cabeça e seus olhos flamejantes de ódio fitaram Belisário e, em seguida, virando a cabeça para o lado, cuspiu com expressão de desprezo e nojo.

Imediatamente foi agarrado pelos soldados da guarda pessoal de Belisário, que o mantiveram imobilizado aguardando as ordens do general.

Belisário, magnânimo por natureza, conhecedor da natureza humana e hábil condutor das massas, fitou o oficial que, orgulhosamente, o media com altivez.

Com a respiração suspensa, todos esperavam que fosse ordenar a morte imediata do arrogante oficial, mas, abarcando com o olhar a assembléia ali reunida onde o medo existente era visível, falou-lhes com firmeza:

— Que isto sirva de lição e prove a boa vontade de que me sinto investido para com todos — e dirigindo-se ao homem à sua frente, em cujo olhar, embora arrogante e orgulhoso, percebiam-se laivos de medo:

— A morte deveria ser tua punição pela atitude insolente e desrespeitosa para com teu Senhor. Concedo-te, porém, a vida, mas serás conduzido para fora da cidade, teus bens serão confiscados e deverás partir sem levar nada. Não voltes mais, sob pena de, outra feita, não ser tão magnânimo como sou hoje.

E, após uma pausa em que sentiu a surpresa e o efeito de suas palavras, falou ao povo aliviado:

— Que isto porém não torne a repetir-se. Não leveis minha condescendência à conta de fraqueza. Sei ser severo quando necessário e aqueles que se insurgirem contra minhas ordens serão severamene punidos.

Ordenou que levassem o rapaz e, com um gesto, deu prosseguimento à cerimônia.

Mal continha meu desaponto e frustração. Como poderia Belisário conceder a vida a uma criatura tão insolente? Era um inimigo e o inimigo merece a morte. Olhei para o general e percebi que Agar, postado ao seu lado, estava satisfeito. Sua expressão fisionômica mostrava-se enternecida e grata. Dirigia-se a Belisário e notei que o cumprimentava pela feliz e sábia decisão.

Inconformado, sem poder atinar com a razão de semelhante atitude, fiquei remoendo minha amargura. Ah! se fosse eu o comandante! O infeliz morreria ali mesmo, aos meus pés, para dar uma lição de força e disciplina aos vencidos. Como poderiam respeitar Belisário se agia de maneira tão fraca?

Embora eu não soubesse no momento, àquela hora Belisário conquistou o respeito e a admiração do povo vencido, que se sentiu mais em segurança com um governante sábio e magnânimo. Naquele instante o general ganhou a cooperação de todos para seu governo.

Os nobres sucediam-se ininterruptamente. Quando, para surpresa minha, ouvi anunciarem o nome de Lúcia, filha de Godofredo, Conde de Ravena. Minha atenção concentrou-se toda na figura que surgia. Aproximou-se uma bela moça, de fisionomia simpática, grandes olhos escuros encimados por sombrancelhas arqueadas e perfeitas. Seus cabelos castanhos caíam em madeixas pelos ombros, brilhantes e sedosos. Sua boca pequena e bem feita era vermelha como as rosas que floresciam na primavera e sua pele era alva e cetinosa, que neste preciso instante se coloria de tom rosado. Com seu talhe esbelto e gracioso adiantou-se e, próxima ao trono, curvou-se numa elegante reverência.

Perplexo, olhava-a sem entender. Nunca soubera que Godofredo tivesse tido uma filha. No entanto, assim fora anunciado. Olhei para Tamara que, ao lado de Agar, também demonstrava sua estranheza.

Logo se afastou, dando lugar a outro nobre. Após as apresentações, terminou o protocolo e a reunião tornou-se mais informal. A conversa generalizou-se e procurei acercar-me de Lúcia, que palestrava com um senhor de meia-idade.

— Já conseguiram encontrar o assassino de teu pai?

— Não, Senhor Rodrigo. Meu pai morreu e creio que jamais descobrirão seu assassino, a ignóbil criatura que lhe tirou a vida, sabe-se Deus por que.

Aquelas palavras alfinetaram-me o íntimo e afastei-me, misturando-me ao povo que ali se congregava. Um pensamento aflorou à minha mente: "Será que alguém poderia reconhecer-me?" Sabia que minha aparência mudara bastante desde que fugira da cidade, levando um punhado de jóias e uma escrava. Durante estes anos tornara-me um homem, amadurecera; minha fisionomia acentuara-se e uma curta, mas espessa barba, cobria boa parte do meu rosto; meus cabelos que, antigamente, usava curtos e encaracolados, agora apresentavam-se mais compridos. Além do mais, como criado, não participava da vida social do falecido Conde. Os criados que serviam eram sempre os mesmos e, ainda que alguém me tivesse visto, quem se lembraria do rosto de um criado? Ninguém poderia, nem de leve, esperar encontrar-me entre os soldados do exército bizantino vitorioso e num palácio governamental, junto ao trono.

Mas, conquanto que alguém me reconhecesse, não acreditaria ser a mesma pessoa, julgaria ser uma semelhança muito grande, e só. E, ainda assim, se alguém descobrisse meu passado, o que poderia fazer? Não gozava eu das boas graças do general? Não entrara na cidade como vencedor?

Após essas considerações íntimas, confiante, resolvi testar minha capacidade de passar despercebido. Avistara, entre alguns prelados da Igreja que se faziam presentes, Frei Alberico.

Aproximei-me e, num momento em que ficou só, procurei entabular conversação amigável. Surpreso, não se negou a dialogar comigo e procurei tornar-me simpático ao soturno prelado. Confirmei minha idéia de que não era em absoluto reconhecido por ele, embora tivéssemos cruzado algumas vezes no palácio do Conde de Ravena.

Sem demonstrar excessivo interesse, interroguei-o a respeito da filha do Conde, demonstrando desejo de ser apresentado a ela.

Solícito, conduziu-me até o local onde a jovem se encontrava e fez as apresentações devidas. Ao enunciar meu nome, notei que estremeceu ligeiramente, mas nada disse.

— Algo errado? — perguntei com olhar firme.

— Não, apenas lembrei-me de alguém que tem o teu nome, mas está muito longe daqui neste momento.

— Ah! entendo — respondi aliviado. E dirigindo-me à jovem procurei obter melhores informações, palestrando com ela amistosamente.

A certa altura, perguntei procurando parecer casual:

— Disseram-me que vosso ilustre pai está morto?

— Conheceste meu pai?

— Não, Senhora. Infelizmente não tive essa honra, mas quem já não ouviu falar do grande Godofredo, Conde de Ravena?

Ela suspirou profundamente e seus negros olhos se nublaram.

— É verdade, Senhor, foi assassinado, acredita-se que por um serviçal da casa.

— Mas o assassino deve ter pago pelo crime cometido, pois não?

— Isto se passou há alguns anos e jamais foi encontrado.

— Não pareceis muito preocupada com o fato, Senhora. Não desejais fazer justiça ao vosso nobre pai?

Lúcia olhou-me tranqüilamente e seus olhos límpidos me impressionaram vivamente. Respondeu-me com outra pergunta:

— Isso traria meu pai de volta? Não julgueis que seja indiferença de minha parte. Não obstante não ter sido condenado pelo delito praticado, não creio que "ele" possa ser feliz em parte alguma. Acredito que nossa consciência é o juiz mais severo das nossas ações. Não... não creio que possa gozar de felicidade onde quer que esteja.

Olhei-a e um nó apertou-me a garganta. Despedi-me rapidamente e afastei-me do local buscando a paz dos jardins.

Sem saber porque, aquela bela moça atraía-me. Seu olhar límpido, seu rosto franco e angelical, sua voz melodiosa tocavam as fibras mais íntimas do meu ser. Transmitia uma paz e segurança que me encantavam. De onde a conhecera? Lembrei-me de Tamara. Era diferente o que sentia por uma e por outra. Tamara era como o vinho capitoso, que excita os sentidos, mas Lúcia era como uma manhã primaveril. Uma era a vida, outra a paz. Onde a teria encontrado?

O silêncio e a paz envolviam agora a cidade. Do zimbório estrelado pareciam vir silenciosas e confortadoras mensagens.

Uma nova etapa se iniciara. O futuro, ainda desconhecido, nos aguardava, e do passado distante imagens difusas me assomavam à mente, como se projetadas no espaço, embora tênues e envoltas em ligeira bruma.

Quantas vezes teria, numa noite assim escura, observado os longínquos pontos luminosos que recamavam o céu? A sensação de já ter vivido outras épocas, com roupagens diferentes e em situações diversas não me deixava nunca. Era essa mesma percepção que assomava agora de já ter, em lugares diferentes, erguido os olhos para o manto estrelado da noite como o fazia agora.

Que mistério se esconderia nesse imenso espaço vazio? Onde as civilizações que nos precederam? Guerras após guerras os homens se destruíram mutuamente e as civilizações sucediam-se umas após outras. Onde a resposta para esses fatos, o porquê de tantas dores e sofrimentos? Algumas vezes, a glória e a volúpia das riquezas terrenas conquistadas. Outras, a amargura, a dor, a miséria. Se existisse mesmo um Deus, onde a justiça? Qual a razão das diferenças sociais existentes? E os grandes impérios do passado, essas civilizações desapareceram no "nada", deixando após si apenas alguns artefatos esparsos, arquiteturas em ruínas e lembranças de sua cultura? Suspirei profundamente.

Para essas indagações, que me ocorriam à mente observando a luz das estrelas, não encontrava respostas. Só o tempo, o grande remédio para nossos males, se incumbiria de responder às minhas indagações.

CAPÍTULO XVII

O IMPERADOR JUSTINIANO

A conquista de Ravena pelos bizantinos mudara totalmente o modo de vida da cidade, e um notável surto de progresso passou a acontecer.

Com a anexação da cidade ao Império Bizantino acelerou-se a orientalização dos hábitos e costumes, das artes e das ciências.

A cultura greco-romana foi rapidamente sendo substituída pela cultura oriental. Nas artes, a suavidade e elegância das formas clássicas foram relegadas para segundo plano, ganhando ênfase o colorido vibrante das artes bizantinas.

Foi na arquitetura que ocorreu a maior transformação sob a influência da arte bizantina. As colunas externas, arquitraves, frisos e cumeeiras de formatos triangulares foram sendo substituídos por arcos, domos e tetos abobadados, tudo isso acompanhado de uma abundância de ornatos em colorido vibrante e variado. Os mosaicos de colorido alegre, com figuras de santos e imagens de Cristo, tomaram lugar dos deuses da mitologia. Os adereços, objetos de decoração, vasos, caixinhas e uma variedade de pequenos artefatos, faziam a alegria dos bizantinos. E eram realmente notáveis os trabahos lavrados em marfim, ouro, madeira e outros materiais. Suas jóias eram ricamente esculpidas em ouro, com imagens em alto-relevo e cravejadas de pedras preciosas. Suas roupas, alegres e extravagantes, bordadas a ouro e confeccionadas em seda, renda, brocados ou tecidos finos do Egito.

Essa inundação de cultura oriental já se iniciara um século antes, no reinado de Honório, que transformara Ravena em sede do Império Romano do Ocidente e importara arte bizantina. As relações de Ravena com Constantinopla haviam sido cordiais no passado e, com a troca de informações, de artes e costumes, aos poucos foi-se verificando uma mudança.

No Império de Justiniano produziu-se com maior intensidade a orientalização da cultura. Em Ravena, o Imperador mandou construir muitas igrejas, reformou e atualizou as já existentes e seu interesse pela arte sacra ficou gravado na história. Igrejas suntuosas e ricamente decoradas permaneceram como exemplos da arte bizantina antiga, como a de San Vitale, que é a mais famosa.

O povo, alegre e descontraído, passou a levar uma vida mais tranqüila. Não obstante os pesados tributos, o povo sentia-se feliz ao ver o surto de progresso que dominava a cidade, transferindo para si parte da glória.

Embora vencidos, os italianos aceitaram de boa mente o governo de Constantinopla. Na verdade, em poder dos ostrogodos, que detestavam, viram Belisário como um libertador.

Esse período de paz e prosperidade era necessário para que a cidade pudessse recuperar-se. Belisário estabeleceu o governo bizantino na Itália com sede em Ravena e passou a reorganizar o país.

Recebeu notícias de Constantinopla que traziam mensagem do soberano solicitando sua presença. Deixando um chefe militar de sua confiança na direção dos negócios do Estado, partiu para Constantinopla, levando apenas sua guarda pessoal.

Na corte de Justiniano apresentou-se logo após ter chegado, somente parando ligeiramente em sua propriedade rural para refrescar-se e preparar-se convenientemente, após a exaustiva viagem, para a audiência com o Imperador.

Chegando ao suntuoso palácio imperial, todas a portas lhe foram abertas. O Imperador já o aguardava, sentado na sala do trono, tendo ao seu lado a Imperatriz Teodora, e onde se congregava a mais alta nobreza bizantina.

Belisário aproximou-se com seu porte altivo e sua figura atlética, seus passos firmes e cadenciados ressoando no piso de mármore e seguido da escolta pessoal. O general fez uma profunda reverência, beijando a fímbria do manto do Imperador, como exigia o protocolo, e aguardou lhe fosse dirigida a palavra.

Justiniano era homem de feições regulares, de fisionomia agradável, embora fosse dissimulado e, até certo ponto, desleal. Não possuindo descendência nobre, o que lhe conferiria mais autoridade, e sendo, ao contrário, de família humilde, havendo recebido o trono das mãos de um usurpador, seu tio, era acometido bastas vezes de uma certa insegurança, o que o levava a exigir que lhe dessem um tratamento divino, numa maneira de vencer, de algum modo, suas deficiências de nascimento e proporcionar-lhe maior poder. Tudo o que era seu era considerado sagrado e seus súditos eram obrigados a prosternar-se perante ele, beijando-lhe o manto ou os pés.

Não possuindo também a presença e o carisma de Belisário, pois sua figura era insignificante, comparada à do general, sentiu um certo rancor ao ver o seu súdito entrar, no esplendor da sua máscula beleza e com o cortejo de mouros, hunos, godos, que produziam, pelas coloridas e extravagantes indumentárias, vibrante impressão.

Embora Justiniano houvesse chamado o general à sua presença para prestar-lhe homenagens e agradecer-lhe de viva voz o presente que lhe fizera da Itália, não deixou de sentir-se espicaçado de inveja e despeito ao vê-lo.

Além do mais, Justiniano já fora informado de que o povo, sabendo que o general se aproximava da cidade, não se sabe como, saíra às ruas para esperá-lo, aos brados de vitória e repetindo seu nome, eufórico. Disso resultou que, ao penetrar em Constantinopla, Belisário foi surpreendido pela manifestação popular, que o aclamava por todo o percurso, como herói nacional que era.

Era a glória! O Imperador ao ser informado da ocorrência pelo seu conselheiro, mordeu os lábios, despeitado. Sabia que não era amado pelo seu povo. Jamais havia conseguido ganhar-lhe a confiança e o amor; respeitavam-no por obrigação, mas jamais o aceitaram realmente como Soberano.

Acrescente-se a isso o fato de que a política no palácio imperial havia mudado. O Conselheiro, pai de Tamara, perdera a vida num ataque ao seu palácio, sem que se tivesse localizado a fonte da agressão. O ocupante atual do cargo era hostil a Belisário e procurava, sempre que possível, instilar veneno nos ouvidos do Soberano. "Não desejaria Belisário roubar-lhe o trono? Por que razão o general, vindo das camadas mais pobres da população, rejeitaria um trono para presentear com ele seu Imperador? Não seria natural que desejasse ficar com ele, desde que o conquistara com o vigor dos seus braços e lucidez de raciocínio? Não seria pouco para ele? O valente general não almejaria algo muito maior, isto é, o próprio Império Bizantino?

Assim manobrado, Justiniano ao avistar Belisário sentiu ódio e desconfiança grassarem no seu interior. Acreditou nas venenosas palavras que seu conselheiro lentamente instilara em sua mente e onde existira amizade fraternal a semente da discórdia ganhou corpo.

Hábil dissimulador, porém, o Imperador prestou-lhe as devidas homenagens pelas vitórias alcançadas em anos de lutas constantes. Onde existia lealdade e desinteresse, avistou cobiça e inveja. Naquele coração cheio de nobreza que sempre lhe fora fiel e naquela fisionomia aberta e franca, enxergou apenas disssimulação e hipocrisia.

Mas, para a posteridade, o grande general Belisário permaneceria sendo lembrado como exemplo de renúncia, fidelidade e desprendimento dos bens terrenos.

CAPÍTULO XVIII

OS NOIVOS

Depois da conquista efetuada, existe sempre o árduo esforço no sentido de manter as posições e vantagens alcançadas.

Roma debatia-se com dificuldades imensas, o poder era mantido à custa de muita luta.

Inconformados com a derrota que lhes fora impingida pelo exército bizantino de Belisário, os ostrogodos procuravam reunir novas forças para contra-atacar e reconquistar a Cidade dos Césares. Os bárbaros formaram um exército de mercenários e atacaram Roma.

A luta prosseguia, embora não tivessem conseguido entrar na cidade. O segmento do exército bizantino que permanecera em Roma para defendê-la achava-se exausto e combalido. Mantinha-se pela honra e coragem dos seus guerreiros valorosos. Rapidamente o responsável pela cidade mandou mensagem a Belisário enfatizando a necessidade de socorro urgente e reforços imediatos.

Mas, em Ravena, tudo era tranqüilidade e paz. A cidade se reorganizava e a reconstrução se fazia aceleradamente. Todos trabalhavam satisfeitos.

Os campos, destruídos e calcinados, que ofereciam triste espetáculo, começaram a mudar de imagem. Camponeses robustos e de pele crestada pelo sol trabalhavam arduamente para preparar a terra. Os arados cantavam as excelências do amor de Deus e a natureza sempre pródiga não deixaria de retribuir generosamente aos esforços dispendidos, dando colheita boa e farta.

As aves cantavam alegremente nos ramos do arvoredo. Nas aléias, tufos de flores de colorido variado e harmonioso davam graça e leveza ao jardim. As alamedas, bem cuidadas e sinuosas, deixavam entrever aqui e acolá alguma estátua de beleza clássica ou bancos colocados de maneira a propiciar agradável repouso aos seus ocupantes. A relva macia convidava ao aconchego, e suave repuxo dágua caía com agradável murmúrio num tanque redondo, cujo fundo era revestido de ladrilhos azuis, produzia doce melodia e da água cristalina reflexos azulados se espalhavam em derredor.

Tamara, sentada num banco à sombra de uma árvore, meditava. Vestia uma linda túnica branca, com as bordas rebordadas a ouro e escarlate, e uma faixa na mesma tonalidade lhe prendia a cintura. As pregas da túnica caíam suavemente deixando entrever seu corpo bem feito. Os cabelos longos e soltos eram levemente agitados pela brisa que soprava. Ouviu um leve rumor de passos e sua fisionomia dantes calma, embora pensativa, alegrou-se:

— Agar!

Levantou-se rápida indo ao encontro do oficial que chegava. A figura máscula, forte, surgiu entre as árvores. Num transporte de alegria, viu seu rosto amado, a fisionomia agradável e aberta num sorriso e os olhos que emitiam vibrações de amor.

Tamara correu e atirou-se nos braços do rapaz, abertos para recebê-la. Beijaram-se com ternura e longo tempo estiveram abraçados sentindo o coração bater em uníssono. Com a cabeça escondida no peito de Agar ela balbuciou:

— Pensei que não viesses mais hoje! Julguei que houvesses te esquecido de mim em meio aos compromissos...

Ele beijou-lhe repetidas vezes os cabelos perfumados, enquanto leve sorriso bailava-lhe nos lábios.

— Tolinha! Sabes que te amo, que te quero acima de qualquer coisa no mundo. Quando desapareceste, julguei que fosse enlouquecer de dor e saudade. E agora que te encontrei, acreditas que vou separar-me de ti?

Com um olhar em que resplandecia infinito amor, ele ergueu o rosto dela e beijou-lhe os lábios com sofreguidão.

Tamara suspirou. Nada mais importava. Estavam juntos. Quando separaram-se um pouco ela falou, passando a mão delicada sobre o rosto de Agar.

— Quando estás comigo sinto-me bem, segura e feliz. Mas, na tua ausência sinto o medo a invadir-me o íntimo. É como se fosse perder-te para sempre.

Andando devagar encaminharam-se para um banco protegido dos raios solares pela acolhedora copa de uma grande árvore.

— Não deves pensar assim. Tira esses pensamentos negativos da tua cabecinha. Estamos juntos, nos amamos e ninguém poderá nos separar.

— Tens razão, Agar. Sou uma tola!

— Além do mais, minha querida, logo nos uniremos pelos sagrados laços do matrimônio e ficaremos juntos todo o tempo, pelo resto das nossas vidas...

Disse essas palavras a sorrir, satisfeito, mas seus olhos se toldaram de tênue melancolia e completou:

—... isto é, quando não estiver em campanha.

Tamara ficou séria vendo a preocupação no semblante do noivo.
— Mas, isto faz parte da tua vida, meu amor, e devo aceitar, embora preferisse ter-te a meu lado. Tu és o mais valoroso, o mais forte e o melhor dos soldados do Império.
Agar fitou-a com estranha expressão no olhar.
— Falas como se gostasses do que faço! ele acentuou, sério.
Ela sorriu algo surpresa:
— Não deveria gostar? Tu és um oficial do Império Bizantino e só isso seria suficiente para encher-me de orgulho, se ainda não tivesses outras qualidades e um nobre caráter!
Agar observava-a, pensativo. Olhou seus olhos azuis que o fitavam com ternura infinita e, suavemente, retirou uma mecha de cabelos que caíam na fronte dela, agitada pela brisa. A seguir, falou com doçura:
— Minha querida, acreditas mesmo que deveria sentir-me feliz por passar grande parte da minha vida lutando? Achas que sinto prazer em matar?
Com os olhos arregalados, ela o fitava perplexa.
— Mas, Agar, são nossos inimigos! balbuciou.
— Minha querida Tamara, são criaturas humanas, como nós. Têm uma vida, famílias, amam, sofrem e choram, como nós. Ah! Não sabes como é terrível chegar frente a um outro homem, olhá-lo nos olhos e enterrar a espada em seu peito. Ver o sofrimento espalhar-se em seu rosto, suas mãos crispadas abandonarem a arma e tombar com os olhos vítreos. Não, minha querida, não sabes o que é isso! Não sabes o que é topar com alguém num campo de batalha e pensar que poderia ser nosso irmão. É muito doloroso e insuportável para mim.
Agar falava, e à medida que expunha seus pensamentos, Tamara intimamente anotava que realmente não o conhecia, que nunca o vira tão agitado. O calmo, o equilibrado, o sensato Agar.
— Além do mais, somos cristãos — ele continuou. — Acreditamos que somos todos irmãos, filhos de um mesmo Deus, como o Cristo nos ensinou. E se assim é, por que então nos matamos uns aos outros? Em nome de que despojamos outras criaturas de suas terras, roubamos suas riquezas e matamos suas famílias? O que fizemos nós da mensagem de amor que Jesus Cristo nos deixou? Veja, a Igreja. Ela que deveria dar-nos o maior exemplo, afunda-se cada vez mais no luxo e na ostentação, em detrimento do pobre, do miserável. Está sempre do lado dos soberanos e o Clero apodrece em meio às dissipações, à cobiça e à luxúria...
Tamara olhou assustada para os lados a ver se ninguém ouvira as corajosas palavras de Agar e, aliviada, confirmou que estavam absolutamente sós no imenso jardim.
O oficial pareceu voltar a si; seu olhar dantes vago, fitou-a com amor e abraçou-a novamente, desculpando-se pelo desabafo.

— Perdoa, querida, creio que te aborreci com meus pensamentos sombrios.

— Não, não, Agar. Fizeste muito bem. Amo-te ainda mais agora que começo a compreender tua maneira de pensar. Tens caráter nobre e generoso. Por que não falas com Belisário? Se te repugna tanto a guerra, acho que deves falar francamente o que pensas. Ele é bom e saberá entender-te os escrúpulos.

Agar anuiu com um gesto de cabeça.

— Pretendo mesmo desligar-me do exército e somente aguardo uma oportunidade favorável para comunicar a Belisário minha decisão. Após nosso enlace, quero dedicar-me a atividades que considero mais úteis, numa propriedade rural, cuidando da terra. Dedicar-me-ei também às artes e ciências que tanto me atraem. Continuarei meus estudos, temporariamente interrompidos, e construiremos nossa vida juntos, criaremos os filhinhos que o Senhor nos enviar num ambiente de amor e paz. Que achas? — acentuou sorridente. — Achas que podes suportar a vida ao lado de um camponês? Teu amor por mim será o mesmo se eu despir o uniforme?

— É claro que o uniforme assenta-te admiravelmente bem — retrucou com graça — mas, amo-te em qualquer circunstância. Além do mais, és rico o suficiente para fazer da tua vida aquilo que desejares. Sim, Agar, o ambiente tranqüilo de uma propriedade no campo proporcionar-nos-á uma vida feliz e sem sobressaltos; nossos filhos crescerão livres e saudáveis. E, quando desejarmos diversão e movimento, iremos à corte passar uma temporada. Constantinopla, cheia de vida e prazeres, nos aguarda. Tens propriedades lá que não convém abandonar e estamos longe de nossas famílias por um tempo demasiado longo. Como estou feliz! Amo-te muito, Agar. Enquanto estiveres ao meu lado serei feliz.

Abraçaram-se novamente dando vazão aos sentimentos por tanto tempo represados. Nenhuma nuvem toldava o céu de suas vidas.

CAPÍTULO XIX

COMPROMISSOS ASSUMIDOS

Em seu quarto, em meio aos objetos de toucador que tanto agradam às mulheres de um modo geral, Lúcia preparava-se com esmero. Com cuidado escolhia a essência que mais se adaptasse ao momento e mais condizente com sua personalidade.

O rosto infantil mostrava a expectativa de que se sentia possuída. Com a caixa de jóias aberta sobre o toucador, escolhia os adereços que melhor se ajustassem ao seu traje de noite. Na verdade, estava linda num vestido verde-água que realçava sua tez de forma admirável. Decidiu-se afinal pôr uma gargantilha de pérolas que terminava num "pendentif" em formato de coração, cravejado de diamantes, e brincos no mesmo estilo. Uma pulseira de ouro, habilmente lapidada com desenhos em alto-relevo, envolvia seu antebraço e alguns anéis nos dedos rosados completavam a "toilette".

Olhou-se no espelho interrogativamente.

— Estais deslumbrante, Senhora! Vossa beleza eclipsará a de todas as outras mulheres!

Lúcia sorriu envaidecida. Quem assim falava era uma escrava que procurava ajeitar as pregas da túnica que caíam molemente pelo corpo da senhora.

— Acreditas mesmo, Sula? Não dizes isso para ser-me agradável?

A escrava inclinou-se, respeitosamente, um sorriso a bailar nos lábios.

— Minha Senhora duvida da própria beleza? Basta que vos mireis no espelho e verificareis com os próprios olhos o que vos afirmo! Homem nenhum, por mais exigente que seja, ficará insensível à vossa beleza.

De pé, em frente ao espelho, Lúcia virava-se de um lado para o outro procurando avaliar o efeito do conjunto. Gastara horas procurando tornar-se ainda mais bela e o que via agora refletido no espelho realmente deixava-a satisfeita.

A imagem mostrava uma moça de sedosos e longos cabelos escuros que desciam pelas espáduas em madeixas. Um fio de pérolas artisticamente entremeava-se no alto da cabeça, prendendo levemente algumas mechas dos cabelos. Os olhos escuros brilhavam de felicidade e expectativa, e suas faces rosadas tinham o frescor das rosas recém-colhidas.

— Ah! Sula, não desejo a admiração de todos os homens; basta-me as atenções de um só... — corou ao pronunciar essas palavras e suas pálpebras baixaram timidamente.

— Minha Senhora está amando!... Feliz do homem que conseguiu obter vosso coração. Estará nessa festa, imagino, pelo apuro que demonstrastes em vos vestirdes.

— Sim, Sula. Quero crer que estará presente, pois conquanto faça parte da guarda de honra de Belisário, não viajou com o General que levou apenas uma pequena escolta. Deverá estar acompanhando o representante de Belisário, com certeza.

Leve batida na porta, seguida da entrada de Áurea, mãe de Lúcia, já pronta, que vem apressá-la, interrompeu o diálogo.

— Vamos, querida, não podemos nos atrasar.

— Só um instante, mamãe, estou quase pronta. Sula, rápido, ajeita-me os cabelos que teimam em sair do lugar.

Enquanto a escrava com mãos hábeis refazia o penteado, mãe e filha conversavam.

— Com certeza o nobre Agar estará presente, minha filha. Não sejas tão tímida e procura aproximar-te dele.

— Mamãe, acho-o extremamente simpático, mas em absoluto não me interessa. Além do mais, sabes que está comprometido com a nobre Tamara.

— Ora, és uma tola! Dizem que é rico como Creso, goza de excelente posição na corte do Imperador Justiniano e é belo como Apolo. Quanto ao seu compromisso com Tamara... ora, ainda não estão casados e muita coisa pode acontecer até lá. Além do mais, acho-a terrivelmente desagradável. É orgulhosa em extremo e acredita-se o centro das atenções, e com um gesto de desprezo concluiu: — A verdade é que não simpatizei com ela assim que a vi.

Lúcia, ajeitando a faixa que lhe prendia a cintura, sorriu contrafeita:

— Creio que exageras, mamãe, como sempre. Acho-a muito simpática e creio que a impressão é recíproca. Quanto a julgar-se o centro das atenções, tem motivos para isso. É muito mimada, inclusive por Belisário que satisfaz a todos os seus caprichos, e sua beleza é de deixar fascinados a todos os homens. Não vês como procuram acercar-se dela, sempre que possível?

— Bah! Não precisas defendê-la tanto, afinal. Continuo a afirmar que é insuportável e já notei que Antonina também não morre de amores por ela, e levantando-se do divã em que estava recostada concluiu:

— Mas, vamos, que já estamos atrasadas e sabes que Dracon não gosta que se atrasem em suas festas, que, aliás, são excelentes. Creio que nos divertiremos muitíssimo esta noite.

Saíram. Ao chegarem ao palácio do nobre Dracon, foram recebidas pelo anfitrião que demonstrou muita satisfação com suas presenças. Era um homem de estatura baixa, gordo, de faces rosadas e sempre sorridente. Deixou-as à vontade, encaminhando-as a uma roda de convidados que ali já se encontravam.

O palácio de Dracon era belo e suas salas espaçosas e bem decoradas. As portas, abertas de par em par, davam para o jardim, cujo aroma sutil penetrava nos salões. Guirlandas de flores contornavam as colunatas e vasos artisticamente decorados mostravam flores exóticas. Os servos percorriam o salão, com suas vestimentas em vermelho vivo e dourado, enchendo as taças e servindo guloseimas. Um conjunto de músicos executava algumas árias num canto do salão, escondidos entre as folhagens.

O ambiente alegre e descontraído proporcionava palestra agradável e os grupos iam-se formando à medida que os convidados adentravam o amplo salão.

Tamara penetrou no recinto feericamente iluminado, provocando um murmúrio de admiração à sua passagem.

Realmente estava deslumbrante essa noite. Os olhos azuis brilhavam intensamente e a felicidade que irradiava acrescentava um maior encanto à sua pessoa. Consciente da sua beleza e do fascínio que exercia sobre o público presente, Tamara sorria levemente. Os cabelos, artisticamente penteados, eram presos por uma belíssima tiara de diamantes. O traje azul-turqueza, rebordado a prata, combinava perfeitamente com seus belos olhos azuis. A personalidade cativante de que era dotada, a delicadeza dos gestos e a elegância do andar, faziam com que todos só tivessem olhos para ela.

Agar, em quem Tamara se apoiava levemente, também era uma figura que atraía as atenções gerais e formavam um belíssimo par. Seu porte atlético, o aprumo com que se conduzia, a fisionomia agradável e simpática, que amistoso sorriso iluminava, deixava as mulheres apaixonadas e todas invejavam a sorte de Tamara que conseguira fazer-se amada por tal homem.

Assim que entraram foram envolvidos pelo turbilhão da festa. Os convidados palestravam animadamente e todos sentiam-se à vontade.

Algum tempo depois um movimento desusado, acompanhado de retinir de armas, denunciou a chegada das autoridades bizantinas. Dracon foi esperá-los com todas as honras de estilo. O representante do General entrou no salão acompanhado da esposa de Belisário, Antonina, e foi logo alvo das atenções gerais.

Tamara relanceou o olhar pelo recinto e, avistando Lúcia, para ela se dirigiu. Cumprimentaram-se amavelmente como criaturas simpáticas entre si.

A mãe de Lúcia só tinha olhos para Agar, que procurava entabular conversação com sua filha. Pouco depois, Agar pediu permissão para juntar-se aos homens.

— Sim, querido. Fique à vontade. Lúcia e eu temos muito o que conversar.

— Naturalmente! — concordou Lúcia. — Fica descansado, nobre Agar, tua noiva está segura e não deixaremos que ninguém a roube.

Alegres risadas partiram de todos os lados. O oficial agradeceu com uma mesura:

— Fico feliz em saber, nobre Lúcia, que Tamara está em boas mãos. Ela é meu maior tesouro.

Acompanhou essas palavras com um olhar cheio de ternura e beijou a mão de sua noiva, afastando-se em seguida.

Áurea mordeu os lábios contrariada e descontente. Afastou-se alegando ter avistado Antonina e precisar conversar com a esposa do General.

Encostado a uma coluna, com uma taça na mão, eu observava todo o movimento. A raiva e o despeito me consumiam. Vira a entrada de Tamara ao lado de Agar e uma dor profunda encheu-me o coração. Tamara jamais seria de Agar, o noivo detestado. Seria minha ou de mais ninguém. Cada vez mais tornava-se insuportável vê-los juntos e felizes; julguei até que com o passar do tempo eu me acostumaria e passaria a sofrer menos, mas tal não aconteceu. Cada vez que surpreendia um olhar apaixonado entre os dois, ou um toque de mãos que que se buscam, ou uma carícia cheia de ternura, era como se levasse uma punhalada no peito. Não... não suportaria a visão da felicidade de ambos durante muito tempo mais. Além disso, o casamento já estava marcado para breve. Dentro de dez dias estariam casados e não poderia fazer mais nada.

Percorrendo o salão com o olhar, vi Tamara e Lúcia que, acomodadas em um divã, conversavam animadamente. Achei a ocasião ideal para aproximar-me.

Inclinei-me respeitosamente perante ambas e, fingindo ignorar a presença de Tamara para espicaçar seus ciúmes, tomei a delicada mão de Lúcia e beijei-a, enquanto a fitava com olhar penetrante.

— Tua beleza, nobre Lúcia, ofuscaria o próprio Sol, se estivesse presente.

Tamara olhou-me perplexa, estranhando minha atitude, e replicou irônica:

— Minha cara, creio que fizeste uma conquista esta noite!

De temperamento tímido e desacostumada a essas expansões, Lúcia corou violentamente. Seu coração batia forte no peito e levou a destra sobre ele procurando conter-lhe os ímpetos. Inclinou a fronte num mudo agradecimento.

Solicitei permissão para sentar-me e procurei envolvê-la num clima de atração. Sabia que era um homem bastante atraente e que as mulheres raramente resistiam ao meu fascínio. Seria fácil dominá-la. Era tão criança e ainda tão inexperiente!

Disfarçadamente observava o efeito de minha ofensiva sobre a outra jovem. Julguei Tamara algo agastada e alegrei-me intimamente.

Pouco depois, já estando presente o convidado de honra, fomos convidados a passar para a sala do banquete.

No início um pouco formal, aos poucos o ambiente foi-se descontraindo à medida que as bebidas e as iguarias iam-se sucedendo.

O salão, magnificamente decorado, era um atestado de bom-gosto e riqueza. À mesa, as iguarias, de procedência variada, causavam a admiração dos convivas pelo esmero e habilidade com que foram confeccionadas e ornamentadas. Vinhos capitosos jorravam fartamente e nenhuma taça ficava vazia, pois um escravo logo apressava-se a enchê-la.

O ambiente era de franca euforia, não obstante os excessos comuns a uma festividade do gênero. Risadas explodiam de entre os grupos e o burburinho fazia-se sempre crescente.

Melodia delicada invadia o local, executada por alguns músicos postados a um canto do salão e abafada pelo vozerio.

A um determinado momento, um bando de bailarinas jovens e belas invadiu o local, executando uma dança oriental ao som de alaúdes, flautas e tímpanos. Os convidados aplaudiram freneticamente, satisfeitos com o espetáculo proporcionado pelo anfitrião.

Antonina e Áurea, sentadas lado a lado, palestravam animadamente já bastante eufóricas pelo efeito da bebida. Lúcia, ruborizada ainda sob o efeito de minhas palavras, lançava-me olhares tímidos, velados pelos longos cílios. E eu não despregava a atenção de Tamara que, à minha frente, trocava doces palavras de amor com o noivo.

Procurei controlar-me e dediquei toda a minha reserva de bom humor para Lúcia, que parecia cada vez mais envolvida por mim e não possuía ainda suficiente autodomínio para disfarçar seus sentimentos.

Aos poucos, os convivas foram-se levantando e se espalhando pelos salões ou pelos jardins, em grupos. À mesa permaneceram apenas os insaciáveis e inveterados beberrões, já não controlando mais a língua e dando vazão às suas tendências inferiores. Alguns, inclusive, já sem condição para erguer-se, acabaram adormecendo em meio aos restos do banquete.

Tamara e Agar passeavam pelas aléias do jardim sob o luar que se fazia esplêndido. Estávamos na estação mais quente do ano e durante o dia o calor fazia-se insuportável; mas, à noite, a temperatura era amena e agradável e uma suave aragem soprava, produzindo infinito bem-estar.

A felicidade que externavam parecia um ultraje ao meu sofrimento, e o ódio dominava-me ao vê-los abraçados trocando juras de amor.

Espreitando-os escondido atrás de uns arbustos, a um certo momento vi um mensageiro que veio chamá-lo, e Tamara ficou só por instantes. Decidido a aproveitar minha oportunidade, aproximei-me.

Recostada num banco de mármore, olhos cerrados, parecia adormecida. Ao ruído de passos abriu os olhos, a princípio sobressaltada, e depois falou, já mais tranqüila ao ver-me, com certo descaso na voz:

— Ah! És tu, Ciro.

Inclinei-me cortesmente, retrucando:

— Naturalmente ficaste decepcionada. Esperavas que fosse outra pessoa...

— Sim. Agar precisou deixar-me por momentos, mas não deve demorar. O que desejas?

A arrogância dela feria-me fundo e não respondi de pronto.

Como permanecesse calado, ela fitou-me com mais atenção, arqueando de leve as sobrancelhas:

— Estás calado hoje! Só soltaste tua língua para conversar com a nobre Lúcia. Mas, tens razão e muito bom-gosto. É uma bela jovem — fez uma pausa e concluiu reticenciosamente — ... e muito rica também.

Ela deu a brecha que eu precisava. Nas suas palavras vislumbrei laivos de ciúmes.

— Ficaste agastada comigo por isso?

Tamara riu sarcasticamente: — Ora, que idéia! Por que ficaria agastada contigo? — lançou-me um olhar perscrutador. — Ciro, na verdade estás bem estranho hoje. O que se passa contigo?

Não podendo mais dominar-me, agarrei-a pelos ombros com força. A paixão obscurecia-me os sentidos e falei em voz baixa e incisiva:

— Nunca serás feliz com esse homem. Não percebes que te amo com loucura? Se não fores minha não serás de mais ninguém. Tu me pertences por direito, deves tua vida a mim e não deixarei que te roubem.

Com os olhos arregalados de espanto, ela tentou soltar-se de meus braços e com ar severo replicou:

— Estás louco, Ciro? Torna a teu juízo normal. Com que direito te diriges a mim nestes termos? Não sabia que me amavas e nunca alimentei tuas esperanças. É certo que te devo a liberdade e, quiçá, a vida, mas jamais pensei que fosses jogar-me no rosto essa realidade ou cobrar-me pelos favores que, espontaneamente, me prestaste — e parecendo lembrar-se de algo, talvez com a intenção de desviar o assunto, um pouco

receosa das conseqüências, continuou: — A propósito... por que não me contaste que foste tu o causador da morte do Conde de Ravena?
— Porque não julguei necessário e foi a única maneira de retirar-te daquele palácio.
— E quando ficarem sabendo que foste tu o assassino?
— Cala-te! — disse, olhando ao redor, preocupado que alguém pudesse ouvir-nos, e depois continuei: — Não saberão. E, se souberem, nada acontecerá. Fiz isso por ti, para salvar-te a vida e dar-te a liberdade. Não me orgulho muito do que fiz, mas, se precisasse, fá-lo-ia novamente. Amo-te mais que a tudo no mundo e se não fores minha não serás de mais ninguém, torno a repetir.

Tamara prendia a respiração, de susto. Mas, ao ouvir-me externar meus sentimentos, o seu orgulho indomável despertou. De pé, à minha frente, parecia prestes a perder os sentidos.

— Nunca... nunca serei tua, entendes? Amo Agar mais que a própria vida e jamais poderei amar outro homem. Se tentares algo para destruir minha felicidade não hesitarei em destruir-te. Belisário...

Agarrei-lhe o pulso com força hercúlea fazendo com que soltasse um grito de dor.

— Toma cuidado. Que Belisário não seja notificado do que acabamos de conversar, caso contrário arrepender-te-ás amargamente. Não brinques com meus sentimentos porque não sabes do que sou capaz. Sou tão terrível no ódio como sou perseverante no amor — respondi, largando seu braço.

Bem a tempo. Agar aproximava-se sorridente. Ao chegar perto de nós notou que algo estranho estava acontecendo e inquiriu Tamara.

— Aconteceu alguma coisa? Estás tão pálida! — segurou uma de suas mãos entre as dele. — Tuas mãos estão geladas. O que se passa aqui? — dirigiu-se a mim, preocupado.

Lancei um olhar penetrante para Tamara que respondeu de pronto:
— Está tudo bem, querido. Ciro cumprimentava-me pelo nosso casamento a realizar-se em breves dias. Creio também que o calor afetou-me o organismo; ligeira indisposição acometeu-me repentinamente mas já estou bem. Gostaria de retirar-me, se não te opões.

Agar concordou incontinenti e fixou-me, ainda em dúvida, mas mantive-me firme.

Inclinei-me, respeitosamente, desejando o breve restabelecimento da noiva e eles, logo em seguida, despediram-se, penetrando no salão.

Continuei no jardim com a mente dominada por pensamentos desencontrados e tumultuosos. Apoiei a cabeça entre as mãos e ali permaneci longe do bulício da festa. O som de uma melodia distante chegava até mim; a noite aprazível convidava à meditação e as flores invadiam o ar de suave aroma.

Senti que mão delicada como uma brisa pousou sobre meus cabelos revoltos. Ergui a fronte e vi Lúcia que, em pé à minha frente, olhava-me preocupada.
— Sentes alguma coisa?

Procurei refazer a expressão fisionômica, algo agitada pela tempestade interior que me assolava o íntimo, e respondi, tentando tornar o timbre de voz o mais normal possível:

— Não, estou bem. Apenas um pouco cansado das atividades diurnas, resolvi afastar-me de toda a agitação — e completei tentando sorrir:
— A verdade é que talvez tenha bebido um pouco a mais do que de costume.

— É possível — respondeu com ligeiro sorriso no rosto sereno. De olhos baixos ela prosseguiu:

— Desculpe a intromissão e a ousadia. Sinto que estás profundamente contrariado e, se minha presença te é desagradável, não hesitarei em deixar-te sozinho ao sabor de teus pensamentos.

— Não... não, que tolice! Tua presença só pode honrar-me e deixar-me envaidecido. Agradeço teu interesse e atenção.

Procurei afastar meus dissabores, entabulando conversação agradável e amena. Entrementes, enquanto ela falava, eu observava a moça sentada ao meu lado que os raios de luar tornavam etérea, quase diáfana, e ainda mais bela. Uma sensação estranha dominou-me o íntimo e passei a olhá-la de maneira diferente. Possuía uma beleza serena, era bastante rica e não estava comprometida com ninguém, pelo que me informara Homero. Além do mais, seria uma maneira de dar o troco à orgulhosa Tamara que demonstrara tanto desprezo por mim. Sim... por que não casar com esta bela jovem? Era uma mulher que qualquer homem sentir-se-ia orgulhoso de possuir, e o interesse dela por mim era difícil de ser disfarçado. Por certo não se recusaria a um consórcio comigo. Sem contar, naturalmente, que a imensa fortuna de Godofredo, Conde de Ravena, passaria para minhas mãos. Como o destino era caprichoso! E se Lúcia ficasse sabendo sobre a morte do pai? Ora, procuraria evitar que soubesse antes do casamento; depois... ora, depois já não teria importância.

Interrompi meu monólogo ao notar que Lúcia também me observava. A figura dela irradiava atenção e carinho. Rompi a longa pausa que se fizera em nosso diálogo, procurando parecer sincero:

— Para dizer a verdade, nobre Lúcia, quando aqui chegaste eu meditava sobre a conveniência ou não de tomar uma atitude...

Interessada e surpresa pelo novo rumo da conversa, ela retrucou:
— Não estou entendendo. Posso saber que atitude?...

— Explico-me. Desejava tomar uma decisão que me era ditada pelo coração, mas não ousava fazê-lo. Tua presença, porém, como um anjo bom, fez com que eu me decidisse.

E, ato contínuo, tomando as mãos de Lúcia nas minhas e olhando-a fixamente completei:

— Desde que te vi pela primeira vez não consegui mais tirar-te do meu pensamento. Tens demonstrado também, se não há engano de minha parte, um interesse mais do que casual pela minha pessoa, o que me leva a ousar perguntar-te: Queres ser minha esposa?

Com os olhos arregalados, que duas lágrimas de emoção umedeciam, ela balbuciou um assentimento.

— Não te enganaste, Ciro. Também nutro por ti um afeto muito grande e serei a mulher mais feliz do mundo sendo tua esposa.

Abraçamo-nos e selamos o compromisso com um beijo.

— Quero que saibas porém, Lúcia, que sou pobre, nada possuo de meu e foi isso o que me fez hesitar em pedir-te em casamento. Tenho, é verdade, um futuro certo como oficial do exército bizantino e provavelmente uma brilhante carreira, como me assegura Belisário. Mas é só.

— Querido, teus escrúpulos honram teu caráter e provam que és um homem de bem e, portanto, digno de ser meu marido. Não deves, porém, preocupar-te, o que tenho nos bastará. Meu pai legou-me imensa fortuna e acredito que os dotes do coração são mais importantes do que os bens materiais.

— Então, minha querida, só me resta pedir formalmente tua mão e decidirmos os detalhes do casamento. Consentes que fale com tua genitora?

— Naturalmente. Minha mãe e eu te esperaremos amanhã, às primeiras horas da tarde.

O resto da noite passou-se entre projetos para o futuro e juras de amor.

Naquela noite adormeci satisfeito. O futuro apresentava-se risonho e, junto aos projetos do enlace, delineava-se a vingança contra Tamara e Agar.

CAPÍTULO XX

MUDANÇA DE PLANOS

O movimento era intenso nas vias públicas. Transeuntes cruzavam em todas as direções. Caminhando ao léu para espairecer, buscava uma saída para a minha situação. Belas mulheres, profusamente adornadas e com o rosto excessivamente pintado, passavam em liteiras conduzidas por escravos, ou homens ricos e influentes que atravessavam as ruas languidamente acomodados em suas liteiras. Grupos de cidadãos discutiam acaloradamente sobre problemas de ordem variada, aproveitando a tarde de sol e divertindo-se com o movimento das ruas. Nas imediações do mercado, comerciantes ofereciam suas mercadorias em altos brados, tudo isso acompanhado de sons e cheiros característicos.

Observava o bulício do povo sem prestar atenção real ao que ocorria ao meu redor. Meu olhar vagueava sobre a multidão sem me deter em nada particularmente, preocupado com meus próprios problemas.

A visita oficial ao palácio de Lúcia cobrira-se de êxito. Ao aproximar-me dos portões do palácio o sangue gelou-me nas veias. Mãos que um suor úmido e pegajoso gelava, cabeça a fervilhar, procurei demonstrar exteriormente uma tranqüilidade que estava longe de sentir.

E foi com a fisionomia impassível que, solenemente, fui recebido pela mãe de minha noiva, após ser anunciado por um servo que eu não conhecia. Senti-me mais calmo. Passado o primeiro impacto, dominei plenamente a situação.

Procurando manter conversação brilhante e variada, buscava envolver a mulher sentada à minha frente em quem percebia uma certa hostilidade.

Ainda jovem e dotada de uma certa beleza exuberante, essa mulher não me enganava. Em seus olhos pintados percebia um brilho lascivo que me era desagradável; seu aspecto, os gestos e olhares denunciavam pessoa dotada de moral um tanto elástica e conveniente, como era comum naquela época em que a degradação dos costumes e a degeneração dos caracteres grassavam por todo lado.

Era difícil acreditar que Lúcia tivesse sido gerada por semelhante criatura, tal a disparidade física e moral existente entre ambas.

Feito o pedido solene da mão de Lúcia, a mulher um tanto quanto agastada, embora controlando seus sentimentos, respondeu-me:

— Em princípio, discordo desse consórcio por não julgá-lo conveniente para minha filha sob todos os pontos de vista. A instâncias de Lúcia, porém, não vejo alternativa senão dar a minha bênção, desde que ela assim o deseja.

Fez uma pausa, analisando com olhar frio a minha reação, e continuou:

— Lúcia merece um partido mais vantajoso e poderia fazer um casamento brilhante com qualquer jovem da alta nobreza, mas ela vos ama e nada posso fazer...

Nesse ponto da arenga, corei violentamente, sob o insulto à minha condição social e financeira, mas me contive.

— Só me resta pedir que a façais feliz — estendeu-me sua mão com ar displicente, completando: — Bem, espero que ela não se arrependa.

Demonstrando uma paciência sem limites, beijei a mão que me era estendida, inclinando-me com estudada cortesia.

— Sinto-me muito honrado, Senhora, com a vossa decisão. Pretendo fazer Lúcia muito feliz, não vos preocupeis...

Não me contive e dei-lhe uma alfinetada:

— ... Quanto à minha condição de pessoa oriunda de família humilde e sem riquezas, ela não será para sempre. As fortunas, vós bem o sabeis, se conseguem às vezes da noite para o dia, não é verdade? Basta que se tenha um pouco de sorte.

Acompanhei essas palavras com um olhar significativo e um cândido sorriso que a fez perder a serenidade e o ar arrogante. Percebeu, naturalmente, que me referia à origem da fortuna de Lúcia, que, por acaso, viera parar em suas mãos.

Áurea dirigiu-me um olhar irritado e mandou chamar a filha que, alegremente, aproximou-se, abraçando-me.

Estava selado nosso compromisso. O consórcio se faria dentro de um mês.

Após algumas horas de colóquio amoroso com minha noiva, retirei-me muito eufórico e mais aliviado. Tudo corria muito bem e eu me congratulava por isso.

Logo ao sair do palácio, ao dobrar uma esquina, alguém barrou-me os passos. A capa escondia parte do rosto e não consegui perceber quem era. Ouvi um riso escarninho e, ao ser retirado o capuz, vi Sula, a escrava, que me olhava com ódio e sarcasmo.

— Miserável assassino! Como ousas voltar ao local do crime e ainda tentar envolver a família daquele a quem destruíste em tuas malhas?

Agarrei-a pelo braço e arrastei-a para uma viela mais escura, pois já estava anoitecendo, local bem mais discreto, temeroso de que algum transeunte pudesse escutar nossa conversa.

— Cala-te, infeliz — falei autoritário. — Não sei a que te referes. Como ousas dirigir-te a mim nestes termos? Não sabes que posso mandar matar-te?

Ela mirava-me de alto a baixo, com olhar indagador.

— Sim, Ciro, mudaste bastante. Estás quase irreconhecível. Nunca pensei fosses o homem amado pela Senhora e a quem se referia de maneira tão elogiosa. Tinha curiosidade de conhecer aquele que seria o marido dela e a quem amava com todas as forças do coração jovem e puro. Não me contive e fiquei à espreita para ver-te. Qual não foi minha surpresa ao saber que o noivo da Senhora eras tu, o assassino do pai dela.

Agarrei-a pelo pescoço, mantendo-a presa e com a respiração suspensa.

— Não tornes a repetir tal coisa. Sou um oficial do exército bizantino e teu senhor. Vou casar-me com Lúcia e tu nada lhe dirás, se quiseres permanecer com vida. Cala-te, pois, e te recompensarei regiamente.

— Tu não mudaste! — replicou com desprezo. — Usas as pessoas a teu bel-prazer. Tenho por essa moça uma afeição muito grande. Sabes que eu amava Godofredo mais que a própria vida — seus olhos lacrimejaram a essa lembrança — e quando Lúcia entrou nessa casa, senti que também a amava, talvez por ser parte dele. Não a faças infeliz. Ela é meiga e gentil; a melhor pessoa que já conheci. Se a prejudicares não respondo por mim.

— Fica tranqüila, não desejo magoá-la; gosto realmente dela e vamos nos casar. Preciso, porém, da tua ajuda. Quero que afastes os criados que possam reconhecer-me e também que me relates tudo o que ouvires. Vai, agora, não te arrependerás de seres minha aliada. Vai, antes que alguém perceba que te ausentaste do palácio sem ordem.

Ela afastou-se rápido e suspirei aliviado. O perigo estava conjurado momentaneamente, mas ainda existia. Não confiava em Sula e ela poderia de uma hora para outra pôr tudo a perder.

Esse diálogo se passara há dois dias, mas não me saía da cabeça. Talvez devesse matá-la, mas isso não mudaria a situação. Outras pessoas poderiam surgir e reconhecer-me. Não...não, eu precisava de uma solução diferente. Mas, qual?

Sem perceber, encaminhei-me em direção aos banhos públicos e resolvi entrar para distrair-me.

Em meio ao alvoroço dos presentes, tomei meu banho tranqüilamente e, em seguida, acomodei-me em uma mesa e pedi que me trouxes sem vinho. A algazarra de um grupo distante poucos passos chamou minha atenção. Brindavam alegremente algum acontecimento festivo e já estavam bastante embriagados, rindo à vontade.

Um dos homens interessou-me vivamente. Alto, espadaúdo, cabelos claros e encaracolados, barba espessa da mesma tonalidade; fisionomia alegre, pele avermelhada e entumescida denunciando a ingestão habitual de grandes doses de bebidas.

De onde conhecia aquele homem? Sabia que já o encontrara antes, mas não podia precisar onde. A tonalidade da sua voz, sonora e rude, era familiar aos meus ouvidos e até o arquear das sobrancelhas hirsutas num gesto característico seu me era conhecido.

Febrilmente procurava nos escaninhos do passado revolver as lembranças tentando encontrá-lo, mas em vão. O estranho conseguira fazer com que esquecesse por momentos meus próprios problemas.

Algum tempo depois seus companheiros o deixaram e ao vê-lo sozinho aproximei-me, curioso.

Pedi permissão para sentar-me, após cumprimentá-lo amistosamente.

— Perdoai a intromissão, Senhor, mas eu estava a beber só e vendo-vos também abandonado pelos amigos disse para comigo mesmo: Por que não beber junto com aquele bom homem? E aqui estou.

— Fizestes muito bem, Senhor. Não gosto de beber sozinho.

Sorri e mandei que trouxessem mais vinho.

— Diga-me, amigo, parece-me que já nos vimos antes, mas não consigo saber quando, nem onde.

— É possível. Sou de Veneza, mas resido aqui em Ravena. Meu nome é Bruno. Conheceis Veneza?

— Não... nunca estive lá. Chamo-me Ciro, para vos servir. Cheguei à cidade com o exército de Belisário e não conheço quase ninguém ainda.

— Ah! bem, sois um bizantino. Bebamos à nossa saúde, Ciro, e à nova amizade.

Conversamos durante muito tempo sobre assuntos diversos, embora eu duvidasse que no dia seguinte ele se lembraria do que acontecera naquela tarde.

Em dado momento, ao falar sobre seus feitos guerreiros, citou o nome de Godofredo.

Interrompi para indagar, surpreso:

— Desculpai, Senhor, mas conhecestes o Conde de Ravena?

— Se o conheci? — deu uma gargalhada sonora. — Éramos muito amigos e companheiros de noitadas. Ah! como nos divertíamos juntos...

De repente, senti o sangue afluir-me à cabeça e obscureceu-se momentaneamente minha visão sob a emoção da descoberta. Como não me lembrara antes?

Em minha tela mental revi a terrível noite em que fugira do palácio com Tamara. Entrara no corpo principal da residência e já me aprestava para subir as amplas escadarias quando ouvi vozes. Aproximei-me da sala de onde vinha o ruído e vi Godofredo e um amigo que bebiam desbragadamente...

Sim... como não me lembrara antes? Era esse amigo que eu tinha agora ao meu lado.

Para tirar qualquer dúvida ainda indaguei:

— Segundo soube morreu de uma maneira violenta, não é verdade?

Ele concordou com um gesto de cabeça.

— Jamais esquecerei aquela noite. Bebíamos numa sala do palácio e, após muito tempo, resolvemos nos recolher. Ingeríramos vinho em excesso, mas, como eu estava em melhores condições de lucidez e equilíbrio, se é que isso era possível, ajudei-o a deitar-se e fui para meus aposentos. Acordado violentamente algumas horas depois, vim a saber que ele estava morto. Tinha sido assassinado por um serviçal que fugira levando uma escrava por quem Godofredo nutria uma paixão violenta e com quem se casaria dentro em breve, segundo me afirmava.

Fez uma pausa, tomou um grande gole de vinho e tinha um ar deprimido ao continuar:

— Não gosto de me lembrar desse acontecimento trágico. Godofredo era meu melhor amigo, lutamos lado a lado inúmeras vezes e sempre estávamos juntos. Podeis entender o que seja isso? — perguntou-me com voz que a bebida tornara pastosa.

Concordei com ele, assegurando que compreendia perfeitamente seus sentimentos e hipotecando-lhe minha amizade.

Cantarolando alto, tendo uma caneca de vinho nas mãos que equilibrávamos com dificuldade e escorados um no outro como velhos amigos, caminhávamos pela via pública. Nossos passos ressoavam nas pedras do calçamento em meio ao silêncio noturno que se fizera. A cidade adormecera candidamente como uma donzela e só se via claridade em uma ou outra casa cujos moradores tivessem perdido o sono.

Com sua voz pastosa e a língua enrolada Bruno me dizia:

— Tu és o meu único amigo, Ciro. Parece que te conheço há muito tempo. Quero... quero que vás morar em minha casa — completou.

— Agradeço a gentileza e a hospitalidade, Bruno, mas não posso.

— Por... por que não? Tu me disseste que és sozinho no mundo...

— É verdade, meu amigo, mas me casarei dentro em breve.

— Já sei. Co... com a filha de meu amigo Godofredo, tu... tu... já me contaste. Isso só... só nos aproxima mais ainda. Considero-te já como pessoa da família.

— Está bem, Bruno. Amanhã conversaremos melhor. E não acredito que te lembres do que se passou esta noite.

Chegando a um elegante palácio Bruno estacou, apontando com a destra: – É aqui minha residência. Vamos entrar.

Quase tive que arrastá-lo tal o estado de embriaguez em que se achava. Os criados vieram atender, levando-o para seus aposentos.

Voltei para meu alojamento. Nesta época eu ocupava alguns cômodos no palácio de Belisário, a instâncias dele, que me desejava por perto. Estes aposentos, porém, tinham entrada independente, não necessitando, por isso, entrar no corpo do palácio. Através de uma pequena porta, semi-escondida pelas ramagens e arbustos do enorme jardim, chegava sem dificuldades até meus aposentos.

Atirei-me no leito de roupa e tudo. Bebera, é verdade, mas ainda permanecia lúcido. A sorte estava do meu lado; ou o destino, pouco importava. A verdade é que começara a vislumbrar uma saída para minha situação. De alguma maneira o que acontecera aquela noite era favorável aos planos que começavam a se delinear em meu cérebro doentio. Inspirado por companheiros menos felizes que, do plano espiritual, queriam me levar à derrocada moral, as idéias se faziam claras em minha mente.

Adormeci embalado por idéias de vingança.

No dia seguinte despertei bem disposto e eufórico. Atravessando o jardim, numa das alamedas encontrei Tamara que, distraída, caminhava aproveitando a fresca da manhã. Ao ver-me, estremeceu ligeiramente. Cumprimentei-a com indiferença. Ela parou e fez menção de dirigir-me a palavra.

– Não quero que fiques aborrecido comigo, Ciro. Quero-te muito bem e lamento o que ocorreu na outra noite.

– Não estou aborrecido – respondi com cortesia, e completei, fingindo indiferença: – A propósito, sabes que vou casar-me com Lúcia?

Surpresa, ela sorriu.

– Não, não sabia. Mas, felicito-te pela decisão. Ela saberá fazer-te feliz.

– Assim espero.

Um ruído desusado e o movimento dos criados desviou nossa atenção. Pouco depois Belisário entrava no pátio do palácio com sua escolta. Vinham exaustos da longa viagem. Após as saudações de estilo, Belisário dirigiu-se a Tamara.

– Preciso conversar contigo. Trago-te notícias de Constantinopla, mas antes quero refrescar-me um pouco.

Antonina fez sinal para os escravos, que se apressaram em preparar uma refeição para os recém-chegados.

Após o repasto, Belisário com um gesto afastou os demais participantes, ficando apenas os mais íntimos.

Com carinho tomou a destra de Tamara em suas mãos e com inflexão terna falou-lhe:

143

— Minha querida, lamento ser o portador de más notícias. O que tenho a dizer-te não é nada agradável.

Com o coração aos saltos Tamara ouvia apreensiva. Após uma pausa ele continuou:

— Teu pai já não pertence ao mundo dos vivos. O Imperador Justiniano fez-me portador de suas condolências e assegura que o responsável será punido.

Estupefata, Tamara balbuciou: — Como aconteceu?

— Bem, houve um ataque ao palácio do nobre Samir e ele perdeu a vida. Não se sabe ainda a fonte do atentado, mas o Imperador faz todos os esforços no sentido de encontrar os culpados e puni-los.

— Pobre pai! e minha mãe?

— Sê forte. Tua mãe não resistiu e pouco tempo depois também deixou este mundo, vitimada por um ataque cardíaco.

Tamara colocou a cabeça entre as mãos e deixou que as lágrimas corressem livremente. Belisário abraçou-a tentando consolá-la. Com voz entrecortada pelos soluços ela lembrava:

— Justo agora que Agar e eu tencionávamos voltar para Constantinopla e revermos nossos familiares... estou só.

Uma voz soou, profundamente cariciosa:

— Agar?...

O oficial que, informado da chegada de Belisário, apressara-se a apresentar-se ao serviço, ouviu ainda as últimas palavras proferidas por sua noiva. Agar aproximou-se e abraçou-a longamente.

— Minha querida, não chores. A misericórdia de Deus é infinita e tudo tem uma causa. Se teu pai morreu dessa maneira é que havia uma razão para isso.

— Meu pai era um homem bom. Nunca fez mal a ninguém.

— Teu pai ocupava um cargo importante no governo de Justiniano. Só isso já seria o suficiente para que tivesse adversários, invejosos e descontentes.

Limpou as lágrimas que caíam abundantes pelo rostinho dela.

— Vamos, não te desesperes. Estamos juntos e logo estaremos casados. A vida é bela e seremos muito felizes. Agora venha repousar um pouco. Estás muito esgotada emocionalmente.

Com carinho infinito conduziu-a até os aposentos e deixou-a aos cuidados das servas, após perceber que adormecera.

Na sala, Antonina tentava espicaçar-me com ditos mordazes, descontente com a indiferença que eu lhe tributava.

— Já sabes, meu querido — dizia a Belisário — que o nosso Ciro vai casar-se?

Com um sorriso satisfeito o general inquiriu-me: — É verdade, Ciro? Esta é uma boa notícia! Posso saber quem é a felizarda?

— É Lúcia, Senhor, filha do falecido Conde de Ravena.

Olhou-me surpreso.

— Devo cumprimentar-te pela escolha. É uma excelente moça e de ótima família. Ela sabe?!...

— O que, Senhor?

— Que foste empregado do Conde, seu pai?

— Não, Senhor.

— Talvez fosse bom que a colocasses a par da situação para não seres surpreendido mais tarde.

— Sem dúvida, Senhor. É o que pretendo fazer.

Agar voltara e a conversa generalizou-se.

— Diga-me, Belisário, como está a situação em Constantinopla? — perguntou Agar com interesse, depois de obter notícias da família.

O general, um tanto preocupado, respondeu:

— Não me parece muito boa. Politicamente a situação mudou. O grupo que domina a situação é contrário a mim e, cá entre nós, acredito que o mandante do atentado ao nobre Samir esteja muito próximo ao trono.

— O Conselheiro?!...

— Ele mesmo. Quem mais teria interesse em matar o velho Samir? E, por outro lado, sabes como o Imperador é maleável e sujeito a influências.

Agar concordou. Como entrassem na sala outras pessoas, prudentemente mudaram de assunto, falando de coisas mais amenas.

No pátio ouve-se tropel de cavalos. Pouco tempo depois entra na sala um mensageiro. O seu aspecto exterior denunciava a exaustão de que se sentia possuído; as roupas desfeitas e empoeiradas, as botas cobertas de lama, mas a fisionomia feliz por ter concluído bem sua tarefa.

Inclinou-se profundamente numa reverência respeitosa ante Belisário e entregou-lhe a mensagem.

Quebrando o lacre, o general perguntou-lhe:

— De onde vieste?

— De Roma, Senhor.

— Como estão as coisas por lá?

— Péssimas, Senhor.

— Entendo. Estás exausto e faminto — dirigiu-se a um escravo: — Dêem-lhe de comer e, depois de repousar, quero vê-lo novamente.

Passou os olhos pela mensagem e franziu as sombrancelhas, contrariado.

— Roma necessita de reforços urgentes. Agar, que os preparativos sejam feitos. Os ostrogodos sitiaram Roma e nossos soldados resistem com dificuldade. Queira Deus que agüentem até nossa chegada.

Reuniu rapidamente o seu estado-maior e expôs a situação. Após a análise dos fatos e estudo da posição do inimigo, ficou resolvido que partiriam dentro de cinco dias, tempo necessário para os preparativos para uma longa viagem.

Ao anoitecer, Tamara, já mais serena, achava-se no jardim meditando sobre a tragédia que se abatera sobre sua família, quando Agar chegou.

Abraçou-a com infinito carinho, perguntando como passara o resto do dia.

— Tão bem quanto possível, nas atuais circunstâncias. Sinto-me desnorteada e incrédula; não consigo acreditar que seja verdade.

— Compreendo o que sentes, mas deves vencer o estado depressivo em que te encontras.

— Sei disso, mas não é fácil — olhou-o, procurando amparo e compreensão. — Pareces preocupado, Agar.

— Preciso comunicar-te algo, Tamara, mas é preciso toda a tua fortaleza de ânimo e compreensão. Sinto, pois o momento não é adequado. Já foste muito atingida hoje. Mas, em vista das circunstâncias, nada posso fazer.

Ela mirou-o com olhar triste, onde as lágrimas brilhavam sem cair.

— Podes dizer, Agar. Nada mais poderá me surpreender ou atingir.

Resolutamente, pesando bem as palavras, ele contou-lhe:

— Tamara, talvez tenhamos que adiar nosso casamento.

— Mas, por quê? — replicou ela, surpresa.

— Tenho que partir dentro de cinco dias para Roma. Os ostrogodos atacaram novamente e Belisário destacou-me para o serviço.

— Não... não pode ser.

Tamara, que já se julgava insensível a novas dores, abraçou-se a ele, assustada.

— Minha querida, procures compreender. Já falei com Belisário e darei baixa no exército assim que nos casarmos, mas, em vista da necessidade urgente de reforços, tenho que partir para Roma. Acredita, será minha última campanha, querida, mas agora não posso abandonar Belisário. Ele é meu amigo e precisa de mim.

Com a cabeça mergulhada no peito do oficial, Tamara dava vazão ao seu desespero.

Por algum tempo permaneceu assim, sem pronunciar palavra alguma, sob forte tensão nervosa. Depois, pareceu dominar-se. Levantou a cabeça, enxugou as lágrimas que corriam pelo rosto e com voz em que se percebia um sofrimento infindo, uma dor imensa, ela falou-lhe:

— Tens razão, Agar, deves cumprir com teu dever. Mas, tenho uma convicção profunda aqui comigo. Se partires, não nos veremos mais, Agar. Tenho certeza. Algo me diz que jamais nos encontraremos novamente.

— Não, minha querida, afasta estes pensamentos negativos que ensombram teu espírito. Ainda seremos muito felizes.

Tamara com convicção balançou a cabeça negativamente.

— Não, Agar, algo acontecerá, tenho certeza. Sabes, ultimamente tenho tido uns presságios sinistros. Não sei o que poderá acontecer, nem quando, mas sinto nossa felicidade ameaçada. Um sentimento de perda muito grande toma conta do meu íntimo e sofro muito.

Preocupado, Agar enlaçou-a em seus braços fortes e seus olhos se nublaram de lágrimas. Acalmou-a com palavras doces e ternas, mas seu coração estava apertado no peito. Também ele sentia nuvens negras toldando suas vidas, mas confiava em Deus que nada iria acontecer. Ao vê-la mais tranqüila, deixou-a aos cuidados de uma serva e partiu em busca de Belisário.

Explicando a situação ao general, enfatizou a necessidade da sua permanência em Ravena, embora a difícil condição da Cidade dos Césares.

Belisário meditou por instantes e ponderou, cordato:

— Compreendo o difícil impasse em que te colocas, entre o amor e o dever, e concordo com tua permanência na cidade, com vistas ao amparo que devemos à querida Tamara, tão ferida em seus afetos mais caros. Com uma condição, porém.

— Farei o que quiseres, Belisário.

O general concluiu, categórico:

— Concedo-te um prazo de trinta dias, tempo que considero, se não suficiente, pelo menos razoável, para cicatrizar as feridas que ainda sangram em tua noiva e para que ela readquira o equilíbrio. Findo esse tempo, deverás juntar-te a nós, com novos reforços. Já expedi mensagem ao Imperador pedindo ajuda e, pelos meus cálculos, creio não deve tardar.

— Meu amigo, agradeço tua compreensão e tolerância e, conhecendo teu caráter, não esperaria outra coisa de ti. Concordo plenamente com o alvitre e asseguro-te mais, se o contingente enviado pelo Imperador chegar antes do prazo concedido, não hesitarei em partir imediatamente.

— Perfeito.

Apertaram-se as mãos como grandes amigos que eram, ambos satisfeitos com a solução do caso.

— Ainda desejo solicitar-te mais um obséquio, Belisário. Meu casamento estava marcado para realizar-se dentro de dez dias. Como não estarás presente na ocasião, gostaria de antecipá-lo para a véspera da partida. Que achas?

— Fico muito feliz e honrado com tua lembrança. Não assistir ao casamento de ambos seria pesaroso para mim — respondeu emocionado.

— Eu sei. Conheço os laços de afetividade que te unem a Tamara.

Belisário lançou-lhe um olhar perscrutador: — Sabes?!...

147

Agar titubeou, meneando a cabeça: – Bem, sei que vossas famílias são amigas de longa data e que tu e Tamara sempre foram muito unidos.

O general concordou com um gesto, respirando fundo:

– É verdade. Eu a vi crescer, acompanhei seus primeiros folguedos, sou testemunha dos seus primeiros sonhos e muitas vezes participei de suas confidências. Embora não ficasse muito tempo em Constantinopla, atento aos deveres militares que me estavam afetos, era sempre com alegria renovada e um afeto sempre crescente que a revia.

O oficial olhava-o atentamente, analisando os sentimentos do amigo, cheio de compreensão e entendimento.

Nesse instante, penetrei no recinto para comunicar uma providência ao general. Ao ver-me sorriu, amistosamente.

– Ciro, comunico-te que deverás acompanhar-nos com destino a Roma.

Curvei-me em sinal de assentimento. – Sim, meu general.

– Agar deverá permanecer em Ravena e partirá dentro de trinta dias com reforços. A propósito, teu casamento seria realizado no mês que vem, não é?

Respondi concordando e enunciando a data prevista.

– Acudiu-me uma idéia que reputo interessante. Agar e Tamara casar-se-ão na véspera de nossa partida. Por que não fazeres o mesmo? Assim eu teria o prazer de assistir a um duplo enlace.

Aprovei a idéia, embora a notícia do outro casamento tivesse me abalado o íntimo, como sempre acontecia quando o assunto vinha à baila.

– Tenho certeza que Lúcia não só aprovará como ficará exultante com a idéia. Se me dispensares, Senhor, gostaria de comunicar-lhe a novidade.

Dispensou-me com bonomia e imediatamente dirigi-me ao palácio de minha noiva. Introduzido no jardim, encontrei-a numa pérgula, lendo. Ao ver-me, sua fisionomia alegrou-se e encantador sorriso bailou em seus lábios.

– Que surpresa agradável, querido. Esperava-te somente à tarde, pois sei que estás de serviço hoje.

– É certo, meu amor. Mas, surgiram novas determinações e faz-se mister que modifiquemos nossos planos.

– Algo grave? – perguntou ansiosa.

– Inesperado, eu diria. Belisário convocou-me para o destacamento que parte para Roma e não posso eximir-me. Por outro lado, para compensar e alegrar esse rostinho que vejo nublado e com lágrimas prestes a rolar, vamos antecipar nosso enlace para antes da partida. Isto é, se não te opões!

Lúcia lançou-se em meus braços, abraçando-me com força.

– Claro que não me oponho, querido. Ao contrário, julgo ser uma idéia excelente. Depois que partires não sabemos quando tornaremos a nos encontrar e nem poderemos prever uma nova data para o casamento.

— Acalma-te. Logo estaremos de retorno. O invencível exército mercenário de Belisário não se deixará vencer por um bando de bárbaros ostrogodos.

Fizemos planos para o casamento e trocamos juras de amor. Lúcia lutava por manter o ânimo forte e não se deixar abater, e não pude deixar de admirar sua coragem e força de vontade.

Minha futura sogra não gostou muito da notícia, mas, como nada poderia fazer para impedir, resignou-se ao inevitável.

Penetrando em meus aposentos, encontrei mensagem de Bruno, convidando-me para cear com ele naquela noite. Ao ler os caracteres grafados, ocorreu-me uma idéia que me pareceu brilhante na ocasião.

Na verdade, não me sentia muito em segurança. Minha situação era instável e a qualquer momento poderia haver um desenlace desagradável para mim. Ao fazer a visita ao palácio de Lúcia, naquele dia, notei um ambiente algo estranho. Pareceu-me surpreender sussurros entre os serviçais da casa e olhares desconfiados me envolviam quando estava distraído. Temia que Sula houvesse batido com a língua nos dentes. E, por outro lado, a amizade crescente entre Antonina e minha futura sogra não era de molde a tranqüilizar-me o espírito. Conhecia o caráter dissoluto e a língua viperina da esposa de Belisário e temia seus ataques. Principalmente porque sabia que Antonina faria qualquer coisa para me destruir. Além do mais, Belisário fora informado da conduta imoral de Antonina e de certas orgias organizadas por ela na ausência dele e tiveram um sério desentendimento, do que ela me julgava culpado, não sei por que razão, não obstante o caráter cordato e compreensivo do general, que lhe perdoava todas as infidelidades.

A verdade é que eu precisava agir rápido. Não amava Lúcia, mas nutria simpatia por ela, e seus haveres não eram para se desprezar, principalmente por um homem como eu, ambicioso. Em meus planos surgia o enlace como meio de atingir os fins colimados. Depois, veríamos. Não era difícil que Lúcia sofresse um acidente fatal. Tencionava livrar-me também da presença do detestado Agar e queria estar livre e imensamente rico quando isso acontecesse para lançar-me aos pés de Tamara, que, tinha certeza, sabendo-me rico, não me repudiaria.

Quando o sol se punha no horizonte e o céu se cobria de tonalidades avermelhadas, preparei-me com esmero e dirigi-me à residência de Bruno di Castelverde.

Recebido com euforia, passamos noite agradável. Os quitutes eram esplêndidos e o vinho divino. Somente quando a noite já ia alta e os primeiros albores da aurora espantavam as trevas e as estrelas empalideciam no firmamento, deixei o palácio de Castelverde.

Como uma pedra, lancei-me no leito e dormi embalado pelas sinistras idéias que povoavam minha mente.

CAPÍTULO XXI

BRUNO DI CASTELVERDE

No dia seguinte, às primeiras horas da tarde, dirigi-me ao palácio de minha noiva decidido a dar prosseguimento ao meu plano.

Lúcia, fresca e saudável, transpirando felicidade por todos os poros, veio receber-me. Encaminhamo-nos para um recanto do jardim, ameno e agradável, onde as grandes árvores formavam um refúgio natural. A temperatura estava alta e o calor do dia excessivo. Lúcia ordenou que nos servissem alguns refrescos e acomodamo-nos num banco de mármore bastante convidativo.

— Meu querido, não vejo a hora de estarmos sempre juntos. Aguardo com ansiedade o nosso enlace e, mesmo que tenhas que partir para a guerra, estarei feliz porque sei que voltarás para os meus braços.

— Ocorre o mesmo comigo, querida Lúcia. Não durmo direito à noite sonhando contigo e preocupado com o que pode ocorrer...

— Não entendo, Ciro. Pareces preocupado! Dar-se-á o caso que temas algo que não é do meu conhecimento?

Fitei-a com olhar penetrante, analisando sua reação:

— Existem passagens da minha vida que ignoras, querida, e isso tem me tirado a paz.

— Nada do que não sei poderá afetar-me. Confio em ti e sei que me amas; o resto não importa — concluiu, corando.

— Não sei se pensarás da mesma maneira quando souberes a verdade. Foi o medo de perder-te que fez com que me calasse.

Fiz uma pausa proposital, esperando que ela digerisse minhas palavras. Com ar compungido e procurando colocar sinceridade na voz, principiei a falar.

— Deixa-me contar-te, querida, depois submeter-me-ei ao teu julgamento e, seja qual for tua decisão, saberei entender e respeitar, embora sofrendo amargamente. Devo principiar dizendo que não sou quem pensas. Chamo-me Ciro, e talvez essa seja a única coisa verdadeira que conheces a meu respeito. Morei durante muito tempo numa aldeia não muito distante daqui...

Relatei os acontecimentos tais como ocorreram na realidade, até a noite da fuga.

— ... Tamara estava muito doente e não amava teu pai. Perdoa-me dizê-lo, mas ele era um tirano e resolvi fugir levando-a comigo.

Com assombro e dor infinitos espalhados no semblante, ela sussurrou:

— Mas, então foste tu?!!...

— Não, Lúcia. Não julgues antes de tomares conhecimento dos fatos. Asseguro-te que fugi do palácio raptando uma jovem escrava, que, diga-se de passagem, era apenas uma presa de guerra. Na realidade é de descendência nobre, como tu sabes. Este o meu crime. Somente este. Fiquei muito surpreso ao saber que o Conde de Ravena tinha sido assassinado, mas juro-te que não sou o assassino. Escondi os fatos por não ter condições de me defender. Quem acreditaria em mim?

Olhei-a. De olhos baixos, as lágrimas correndo livremente pelo rosto, era a própria imagem da dor. Seu semblante infantil e puro lembrava o de uma madona.

— Diga-me, Lúcia. Acreditas em mim?

Ela não me respondeu de pronto. Seus olhos indagadores perscrutavam o vazio como se estivessem longe da realidade. Afinal, murmurou:

— Mas, o que houve então naquela fatídica noite? Que mistério se esconde entre as paredes deste palácio?

— Estas perguntas e muitas mais tenho feito a mim mesmo sem encontrar resposta — respondi cinicamente. — Mas asseguro-te que não terei repouso nem paz enquanto não descobrir quem é o culpado.

A jovem, sob o impacto do choque sofrido, meditava. Seus longos cílios velavam os grandes olhos escuros onde a incerteza era patente.

Com voz que parecia cansada e incolor ela contou-me:

— Também tenho que confessar-te algo, Ciro. Sabes que fui educada em um convento, longe da amorosa tutela familiar. Só Deus sabe a solidão que me envolvia o coração e a carência de amor que me dominava. Meu pobre pai, que generosamente custeou todas as minhas despesas, nunca se interessou por mim ou foi visitar-me. Minha mãe, tu conheces, frívola e inconseqüente, era a única criatura a transpor os enormes e lúgubres portões do convento para fazer-me uma visita de vez em quando, embora meu pai não incentivasse essas visitas por considerar a presença dela perniciosa para mim. Cresci entre os muros do convento e tendo por companheiras inseparáveis as paredes escuras e úmidas de uma pequena cela. Não posso queixar-me. As irmãs foram muito boas comigo, e, diga-se de passagem, regiamente recompensadas pelo meu pai, mas nada conheciam do mundo. Quando meu pai morreu, minha vida transformou-se. Após algum tempo recebi uma vultosa herança, que renunciaria de bom grado se pudesse tê-lo de volta, e passei a viver de maneira totalmente diversa daquela que levara até então. Foi difícil habituar-me no início, pois era um mundo totalmente diferente. Acostumada ao silêncio e à solidão, a agitada vida em sociedade causava-me pânico. Choveram convites para jantares e reuniões festivas, comemorações as mais diversas e muita gente que queria apenas satisfazer a curiosidade e conhecer a filha bastarda do falecido Conde de Ravena. Sem desconfianças no coração, sem a malícia e o traquejo que a vida social desperta nas pessoas, era uma criatura ingênua e pura. Apaixonei-me por ti desde o primeiro momento em que te vi. No meio do salão repleto de pessoas importantes e bem vestidas, só conseguia ver a tua figura elegante e atraente. Foste meu primeiro amor e a ele me entreguei sem reservas, com o coração aberto. Rumores chegaram a meus ouvidos de maneira velada. Sabes, nada acontece que não seja alvo de comentários e críticas maledicentes na sociedade, mas nada que pudesse preocupar-me. Outro dia Sula, minha escrava, ajudava-me a vestir quando, repentinamente, jogou-se a meus pés em choro convulsivo. Ordenei-lhe que me dissesse o porquê daquelas lágrimas extemporâneas.

— Preocupo-me pela tua vida, Senhora. Tens certeza que vais mesmo casar dentro de poucos dias?

— Sula! Como te atreves?!...

— Perdoa, Senhora, meu atrevimento, mas não conheces mais profundamente o homem que será teu marido.

— Sei que me ama e é quanto me basta — disse irritada. — A não ser que possas provar-me o contrário. Tu o conheces?

Sula titubeou: — Não, Senhora, nada sei de positivo, mas desconfio dele. Suas maneiras não me agradam; parecem esconder algo escuso e sinistro.

— Bobagem, Sula. Não posso julgar por suposições. E, por outro lado, confio nele e penso diferente de ti.

Sula suspirou profundamente.

— Talvez tenhas razão, Senhora. Mas, em nome de Deus, tenha cuidado.

— Afastei a serva que estava muito nervosa e incapaz de trabalhar naquele dia — continuou: — Mandei que repousasse um pouco e fiquei a sós, mas suas palavras martelavam-me o cérebro. Algo ainda difuso, mas que ganhava corpo, invadiu meu íntimo. Era a dúvida. Esperei que abrisses o coração para acalmar minha alma, mas nunca poderia supor que estivesses ligado ao passado de meu pai e aos acontecimentos que culminaram com a sua morte. Contei-te tudo isso para que soubesses como és importante em minha vida — fez uma pausa e completou: — Gostaria agora de pensar um pouco e colocar em ordem minha mente.

Muito sério e compenetrado, concordei.

Nesse ínterim, entra a toda brida um escravo de meia-idade que, a julgar pela cesta que trazia consigo, fora às compras.

Chegou ofegante devido ao esforço despendido e falou aos borbotões:

— Senhora, desculpa a intromissão, mas já foste informada do que ocorreu nesta noite?

Lúcia, que se achava envolvida com problemas diferentes, retrucou sem demonstrar maior curiosidade:

— Nada sei, mas não creio que me interesse. Avia-te!

— Senhora! — insistiu o servo. — Trata-se de assunto que atinge tua vida também. O Senhor di Castelverde suicidou-se esta noite passada!

Surpresa, Lúcia agora interessou-se pela informação:

— Sim?!... Segundo soube era amigo de meu falecido pai e algumas vezes tenho-o visto em reuniões em casa de amigos, mas não vejo o que possa ter comigo! Lamento, isso sim, o destino da infeliz criatura. Pobre homem!

O escravo, aproveitando a pausa que se fizera cheia de comiseração pelo morto, continuou:

— O Senhor Bruno di Castelverde deixou um bilhete onde se confessava o assassino do falecido Conde de Ravena e incapaz de viver com o remorso pelo crime que praticara.

Lúcia olhou-me estarrecida. Procurei demonstrar meu espanto:

— Mentes, miserável! Ainda ontem ceei em seu palácio e Bruno di Castelverde estava bem. Como obtiveste esta informação? — inquiri o velho.

Inclinando-se respeitosamente, o ancião respondeu:

— No mercado, Senhor. Não se fala de outra coisa em toda a cidade. Se é mentira, não sei! O que posso afirmar é apenas o que ouvi com estes ouvidos — e com um gesto indicava o órgão citado com as mãos encarquilhadas.

— Está bem! — respondi. — Conta-nos então o que dizem no mercado.

— Dizem que os serviçais o encontraram hoje pela manhã, morto, após ter ingerido veneno violento. Ao seu lado estava o bilhete esclarecendo a razão do seu gesto tresloucado. Que Deus tenha piedade de sua alma!

Fingi estar muito chocado com a morte do amigo e inconformado com o acontecido.

— Não pode ser! Deve haver um engano qualquer! Ainda ontem convidou-me para cear em sua companhia e passamos noite agradável. Percebi que estava um pouco deprimido, falava coisas às vezes sem sentido, mas julguei que fosse efeito do vinho.

Minha noiva, saindo do estupor em que se encontrava, inquiriu-me com interesse:

— Em hora nenhuma o Senhor di Castelverde denunciou sua intenção de matar-se?

— Não, de forma alguma. Vou até lá saber da verdade.

Lúcia fitou-me com carinho, enquanto me levantava para retirar-me.

— Veja, Ciro. O céu nos é propício! É o que precisavas para limpar teu nome. Perdoa-me se em algum instante duvidei de ti.

Com ar compassivo e conciliador, concluí:

— Nada tenho a perdoar-te, querida. Em teu lugar provavelmente faria a mesma coisa. Agora nada mais nos separa. Seremos felizes para sempre. Não sabes o peso que tiro dos ombros ao ver resolvida essa situação tão obscura e que lançava sombra sobre minha pessoa!

Despedi-me prometendo informá-la se descobrisse mais alguma coisa, e caminhei rumo ao palácio di Castelverde.

A notícia da morte de Bruno di Castelverde causou impacto e reações diferentes nas pessoas. Sula, a escrava, sentiu o sangue gelar nas veias e um medo atroz de ser ela a próxima vítima. Não tinha dúvidas de que fora assassinato e não suicídio, mas era mais conveniente calar-se. Tamara, imersa em seu sofrimento, isolada de tudo e de todos não tomou conhecimento do trágico fato. Resolveram nada lhe contar para não deixá-la mais abalada ainda.

Muitas pessoas tinham suspeitas sobre o meu comprometimento no infausto acontecimento, mas não se atreviam a acusar-me abertamente, já que as evidências corroboravam a tese do suicídio. Além do mais, eu tivera o cuidado de deixar que os criados que permaneciam acordados até altas horas da noite me vissem sair. Ainda demonstrando cuidados de amigo para com o dono da casa, solicitei a eles que não o deixassem sozinho e que o levassem para seus aposentos.

Agradeceram-me o cuidado e levaram-no para cima, colocando-o no leito. Saí, à vista de todos, deixando o palácio ostensivamente. Voltei algum tempo depois, e, furtivamente, penetrei no palácio, esgueirando-me para não ser visto, embora fosse desnecessário. Todos já haviam se recolhido e dormiam tranqüilamente.

Coloquei algumas gotas de veneno letal em um pouco de vinho e fiz que ingerisse. Sem saber o que fazia, altamente embriagado, ingeriu o líquido corrosivo.

Saí da mesma forma que entrara. Sem ser visto. Ninguém, portanto, poderia acusar-me de nada.

Além do mais, àquela época, não se esmeravam muito em investigações para descobrir um culpado. Era normal que os processos ficassem sem solução, conquanto a rigidez das leis de Justiniano.

Outras pessoas que eram amigas de ambos, Conde de Ravena e Bruno di Castelverde, hesitaram em crer nas evidências, pois conheciam a afinidade que existia entre os dois homens agora mortos.

Belisário lamentou o acontecido, mas se regozijou intimamente, pois seu pupilo estava livre de suspeitas.

O general chamou Lúcia ao seu gabinete e entregou-lhe o bilhete para que o lesse. Estava escrito nestes termos:

A quem possa interessar.

Não posso mais suportar o inferno do remorso que me corrói a alma. No pleno uso de minhas faculdades mentais, confesso ter assassinado Godofredo, Conde de Ravena, por saber que me roubara a mulher amada e por não conseguir viver sem ela. Naquela noite fatídica, recolhera-me aos aposentos e, sentindo calor, abri a janela. Percebi vultos no jardim e, pelos trajes e ar furtivo, distingui que eram escravos em fuga. Resolvi aproveitar a ocasião que se me oferecia, ciente de que culpariam os escravos fujões.

Sinto-me mais aliviado agora.

Que Deus se apiade de minha alma.

(a) Bruno di Castelverde

As letras bailavam à frente de Lúcia e foi preciso que a amparassem para não cair. A lembrança do pai trazida assim ao presente, depois de tanto tempo e de uma maneira rude, a chocara muito.

Ouviu os cumprimentos do general, felicitando-a pela solução do difícil enigma e despediu-se. Não deixava de sentir compaixão por aquele homem que tirara a vida a um amigo por causa de uma mulher.

A Igreja recusou-se a permitir o ofício religioso encomendando a alma do infeliz morto.

O enterro foi simples e desprovido de maior aparato. Somente os amigos mais íntimos, membros da família e os servos compareceram. A inconformidade era geral. Bruno fora um homem magnânimo para seus escravos, amigo devotado e possuía um caráter íntegro. Seu vício era a bebida, não molestava ninguém. Era alegre e folgazão, sempre bem humorado, o que o tornava uma presença agradável.

Como teria matado um amigo? E especialmente "esse" amigo? E a mulher quem seria? Nunca houve comentários a respeito de uma mulher que interessasse aos dois ao mesmo tempo.

A perplexidade e a dor espelhavam-se em todos os semblantes.

Enterrado na capela da família, dentro de seus domínios, um coro de vibrações amorosas envolveu-o, propiciando-lhe paz e reconforto espiritual.

CAPÍTULO XXII

ÚLTIMOS PREPARATIVOS

Os dias seguintes transcorreram céleres, entre sonhos de ventura e preparativos para as núpcias.

A azáfama era grande no palácio de Lúcia e, principalmente, no de Belisário, onde se realizaria a recepção aos convidados. Os escravos esmeravam-se na limpeza de pisos, janelas, tapetes e escadarias. Flores em profusão eram trazidas dos arredores para enfeitar condignamente os salões, terraços e onde mais se fizesse necessário.

As costureiras trabalhavam exaustivamente para executar o enxoval das noivas, em tão pouco espaço de tempo. Trajes luxuosos eram preparados às pressas para serem usados na ocasião e bordadeiras exímias gastavam as vistas trabalhando em arabescos e motivos delicados e coloridos, tão ao gosto bizantino.

Em outro local, os servos preparavam as iguarias que deveriam ser servidas na festa. Manjares e acepipes raros e de procedência variada constavam do cardápio; carnes de caças, aves e peixes preparados das mais diversas maneiras e habilmente decorados. Frutas raras e doces delicados e finíssimos, tudo isso acompanhado por vinhos para todos os paladares em grandes ânforas, completavam o cardápio.

Na confusão que se estabelecera no palácio, com gente cruzando em todas as direções, executando as ordens recebidas, Tamara refugiava-se em um recanto do imenso jardim, protegida de olhares indiscretos e longe do bulício existente no palácio.

Seu coração ainda muito magoado necessitava de repouso e tranqüilidade que só a natureza poderia lhe oferecer.

Ali passava as horas em meditação e recolhimento. Algumas vezes tinha um livro nas mãos, com poesias de sua preferência, mas não conseguia fixar nele a atenção. Seu pensamento vagava entre as lembranças do passado e esperanças do futuro.

Invariavelmente, Agar vinha fazer-lhe companhia e eram momentos de inefável felicidade para ambos.

Agar, com carinho e paciência, procurava incutir no espírito da noiva bem-amada a resignação e o perdão, embora sem muito proveito. Esbarrava sempre numa barreira impenetrável de rancor e rebeldia.

Dizia-lhe com voz terna e suave:

— Minha querida, esquece o que já passou. Foste cruelmente atingida pela fatalidade, não nego, mas nada justifica esse fel que, percebo, se acumula em teu íntimo.

— Tens algo a recriminar-me? — pergunta com voz dorida. — Não tenho procurado cercar-te com todo amor e carinho, embora o coração sangrando de dor?

O oficial sorriu, compreensivo:

— Não, minha querida, nada tenho a reparar quanto à tua conduta para comigo. Não é isso. És a criatura mais adorável e meiga que jamais conheci. Mas quando se trata de perdoar alguma ofensa, és irredutível e rancorosa, o que não se harmoniza contigo.

Fitando-o com os límpidos olhos azuis, ela retrucou, aborrecida:

— Justificas o procedimento de nossos inimigos que mataram meu pai e, por conseqüência, minha mãe, enchendo-me de luto e sofrimento?

— De forma alguma, querida Tamara — continuou, tranqüilo. — São culpados e deverão sofrer as conseqüências dos atos praticados contra a justiça divina. Não podes, porém, prejudicar-te, atrasando teu progresso moral e espiritual ao guardar rancor no coração. Tenho pensado muito, meditado sobre problemas transcendentais. Sabes que estive algum tempo no Egito. Lá entrei em contato com criaturas admiráveis e afeiçoei-me a um velho sábio que me passou seu conhecimento a respeito da vida de modo geral. Suas idéias vieram corporificar aquilo que eu já sentia, mas que não conseguia vislumbrar com clareza, e que se encaixa com precisão. Hoje, tenho absoluta convicção do que penso.

Fez uma pausa e continuou com voz serena:

— Não estamos neste mundo pela primeira vez, Tamara, e aqui tornaremos tantas vezes quantas forem necessárias ao nosso progresso espiritual. Nunca pensaste na razão por que alguns são ricos enquanto outros são miseráveis? alguns felizes, outros infelizes? alguns nascem em berço de ouro, saúde perfeita e tudo na vida lhes é fácil, enquanto outros nascem pobres, com doenças irreversíveis e tudo lhes é adverso na vida? Alguns escravos, outros senhores...

— Este é um problema de descendência, Agar. Somos uma classe privilegiada, patrícios pelo nascimento, o que nos confere direitos maiores sobre os que nasceram para ser escravos e obedecer aos senhores.

— Mas é exatamente este o ponto! — falou, incisivo. — Não julgas Deus muito parcial sendo tão generoso conosco e tão severo com outras criaturas humanas? Tu mesma, Tamara, és nobre, o que não impediu que

fosses escravizada. Será que não foi para ensinar-te algo que o Criador permitiu que sofresses aquela humilhação?
— Sabes que a guerra ocasiona muitas vezes essas situações.
— Exatamente. Mas, então, as pessoas não nasceram escravas, como outras, e sofrem da mesma maneira. Não te parece que, a despeito de tudo, existe alguém dirigindo nossas vidas e talvez nos proporcionando oportunidades de reajuste?

Tamara meneou a cabeça em atitude francamente negativa:
— Não sei, Agar, acho tudo muito confuso e complicado. A verdade é que não consigo aceitar e entender o que dizes. Por outro lado, não consigo e nem quero perdoar aos que me fizeram sofrer; terão que pagar pelo crime cometido — completou, rancorosa.
— Nunca seremos felizes se persistires pensando assim, Tamara — falou com entonação triste e resignada. — Somos cristãos e Jesus Cristo nos ensinou que deveríamos perdoar aos inimigos não sete vezes, mas setenta vezes sete, o que significa que deveremos perdoar sempre, sem limites, não te parece? Quando perdoamos, Tamara, nos libertamos de um vínculo que nos une ao agressor. Dizia-me o egípcio que o ódio une as criaturas mais do que o amor, e, meditanto sobre o assunto, concordo plenamente com ele.
— Nossa Igreja rejeita esta tua teoria. Livra-te de que escutem o que dizes, pois senão serás acusado de herege — falou com preocupação.
— Não me amedronta. Tenho pensado bastante, Tamara, em meus momentos de recolhimento, e penaliza-me sobremaneira a situação atual da Igreja Cristã. O luxo e a ostentação são uma constante. A simplicidade e pureza do Cristo foram substituídas pelas cerimônias litúrgicas complicadas e paramentos luxuosos. As igrejas resplandecem em ouro, prata e pedras preciosas, mas a dissolução dos costumes e a hipocrisia campeiam desenfreadas. Nunca houve tanta religosidade no povo, uma religiosidade que considero excessiva. Mas nunca o Cristo esteve tão longe de nossos corações. Quem analisar exteriormente dirá que a doutrina cristã está vitoriosa e floresce em todos os lugares, mas onde as lições amorosas do Cristo? A simplicidade e pureza dos primeiros tempos do Cristianismo? Não faz muito tempo éramos pagãos, adorando a vários deuses da mitologia conforme as necessidades e adaptando-os às nossas imperfeições e desejos. O crescimento indiscriminado da doutrina cristã fez com que ela perdesse em substância; apenas a adaptamos aos nossos antigos costumes pagãos, com imagens, cerimônias e luxo equivalentes. Observando tudo isso, não sei se o Cristo venceu realmente, ou se caminhamos para um abismo — fez uma pausa e concluiu sorrindo: — Bem, creio que já te aborreci bastante com meus pensamentos, minha querida.
— Não, Agar, embora não possa concordar contigo em certos pontos, gosto de te ouvir falar. Dá-me paz e segurança.

Abraçaram-se com carinho e ali permaneceram ainda algum tempo conversando sobre o futuro, o casamento e sua vida em comum, até que alguém veio chamá-los para a refeição que seria servida.

Belisário, satisfeito, percorria as dependências do palácio fazendo recomendações, ordenando esta ou aquela providência, orientando sobre como deveriam ser executadas determinadas tarefas, tudo com sorriso prazenteiro nos lábios, secundado por Antonina, não tão satisfeita.

Após a refeição, sentaram-se num amplo terraço onde, àquela hora, a temperatura era fresca e agradável.

Palestrava com Agar sobre os preparativos da campanha, ao que este informava, pressuroso:

— Já está tudo praticamente acertado. Estamos, apenas, recebendo mais voluntários mercenários, escolhendo aqueles que possuem experiência de combate, naturalmente.

— Estávamos realmente necessitando aumentar o contingente, bastante reduzido com o pessoal que ficou na guarnição de Roma.

— Exato. Preocupa-me, porém, o fato de não termos tempo suficiente para testá-los antes da partida.

Belisário concordou, pensativo:

— É um risco que temos que correr, meu amigo. O tempo urge e, em vista das circunstâncias, estamos fazendo o que é possível. Só espero que o Imperador não se atrase na remessa de reforços.

— Não te preocupes, Belisário. E, como ficou combinado entre nós, logo que chegarem, partiremos para Roma.

As mulheres acercaram-se para participar, mudando o rumo da conversa.

Antonina passou a discorrer sobre os preparativos da festa com extraordinária animação, que estava longe de sentir. Gostava de reuniões festivas quando tinha oportunidade de exibir seus trajes novos e extravagantes, bem como as jóias valiosíssimas, presentes de Belisário. Tamara acompanhava sua descrição com delicado e cortês sorriso.

Logo mais cheguei acompanhado de Lúcia e sua mãe, para decidirmos os últimos preparativos. A tarde passou-se alegremente, entre risos e esperanças.

Aqueles foram dias felizes e cheios de amorosa expectativa. Já que nada mais tinha para esconder e em breve seria dono do palácio de Lúcia, procurei demonstrar interesse pela sua administração.

Alegando desejo de rever os conhecidos de outrora, percorri suas dependências. Em cada canto, uma recordação diferente. Perguntei por Ana, a velha serva. Um dos escravos respondeu-me entristecido:

— Ah! Senhor! Não ficastes sabendo o que aconteceu com ela?

Como respondesse negativamente, ele continuou, satisfeito por poder prestar uma informação e ser útil a seu futuro senhor.

— Era uma excelente criatura, dizem, mas um pouco ligada à bruxaria. Soube que curou uma escrava do falecido Conde de Ravena de maneira um tanto estranha. Frei Alberico, com a permissão do Senhor Maurício (pois era ele quem mandava naquela época), denunciou-a à Igreja como herege e levaram-na para prestar informações. Nunca mais ficamos sabendo nada sobre ela, até que surgiu a notícia de que morrera vitimada por uma síncope. Vim para esta propriedade algum tempo depois e não cheguei a ter amizade com ela, mas todos aqui sentiram sua morte.

Lamentando realmente o fim de minha amiga Ana, que se perdera ao tentar ajudar-me, murmurei:

— Pobre mulher. Sim, era uma criatura admirável. Lamento profundamente o ocorrido. E Tamba, onde está?

— Ocupado em treinar alguns homens, Senhor. Quereis que vos leve até ele?

— Não há necessidade; conheço o caminho.

Percorri o pátio interno enquanto as lembranças turbilhonavam em minha mente, penetrando pela porta que conduzia ao local reservado ao treinamento.

Cheguei a tempo de ver Tamba derrubar ao solo um principiante, após adverti-lo severamente sobre o seu descaso nos exercícios.

Encostado a uma pilastra observava a cena, divertindo-me. Quando terminaram aproximei-me.

— Não mudaste em nada, caro Tamba.

Ao ouvir uma voz estranha virou-se repentinamente como se houvesse levado um choque. Ao reconhecer-me, inclinou-se numa reverência.

— Isto é um cumprimento, Senhor?

— Sim, meu amigo, sempre admirei tua maneira de ensinar, tua destreza e disciplina. Estou um pouco destreinado, mas conto contigo para colocar-me em forma novamente.

— Às tuas ordens, Senhor.

— Ora essa, isto são modos de tratar-me?

— Já não és um subordinado, Senhor. Pelo que se comenta, em breve serás o patrão.

— É verdade, mas gostaria que continuasses a tratar-me com a intimidade de antes. Afinal, não somos amigos?

— Como quiseres, Ciro. Não pensei que depois de tudo te lembrasses de nós.

— Por que não me lembraria? Não faz tanto tempo assim. Alguns anos mudaram um pouco as coisas por aqui, mas pretendo retomar as atividades. O que foi feito dos soldados do falecido Conde?

— Foram dispensados. A Senhora Lúcia manteve um pequeno número apenas para a defesa e segurança do palácio e para treinamento esportivo, com vistas aos jogos.

— Creio que iremos renovar nosso contingente. Pagaremos mercenários e voltaremos à forma antiga, sob o comando de Belisário.

Tamba sorriu: — É bom ouvir isso. Sabes como os homens gostam de atividade e sem um líder para comandar estão um pouco desanimados. Recebem o soldo, mas a inatividade lhes é desagradável e de amargo sabor.

Sentei-me num banco tosco e indaguei:

— Fala-me sobre tudo o que aconteceu durante esses anos.

— Soubeste de Ana?

— Sim, contaram-me que morreu em circunstâncias imprecisas.

— Na verdade, Ciro, ela pereceu devido aos maus tratos a que era submetida pelos sacerdotes, desejosos de arrancar dela uma confissão que não veio.

— Mas, será crível? — perguntei, surpreso.

— Soube através de um amigo, conterrâneo meu, que trabalha para a Igreja. Ela foi, inclusive, torturada e morreu do coração, por não poder suportar o tratamento que lhe era dispensado.

— Não imaginei que as coisas estivessem nesse pé.

— Bem, não é preciso dizer que ninguém deve saber disso, Ciro. A própria Igreja é contra violências, segundo me disseram, mas existem os radicais, os extremistas fanáticos que agem às escondidas.

— Sei que o problema da heresia está tomando vulto e preocupando determinados segmentos eclesiásticos, conforme ouvi conversa entre Belisário e algumas autoridades sacerdotais, mas não pensei que chegassem a esse extremo.

Tamba concordou, completando pensativo:

— É verdade, e creio que estamos entrando numa fase perigosa, pois já existem outros casos nas mesmas condições.

— É lamentável! Dize-me, onde está o médico? Gostaria de palestrar com ele.

— Impossível. Foi embora assim que o nobre Maurício veio residir na propriedade.

— Disse para onde ia?

— Não, saiu sem destino, pelo menos foi o que me informou. Tinha desejo de conhecer novos lugares e, pelo que suponho, deve estar bem distante daqui.

— É pena. Criatura de caráter íntegro e coração boníssimo está ali. Bem, foi um prazer rever-te, Tamba. Breve nos veremos diariamente.

Despedimo-nos e, ao retirar-me, Tamba chamou-me. Virei-me.

— Ciro, tem cuidado com Sula.

Sorri complacente.
— Sabes alguma coisa de concreto?
— Não, palpite apenas. Ela te odeia.
— Eu sei. As serpentes a gente esmaga com os pés — e rindo sarcasticamente esfreguei o pé no chão como se estivesse realmente esmagando um inseto.
Tamba lançou-me um olhar indefinível.
Ao atravessar o pátio interno, encontrei minha noiva que vinha ao meu encontro. Abraçamo-nos e entramos nas dependências do palácio como dois pombinhos.
Acomodamo-nos numa sala arejada e agradável, onde nos serviram refrescos e frutas.
Algum tempo depois retirei-me, pretextanto necessidade de ultimar uns preparativos.
Saindo do palácio atravessei as vias públicas em direção ao bairro mais pobre. Percorri as vielas procurando um determinado estabelecimento, até que descobri uma pequena porta, onde se viam ânforas de óleos aromáticos, sacos de ervas já secas, recipientes com líquidos das mais diversas tonalidades. Num canto viam-se animais secos por algum processo especial, cobras, sapos, ratos, lagartos, morcegos e outros.
Entrei com certo cuidado. De um canto surgiu a figura algo repugnante de uma velha. Cabelos desgrenhados escapavam de um pano imundo que amarrava à guisa de lenço; o rosto de pergaminho, coberto de profundos sulcos, dava-lhe aparência centenária, mas os olhos de felino dotados de brilho estranho e intrigante não eram os de uma velha, e esse conjunto tornava sua idade indefinida. Nariz adunco, boca grande de lábios finos e ressequidos parecendo uma fenda. Caminhava com dificuldade curvada sobre um cajado. Sua roupa exalava um cheiro misto de temperos e sujeira, o que produzia um efeito especial e bastante desagradável.
— Posso servir-vos em alguma coisa, ilustre e nobre Senhor?
Sua voz soou áspera e finalizou suas palavras com um riso escarninho.
— Informaram-me que poderias fornecer-me o que desejo. Um filtro mágico que desperta o amor numa mulher.
A velha olhou-me intensa e fixamente.
— Posso fornecer-vos o filtro capaz de enlouquecer qualquer mulher. Mas, segundo me parece, não vos basta esse filtro... — completou enigmática.
Resolvi abrir o jogo e disse sem titubear:
— Dizes bem. Preciso de algo mais e também do teu silêncio. Não desejo, porém, que fiquem vestígios.
A megera chasqueou uma risada.

— Tudo é possível, nobre Senhor, desde que me recompenseis condignamente.

Joguei uma bolsa sobre o balcão, cujas moedas tilintaram alegremente. Seus olhos apertaram-se e luziram de cobiça. Apanhou avidamente a bolsa escondendo-a nas dobras das vestes.

Depois, dirigiu-se ao interior, de lá trazendo nas mãos dois frascos de tamanhos e formatos diferentes.

Indicou-me o de líquido esverdeado.

— Este provoca a paixão. Não o uses, porém, em excesso, porque suas conseqüências podem ser desagradáveis. Este outro, de tonalidade amarelada, é poderoso tóxico. Poucas gotas são suficientes para provocar o rompimento de algumas veias, ocasionando a morte dentro de poucas horas, sem que se possa detectar a causa. Tende, porém, cuidado, Senhor, não devemos mudar o destino.

— Não desejo tua opinião, nem pedi conselhos. Guarda-te de abrires tua boca porque serei implacável. Esquece que me viste aqui e que me conheceste um dia. Jamais alguém deverá saber desse nosso negócio. Ouviste? — disse, peremptório.

Misterioso sorriso bailou em seus lábios e saí intrigado com a expressão que vislumbrei em seu rosto de megera.

As coisas caminhavam dentro do que fora planejado. Tudo correria bem, tinha certeza.

Foi com cuidado extremo que, já em meus aposentos, retirei os frascos de dentro da túnica, guardando-os em lugar seguro.

CAPÍTULO XXIII

AS NÚPCIAS

O dia amanheceu esplêndido. Chovera na véspera e a atmosfera apresentava-se límpida, livre da poeira existente ocasionada pela estiagem. A temperatura agradável e um céu muito azul prenunciavam um belo dia de sol.

Nos jardins, as folhas banhadas pela chuva vestiam-se de novo colorido e as flores abriam-se perfumadas para saudar o dia nascente.

No palácio, a movimentação já era intensa às primeiras horas da manhã. Ultimavam-se preparativos e verificavam-se os últimos detalhes. Nada poderia ser esquecido.

O dia seria de festa. Às dez horas, conforme combinado, sairiam os cortejos de convidados e amigos conduzindo as noivas, das respectivas residências rumo à Catedral de San Vitale, onde seriam efetuadas as cerimônias. Em seguida, todos se dirigiriam para o palácio de Belisário, onde participariam de lauto banquete e folguedos adredemente preparados para distrair os convivas e homenagear os noivos.

Dominada pela ansiedade, Tamara, nervosa, deixava-se vestir pelas escravas.

Estava belíssima. O vestido de gala, branco, de tecido leve e transparente, rebordado a ouro e enfeitado com pequeninas pérolas, realçava sua tez. Mimosas flores completavam o acabamento da faixa que lhe contornava a cintura esbelta. Os cabelos, entremeados de pequenas flores, caíam pelos ombros.

Na hora prevista, Belisário veio buscá-la para conduzi-la à liteira que a levaria à Catedral.

Ao vê-la, sua emoção era visível e intensa. Os olhos cobriram-se de lágrimas que não chegaram a correr. Abraçou-a demoradamente com carinho infinito. Em seguida, tomou-lhe a mão e, de braços dados, desceram as amplas escadarias.

O movimento na rua era intenso. O povo acotovelava-se junto aos portões do palácio tomado de curiosidade. Todos queriam ver a noiva. A história da jovem noiva espalhara-se pela cidade, cheia de encantamento e mistério, o que excitou ainda mais a imaginação do povo, e a fama da sua beleza atraiu muita gente. Era comum também, nessas ocasiões, que o povo participasse das festas, quando eram efetuadas largas distribuições de alimentos.

Lentamente, dirigiu-se o cortejo para a Catedral, sendo durante todo o trajeto aplaudido pelo povo. Outro tanto acontecia também com Lúcia, que estava muito bela em suas brancas vestes nupciais.

De lados opostos, os cortejos encontraram-se próximo à San Vitale, onde o povo afluía em grande massa.

A cerimônia foi executada com toda a pompa e luxo que exigia a ocasião, e o Bispo de Ravena abençoou os noivos, enquanto um coro cantava melodias sacras.

A alegria era intensa. Todos procuravam aproveitar o máximo a bela recepção que fora preparada.

O povo, satisfeito, após a distribuição de alimentos e vinho, dispersou-se, tecendo comentários sobre o luxo das roupas, o brilho das jóias e a beleza das noivas.

Iguarias as mais diversas iam sendo servidas, regadas por excelente vinho, que os servos não deixavam faltar. Músicos contratados a dedo entre os melhores da região executavam lindas melodias, enquanto bailarinas dançavam ao som dos instrumentos. O ambiente era de felicidade e euforia.

Durante todo o dia prolongou-se a festa. Ao anoitecer, acenderam-se as luzes e novas atrações encantaram os participantes, já exaustos de comer e beber.

Os noivos retiraram-se para seus respectivos aposentos, preparados especialmente para a ocasião e, aos poucos, os convidados foram-se retirando.

Teriam que levantar cedo. Partiriam para Roma às primeiras horas da manhã seguinte e era preciso repousar.

A sós, Tamara e Agar abraçaram-se felizes e aliviados. Uma escrava aguardava para ajudar a Senhora a se vestir. Tirou o pesado traje nupcial, substituindo-o por leve camisa de dormir, sob uma túnica de renda transparente.

A ampla janela, aberta de par em par, deixava entrar a luz do prateado luar. O momento era de paz, de aconchego e alegria. Nada havia que pudesse toldar a felicidade existente no coração de Tamara.

Agar aproximou-se, após ter trocado de roupa, tirando seu uniforme de gala. Abraçou-a, carinhoso.

— Em que pensas, querida?

Tamara suspirou, satisfeita.

— Penso que nunca fui tão feliz durante toda a minha vida. Sinto-me segura e confiante, e o futuro nos pertence.

Beijaram-se com efusão. A proximidade de seus corpos encheu-os de emoção diferente e incontida.

— Eu te amo, Tamara. Estar contigo é um sonho longamente acalentado por minh'alma. Sob a luz destas estrelas que nos contemplam e que são outros tantos mundos onde a vida palpita como aqui, já vivemos antes.

Ela fitou-o com curiosidade:

— Acreditas mesmo nisso, meu querido?

— Não só acredito com tenho convicção profunda de que esta é uma realidade insofismável. Vem, senta-te aqui comigo neste divã; quero ter-te bem junto a mim.

Abraçados, observando o zimbório estrelado, a cabeça dela repousada sobre o peito forte e generoso, ele continuou:

— Às vezes vejo-me com outras roupagens, em épocas diferentes, e percebo que já cometi muitas atrocidades que é preciso reparar. Há pouco tempo, havia acabado de me deitar e num estado entre a vigília e o sono, não sei precisar, vi-me numa terra distante e estranha, sendo conduzido por muitos homens que me carregavam numa plataforma sobre a qual se assentava um trono e todos se curvavam à minha passagem. Ostentava a dupla coroa do Alto e Baixo Egito e o povo me temia. Mandei matar muitas criaturas humanas, envenenei inimigos políticos que se opunham à minha passagem e ambicionavam a posição privilegiada em que me encontrava. Senti medo e vergonha de tudo aquilo. Estavas ao meu lado e participavas dos meus erros, incentivando meus desatinos e insuflando-me orgulho e ambição. Relato-te o que vi para que nos sirva de alerta e lição. Creio que nosso futuro não será tão plácido quanto imaginas.

Tamara levantou a cabeça, aborrecida.

— Agar! Logo hoje vens dizer-me tais coisas?

— Perdoa, querida, não quero assustar-te, mas apenas preparar teu espírito. Olha-me nos olhos, Tamara. Quero que me prometas solenemente que, aconteça o que acontecer, não procurarás te vingar daqueles que te ocasionarem mal.

Tamara levou a mão ao peito, procurando conter o coração opresso, os olhos azuis muito abertos e assustados e as lágrimas prestes a correr.

— Tu me assustas, Agar! Temes algo?

Ele sorriu buscando acalmá-la.

— Não, minha querida, falo de todos os problemas que já passaste na vida, tua captura, a morte de teus pais...

Ela suspirou aliviada, deixando a cabecinha pender novamente no peito do oficial.

— Ah! Agora entendo tua preocupação. Por momentos tive a sensação que falavas de ti e um medo atroz dominou-me. Queres que eu perdoe, Agar, mas não me sinto com forças para tanto. Pensas que não tenho tentado esquecer, depois do que me disseste outro dia? Mas não é fácil, meu amor, esquecer as ofensas. Prometo-te, porém, que vou tentar, não quero que te entristeças comigo.

Ligeira nuvem empanou por instantes o brilho dos olhos do rapaz ao ouvir a jovem esposa. Suspirou profundamente, consciente de que cada criatura humana carrega o resultado de seus próprios esforços. Poderia ajudá-la ensinando-lhe o que sabia, mas não poderia agir por ela. O esforço teria que vir de dentro de seu íntimo e não a acreditava ainda em condições de vencer essa luta.

Abraçou-a resignado e confiante na misericórdia divina.

— Minha querida, hoje começa uma nova etapa em nossas vidas. Não sabemos o que o futuro nos aguarda. Quando não estiver junto de ti, por qualquer razão que seja, quero que te lembres de tudo o que temos conversado. Não te esqueças do que tenho tentado transmitir-te. Prometes?

— Estás muito tétrico hoje, para um recém-casado, Agar. Está bem, querido, eu prometo tudo o que quiseres, mas agora esquece estes pensamentos sombrios, está bem? — replicou, fazendo um muxoxo.

— Tens razão, não estou sendo um esposo muito agradável. Mereces toda a minha atenção e carinho nesta noite que vem coroar nossas melhores esperanças.

Olharam-se com amor e seus lábios se uniram num beijo carinhoso.

Tudo era paz e esperança. Momentos inefáveis de ternura uniram aqueles corações ligados por laços do mais profundo amor.

Agar esqueceu as preocupações que assoberbavam seu espírito para aproveitar os momentos de felicidade que a vida lhe oferecia.

Do espaço infinito, brandas vibrações de paz e reconforto envolveram seus corações.

CAPÍTULO XXIV

SOFRIMENTO E MORTE

Não vou falar da tristeza e da agonia que me infelicitaram a alma, embora procurasse demonstrar alegria e satisfação. O riso que se me estampava na face ocultava o desespero de que me sentia tomado por dentro, ao imaginar Tamara nos braços do odiado Agar, trocando carícias e palavras ternas.

Procurei, no recesso de nossa intimidade, demonstrar para com a jovem esposa que livremente escolhera a atenção e o afeto que ela merecia, sem contudo deixar de lembrar de Tamara. Sua imagem me perseguia, via-a em todos os lugares, nos braços de Agar, imaginava-a fitando-o com os chamejantes olhos azuis, fazendo-lhe carícias e beijando-lhe os lábios. As imagens se sucediam em minha mente a ponto de quase tirar-me a razão.

Consolei-me, porém, ao lembrar que seria por pouco tempo. Não consegui adormecer aquela noite e a claridade do novo dia encontrou-me ainda insone.

Partimos logo às primeiras horas da manhã, com um céu plúmbeo. O calor havia sido excessivo na véspera e as nuvens que se avolumavam, bem como o vento que mudara de direção e trazia a maresia do Adriático, prenunciavam tempestade.

Despedi-me de Lúcia, não sem um certo alívio. Aquela situação falsa começava a pesar-me nos ombros.

Os soldados em formação, eufóricos, aguardavam apenas seu chefe, o General Belisário. Estavam felizes por partirem para a luta. Para aqueles homens acostumados às batalhas a paz era odiosa. Somente na guerra realizavam seus objetivos e os despojos eram sempre compensadores, o que excitava ainda mais seus desejos de movimento, de atividade guerreira.

Após a bênção do Bispo de Ravena, deixamos a cidade rumo à Cidade das Sete Colinas.

A marcha foi árdua e demorada. Avançávamos lentamente com o grosso do exército por conduzirmos material pesado. Um grupo seguia à frente para fazer o reconhecimento do terreno e, para lá chegando, nos relatar a real situação de Roma.

Não conseguia tirar da mente os momentos anteriores à nossa partida e, enquanto a chuva caía torrencial, encharcando-nos os uniformes e escorrendo em nosso rosto, eu pensava procurando imaginar o que estaria acontecendo em Ravena.

Já prontos para a partida, esgueirei-me até um local discreto, escondido entre as folhagens do jardim e protegido pelas altas e espessas paredes do palácio. Lá me aguardava um escravo núbio, de compleição robusta, estatura regular e feições marcantes, onde dois olhos enigmáticos eram parcialmente encobertos pelas espessas sobrancelhas. Os cabelos crespos eram cortados rente à cabeça e nas orelhas uma argola completava sua figura estranha.

Era um criado da casa e discretamente passei para suas mãos um dos frascos que a velha megera me fornecera. Fiz as recomendações necessárias e pelos seus olhos vivos percebi que compreendera. Tirei das dobras do manto uma bolsa recheada de moedas e, à vista dela, seu olhar foi de cobiça e interesse.

– Se me servires fielmente, ao regressar recompensar-te-ei com outro tanto. Livra-te, porém, de que alguém fique sabendo do nosso acordo, ou tua vida valerá menos do que a de um réptil que se esmaga com os pés. Agora, faze o que te ordenei, aguardando alguns dias antes de colocar em execução nosso plano, para evitar suspeitas.

O escravo curvou-se servilmente.

– Sim, meu Senhor. Não vos preocupeis, saberei servir-vos a contento. Ninguém desconfiará de nada. Podeis partir tranqüilo. Rufino vos servirá até a morte.

– Bem, confio em ti, Rufino – respondi satisfeito. – Agora avia-te, que alguém pode nos surpreender.

Enquanto os cavalos lutavam para manter-se firmes no barro escorregadio que se formara com a chuva que caía abundante e que formava pequenos riachos que corriam por entre as pedras, ziguezagueando pela estrada, eu revia minha conversa com o escravo Rufino que ficara indelevelmente gravada na acústica da alma e, apreensivo, tentava imaginar o que estaria ocorrendo no palácio de Belisário.

O sol rompeu as nuvens e secou nossas roupas. O calor voltou a aumentar. Parávamos apenas para nos alimentarmos e repousar um pouco, quando os animais não tinham mais condição para prosseguir.

Assim, dentro de algum tempo, nos aproximamos de Roma. Acampamos a uma certa distância. Já fôramos informados, pelo grupo que nos precedeu, da posição do inimigo e quantidade de soldados. A situação da grande cidade era difícil, quiçá insustentável.

Belisário reuniu seu estado-maior para expor a situação, estudar planos e estabelecer estratégia de ação.

● ● ● ● ● ● ● ● ● ● ● ● ● ● ●

Enquanto isso, em Ravena, tudo corria conforme o programado.

Tamara e Agar, após a partida do exército bizantino, tiveram mais tempo para se dedicar um ao outro.

Passavam as horas passeando pelas aléias do imenso jardim, trocando idéias, ora mordiscando uma fruta, ora enlaçados em suave enlevo, aproveitando as horas felizes e desprovidas de preocupações que se lhes apresentavam.

Com a partida de Belisário, as obrigações de Agar se avultaram. Era responsável pela defesa da cidade e muitas vezes tinha de deixar o doce convívio de Tamara para resolver um ou outro assunto mais urgente, mas o retorno se tornava ainda mais agradável.

Era com alegria sempre renovada que se abraçavam na volta, matando as saudades que aquela pequena separação fizer nascer em seus corações.

Tamara adormecera afinal entre os braços de Agar. Sua cabeça pendia sobre o travesseiro e seus longos e escuros cabelos se espalhavam como uma moldura.

Agar fitou-a com infinito carinho. O sono suavizava-lhe ainda mais o semblante e nas suas feições infantis bailava um ligeiro sorriso.

Despertado repentinamente, Agar guardava a impressão de ter ouvido um ruído. Levantou-se e relanceou os olhos pelo aposento que se mantinha em semi-obscuridade. Aproximou-se da janela, aberta devido ao calor que fazia, mas nada viu. Apenas os sons noturnos se faziam presentes, vindos do jardim. Aspirou o ar fresco que entrava pela janela.

Julgando que se enganara, voltou para o leito. Na mesinha de cabeceira, ao lado do leito, viu o copo com água pura que o serviçal ali colocara, como todas as noites, para que bebesse antes de dormir.

Sentiu sede. Tomou do copo, bebeu alguns goles e deitou-se, tentando novamente conciliar o sono.

Algum tempo depois despertou sentindo sensação estranha. Insuportável mal-estar o acometera repentinamente. Dor lancinante no peito fez com que procurasse levantar-se para conseguir ajuda. Não quis preocupar Tamara que dormia placidamente e ensaiou alguns passos para chamar um escravo.

Sentiu uma dor mais forte e algo se rompeu dentro dele. Caiu sobre o tapete, enquanto uma golfada de sangue vertia de sua boca.

Toldou-se-lhe a vista e mergulhou na inconsciência.

Ao cair, porém, num esforço extremo para se apoiar em alguma coisa, ele derrubou um grande vaso que caiu com ruído. Tamara despertou assustada.

Não percebeu de pronto o que ocorria. Levou o braço para o lugar onde Agar estivera deitado e, encontrando-o vazio, sentou-se no leito procurando-o pelo aposento.

Um grito lancinante partiu de sua garganta ao vê-lo caído no tapete, todo ensangüentado.

Logo, sua escrava de quarto surgiu, assustada com o grito e pouco tempo depois o quarto estava cheio de gente.

Chamaram rapidamente o médico, que meneou a cabeça após examiná-lo detidamente.

Colocaram-no no leito, com muito cuidado, ainda inconsciente. Seu estado era desesperador e oscilava perigosamente entre a vida e a morte.

Tamara, desesperada, suplicava ao médico que fizesse alguma coisa.

Fisionomia serena, embora preocupada, o médico suspirou.

— Minha Senhora, tenho muita estima pelo nobre Agar e nada me daria mais prazer do que poder ajudá-lo, mas, infelizmente, nada posso fazer. Rompeu-se um vaso importante e a hemorragia é grave e não tenho como estancar o sangue que verte do seu corpo. Talvez ainda retorne à consciência, mas, se o fizer, será por breves momentos. Compreendo a vossa dor, Senhora, e lamento profundamente o novo golpe que vos fere. Mas, não quero vos iludir, Senhora.

A jovem soluçava, consciente da gravidade do momento. Postada ao lado do leito, com a mão do esposo nas suas, procurava entender o que se passara. Ele estava tão bem! Adormeceram abraçados e agora o encontrava já quase moribundo! Não, não podia acreditar.

Não sabia precisar quanto tempo permanecera ali junto dele. De vez em quando limpavam sua boca e trocavam os lençóis que aparavam o sangue.

Movimento leve, quase imperceptível, denunciou que estava voltando à consciência.

Tamara aproximou-se mais, debruçando-se sobre ele. Agar abriu os olhos e, vendo-a, ensaiou um sorriso. Tentou falar, mas o esforço despendido fez com que novas golfadas de sangue surgissem, impedindo-o.

Quando a crise passou por momentos, num sopro de voz, dirigiu-se a Tamara:

— Não chores, minha querida. Não há razão para isso.

— Agar, não me deixes! — gritou Tamara, tomada de pânico.

— Minha querida, temos pouco tempo. Ouve-me com atenção. Quando fui acometido pelo mal-estar, logo perdi a consciência e passei a vislumbrar, não nossos aposentos, mas uma atmosfera diferente. Vi pessoas que me sorriam, criaturas amigas e parentes que já morreram, e vi também teu velho pai. Um ancião de barbas brancas e fisionomia serena e amiga sorria-me e disse-me que minha hora havia chegado. Que saldei uma dívida antiga e logo estaria liberto. A paz que me felicitava era indizível e não desejava voltar.

Agar fez uma pausa, ofegante, e prosseguiu após alguns momentos:

— Perdoa, minha querida. Lembra-te de tudo o que conversamos. Perdoa aos que te feriram e só assim terás paz. Continuarei ao teu lado para auxiliar-te, tem certeza disso. A morte não é o fim, minha querida, é apenas uma passagem e início de nossa verdadeira vida... Arma-te de fé e coragem para suportares tua cruz. Amo-te hoje e amar-te-ei eternamente... Adeus... não. Até breve...

Lentamente cerrou os olhos que se tornaram vítreos e aquela alma de escol partiu para regiões mais felizes, amparada por entidades angélicas que vieram buscá-la.

Aquele espírito, já provado nas rudes lutas terrenas, possuindo preciosas virtudes adquiridas através de esforço hercúleo, da paciência, da tolerância, da resignação, a par de uma profunda capacidade de amar e infinita condição de perdoar, vencera mais uma etapa reencarnatória.

Conseguira, através de uma vida dedicada ao burilamento íntimo e ao amparo ao próximo, galgar mais um degrau na escala da evolução.

Coração generoso, colocara em todas as suas atitudes o selo da sua dedicação. Amante da paz, vira-se, por contingências contrárias à sua vontade, obrigado a entrar para o exército bizantino. Abominando a guerra, fora obrigado a dela participar, não se deixando, porém, contaminar e nem corromper pelo meio em que vivia. Embora num campo de batalha houvesse tirado a vida a outros seres humanos, fazia-o com o coração puro, mente limpa, acreditando cumprir um dever. Jamais seu coração deixou-se dominar pelo ódio, pelo desejo de vingança ou pelo fascínio da guerra.

Ao contrário, bastas vezes, sua atitude ponderada, seu bom-senso e opinião isenta de sectarismo conseguiram evitar que problemas maiores surgissem, que maiores atrocidades se cometessem.

Em meio ao turbulento ambiente guerreiro, de atmosfera pesada e sanguinolenta, sua voz era sempre a mensagem de paz, a observação criteriosa, o conselho sereno e amigo.

Por isso, apesar do caos em que se constituíra o ambiente terreno após seu desencarne, as lágrimas e os lamentos de amigos e servos, o desespero alucinado de sua jovem esposa, a incredulidade e a perplexidade de todos os semblantes, o ambiente espiritual era diferente.

Brandas vibrações de paz envolveram Agar e criaturas amigas de feições serenas e meigo sorriso vieram aguardar seu desenlace.

Seu sofrimento foi atenuado pela assistência amiga de entidades espirituais angélicas que lhe aplicaram passes anestesiantes. Logo que foi possível, desfizeram os últimos laços que o uniam ao corpo somático, rompendo o cordão fluídico.

Envolveram seu espírito já liberto dos grilhões da carne em vibrações amorosas e calmantes e retiraram-no do ambiente deletério do palácio, partindo para regiões mais felizes.

Longe de tudo, longe do palco de suas provações, o espírito daquele que fora Agar recuperar-se-ia no aconchego de seus amigos para prosseguir, posteriormente, sua etapa redentora.

CAPÍTULO XXV

NIKA

Passaram-se quase dois anos. Durante esse lapso de tempo muitas coisas ocorreram sem que Tamara tomasse conhecimento delas.

Após a morte de Agar mergulhou num estado de choque, sem conseguir aceitar a realidade.

Passava horas encerradas num mutismo atroz, não dava a impressão de perceber o que se passava ao seu redor, ou se reconhecia os que a cercavam.

Com os olhos azuis fixos no vazio parecia viver num outro mundo, em que só ela pudesse ter acesso.

Os amigos preocupavam-se com sua situação e envidavam todos os esforços para reconduzi-la à realidade, mas era tudo em vão.

Lúcia, a incansável Lúcia, tomou a si a incumbência de cuidar dela, sabendo que era a única amiga que Tamara possuía. Não confiava em Antonina e não queria deixá-la à mercê das escravas.

Levou-a para seu palácio, alojou-a confortavelmente em aposentos alegres e ensolarados onde o ar penetrava livremente pelas amplas janelas e onde, nas noites de estio, poderia aspirar o perfume que se evolava das flores. E, naturalmente, onde sabia que ela não seria perturbada pelas lembranças. Um ambiente novo, novos contactos, seria o ideal para Tamara encontrar quando voltasse à realidade.

Mas, tardava tanto! As esperanças de Lúcia, que no início eram intensas, foram-se apagando e uma melancolia profunda passou a dominá-la por não conseguir ajudar a amiga enferma.

Enviaram mensagem a Belisário notificando-o do falecimento de Agar e todo o exército sofreu com a notícia da morte dele. Aqueles homens rudes, violentos, mercenários, de origens e raças diversas, estimavam realmente aquele oficial que sempre fora um exemplo para todos eles.

Vez por outra chegavam notícias de Roma. O general Belisário vencera os ostrogodos novamente, mas novas ameaças surgiam.

Havia um homem chamado Totila, godo por nascimento, que resolvera reunir os homens da sua raça espalhados pela Itália e formar um novo exército. Fora proclamado rei e as notícias é que já começava a atacar as cidades mais fracas.

Quando soube da doença de Tamara solicitei a Belisário que me permitisse ser o portador da próxima mensagem para Ravena, alegando preocupações com a esposa.

Tamara não me reconheceu, como não parecia reconhecer ninguém. Voltei para Roma um pouco desanimado, não obstante uma notícia alvissareira: ia ser pai.

Lúcia, agora mais animada com a próxima maternidade, cercava Tamara de todas as atenções e cuidados necessários.

Embora as escravas que colocara a serviço da enferma, ela própria gostava de auxiliá-la a vestir-se, pentear seus longos cabelos, dar alimentação em sua boca. Era preciso dar-lhe banho, trocá-la e alimentá-la.

Colocavam-na no terraço para tomar sol pela manhã após o banho. Depois, se o tempo estava bom, a refeição era servida ali mesmo no terraço. Em seguida, uma escrava colocava-a no leito para repousar. Mais tarde, se o tempo permitia, Lúcia gostava de passear com ela no jardim, apoiando-a com o braço carinhoso e amigo e auxiliada por uma serva, ou por sua mãe, quando estava presente. Seus passos eram lentos e os gestos mecânicos. Depois da refeição da tarde Lúcia levava-a para o salão de música e tocava algumas melodias num alaúde.

À noite, após ajeitá-la no leito, Lúcia orava e pedia a Deus que amparasse a pobre Tamara, tão cruelmente atingida em seus sentimentos mais profundos que preferia alhear-se à realidade.

Alguns meses depois Lúcia deu à luz um menino, enchendo de alegria o palácio. No mesmo dia, chegou mensageiro de Roma trazendo correspondência em que se anunciava a vitória sobre os ostrogodos, rechaçados de Roma pelo exército bizantino. Em homenagem à vitória, Lúcia deu-lhe o nome de Nika.

Agora suas atenções dividiam-se entre o bebê e Tamara, cuja saúde não se alterara.

Uma nova alegria passou a reinar na propriedade do falecido Godofredo, Conde de Ravena. Aquela criaturinha frágil, indefesa e pequenina passou a dominar a todos. Exigente e exclusivista queria todas as atenções para si. Era com alegria sempre crescente que os moradores do palácio acompanhavam o crescimento do herdeiro e sorriam das suas primeiras artes.

Sula, principalmente, afeiçoara-se ao pequenino desde o primeiro dia. Fizera o parto numa madrugada fria e, desde que o recebera nas mãos e cortara o cordão umbilical, uma emoção estranha dominou-a. Ao primeiro vagido, sentira que um hausto de amor profundo a ligara ao novo entezinho, todo sujo, que segurava entre as mãos.

Dedicara a ele todos os seus momentos e tomara a si, desde o princípio, a obrigação de cuidar dele.

Quando estava para completar seu primeiro ano de existência, obtive uma licença e fui passar alguns dias com a família, em Ravena.

Lúcia estava eufórica. Fazia tempo que não nos encontrávamos e o amor transparecia em seu semblante iluminado.

Certa manhã, ao voltar de uma incursão pela cidade, encontrei-as no terraço. Tamara, acomodada numa cadeira de braços, mantinha seu ar distante. Minha esposa conversava animadamente com a sua mãe quando cheguei. Abracei-a, indagando sobre a saúde de Tamara.

— Continua na mesma, querido, embora já se note que vez por outra seu olhar tem um brilho diferente, como um relâmpago de lucidez. Ah! sinto tanto vê-la nessa situação, querido. Parece que se apaga a cada dia que passa.

Lúcia suspirou, olhando-me com ar tristonho. Envolvi-a com meus braços não deixando de notar que estava mais bela. A maternidade fizera-lhe bem, acrescentara-lhe mais serenidade ao semblante e parecia mais madura, mais mulher.

— Soube de um médico que dizem ser muito bom. Vou procurar informar-me melhor.

— Faze isso, querido. Não suporto mais ver uma criatura que sempre foi cheia de vida neste estado de prostração.

Concordei com um gesto de cabeça. Relanceei os olhos em torno indagando:

— E nosso filho?

— Saiu para um passeio com Sula, mas não deve demorar.

— A propósito, querida, não confio nessa escrava. Por que não colocas outra a serviço de Nika?

Lúcia estranhou minha atitude.

— Não compreendo, Ciro, que motivos possas ter para não confiar em Sula. É extraordinariamente dedicada ao menino e executa suas obrigações com competência e dedicação.

— Não gosto dela, eis tudo! E não creio que seja a pessoa indicada para cuidar de nosso filho — repliquei.

— Creio que te enganas, querido — respondeu agastada. — E além do mais, não posso afastá-la do serviço apenas porque não simpatizas com ela e, provavelmente, com graves danos para o menino que lhe é muito afeiçoado.

A nuvem que se avizinhava em nosso céu conjugal foi desviada pela chegada de Sula e do pequeno Nika.

A escrava, sorridente, colocou-o no chão.

— Vede, Senhora, como já começa a ensaiar os primeiros passos.

O garoto, sabendo-se alvo das atenções gerais, carinha marota, sorridente, de cabelos encaracolados e loiros como os do pai, fitou os grandes olhos escuros, sombreados de longas pestanas, em sua mãe, agitando os bracinhos roliços.

Afastei-me alguns passos e chamei-o.

— Nika, venha com o papai!

O garoto, procurando firmar-se nas próprias pernas, cambaleantes, olhou-me e fez cara feia. Virou-se dando meia-volta e, procurando com os olhos, avistou Tamara que, alheia ao que se passava, nada percebia. Seu rostinho se iluminou e dando gritinhos de alegria correu para ela.

Lúcia sorria enternecida.

— Estranho o apego que Nika demonstra pela tia Tamara, mesmo sem que ela dê pela sua presença.

Algo aborrecido, eu contemplava a cena. Aquilo me irritou. O garoto não gostava de mim, tinha certeza. Demonstrava-o sempre. Se eu procurava segurá-lo no colo, punha-se a gritar obrigando-me a colocá-lo no chão ou a entregá-lo a outra pessoa. Se eu o chamava, querendo fazer amizade, fazia manha e não atendia ao meu apelo.

Lúcia procurava justificar dizendo-me que era natural, pois que eu era praticamente um estranho para ele, que devia dar-lhe tempo para se acostumar comigo. Mas, bem no fundo, eu sabia que havia algo de mais profundo.

Irritado, atravessei o espaço que me separava de Tamara e do menino, sempre grudado à túnica dela e tomei-o nos meus braços. Ao se ver assim jungido por mim, Nika olhou-me bravo e, de carinha fechada, pocurava soltar-se e ir ao chão, debatendo-se violentamente em meus braços com movimentos desconexos.

Com firmeza, mantive-o em meus braços. Não seria um pirralho que iria vencer-me.

Lúcia e Sula olhavam-se apreensivas, recriminando-me a atitude intempestiva.

Nervoso, Nika começou a lançar gritos estridentes numa última tentativa para libertar-se. Como não conseguia livrar-se de meus fortes braços, fitava sua mãe e estendia-lhe os bracinhos como a pedir socorro.

— Querido, deixa-o em paz! É uma criança e não está entendendo o que se passa — suplicou-me Lúcia com lágrimas nos olhos.

— Não! — retruquei peremptório. — Deverá aprender de uma vez por todas quem manda aqui. Não permitirei que me desacate a autoridade.

Nisso, já vermelho de tanto gritar e transpirando muito, Nika ficou pálido de repente, amolecendo em meus braços. Seu corpinho frágil tornou-se impassível, inerte. Palidez marmórea cobriu-lhe o semblante e seus lábios arroxearam.

Minha esposa soltou um grito desesperado.
— Meu filho! Que fizeste de meu filho?
Apalermado, deixei que ela o tomasse nos braços.
Para sorte nossa, nesse exato momento o oficial Homero penetrava no terraço. Tinha vindo para conversar comigo, mas deparara com a cena dramática que se desenrolava naquele instante.
Mais calmo, dominou a situação. Concitou-nos à tranqüilidade, aconselhando Lúcia a levá-lo para o leito. Pediu a Sula que trouxesse sais aromáticos e, já nos aposentos de Nika, fez com que aspirasse os sais. Pouco tempo depois o garoto retornou a si, chamando pela mãe. Lúcia abraçou-o sem poder conter o pranto de agradecimento a Deus por vê-lo já bem melhor.
Aconchegado nos braços da mãe, Nika parecia apenas muito cansado, como se estivesse exausto por alguma atividade muito grande que tivesse executado. Vendo-o recuperado, saímos do quarto, deixando-o a sós com a mãe e Sula.
Retornamos para o terraço onde Tamara, imperturbável, permanecia sem se dar conta do que ocorrera ao seu redor.
— Vê, a casa poderia cair sobre sua cabeça e ela não perceberia. Agradeço-te o auxílio neste momento difícil, Homero. Não saberia o que fazer, se aqui não estivesses.
— Nada tens a me agradecer. Gosto muito de Nika e temos nos dado muito bem — acrescentou sorrindo.
— Estranho tudo isso. Meu filho parece gostar de todas as pessoas com quem convive, menos de mim — resmunguei com azedume.
— Creio que te enganas! Nika é um menino inteligente e afável. Encanta a todos os que se aproximam dele e jamais o vi rejeitar alguém.
— Pois rejeita a mim, seu próprio pai! — disse, com ênfase.
Homero, cuja fisionomia amistosa mantinha-se sempre sorridente, pareceu preocupado de repente e aconselhou-me, sério.
— Meu amigo, creio que deves procurar um médico o mais rápido possível.
— Acreditas que seja grave? Não... não, acho que foi manha! Teve um desfalecimento porque não queria ficar em meus braços, eis tudo.
Homero meneou a cabeça em sinal de dúvida, discordando:
— Uma criança dessa idade não teria condições de, deliberadamente, forjar uma situação... Bem, se desejares, ouvi falar de um médico que chegou há pouco na cidade e dizem ser muito competente. Posso solicitar que venha até aqui ver o pequeno Nika.
— Se não te for incômodo, gostaria que fizesses esse favor. Também já ouvi referências elogiosas a esse médico e ia mesmo mandar chamá-lo para examinar nossa Tamara.

Ambos fitaram a jovem enferma que mantinha seu ar distante e vago. Homero comoveu-se com a encantadora figura de Tamara e com seu ar ausente. Parecia tão desprotegida como um passarinho que houvesse caído do ninho.

— Continua a criatura mais bela que já vi, não obstante seu ar indefeso ou, talvez exatamente por isso, a palidez das faces e a magreza extrema. A fatalidade atingiu durame te essa criatura que tinha tudo para ser feliz: posição, riqueza, beleza e o amor de um homem extraordinário.

Concordei com um gesto mudo.

— A propósito, precisava conversar contigo, Ciro, e por isso vim até aqui, embora saiba que precisas gozar o convívio da família, da qual estiveste separado por longo tempo. Mas, o assunto que me traz não deve ser ouvido por pessoas estranhas. Na guarnição não poderia ser, para não despertar suspeitas dos oficiais, e achei que o local mais discreto seria teu próprio lar.

— Podes falar, amigo Homero. Aqui não seremos interrompidos — disse, apreensivo, depois de ter dado ordem a um escravo para que não permitisse a entrada de ninguém.

— Bem, caro Ciro, vou direto ao assunto para evitar mais delongas. A situação aqui em Ravena não é boa. A morte de Agar deixou um vazio difícil de ser preenchido.

— Ninguém é insubstituível! — redargüi, ao ver lembrado o nome do odiado rival.

Homero, estranhando minha reação, continuou:

— Sei disso, mas não é fácil encontrar alguém com as qualidades e a competência do falecido Agar. Após sua morte, os soldados sentiram a falta de uma liderança maior e a indisciplina e a desconfiança campeiam em nossas fileiras. Tecem-se comentários de que o exército bizantino está muito enfraquecido e não resistirá uma investida mais forte dos ostrogodos. Existem companheiros nossos que fomentam a discórdia e veiculam notícias de cunho pessimista. Seria importante que Belisário, que é o único capaz de contê-los, pudesse vir até Ravena para explicar-lhes a situação e chamá-los à responsabilidade.

Pensativo, retruquei, em dúvida:

— Não sei se seria viável. Não ignoras que nossa posição em Roma também não é cômoda. Temos obtido vitórias, mas à custa de muito esforço e apenas pela coragem, valentia e determinação de nossos soldados. Embora Belisário já por diversas vezes tenha pedido reforços a Justiniano, ainda não recebemos ajuda nenhuma.

— Estranha essa atitude do Imperador!

— Sem dúvida! O contingente que deveria ter chegado a Ravena e, sob a responsabilidade de Agar, ser encaminhado para Roma, inexplicavelmente ainda não veio e talvez não chegue nunca.

— A situação de Belisário não é fácil. A política existente em Constantinopla não favorece nosso amigo.

— Exato. Há quem comente que os dias de Belisário no comando das tropas estão contados.

— Não, não creio, Ciro. O general ainda é um leão e ninguém se atreverá a tocar nele.

— Não teria tanta certeza, Homero. Comenta-se que a Imperatriz Teodora é um dos inimigos mais poderosos que ele tem no palácio.

Ambos mergulhamos em nossos próprios pensamentos.

— E por falar nisso, tens tido notícias de Constantinopla? Tua família reside lá, não é verdade? — perguntei, curioso.

— Não faz muito tempo recebi missiva de meu pai, na qual mostrava-se apreensivo com o desenrolar dos acontecimentos. A Imperatriz, de quem falamos há pouco, torna-se cada vez mais poderosa e ativa, bem como a Igreja. Excessivamente preocupada com a religião, imprime o cunho da sua personalidade em tudo, chegando mesmo a desafiar a autoridade de Justiniano, que acaba sempre concordando com ela. Nessa contingência, a posição de Belisário é bastante incerta.

— Acreditas que Teodora seria capaz de insurgir-se contra ele frontalmente?

— Não, não creio. Enquanto Belisário tiver o exército nas mãos, e tu sabes como é estimado entre os soldados, e estiver obtendo vitórias, Teodora não seria louca o suficiente para retirá-lo do cenário bélico. Afinal, ela é uma mulher inteligente e perspicaz e não ignora que, na realidade, foi às custas do gênio estratégico de Belisário que o Império Bizantino estendeu-se de maneira assombrosa e é às custas dele que se mantém.

— Também penso assim — concordei. — Além do que, sabemos que o nosso Imperador prefere discutir teologia com velhos sacerdotes a pegar em armas e defender seus domínios.

Mudando de assunto, sugeri:

— Está bastante quente agora. Aceitas um refresco?

Homero concordou prontamente alegando estar com sede. Dei uma ordem a um escravo e dentro de pouco tempo duas servas trouxeram-nos refrescos e frutas frescas, bem como algumas guloseimas.

Conversamos ainda algum tempo. Em seguida Homero retirou-se, dizendo ir à procura do médico já mencionado.

Algumas horas depois retornou ao palácio acompanhado por um outro homem. Fui ao encontro dos visitantes que me aguardavam na sala onde o servo os introduzira. Junto a Homero, um homem de estatura mediana, cabelos já meio grisalhos, fisionomia simpática e tranquila. Dois olhos claros e lúcidos fitavam-me emitindo vibrações de paz.

Reconheci imediatamente aquela figura de manto claro e que portava uma pequena maleta.

— Marcus! Que surpresa agradável!

Ele sorriu do meu espanto.

— Como vais, Ciro? Há quanto tempo não nos víamos. Tu mudaste bastante. Só com dificuldade consegui reconhecer-te nessas roupas luxuosas e atrás dessa barba. Eras muito jovem então e sempre desejei saber o que era feito de ti.

— É verdade! Mas tu não mudaste nada. Continuas o mesmo, talvez com alguns fios de cabelos brancos a mais. Quando me falaram sobre um certo médico que chegara a Ravena não poderia supor que fosses tu.

Homero introduziu-se na conversa sem entender nada e vendo que nos abraçávamos satisfeitos.

— Já se conheciam? — perguntou intrigado.

— Sim, amigo Homero — respondi sorridente. — Marcus trabalhava antigamente neste palácio para o falecido Conde Godofredo. Conhecemo-nos nessa ocasião. Não ignoras que também vivi nesta casa, antes da morte do proprietário.

— Folgo em saber que sois amigos. Quando solicitei a ele que atendesse a uma criança enferma, não disse de quem se tratava.

— Sim, é verdade — concordou o médico. — Mas quando chegamos ao palácio percebi quem era a criança.

Bati nas costas dele amistosamente.

— Agora, quero que permaneças conosco como antes. Teus aposentos estão à tua disposição, se desejares.

Percebi que Marcus estava indeciso quanto à conveniência ou não de fazer-me um pergunta. Afinal decidiu-se:

— E Tamara?

— Também por ela preciso de ti aqui em casa. Tu já a curaste uma vez quando parecia impossível fazê-lo. Agora quero que a tragas de volta à realidade.

Não pude deixar de notar que suas mãos tremeram ligeiramente. Decidido, ordenou-me:

— Leva-me até o menino.

Em silêncio o conduzi até os aposentos de Nika. Na semi-obscuridade do ambiente, Lúcia meditava ao lado do berço, enquanto Sula deixava-se ficar a um canto.

Ao perceber-nos a presença minha esposa olhou-nos interrogativamente. Expliquei em poucas palavras a presença do estranho, fazendo as apresentações. Lúcia, apreensiva, informou:

— Está apático e parece enfraquecido. Temo que ocorra novo desmaio.

Marcus procurou tranqüilizá-la e sua voz branda de tonalidade agradável infundia reconforto e confiança.

O médico acercou-se do garoto, solicitando que se abrissem cortinas e janelas. Era preciso bastante ar puro.

Ao tocar o corpinho de Nika, este abriu os grandes olhos que espessos cílios velavam. Marcus sorriu dizendo-lhe palavras gentis. O garoto, a princípio, olhava-o surpreso por ver um estranho ao seu lado, mas a fisionomia amistosa do médico pareceu tranqüilizá-lo. Marcus examinou-o detidamente após retirar-lhe as vestes. Depois levantou-se, chamando-me para um canto do aposento.

Lúcia, deixando o garoto aos cuidados de Sula, acercou-se aflita.

— Não posso diagnosticar com certeza sobre o problema da criança sem outros exames mais minuciosos. Gostaria de acompanhar mais de perto alguns dias para analisar qual a reação do seu organismo. Mas, posso adiantar que o garoto sofre de uma lesão cardíaca. Seu coraçãozinho bate de maneira incerta e os batimentos são lentos, o que ocasionou o delíquio. Como aconteceu a crise?

A pergunta vibrou no ar e apressei-me a responder, embora a contragosto. Contei-lhe o que se passara em rápidas pinceladas, ao que ele ajuntou, incisivo:

— Bem, o fato de Nika ter ficado nervoso provocou uma sobrecarga que seu coração não tem condições de suportar. Não deverá sofrer abalos. É preciso evitar contrariá-lo para não desequilibrar seu sitema nervoso.

Lúcia mal continha as lágrimas, apoiada em meu braço.

— Sê sincero, doutor, meu filho tem condições de vida? — ela perguntou com a voz embargada pelo pranto.

O médico fitou-a, penalizado. Quantas outras vezes não teria enfrentado o mesmo problema, a mesma situação? Mães desesperadas que o fitavam com os olhos suplicando uma esperança?

— Não posso precisar sobre a gravidade do problema. Como já afirmei, necessito acompanhar o processo durante alguns dias para ver a reação orgânica. Mas, creio que não deves te preocupar demasiadamente, Senhora. Conheço pessoas com problemas semelhantes que viveram muito tempo. Basta que se tomem determinados cuidados: nada de exercícios pesados, muita paz e uma vida equilibrada poderão fazer muito por sua saúde.

Receitou alguns medicamentos, que retirou da maleta, explicando como ministrá-los e, antes de sair, olhando-a fixamente, concluiu:

— Durante minha vida tenho visto casos desesperadores e, não obstante minha convicção de que seriam fatais, obtive sucesso em muitos deles que ainda vivem e gozam de excelente saúde. Acima de todos nós existe um Ser supremo que comanda nossas vidas. Tem confiança e não desanimes, Senhora. A esperança é o grande remédio para nossas dores.

Lúcia endereçou-lhe agradecido olhar, respirando mais aliviada, enquanto pálido sorriso bailava-lhe nos lábios.

Marcus virou-se para mim:

— Agora, vejamos a outra paciente.

CAPÍTULO XXVI

TAMARA

Penetramos no terraço onde a enferma descansava num coxim, apoiada em macias almofadas de cetim.

O vento agitava brandamente as folhas das árvores do parque como se tangidas por mãos celestes. Tamara olhava fixamente um ponto qualquer mergulhada em sua realidade interior.

Vestia-se com esmero e os cabelos longos e macios estavam penteados com cuidado, denotando a assistência carinhosa e amiga de Lúcia. Seus pés mimosos descansavam em cômodos chinelos de cetim e quem a visse assim, de longe, nem de leve poderia julgá-la enferma. Parecia simplesmente uma dama da nobreza repousando das atividades sociais.

Aproximamo-nos. Ao vê-la, Marcus empalideceu ligeiramente. A visão da jovem e bela Tamara comoveu-o profundamente. Seus olhos serenos umedeceram-se e envolveu-a em vibrações ternas e amoráveis.

Reequilibrou-se quase que imediatamente, readquirindo sua atitude profissional. Tomou de um tamborete que estava próximo e sentou-se à frente de Tamara, tomando-lhe as mãos entre as suas. Ao sentir a morna maciez da sua pele, um frêmito de emoção intraduzível dominou-lhe o íntimo, atingindo-lhe as fibras mais sensíveis. Dirigiu-lhe um cumprimento a que ela não respondeu.

— Reconheces-me, Tamara? Sou teu amigo Marcus. Tratei de ti quando adoeceste gravemente com pneumonia. Lembras-te?

Ela pestanejou, mas não respondeu, entregue ao seu invariável mutismo. O médico, levantando a fronte, lançou-me um olhar preocupado.

Examinou-a detidamente com ar compenetrado. No silêncio que se fez só se ouvia o trinado dos pássaros no arvoredo.

— Nada tem fisicamente. Goza de boa saúde, embora esteja um tanto debilitada e pálida. Seu problema tem raízes na alma. Quem sabe o que se passa em sua cabeça? Quais os pensamentos que a atormentam? Precisamos ajudá-la...

— Achas que conseguirias?
— Seu estado é difícil. Verei o que posso fazer. Nada prometo, Ciro, mas farei tudo o que estiver ao meu alcance.
— Sei disso. Confio em ti, Marcus. Entrego nossa doente aos teus cuidados, esperando vê-la recuperada em breve.

Olhei Tamara envolvendo-a na minha paixão avassaladora, sem conseguir sopitar meus impulsos. Marcus não pôde deixar de notar a maneira diferente com que eu a fitava.

Procurei disfarçar, oferecendo-lhe uma taça de vinho, e acrescentei à guisa de explicação:
— Essa jovem me é profundamente cara. Tu sabes o quanto a estimo.

Ele sorriu compreensivo e, como estivéssemos a sós, confidenciou-me, com a franqueza que se permite um velho amigo:
— Não ignoro o afeto que nutres por Tamara e estranhei o fato de estares casado com outra mulher.

Suspirei profundamente. Suas palavras levaram-me de volta ao passado e revi o momento em que me ajoelhei aos pés do médico suplicando-lhe que me permitisse ajudá-lo, ficar ao lado daquela que era toda a minha vida e que estava gravemente doente. Era muito jovem então e as emoções sentidas naquele momento ficaram indelevelmente gravadas em minha memória. Fora há tanto tempo! Quase uma década se passara. Tantas coisas ocorreram desde então! Foi com a voz ligeiramente alterada que lhe respondi:
— Essa é uma longa história. Qualquer dia conversaremos a esse respeito. Dize-me: aceitas permanecer em minha casa como hóspede e médico?

Marcus lançou-me um olhar lúcido e tranqüilo, enquanto respondia:
— Aceito com prazer, enquanto minha presença for necessária aqui e com uma condição: que eu possa agir livremente, usando os métodos que achar mais adequados.
— Combinado! — concordei sorrindo e estendendo-lhe as mãos.
— Mais uma coisa, Ciro. Desejo instalar-me em meus antigos aposentos, como tu mesmo sugeriste, e quero que Tamara fique comigo, para facilitar o tratamento.
— Se assim o desejas! Lúcia e eu desejamos apenas que Tamara fique curada o mais breve possível, não é meu amor? — completei, dirigindo-me à minha esposa que acabara de entrar no terraço e se postara às minhas costas, apoiando os braços em meus ombros.
— Certamente, querido. Preocupa-me sobremaneira ver Tamara nesse estado de prostração — e dirigindo-se ao médico: — Achas que podes curá-la, doutor?

Marcus sorriu, enquanto a examinava com seu olhar penetrante:
— Farei o possível. Adianto, porém, que precisarei da tua ajuda, Senhora.
— Ótimo! Sentir-me-ia uma inútil se não pudesse ajudar.

A conversa prosseguiu amena e agradável ainda por algum tempo. Em seguida fomos chamados, pois a refeição seria servida. Logo depois o médico desejou recolher-se alegando necessidade de repouso.

Dirigiu-se aos seus antigos aposentos já arrumados e prontos para recebê-lo. Tamara mudar-se-ia no dia seguinte, após as adaptações necessárias e transporte de suas coisas pessoais.

A sós, naquele ambiente que lhe fora tão familiar, Marcus sentiu, pela segunda vez naquele dia, uma emoção profunda. O fato de poder viver naquele palácio ao lado de Tamara era mais do que poderia almejar da vida.

E tinha o garoto, Nika. Estranho! Não sabia explicar porque sentira-se tão atraído pela criança. Onde já vira aqueles grandes olhos escuros? Não sabia precisar, mas não estava diante de um estranho, disso tinha certeza.

Lembrando-se do garoto, não pôde deixar de pensar em seu problema cardíaco. Não quisera alarmar os pais, mas a lesão era grave.

Acomodado em seu leito, olhando o manto da noite, pontilhado de prata, que surgia pelo vão da janela aberta, pensou em Tamara. O acervo de lembranças guardadas ciosamente dentro de si surgiu em catadupas. Por sua retina passaram as cenas do passado, o trabalho que tivera para curá-la, sem grande resultado, a preocupação que o dominava. Lembrou-se da noite em que Ana, a querida Ana, estivera naqueles mesmos aposentos e da sua estranha atuação, salvando Tamara das garras da morte, quando já se sentia desesperançado e impotente para algo mais tentar. Estranha atuação naquela época, porque agora entendia perfeitamente o que ocorrera e sabia que era tudo natural. Agora estava consciente de que todos estamos sujeitos a leis naturais e imutáveis, apenas desconhecidas pelos homens.

Na verdade, intrigou-o profundamente aquela cura inusitada e aquele fora exatamente o ponto de partida para novas indagações que lhe assenhorearam a mente. Depois, perambulando pelo mundo e por terras estranhas, encontrara respostas para suas indagações com criaturas que faziam parte de uma confraria, onde, depois de algum tempo, fora aceito. Na Índia, informara-se sobre coisas absolutamente necessárias à compreensão de determinados fenômenos e sobre a maneira de se lidar com eles. Quanto à imortalidade da alma não tinha dúvidas, mas a lei das múltiplas existências, o conhecimento da lei do carma (ou causa e efeito), desencadeada através do livre-arbítrio concedido por Deus às criaturas, a lei da evolução natural que rege o Universo, foram idéias que modificaram sua maneira de ser e de encarar o mundo. Tudo passou a ter uma lógica diferente e a imagem de Deus cresceu em seu íntimo, como ser sábio e justo por excelência.

Desenvolvera determinadas faculdades comuns a muitos seres humanos, mas ignoradas por eles. Através de estudos minuciosos e estafantes, conseguira dominar-se interiormente e desenvolver faculdades que muito o auxiliavam na profissão. A visão à distância, a audição e a possibilidade de entrar em contacto com seres que já deixaram este mundo material enriqueceram sua vida, propiciando-lhe novas oportunidades de ajudar o semelhante. Agora, achava-se perante um novo desafio: Tamara.

Orou à Inteligência Suprema do Universo suplicando que o auxiliasse nessa nova tarefa, dando-lhe condições de bem entender e analisar o problema.

Adormeceu brandamente envolto em vibrações de paz que dominavam o ambiente, propiciadas pela oração sincera e profundo desejo de auxiliar que lhe embalavam o espírito.

No dia seguinte Tamara mudou-se para os novos aposentos. O médico iniciou então uma ofensiva sistemática para restabelecer seu equilíbrio profundamente abalado.

Tamara necessitava recompor as energias materiais e psíquicas. Marcus tomou de uma vasilha contendo água pura, acrescentando nela algumas ervas medicinais e colocou-a ao lado do seu leito. Atirou, em um recipiente próprio, depositado a um canto do quarto, um punhado de ervas sobre algumas brasas fumegantes. Aos poucos, fumaça de cheiro acre e penetrante espalhou-se pelo ambiente. Postou-se ao lado do leito e deixou-se envolver pelas emanações benéficas que vinham de mais Alto. Aplicou-lhe passes ao longo de todo o corpo, detendo-se especialmente na região da cabeça onde está localizado o chacra coronário.

À medida que orava e suplicava a intercessão dos mensageiros celestes, sentia que algo desprendia-se do seu corpo, como uma tênue fumaça esbranquiçada, e era completamente assimilado pelo organismo da jovem.

Bagas de suor perolaram-lhe a fronte e, após essa operação, sentiu-se algo enfraquecido, o que era natural acontecer. Em seguida, deu-lhe de beber a água da vasilha, colocando um pouco numa caneca e guardando o restante para ser ministrado outras vezes durante o dia.

Logo após a ligeira refeição trazida por uma serva, colocou-a no terraço para gozar das delícias do ar puro e revigorante que vinham do parque.

Postou-se o médico ao lado de Tamara, confortavelmente instalada num coxim, e passou a transmitir-lhe alguns ensinamentos que reputava indispensáveis ao seu reequilíbrio.

Embora Tamara não denotasse estar escutando por um gesto sequer, ele sabia que seu espírito imortal estaria ouvindo e que aproveitaria as lições, bem como outros espíritos necessitados que porventura estivessem no local.

Falou-lhe então da imortalidade da alma, da lei de causa e efeito, das vidas sucessivas e da necessidade de aceitarmos a justiça divina como meio de nos elevarmos moral e espiritualmente. Falou-lhe principalmente da necessidade de mudança interior, sem a qual nada seria possível.

Lúcia, que chegara de mansinho, surpresa com os conceitos emitidos, sentou-se um pouco afastada para não atrapalhar e ficou ouvindo embevecida.

Uma reconfortante sensação de paz e harmonia vibrava no ambiente. Ao terminar sua alocução, Marcus fez uma ligeira oração agradecendo o auxílio espiritual.

Nos dias subseqüentes, invariavelmente, chovesse ou fizesse sol, frio ou calor, repetia-se sempre o mesmo tratamento. Iniciando pela manhã com a aplicação de energias balsamizantes e depois ministrando-lhe conhecimentos necessários ao seu espírito. Invariavelmente também Lúcia vinha fazer-lhes companhia participando da pequena reunião e Marcus percebia em seus olhos úmidos o quanto lhe fazia bem aqueles serões. Depois Sula, a instâncias de Lúcia, passou a participar também, tendo sempre Nika em seu regaço, em quem, numa outra hora do dia, também ministrava passes.

O próprio ambiente do palácio tornou-se diferente, segundo Lúcia, e muitas vezes após os comentários eles se detinham a palestrar.

– Interessante, Marcus – dizia-lhe ela –, como as idéias que expões já estavam como que impressas em minha mente. Parece-me tudo conhecido como se apenas estivesse me recordando e, não obstante, nunca ouvi nada semelhante!

– É natural, Lúcia, pois nosso espírito não nasceu com o corpo e denotas um conhecimento adquirido anteriormente – respondia-lhe ele.

– Nunca pude conformar-me com as idéias que a religião cristã nos transmite, de céu e inferno, de sofrimento eterno...

– Aí é que te enganas, minha cara Lúcia. Não é a religião cristã que assim prescreve, mas, sim, os sacerdotes católicos. Na verdade, Jesus Cristo nunca se referiu a esses conceitos, que são de origem humana. Ao contrário, Cristo sempre pregou a justiça divina e a melhoria do indivíduo como meio de atingir o Reino de Deus. Se assim não fora, se a sorte estivesse selada, suas palavras não teriam razão de ser e Deus seria um ser prepotente, mau e profundamente parcial.

Lúcia concordava com sorriso suave no rosto simpático.

— As simpatias e antipatias que sentimos pelas outras criaturas demonstram um conhecimento anterior que só a lei das vidas sucessivas pode explicar — completou ele.

— Por falar nisso, Marcus, preocupo-me com o relacionamento existente entre meu marido e Nika. Há uma aversão dificilmente disfarçada entre eles e percebo que é recíproca. Nika não suporta Ciro e este, por sua vez, nada faz para melhorar a situação. Não sei como agir!

Com a ponderação e bom-senso característicos, Marcus aconselhou:

— Necessitas ter paciência e muito cuidado para que as relações existentes entre ambos não se deteriorem ainda mais. Nika carece de carinho e muita paz.

— Concordo contigo, mas sinto-me incapaz de algo fazer por eles.

— Enganas-te. Podes fazer muito. Ore bastante e peça a Deus que os ajude e, quando possível, procura aproximá-los um do outro.

Lúcia lançou-lhe um olhar agradecido.

— Não sei como poderemos recompensar-te pelo bem que tens feito a todos nós. Entraste como um sol nesta casa, dissipando as trevas.

— Não exageres — disse comovido. — Temos que agradecer apenas à misericórdia divina que é tão pródiga para conosco. No mais, apenas tento transmitir algo do que aprendi.

Nesse instante aproximei-me, alegremente. Vinha da guarnição onde estivera de serviço e trazia novidades de Constantinopla. Algumas até bem tristes.

— Soube que grassou uma epidemia de peste em Constantinopla e a população se apavorou.

Marcus concordou:

— Sim, é verdade. Mas o pior já passou. Estive em Bizâncio e dei a minha colaboração como médico.

— Nada nos disseste! Sabias disso?

— Sim! Nada me perguntastes e não achei necessário alarmar-vos.

— Bem, conta-me lá, como foi isso? — questionei curioso e preocupado.

— A situação realmente era desesperadora. Os mortos se avolumavam nas ruas sem que se tivesse tempo e meios para enterrá-los. Os mais bem aquinhoados fugiram para suas propriedades no campo, mas o povo, como não tinha para onde ir, sofreu o impacto da epidemia com toda a sua força destrutiva. Mas todo processo epidêmico alcança um ápice e depois tende a decrescer sua virulência, pois atingidos todos os que são passíveis de contaminação, por falta de veículos transmissores começa a diminuir até acabar de todo.

Lúcia estava horrorizada imaginando o sofrimento de tanta gente.

— Meu Deus! Que tragédia! E o Imperador?

— Insulou-se em um palácio de difícil acesso, após ter deixado ordens para que se tomassem as providências possíveis para sanar o terrível problema.

— Quando deixei a cidade a epidemia já se encontrava controlada. A notícia demorou a chegar porque não se permitiu que ninguém deixasse a cidade para não espalhar a peste por outras regiões. Ainda assim ela não pôde ser contida e em outros lugares também houve o alastramento da peste.

— Deve ter sido terrível, não? — inquiriu a dona da casa, cujo coração compassivo condoera-se do sofrimento da população.

— Não se pode fazer uma idéia sem ter presenciado uma epidemia. É algo que não se consegue descrever — respondeu Marcus. — O cheiro de morte que se espalha pelo ar, o odor de carne queimada, pois era necessário limpar as ruas e não havia tempo nem condições de se enterrar a todos os mortos. O cheiro de putrefação impregnava-se em nossas narinas, causado-nos náuseas constantes, e não tínhamos condição de comer.

— Que horror! — Lúcia levou as mãos ao rosto, com os olhos rasos de lágrimas.

— Os soldados percorriam os quarteirões mais pobres da cidade, invadindo as residências para de lá retirarem corpos já em decomposição ou pessoas enfermas que não tinham meios de se tratar. Muitas vezes a família inteira estava atacada pela peste de bubões e não tinham os enfermos quem lhes desse um copo dágua.

Marcus fez uma pausa e, vendo a consternação em todos os semblantes, desculpou-se:

— Perdoem-me por vos ter aborrecido com minha narrativa dramática. Não pretendia...

Dei uma gargalhada, enquanto o tranqüilizava:

— Não te preocupes, caro Marcus, que as imagens de guerra que tenho presenciado nada deixam a desejar.

A conversa generalizou-se, passando para um assunto mais ameno e dispersando o mal-estar causado pelas notícias da metrópole.

CAPÍTULO XXVII

PERDOA!...

Os dias corriam céleres. Tamara apresentava alguns indícios de melhora e o tratamento prosseguia, ininterrupto.

Já agora os dias mais frios não permitiam o passeio no parque, salvo quando o tempo apresentava-se mais ameno.

A temperatura baixava a cada dia que passava e o vento, ululando entre os galhos das árvores, derrubava as últimas folhas, nesse final de outono. Os galhos escurecidos e desnudos, sob um fundo plúmbleo, assemelhavam-se a braços esquálidos e hirtos estendidos para os céus como se clamando a misericórdia divina.

Aquecida, uma manta de lã a cobrir-lhe as pernas, ao aconchego do fogo que crepitava alegremente e punha lindos reflexos em seus cabelos e animava seu rosto de tonalidade vibrante, Tamara meditava ou parecia meditar, sempre indiferente ao que ocorria a seu redor.

Marcus, fiel à tarefa que se impusera, procurava manter conversação amena e agradável, sempre incutindo em seu íntimo noções do mundo espiritual. O ambiente fazia-se terno e acolhedor. O calor reconfortante do fogo, a tranqüilidade do ambiente, a paz e o silêncio do aposento dulcificavam o coração do médico, bem como a proximidade da mulher que era a personificação de seus mais secretos e ardentes sonhos.

Sentado ao seu lado, olhava-a embevecido na contemplação da sua beleza: o perfil de traços delicados e perfeitos, a massa ondulante dos sedosos e longos cabelos escuros e os olhos azuis grandes e belos, ligeiramente amendoados, cujo brilho intenso que existira um dia apagara-se, tornando-se vago e distante.

O coração do médico confrangeu-se e piedade infinita envolveu suas fibras mais íntimas. Com os olhos marejados de pranto, instintivamente elevou o pensamento ao Supremo Criador de nossas vidas suplicando misericórdia e amparo. À medida que os pensamentos se evolavam de sua mente, brandas vibrações de reconforto e paz envolveram o ambiente.

Com a sensibilidade de que era dotado, percebeu a presença de entidade amiga que adejava o aposento como um sopro de amor e com fraternal solicitude acariciou-lhe a fronte. Logo, ligeira e tênue fumaça foi-se condensando até formar os contornos nítidos de uma mulher. Vestia-se de túnica translúcida e sua fisionomia era serena e amistosa. Sorria para ele, estendendo-lhe a destra e toda ela irradiava claridade opalina.

— Ana! — balbuciou, surpreso e emocionado.

Com voz de tonalidade inesquecível e meiga, ela falou:

— Sim, meu amigo, sou eu mesma. Venho trazer-te o abraço amigo e fraterno e concitar-te a perseverar no trabalho que vens executando. Nossa Tamara acha-se muito comprometida com entidades de natureza inferior que procuram prejudicá-la. Embora não vejas resultado aparente, muito tens conseguido, principalmente no esclarecimento desses companheiros menos felizes e profundamente revoltados. Tenho estado sempre contigo e procurado auxiliar na medida de minhas forças. Há alguém, porém, que pode mais do que eu e que, mercê da Misericórdia Divina, está aqui neste instante. Aproxima-se a libertação da nossa Tamara, atendendo à solicitação de entidade amiga que muito tem intercedido em seu favor, mas é preciso que ela esteja em condições de reagir. Que Jesus vos proteja e ampare sempre. Adeus.

Ainda sentindo a emoção da presença de Ana, o médico viu seu espírito volatizar-se no ar, sem conseguir falar da alegria e da satisfação que sua presença tão querida lhe trouxe ao coração.

Continuou na mesma posição, mantendo a concentração do pensamento. Sentiu que algo inusitado estava para acontecer, e aguardou confiante.

Pouco tempo depois percebeu que uma entidade espiritual condensava-se à sua frente, auxiliada pela fumaça esbranquiçada que saía do seu próprio corpo, principalmente da cabeça.

Aos poucos viu a figura de um jovem oficial do exército bizantino, portando o uniforme e as insígnias do seu cargo. Fisionomia bela e serena, olhos lúcidos que emitiam vibrações de paz e terna solicitude; cabelos negros e curtos completavam aquela cabeça soberba que Marcus nunca vira, mas que tinha a firme convicção de já conhecer. Irradiava de toda a sua figura claridade intensa e o médico, sob comoção violenta, olhava-o fascinado, sentindo que o revia depois de longo tempo.

O jovem oficial olhou-o cheio de carinho, como se soubesse os pensamentos que lhe banhavam o cérebro. Sorriu e andou alguns passos em direção a Tamara, postando-se à sua frente. Elevou a fronte e Marcus percebeu que orava intensamente. A seguir, colocou suas mãos sobre a cabeça de Tamara e aplicou-lhe passes, principalmente na região dos olhos e da fronte.

Só então, aos poucos, Tamara pareceu tornar-se lúcida, como se estivesse acordando de um longo sono. Sua fisionomia tornou-se radiante quando divisou Agar à sua frente, pois era ele.

Com infinito carinho e amor inexcedível a entidade acariciou-lhe os cabelos.

— Minha querida, acorda para a vida! Como pudeste esquecer tudo o que te ensinei? Te enclausuraste dentro de ti mesma, mergulhada na revolta e na dor e a inconformação desequilibrou-te. Confia no Pai Celestial e caminha. Tudo tem uma razão de ser.

Fez uma pausa para que a jovem pudesse assimilar seus pensamentos. Com os olhos arregalados, surpresa, Tamara deixava que as lágrimas corressem livremente, sem conseguir dizer nada, sufocada pela emoção. Afinal, aproveitando a pausa que ele fizera, balbuciou com voz embargada:

— Tu estás aqui?!!... Julguei-te morto e perdido para sempre!

Agar fitou-a com olhar enternecido:

— Estou aqui! A morte não existe, minha querida. É apenas uma mudança de um mundo para outro. Ninguém morre! A vida continua mais bela e mais feliz. Estou ao teu lado, como sempre estive, procurando ajudar-te, mas não tens colaborado...

— Não me abandones!

Com acento inesquecível, ele aduziu, seguro:

— Nunca te abandonarei! Jamais te abandonei, por que iria fazê-lo agora? Mas é preciso que mudes tua maneira de pensar e agir. Dependerá de ti o fato de podermos estar juntos mais vezes. Tudo o que sofremos é conseqüência de nossas infrações cometidas contra as leis eternas e sábias do Criador. Colhemos hoje os frutos dos desajustes passados, em sublimes oportunidades de reajuste e elevação. Esforça-te por vencer as más tendências, minha querida, principalmente a vaidade, o egoísmo e o feroz orgulho que te domina o ser e que tem sido a causa de muitas quedas no passado.

Tamara baixou a fronte, humildemente, sem nada dizer. A entidade continuou:

— Portanto, aproveita a divina oportunidade que te é concedida, minha Tamara, para que possamos nos reunir mais tarde sob as bênçãos de Jesus. Perdoa, minha querida, para seres feliz...

— Tentarei — ela murmurou com esforço inaudito.

Observando a cena que se desenrolava sob seus olhos, o carinho paternal com que ele se dirigia a Tamara, a ternura que extravasava de suas palavras, a beleza dos conceitos emitidos, Marcus não conteve o pranto emotivo, envolto em íntima alegria.

O oficial virou-se para ele e dirigiu-lhe a palavra amistosa e terna:

— Meu amigo Marcus, companheiro de outras eras, faze por Tamara tudo aquilo que puderes. Aceitaste esta tarefa espontaneamente e saldas um compromisso antigo.

Enquanto ele falava, tênues e vagas lembranças acudiram à memória do médico sem que ele pudesse dar-lhes corpo.

— Que Jesus vos abençoe!

Com essas palavras despediu-se, deixando-os envoltos em sensações de alegria e paz, confiança e reconforto, otimismo e esperança.

Quando ele se foi Marcus achegou-se a Tamara, que chorava. Envolveu-a em seus braços como o faria a uma criança:

— Chora, minha querida, far-te-á bem — e acariciando-lhe os cabelos: — Agradeça a Deus a felicidade destes momentos inolvidáveis. Daqui por diante terás uma nova vida pela frente.

Ela soluçava sem parar; um pranto triste e dolorido, em que a saudade se misturava à alegria do reencontro e a consciência dos próprios erros a martelar a mente. Acalentando-a nos braços, embalou-a até que adormeceu brandamente.

Ele estava feliz. Conseguira uma vitória. O fato de Tamara chorar e extravasar seus sentimentos era altamente benéfico para seu organismo.

Suspirou profundamente aliviado e satisfeito.

Nos dias que se seguiram a recuperação de Tamara foi-se processando gradual e ininterruptamente, para alegria de todos no palácio, principalmente nós, Lúcia e eu.

Lúcia estava eufórica com os progressos conseguidos por Tamara, que já conseguia conversar razoavelmente bem.

Eu via meu mundo renascer e novas perspectivas se abriam em meu caminho. Tamara, a mulher sempre amada, retornava à vida e meus desejos recrudesciam.

Marcus continuava com o tratamento, agora com mais otimismo e confiança. Vezes sem conta, quando não estava na guarnição ou envolvido com problemas de segurança e defesa, ficava a observá-los à distância.

Admirava a paciência e solicitude do médico, procurando despertar em sua alma noções de vida espiritual, conceitos de virtudes, problemas de saúde e enfermidade ou qualquer outro assunto que surgisse no momento. Quando o tempo permitia essas "aulas" realizavam-se nos jardins, ou então nos próprios aposentos, ou no terraço. Tamara, sempre pensativa, trazia no semblante um ar melancólico que tornava sua peregrina beleza ainda mais fascinante.

Nos primeiros tempos prestava atenção a tudo que Marcus lhe dizia, como deve proceder uma aluna atenta, embora seu pensamento muitas vezes estivesse distante, pela expressão vaga do olhar.

Fortalecendo-se, porém, física e mentalmente, passou a demonstrar impaciência e desinteresse pelas aulas.

Marcus procurava fazê-la voltar à realidade, escutar o que tentava incutir em sua mente, mas ela demonstrava cada vez mais desinteresse e má vontade. Exprimia cansaço e impaciência logo após as primeiras palavras do médico, quando não trazia à baila outro assunto completamente diferente do que estava sendo cogitado então, patenteando seu alheamento. Marcus suspirava e, com paciência infinita, voltava a repassar os pontos já vistos.

Não deixei de notar também o seu excessivo interesse pela enferma. Passava a maior parte do tempo ao lado de Tamara, reservando pouco tempo disponível para meu filho Nika. Quando fiz-lhe ver essa realidade, espicaçado pelo ciúme ao notar os olhares enlevados e ternos que ele lançava sobre Tamara, respondeu-me que Nika estava bem. O problema do garoto era irreversível e o tratamento estava sendo ministrado, mas o mais importante era mantê-lo tranqüilo, numa vida sem sobressaltos, onde se sentisse seguro e em paz.

Embora não convencido e nada satisfeito, tive que resignar-me e aceitar sua palavra. Afinal, "ele" era o médico. Mas passei a vigiá-los daí por diante. Ninguém me roubaria a mulher amada. Afastaria qualquer um que tentasse colocar-se no meu caminho. Minhas relações com Lúcia estavam cada vez piores; já não suportava a sua presença e a vida no lar tornou-se um inferno para mim, somente amenizado pela presença de Tamara.

Nika continuava a rejeitar-me. Preferia ficar com Sula, brincar com Marcus e aceitava passear com qualquer um, desde que não fosse eu.

Dei-lhe um cãozinho no intuito de melhorar nossas relações. Aceitou o presente mas nem sequer me agradeceu.

As coisas estavam nesse pé quando certa tarde conversávamos no terraço. A temperatura estava fria, mas o céu estava límpido e muito azul e o sol morno nos aquecia.

Nika brincava a um canto com o cãozinho, Lúcia conversava com Áurea, sua mãe, e Tamara sobre futilidades. Minha sogra, que raramente participava de nossas reuniões familiares, nesse dia estava presente e falava sobre uma festa onde estivera até o amanhecer, juntamente com Antonina.

O garoto, certo momento, percebendo Tamara triste e melancólica, aproximou-se dela e, com desprendimento tocante, colocou o animalzinho no colo de Tamara, dizendo com sua voz infantil e cristalina:

— Toma, Tia Tamara, brinca com ele!

Tamara fitou a criança que, a seu lado, olhava-a com os olhos grandes e escuros, bracinhos estendidos. Sentiu o pêlo macio do cachorro, mas algo dentro dela reagiu. Não sabia explicar a aversão que nutria pelo garoto, sempre tão agradável com ela.

Empurrou o cachorrinho com a destra, num movimento brusco, e ele caiu no chão, ganindo de dor.
— Não quero! Não gosto de cachorros! — disse irritada.
Lúcia fitou-a surpresa e entristecida, enquanto acudia Nika que estava aos gritos com o animalzinho no colo.
— Tia Tamara é má! Machucou meu amiguinho.
A mãe do menino dirigiu-se a ela com voz embargada:
— Por que fizeste isso?
— Desculpa, Lúcia. Não foi minha intenção magoar teu filho.
— Não é a mim que deves desculpas! — falou, incisiva.
Tamara endereçou um olhar ao garoto, que chorava apertando o cachorrinho nos braços. Chamou-o.
— Nika, perdoa. Tia Tamara não quis magoar-te, nem ao teu amigo. A verdade é que não estou me sentindo bem hoje.
Essa reparação saiu de sua boca com esforço. O garoto vendo o ar amistoso de Tamara, o que era raro acontecer, aproximou-se enxugando as lágrimas já esquecido do ocorrido. Deitou a cabeça no regaço de Tamara, enquanto ela acariciava-lhe os cabelos louros e anelados.
— Tia Tamara, eu gosto de ti.
Levantou a cabecinha e fitou-a com o olhar luminoso, ainda orvalhado de lágrimas.
Algo dentro dela agitou-se desagradavelmente ao fitar aqueles olhos escuros que longas pestanas sombreavam e foi com impaciência que respondeu:
— Agora preciso repousar, Nika. Vai brincar e deixa-me em paz.
Levantou-se e saiu do terraço a caminho de seus aposentos, deixando um ambiente tenso e desagradável. Sua atitude não tinha explicação e todos estavam perplexos.
Nisso entra Homero repentinamente no terraço. Sua fisionomia desfeita demonstrava surpresa e medo.
Após dirigir rápido cumprimento a todos, voltou-se para mim apreensivo:
— Ciro, eles se aproximam da cidade!
— "Eles", quem?
— Os ostrogodos!
Como se picado por uma serpente, pulei da cadeira onde me encontrava comodamente instalado.
— Como soubeste?
— Um camponês viu as tropas que se dirigem para Ravena e que se encontram acampadas nas proximidades e veio avisar-nos.
Peguei as armas e preparei-me rapidamente.
— Precisamos nos preparar para recebê-los. Os homens já estão alertados?

— Já. Estão em seus postos. A sentinela soará o alarme assim que os avistar.

Nas ruas o movimento era grande. A notícia já se espalhara e o povo procurava salvar seus pertences, escondendo os objetos mais valiosos e até procurando deixar a cidade e refugiar-se nos campos. Mas os portões de acesso já estavam fechados e dali por diante ninguém mais poderia sair ou entrar na cidade.

Preparamos a defesa conforme foi possível. A exigüidade de tempo não permitia manobras mais demoradas.

Um mensageiro partiu às pressas para Roma, comunicando a Belisário sobre o ataque iminente, e ficamos todos torcendo para que o mensageiro pudesse passar incólume pelas fileiras inimigas.

A azáfama era geral. Os rostos apresentavam-se tensos e preocupados. O povo temia novas lutas, ainda tendo frescas na memória as lembranças dos sofrimentos experimentados. Muitos choravam e rezavam sem cessar, suplicando a misericórdia divina.

As horas que se seguiram foram de cruel espectativa. Percorri as amuradas verificando as condições de cada ponto estratégico. Sob o manto estrelado da noite o silêncio era total. Só se viam rostos pálidos e tensos observando à distância os pequenos pontos de luz que sabíamos pertencer ao acampamento inimigo.

Às primeiras horas do dia seguinte iniciou-se o ataque às nossas fortificações. O contingente ostrogodo avançou e os arqueiros rechaçaram com flexas e catapultas arremessavam pedras. Aqueles que se aproximavam das amuradas recebiam água e óleo fervente, e despencavam aos gritos de dor.

Certa hora percebemos que se retiravam e os urros de alegria de nossas tropas acompanharam a fuga dos inimigos.

O primeiro ataque estava ganho. A vitória era nossa. Havíamos conseguido rechaçar o inimigo. Mas, até quando?

CAPÍTULO XXVIII

A CONFISSÃO

Marcus, em seu gabinete de trabalho, escrevia. Acostumara-se a anotar suas pesquisas e os resultados obtidos para confronto posterior. Estudava as características, intensidade e duração das doenças, conferindo com os livros que possuía em sua pequena mas muito valiosa biblioteca. Analisava e acrescentava suas próprias observações com critério e discernimento.

Ouviu uma vozinha infantil no corredor e, logo, Nika penetrava no aposento. Risonho e alegre entrou galopando um cavalinho de madeira, ao mesmo tempo procurando manter em seu regaço o cãozinho que fazia esforços para se desprender.

Parou de escrever, recostou-se na cadeira e olhou-o sorridente. Amava a essa criança tão franzina e doentia. A palidez do semblante ressaltava os olhos grandes e negros que espessos cílios sombreavam. Nika gostava de vir conversar com ele em seus aposentos. Uma simpatia recíproca os unia um ao outro.

— Olá! — disse, num gorgeio.
— Olá! — o médico respondeu, amistoso.
— O que estás fazendo?
— Estou escrevendo.
— Por quê? — insistiu numa atitude própria da idade.
— Para estudar o que acontece com as pessoas.
— Ah!... Por quê?
— Para tornar tua vida e de outras pessoas mais fácil.
— Ah! Posso ver?

Com paciência infinita Marcus tomou-o no colo, sentando-o nos joelhos, para alegria do cachorro que conseguiu escorregar para o chão, saindo em disparada.

Os olhos do garoto examinavam com interesse tudo o que estava espalhado sobre a mesa: livros, material para escrita, tintas coloridas, um crânio que se equilibrava sobre uma pilha de livros, além de um vaso onde Tamara colocara algumas flores colhidas recentemente no jardim.

De repente, perguntou ao médico:
— E o homem?
Estranhando a pergunta de Nika, ele indagou:
— Que homem?
— "Aquele" — respondeu, frisando a palavra como se o médico tivesse obrigação de lembrar. — Aquele que ficava sempre ali! — completou, apontando com o dedinho indicador o local onde deveria estar o objeto.
— Explica-te melhor, Nika. Não estou entendendo o que dizes.
— Aquele homem deste tamanhinho! — e com as mãos tentava mostrar-lhe o tamanho.

Algo dentro do médico gelou de repente. Não podia ser! Nika referia-se a uma pequena escultura com o busto de Hipócrates que ele carregava sempre consigo. Mas, não podia ser! Nika nunca a vira!

Era longa a história desse objeto. Marcus a recebera de presente de um amigo muito querido, grego de nascimento, e que, na hora da morte, desejando recompensá-lo pelos serviços prestados, dissera-lhe que escolhesse o que quisesse. Esse homem era muito rico, mas possuía uma família egoísta e gananciosa. Mal continham o interesse pela riqueza do velho e seus filhos não viam a hora da sua morte para ficarem com tudo o que lhe pertencia.

Marcus agradeceu e declinou do oferecimento, consciente da situação e preocupado em que não o julgassem também interesseiro.

O velho insistiu e Marcus, por delicadeza, olhou ao seu redor procurando algo. Seus olhos caíram sobre uma pequena escultura que estava numa mesinha a um canto do quarto. Levantou-se, dirigiu-se até a mesa e tomando o objeto com cuidado trouxe-o até próximo do leito.

— Aceito este busto de Hipócrates, se for do teu agrado. Sempre o admirei e tê-lo sobre minha mesa incentivar-me-á ao estudo.

O grego acenou com a mão ligeiramente, aquiescendo com um leve sorriso:

— Escolheste bem, Marcus. Essa escultura é uma obra de arte de muito valor. Dizem ser obra de Fídias, mas não sei se é verdade. De qualquer forma gosto muito dela e fico feliz em que passe para tuas mãos, meu amigo.

O médico olhou a pequena escultura à sua frente, acariciando-a com os dedos, delicadamente.

— É muito bela — falou, emocionado. — Sua perfeição de linhas, a delicadeza de seus traços denotam a mão de um artista. Agradeço-te, meu amigo. Ela acompanhar-me-á aonde eu for.

Pouco tempo depois o velho grego morreu e Marcus afastou-se daquela casa para nunca mais voltar.

Por muitos anos a estatueta o acompanhara em suas andanças pelo mundo e, quando possível, estivera em sua mesa de trabalho, quando possuía uma.

O Conde de Ravena admirava-a profundamente e sempre que penetrava em seu gabinete não deixava de tecer referências elogiosas a respeito dela. Desejou diversas vezes até adquiri-la, mas Marcus explicava-lhe com delicadeza que não estava a venda.

Posteriormente, percorrendo cidades e países diferentes, um dia ela caiu, partindo-se ao meio. Pesaroso, o médico guardou-a para ver se conseguiria consertá-la, o que ainda não fora possível.

E agora, aquele garoto olhava-o indagador, perguntando sobre "o homem desse tamanho". Colocou-o no chão, levantou-se da cadeira e foi até onde estavam guardados alguns pertences, de lá trazendo os dois pedaços da estatueta.

Uma emoção muito grande dominava seu íntimo. Ele tremia imperceptivelmente ao colocar sobre a mesa os pedaços da estatueta quebrada, encaixando-os em seguida, sempre analisando a reação de Nika.

A fisionomia do garoto iluminou-se ao vê-la:

— É esse homem! Por que o escondeste? É tão belo! — e com as mãozinhas infantis acariciava o objeto.

Marcus deixou-se cair sobre a cadeira, estatelado. O sangue latejava-lhe nas têmporas e a vista obscureceu-se por momentos. Com um nó na garganta balbuciou, incrédulo:

— Meu Deus! Não é possível! Nika não conhecia o objeto, nunca o vira em sua vida! — profundo assombro o dominava.

Os olhos do médico marejaram de lágrimas e abraçou aquele menino pálido e franzino, apertando-o fortemente de encontro ao coração.

Godofredo! Só podia ser ele! — pensava. — Agora sabia onde já vira aqueles grandes olhos expressivos. Tantas vezes fitara a criança buscando em sua memória localizar onde já os vira e agora ali estava ele à sua frente.

Não pôde deixar de pensar que grande é a sabedoria divina e infinito o amor de Deus, que proporciona novas oportunidades de elevação a seus filhos.

Estava assim, enlevado e emocionado, com a incrível descoberta que fizera, quando entraram abruptamente no aposento. Era o escravo particular do médico que vinha, alvoroçado, contar-lhe as últimas novidades. Assustado, quase não conseguia falar.

— Meu Senhor, os invasores entraram na cidade!
— Tens certeza? Fala, homem!
— Dentro da cidade, Senhor!

Nisso, um rumor distante tornou-se audível. Clamor de gritos, ruído de metais que aumentavam gradualmente.

Sula penetrou o aposento à procura de Nika.
— Ah! Estás aqui, menino desobediente. Procurei-te por toda parte, Nika! Venha, precisamos nos esconder.

E virando-se para o médico:
— Apressai-vos, Senhor, não tendes muito tempo.
— Mas, então é verdade?
— Sim, Senhor! Vieram buscar o patrão com urgência. Os ostrogodos atacaram por dois lados, segundo ouvi dizer, e os soldados defendendo um lado não perceberam que penetravam pelo lado oposto.

Todos já tinham sido informados. A guarda do palácio levou as mulheres e crianças para um local de mais difícil acesso e os homens prepararam-se rapidamente para a defesa do palácio.

O medo grassava em meio à população, temerosa de novos sofrimentos. O pavor alastrava-se qual rastilho de pólvora, atingindo a todos e desnorteando os mais corajosos.

O inimigo avançava sempre. Conseguira vencer as resistências que se opunham à sua passagem. Resistências fracas, diga-se de passagem, pois o contingente aquartelado em Ravena era reduzido, tendo em vista o exército bizantino que se deslocara para defender Roma. Os soldados, não obstante sua valentia e coragem, foram impotentes para rechaçar as tropas de Totila.

A cidade parecia deserta. Viam-se nas ruas apenas os mais afoitos e os homens do povo que se aliaram aos soldados para combater os invasores. Os corpos amontoavam-se nas vias públicas sem que se tivesse tempo para enterrá-los. O sangue espalhava-se pelas calçadas e os feridos eram recolhidos, quando possível, por mãos piedosas, que os socorriam condoídas de sua sorte caso fossem encontrados pelos ostrogodos.

Marcus percorria os locais onde a dor campeava, dando alívio e consolação aos feridos, fazendo curativos, aplicando bandagens, dando um sedativo àqueles em quem a dor se fazia insuportável.

Encontrei-o durante um combate e indaguei sobre minha família. Disse-me que até sair do palácio tudo estava em ordem, mas não tivera mais notícias.

Embora preocupado pela segurança de minha família não podia abandonar meu posto. Ordenei-lhe fosse se cientificar da situação e viesse informar-me. Como precisava socorrer alguns feridos para aqueles lados concordou em chegar até o palácio.

Lá a inquietação era grande. Tamba procurava cercar os muros de segurança, mas a guarda era pequena. Os feridos começaram a chegar, buscando abrigo em nossos muros, anunciando a aproximação do inimigo. Lúcia deu ordens para que recolhessem todos os que pedissem asilo e ela, Tamara, Sula e algumas escravas, embora sem condição, deram atendimento aos refugiados. Um copo dágua, um curativo, um remédio calmante, alimentação e tudo o mais que se fizesse necessário.

A certa altura Tamba aproximou-se de Lúcia expondo-lhe a situação.

— Senhora, é imperioso que deixes este palácio, juntamente com vossa mãe, Senhora Tamara e vosso filho.

— Não, Tamba — respondeu com corajosa dignidade. — Aqui é o meu lar e nele desejo permanecer.

O homem insistiu:

— Senhora, nossa condição de resistência é pequena e tenho o dever de garantir-vos a segurança e a toda a vossa família. Insisto em que deveis retirar-vos para o Palácio Governamental. Lá terão mais condição de proteger-vos.

Nisso o médico chegou e, ouvindo a rogativa de Tamba, reforçou o pedido:

— Senhora, acrescento a minha à solicitação de Tamba. Venho dos campos de luta, onde se processam acirrados combates.

— Ciro? — indagou, ansiosa.

— Está bem, Senhora, não vos inquieteis por ele. Enviou-me para saber como está a família, preocupado por vossa segurança. Asseguro-vos que, pelo que me foi dado observar no trajeto que fiz atravessando a cidade, logo estarão aqui, pois aproximam-se rapidamente. Tamba tem razão. Estareis mais bem protegida no palácio de Belisário, onde a segurança é maior. Poderei pessoalmente conduzir-vos até lá, pois já conheço a localização das tropas inimigas, e só com dificuldade consegui chegar até aqui. Temos pouco tempo.

Tamba agradeceu-lhe o reforço, aliviado, e Marcus concluiu, ao notar a indecisão de Lúcia:

— Senhora, creio que Ciro aprovaria esta atitude de vossa parte e ficaria mais tranqüilo quanto à vossa segurança e de vosso filho. Além do mais, vosso estado inspira cuidados.

Lúcia, resoluta, decidiu-se afinal:

— Está bem. Concordo com o alvitre. Dá-me tempo de arrumar algumas coisas indispensáveis e partiremos.

Chamando Sula, a Senhora deu algumas ordens e dentro de pouco tempo estavam prontos para partir. Tamba designou dois soldados que deveriam acompanhá-los. Para facilitar, iriam a cavalo, que, embora mais incômodos que as liteiras, tinham a vantagem de ser mais rápidos.

Saíram por um pequeno portão lateral. Os cavalos, já prontos, os aguardavam. Lúcia, Áurea que reclamava a todo instante, Tamara, Sula e Nika junto com o médico. O momento era propício. As primeiras sombras da noite se aproximavam tornando mais fácil a movimentação.

Acobertados pela escuridão partiram. A distância não era grande e felizmente não tiveram nenhuma surpresa desagradável.

Após deixá-los em segurança, Marcus voltou para continuar o seu trabalho em meio ao povo e notificar-me da nova situação.

Soubemos que meu palácio caíra em poder dos ostrogodos pouco tempo depois.

Não obstante a esperança que tínhamos de ainda conseguiur expulsar os invasores de Ravena, alguns dias depois o inimigo tomou o palácio governamental onde se concentravam as últimas resistências.

Para surpresa nossa os invasores não demonstraram violência, ferocidade e desrespeito para conosco, os vencidos.

Trataram-nos com cortesia, não desrespeitaram as mulheres e crianças e não mataram os prisioneiros, mantendo um controle invejável sobre os guerreiros mercenários sob seu comando.

Após se instalarem confortavelmente no palácio, convocaram a todos, inclusive as mulheres, para travarem conhecimento.

Embora com repugnância, Lúcia, Áurea e Tamara arrumaram-se convenientemente para apresentar-se perante o general ostrogodo.

Tratou-as com consideração e respeito, ficando fascinado com o encanto das jovens senhoras, principalmente com Tamara, ainda mais bela após sua recuperação.

Com civilidade e galanteria procurou conversar com elas, que respondiam por monossílabos e de má vontade.

Foi com dificuldade que suportaram aquele encontro e, aliviadas, retiraram-se após algum tempo, com a permissão do general, alegando cansaço.

Chegando aos seus aposentos Tamara já se preparava para dormir quando uma escrava diz que alguém deseja falar-lhe. Manda que entre, embora aborrecida pela impertinente intromissão a horas tão tardias.

Um escravo entra no quarto e, humildemente, ajoelha-se a seus pés.

— Fala! Qual o assunto que te levou a procurar-me a essa hora da noite, esquecendo as conveniências? — falou autoritária e descontente ao pobre homem.

— Perdoai, Senhora, pelo adiantado da hora, mas um amigo meu e vosso servo também deseja falar-vos com urgência.

— Não pode aguardar até amanhã? Que assunto pode ser tão urgente que não possa esperar algumas horas? Quem é o escravo?

— Rufino, Senhora. Antigo criado de quarto de vosso falecido esposo.

Àquela lembrança uma catadupa de imagens que julgava sepultadas para sempre aflorou à sua mente, enternecendo-lhe o coração.

— Rufino!... — pronunciou o nome do escravo com voz embargada pela emoção. — O que ele deseja comigo?

— Está agonizante, Senhora, e talvez não passe desta noite com vida, assim disse o médico — o escravo relatou já menos temeroso ao perceber a mudança de atitude da Senhora. — Não deseja morrer sem vos ver e suplicou-me que vos levasse até ele.

Tamara decidiu-se. Ordenou a Sula que lhe desse um manto e, envolvendo-se com ele sobre a camisa de dormir, encaminhou-se com o servo rumo ao alojamento dos escravos.

— Por aqui, Senhora.

Abrindo um reposteiro o escravo conduziu Tamara até o leito onde estertorava o servo ferido. O coração de Tamara condoeu-se ao vislumbrar aquela figura que a dor desfigurava. Gotas de suor porejavam-lhe a fronte e alvo lençol recobria-lhe o corpo.

Com os olhos Tamara fez uma indagação muda, ao que o outro respondeu:

— Foi atingido por uma espada quando o palácio foi invadido. É por milagre que ainda permanece com vida, assim disse o médico.

Levantando a ponta do lençol, como a querer confirmar a gravidade da situação, o escravo mostrou a Tamara o ferimento de Rufino, fazendo com que desviasse o olhar, horrorizada.

O ferimento mostrava o ventre aberto onde o sangue jorrava ininterruptamente, apesar do tampão de puro linho com que se tentava estancar a hemorragia.

Ao ouvir vozes o ferido virou-se e sua fisionomia alegrou-se ao vê-los. Reconheceu sua Senhora que não via há tanto tempo e fez menção de erguer-se.

— Não, Rufino, não te movas. Queres falar comigo? Como estás?

— Muito mal, Senhora. Não me iludo com meu estado, mas não queria partir sem fazer-vos uma confissão.

— Não deves falar muito! Precisas repousar. O esforço te é prejudicial — falou, solícita.

O ferido agitou-se, fazendo esforços para levantar-se. Seus olhos febris fitaram intensamente a Senhora.

— É preciso, Senhora. Não posso morrer sem confiar-vos o que me aflige.

Com delicadeza, Tamara passou um pano sobre sua fronte enxugando o suor abundante que corria.

— Está bem, Rufino. Fala, se isso te agrada. Estou escutando.

Com dificuldade o escravo principiou a falar:

— Fostes sempre tão gentil comigo, Senhora, que lamento ter que causar-vos mais um dissabor. Vosso falecido esposo foi a melhor criatura que já tive oportunidade de conhecer e eu o servi lealmente até que...

Tamara começou a interessar-se pela narrativa.

— Ele te estimava muito, Rufino.

— Eu sei, Senhora, e não tenho tido paz desde então.

Percebendo algo estranho na narrativa do escravo, Tamara aguardava com impaciência que ele continuasse. — Tu o serviste lealmente até que...
— Procurai compreender, Senhora. Eu precisava de dinheiro para comprar minha alforria. Sonhava todas as noites com minha terra distante e desejava angariar minha liberdade para voltar para lá.

Apreensiva, percebendo que algo de mais sério sucedera, Tamara exortou-o a continuar:
— Fala, miserável, o que fizeste?
— Não me interrompeis, Senhora. Contar-vos-ei tudo, embora muito me custe.

Com imensa dificuldade Rufino narrou como tudo sucedera, omitindo apenas o nome do culpado.

Ao terminar, Tamara, com o rosto congesto, os olhos esgazeados e expressão alucinada, agarrou-o pelo pescoço gritando-lhe colérica:
— O nome, desgraçado! o nome de quem ousou trair meu marido e roubar-lhe a vida!

O moribundo, com os olhos rasos de lágrimas, disse uma única palavra:
— Ciro.
— Repete, infeliz!
— Ciro. Foi ele, Senhora. Essa serpente venenosa, esse mau caráter que se utilizou da minha fraqueza para atingir meu Senhor. Ah! mas estou aliviado. Agora posso morrer em paz. Espero que Deus me perdoe. Perdoai, Senhora, todo o mal que vos causei. Sei que meu gesto não tem justificativa, mas sou um infeliz cujo remorso tornou a vida insuportável. Agradeço a arma que me feriu, pois me libertou de uma dor maior, qual a de continuar vivendo a carregar esse segredo monstruoso e o remorso que me alucina...

Tamara, sob profundo assombro, era a própria imagem da dor. Tinha vontade de avançar sobre aquele homem e matá-lo.

Levou a mão à cintura e seus dedos tocaram um objeto frio. Lembrou-se do punhal que ali colocara para defender sua honra, caso fosse necessário. Não obstante a gentileza com que eram tratadas, não confiava naqueles bárbaros e temia que invadissem seus aposentos na calada da noite.

Arrancou-o das dobras da túnica e, levantando o braço, aprontava-se para enterrá-lo no peito do escravo ferido quando mão férrea susteve seu braço vingador.
— Não, Senhora! Não é preciso. Vede! Ele morre...

Tamara baixou os olhos e viu o infeliz escravo que exalava o último suspiro com um leve sorriso nos lábios entreabertos, de onde escorria um filete de sangue. O semblante, antes congesto e atormentado, apresentava-se agora mais tranqüilo, quase feliz.

CAPÍTULO XXIX

OS OSTROGODOS EM RAVENA

Os pensamentos turbilhonavam em seu íntimo. A partir do momento em que ouvira, ralada de angústia, a confissão do infeliz escravo que estertorava nas vascas da morte, Tamara deixou-se dominar por um ódio profundo por aquele que até então estimava fraternalmente, agradecida por tudo o que lhe fizera de bom.

Agora um rancor surdo e indomável tomava de assalto seu cérebro, dominando-lhe a vontade. Sentia o sangue ferver em suas veias e, a cada vez que se lembrava do infame Ciro, uma vertigem obscurecia-lhe a visão.

— Maldito!

Calada, remoía os pensamentos, procurando lembrar-se de todos os acontecimentos passados, buscando encontrar a razão para a criminosa ação de Ciro.

Reviu mentalmente as vezes em que ele a visitara na prisão, levando-lhe consolo e esperança com sua simples presença. O sofrimento experimentado então era de molde a enlouquecer um espírito menos combativo do que o seu. Lembrou-se de quando, tomando conhecimento de si mesma, entre a vida e a morte, já nos aposentos do médico, soubera que fora ele que a arrancara do sombrio, infecto e lúgubre calabouço onde apodrecia em vida.

Depois, anotava mentalmente a surpresa e a emoção ao despertar em plena natureza e saber-se livre. Ah! emoção igual só é capaz de sentir quem já foi prisioneiro, quem já sentiu a humilhação de ser propriedade de alguém e não poder dispor da própria vontade.

A fuga rumo ao desconhecido, os sofrimentos, os perigos e aventuras vividos por ambos fugindo dos homens do Conde de Ravena. Revendo mentalmente os acontecimentos, relacionava fatos, atitudes, situações.

Agora entendia o porquê da infame e criminosa atitude de Ciro. Sempre demonstrara interesse por sua pessoa. Seus olhares, sua gentileza e atenção constantes falavam de um sentimento que brotara em seu íntimo. Tamara, porém, acostumada a ter todos os homens a seus pés, a atrair todas as atenções, não fazia caso, ignorando o rapaz. Mesmo quando ele falara do seu amor, nos jardins do palácio, demonstrando descontrole íntimo frente ao casamento dela prestes a realizar-se, afastou-o como se afasta um inseto importuno.

Sim! Ele a amava. Nunca acreditara no amor dele, mas agora via as coisas com mais clareza. Sua expressão mudava ao vê-la com Agar; ficava irritado, descontente e agressivo. Seus olhos não deixavam de segui-la, aonde quer que fosse, causando-lhe até um certo desassossego.

Infame! Jamais julgara que fosse capaz de matar um amigo. Sabia que era cruel e violento em combate, que matava por prazer e mutilava com um sorriso. Já ouvira comentários a esse respeito feitos pelos próprios companheiros de armas. Sabia que não tinha contemplação com os escravos, punindo-os severamente ao menor deslize ou falta cometida. Mas, normalmente, era uma pessoa como outra qualquer, que sabia demonstrar gentileza, consideração e respeito para com as outras pessoas. Não, não julgara que fosse capaz de tirar a vida de um amigo.

Sua felicidade e de Agar fora destruída por aquele homem e ele não ficaria impune. O meigo, bom e querido Agar morrera por suas mãos e ela saberia vingá-lo.

Enquanto Tamara envolvia-se nesses pensamentos sombrios e perturbadores, amigos espirituais procuravam incutir-lhe paz, idéias de perdão, tolerância e misericórdia, mas, engolfada no sorvedouro das próprias imagens mentais criadas, Tamara era incapaz de percebê-las.

Planejava avidamente uma vingança atroz, antecipando o prazer de vê-lo exangue em suas mãos.

Com os olhos nublados de pranto, febril, voltou lentamente à realidade, percebendo que se encontrava ainda ao lado do morto. Agora no aposento havia outros servos presentes, preocupados com ela, mas não sabiam o que fazer. Temiam aborrecê-la e deixaram-na extravasar sua dor.

Tamara olhou ao redor de si com os olhos vítreos. Teriam ouvido alguma coisa? Não, aquelas pessoas não estavam ali antes. Dentro do pequeno quarto antes só estavam Rufino, ela e o escravo que fora buscá-la. Este, às primeiras palavras de Rufino, afastara-se discretamente e o agonizante falara tão baixo que mesmo ela, ali junto ao leito, tivera dificuldades de escutar. Não, ninguém tomara conhecimento das declarações do infeliz escravo, podia estar certa disso. Antes assim! Queria manter esse segredo só para si mesma e utilizá-lo quando fosse conveniente.

Fitou o cadáver uma última vez. Maldito escravo traidor! Por uma alforria! Por que não falara com Agar? Conhecendo seu falecido marido como conhecia, tinha certeza de que não hesitaria em conceder-lhe a liberdade. Mas não, achara mais fácil roubar-lhe a vida. Que coisa estranha é o destino!

Balançou a cabeça como se ainda tivesse dificuldade de entender o que acontecera e afastou-se com asco.

Retornou aos seus aposentos e, desejando ficar sozinha, dispensou a escrava que, solícita, aguardava a sua volta e que ficara preocupada ao notar o estado de perturbação em que se encontrava.

Passou a noite entre projetos de vingança e idéias sinistras que povoavam-lhe a mente. O novo dia encontrou-a ainda insone. Somente conseguiu adormecer ligeiramente quando, exausta, o dia já estava claro e os primeiros raios de sol já penetravam pelas frestas da janela.

Ao despertar chamou a serva que aguardava aflita. Levantou-se como se nada tivesse acontecido.

Ajudando Tamara a se vestir, a escrava notou-a diferente. Estava com expressão estranha no rosto, ar resoluto e um pouco endurecido.

— Dormistes bem, Senhora? Estais diferente hoje!

— Estou bem, Maria. Avia-te, tenho pressa! — respondeu rudemente.

A escrava suspirou desalenta. O ar cansado da ama e as olheiras profundas e arroxeadas ao redor dos olhos falavam de uma noite mal dormida.

— Sim, Senhora. Já ouvistes os comentários que correm, minha Senhora? — perguntou, não se contendo.

— Não, Maria. A que comentários te referes? Fala-se tanto nesta cidade! — retrucou com indiferença.

— Fala-se que o general Belisário está levando desvantagem na luta com os ostrogodos, em Roma.

— Como assim?

— Soube por um amigo que chegou à cidade que o exército bizantino perdeu algumas posições.

Tamara replicou, incrédula:

— Não creio. O exército bizantino de Belisário é invencível! Com certeza não ouviste direito. Deixa de contar mentiras e apressa-te.

A escrava abaixou a cabeça, humildemente, terminando de ajeitar os cabelos da ama.

Tamara saiu indo à procura de Lúcia. Sabia que àquela hora a encontraria no jardim, passeando com Nika, a quem o médico recomendara que apanhasse bastante sol, devido à palidez marmórea do seu semblante.

O garoto ao vê-la surgir na porta, ingressando no jardim, correu a encontrá-la com os braços abertos e soltando gritinhos de alegria.

Tamara abraçou-o a contragosto, afastando-se com certa rapidez. Evitava demonstrar os sentimentos de aversão que nutria pela criança, para não melindrar sua amiga, a quem muito estimava.

Lúcia, sentada num banco de mármore à sombra de uma árvore, sorriu ao ver Tamara. Cumprimentaram-se e Tamara sentou-se, indagando se a amiga sabia das últimas notícias.

— Sobre Belisário? Sim, ouvi falar, mas não creio que seja verdade.

— Concordo contigo. Também eu não acredito nesses comentários. Acho que são obra de alguém que deseja instalar a insegurança e o medo entre nós.

— Acreditas nisso? Não sei! — retrucou meneando a cabeça. — Oh! Mas eis Ciro que se aproxima. Talvez possa informar-nos com mais segurança.

Tamara enrijeceu-se ao notar minha aproximação e eu, desconhecendo a confissão de Rufino, tratei-a como sempre, com amorosa solicitude.

Infelizmente, confirmei as notícias e denotei minha preocupação com a situação do exército, em Roma, concluindo apreensivo:

— Nossa esperança era Belisário!

De uma das aléias do imenso jardim surgiu uma figura estranha que, embora distante uns setenta metros, não tivemos dificuldade em identificá-lo como um dos chefes militares de Totila.

Vinha absorto, examinando com curiosidade as plantas do jardim. De quando em vez abaixava-se e tomava uma folha na mão levando-a até as narinas e, depois, atirava-a no chão, logo interessando-se por outra coisa.

Determinado momento viu o grupo reunido a algumas dezenas de metros à sua frente. Apressou o passo eliminando rapidamente a distância que os separava.

Ao aproximar-se, fisionomia sorridente, dirigiu-lhes a palavra com cortesia:

— Ah! que feliz acaso encontrar tão belas e ilustres damas logo pela manhã!

Fez uma mesura, cumprimentando-as, e continuou sem parecer notar a indiferença dos presentes.

— Lindo dia, não? Estou fascinado com a variedade de plantas existentes neste parque — e virando-se para mim: — Não vos parece, Senhor, que este parque é muito bem suprido de vegetais variados?

— Entendo muito pouco de plantas para emitir uma opinião, Senhor, e concluí irônico: — Mas, pensei que os ostrogodos se interessassem só por guerras!

Sem denotar ter entendido a alusão, o guerreiro retrucou:

— Sem dúvida, apreciamos uma boa luta como meio de conseguirmos aquilo que desejamos, mas isto não impede que se admire o belo.

E, concluindo o pensamento, lançou um olhar de admiração para Tamara, que acompanhava o diálogo, divertindo-se.

O guerreiro olhou ao seu redor e vendo uma linda rosa rubra que desabrochara no canteiro mais próximo, atrás do banco onde as damas se assentavam, inclinou-se e colheu-a.

Em seguida, estendendo a destra, ofereceu a rosa a Tamara.

— Aceitai, Senhora, esta flor em penhor da minha admiração. Vossa beleza suplanta e empalidece o encanto da rosa.

Tamara fitou-o, surpresa. Lúcia sorria discretamente e eu mordia os lábios contendo a irritação.

O homem que ali estava, apesar de estranho, não deixava de ter seu fascínio. De estatura alta, porte atlético, a cabeça plantada sobre fortes ombros era bela. De pele crestada pelo sol e pelo vento, bastos cabelos crespos que caíam até o pescoço, olhos castanho-esverdeados grandes e melancólicos, sobrancelhas fartas. A mão que estendia a flor era forte e morena, contrastando com a delicadeza do gesto.

Tamara sorriu e estendeu a mão pegando a flor. Em seguida aspirou o perfume que se evolava suavemente, agradecendo com um olhar fascinante.

O estranho estremeceu sob aquele olhar e sorriu satisfeito, embora algo embaraçado.

Naquele momento dois velhos conhecidos encontravam-se novamente face a face e Tamara readquiria toda a ascendência que exercia sobre aquele homem.

Logo depois ele despediu-se com uma reverência, após assegurar-se que se veriam mais tarde, na ceia.

Ao ficarem a sós Lúcia não sopitou uma risada sonora:

— Minha querida amiga, creio que fizeste uma conquista!

— Precisavas tratá-lo dessa maneira? Era necessário te mostrares tão atraente? Não achas que exageraste um pouco? — repliquei agastado e ferido em meu amor-próprio.

Tamara fitou-me com olhar duro, respondendo com voz gélida:

— Acho-o interessante e não creio que tenha feito nada de mal.

— Percebeste que deste motivos para que esse homem se aproxime de ti e tenha esperanças? — continuei, nervoso.

Com ar irônico ela retrucou, divertindo-se com minha reação:

— Meu caro Ciro, se já não fosses casado diria que estás enciumado! Não te parece, Lúcia?

Com bom humor minha esposa interferiu em nossa rusga:

— Tamara tem razão, meu amor. Além do mais ela é livre para fazer o que desejar — e virando-se para a jovem: — Concordo contigo, minha querida, quando dizes que o bárbaro é um belo espécime de homem. Embora um tanto rude fisicamente, suas maneiras são delicadas e gentis. Ficou realmente impressionado contigo!

Enquanto as duas mulheres riam, divertindo-se, eu remoía meu ciúme e meu despeito.

Agora que me livrara do rival e que Tamara recuperara a saúde, não iria perdê-la para qualquer um, especialmente um inimigo asqueroso.

Nossa situação era incerta ainda. Os chefes militares estavam presos e nós outros fôramos obrigados a jurar fidelidade a Totila, se quiséssemos conservar a liberdade e a vida.

Éramos bem tratados, mas nos vigiavam os passos e nada podíamos fazer. Fora enviada mensagem a Belisário, mas não sabíamos se o general teria recebido ou não, devido à dificuldade que encontraria o mensageiro para passar pelas linhas inimigas.

E agora esse homem surgia em minha vida para atrapalhar meus planos. Teria que fazer algo. Buscava febrilmente uma idéia que pudesse colocar em prática, mas em vão.

Temia que Tamara resolvesse interessar-se realmente por outro homem. Afinal, era muito jovem e precisava de alguém ao seu lado. Diversas vezes pessoas de nossas relações levantavam o problema, cogitando de um novo casamento para Tamara, mas ela se esquivava delicadamente.

Vários pretendentes haviam surgido, mas ela sempre os rejeitava. Mas, até quando? Agora demonstrara um interesse nada usual pelo ostrogodo, ainda por cima um inimigo.

Não, não deixaria que ninguém se aproximasse dela. A única maneira seria livrar-me de Lúcia. Sim! Por que não? Não poderia afugentar todos os homens que se aproximassem de Tamara, mas poderia ficar livre para desposá-la!

A esse pensamento meu coração bateu descompassado. Era um projeto antigo que alimentara desde o casamento, mas que deixara de lado ao saber Tamara enferma. Durante anos cuidara de Tamara com dedicação e carinho e só sua simples presença me bastava, porque sabia que ninguém poderia roubá-la do meu convívio.

Mas agora era diferente. Precisava agir rápido. Não seria difícil. Olhei Lúcia que palestrava animadamente com Tamara, enquanto Nika brincava no chão.

Minha esposa aguardava um novo filho e a "délivrance" não deveria tardar. O ventre avolumava-se a cada dia que passava e Lúcia aguardava ansiosa o novo rebento. Tinha esperanças de que agora viesse uma menina alegrar nosso lar.

Embora soubesse de todas essas coisas e compartilhasse de sua intimidade, não me enternecia. Não me detive um instante a analisar o ato nefando que planejava praticar. Somente conseguia vislumbrar Tamara à minha frente, como um prêmio que desejava acima de tudo.

Antes de mais nada precisaria obter permissão para voltar para o nosso palácio, levando Tamara junto. Procuraria obter essa licença durante a ceia dessa noite, quando o Chefe ostrogodo já estivesse mais acessível após alguns copos de vinho.

● ● ● ● ● ● ● ● ● ● ● ● ● ● ●

A noite estava bela. Miríades de estrelas pontilhavam o profundo azul do firmamento. Os archotes foram acesos e o palácio ganhou aspecto festivo.

Os convivas começaram a chegar logo após o pôr-do-sol e aos poucos o ar foi-se enchendo de ruídos de vozes e movimento. Alegres melodias eram tocadas por músicos invisíveis e escravos percorriam os salões atendendo devidamente os convidados da festa.

Tamara vestira-se com apuro excepcional. Atenta aos menores detalhes da indumentária, estava esplêndida. As vestes brancas com bordados matizados em tons de azul deixavam a descoberto o colo de pele veludosa. Uma longa faixa azul-celeste contornava-lhe a cintura delicada realçando o talhe esbelto. Gargantilha de ouro e turquesas circundavam o pescoço flexível e larga pulseira do mesmo estilo prendia-lhe o pulso. A cabeça soberba era encimada por uma tiara de ouro trabalhado e pedras preciosas, que lhe prendia os cabelos artisticamente penteados.

O semblante delicado, os lábios bem feitos, apenas deixava perceber uma certa dureza, que não era próprio dela, na contração dos cantos da boca, e os olhos muito azuis apresentavam um brilho metálico, incomum.

A um observador mais atento não passariam despercebidos esses detalhes e notaria logo que Tamara estava agitada, algo febril e que por certo algo de muito grave acontecera.

Ninguém, porém, notou nada. Lúcia escusara-se de comparecer ao ágape alegando indisposição, o que não era de estranhar e bastante desculpável tendo em vista seu estado.

Aos poucos os grupos foram-se formando e entretinham-se em palestras animadas.

A um canto, eu observava Tamara com certa tranqüilidade, livre da presença de minha esposa, e percebia, contrafeito, que a orgulhosa jovem desfazia-se em gentilezas para com o guerreiro bárbaro que encontráramos pela manhã passeando no parque. O infame não escondia seu interesse indisfarçável pela bela e jovem viúva e ela endereçava-lhe olhares insinuantes.

Alguém aproximou-se por detrás e ouvi uma voz a dizer-me:
— Criatura fascinante!

Virei-me surpreso e vi Homero que, ao meu lado, também observava Tamara à distância.

Algo contrafeito por ser pego em flagrante, respondi:
— Ah! És tu, Homero.

— Jamais conheci alguém que me impressionasse tanto, Ciro. Também tu a admiravas de longe — disse, endereçando-me expressivo olhar.
— Enganas-te. Observava sim, mas por outra razão. Admirava a ousadia daquele porco ostrogodo que se atreve a levantar os olhos para uma dama da nobreza bizantina. Bárbaro infame!

Assustado, Homero relanceou os olhos em torno, acrescentando em voz baixa:
— Cala-te, infeliz. Queres que alguém nos ouça? Nossos superiores estão presos. Queres que nos encarcerem também? Guarda-te de fazeres comentários desairosos sobre os vencedores, se não queres perder a cabeça na lâmina de um sabre.
— Eles não perdem por esperar! — grunhi entre dentes.
— Concordo contigo. Mas, chegará o momento propício. Juramos fidelidade a Totila e esse ato colocou-nos a salvo para, em liberdade, termos condição de reagir. Agora, porém, não é o momento! Alegra-te, vamos! Desanuvia o semblante. Queres que percebam o que te vai no coração? A propósito, gostaria de aconselhar-me contigo sobre um assunto que reputo de máximo interesse para minha felicidade.

Olhei-o, estranhando seu ar indeciso e algo constrangido.
— Todos temos que tomar determinadas decisões na vida e sabes que já não sou um rapazinho. Creio que já é chegado o tempo de constituir família e assegurar minha descendência. Meus pais desejam muito ter netos, que ainda não lhes pude dar. Por outro lado, creio que encontrei a mulher ideal e que preenche todos os requisitos necessários a uma boa esposa.

Fez uma pausa, quando aproveitei para felicitá-lo pela feliz idéia.
— Bravos! Nosso galante oficial resolveu entregar os pontos e descansar sua cabeça no macio colo de uma mulher. Quem é a felizarda? Sim, pois conheço pelo menos meia dúzia de jovens e belas donzelas que aceitariam de bom grado um teu pedido de casamento.

Homero meneou a cabeça, negativamente.
— Não se trata de nenhuma delas.
— Não? Quem, então? — perguntei surpreso.

Ele virou-se e seu olhar fixou-se num ponto do outro lado do salão. Acompanhei seu olhar e meu coração bateu precípite. Fitamo-nos e ele confirmou minhas suspeitas:
— Tamara!
— Estás louco? Por certo perdeste o juízo.
— Por quê?
— Já falaste com ela?
— Ainda não, mas pretendo fazê-lo o mais breve possível. Por que não, Ciro?

Virei-lhe as costas e encaminhei-me apressadamente para a porta de acesso ao jardim. Acompanhou-me os passos em silêncio.

213

Sentei-me num banco tentanto acalmar-me e parecer o mais natural possível. Homero repetiu a pergunta:

— Por que não, Ciro? O que há de tão terrível no fato de desejar casar-me com Tamara? Sempre a admirei à distância. Era noiva de Agar, meu amigo muito querido. Depois sua esposa e sua viúva. Afastei-a do pensamento mergulhando em inúmeras aventuras que nunca preencheram o coração vazio. Tamara ficou enferma por longo tempo e um sentimento misto de compaixão e ternura encheu-me o íntimo. Mas agora está bem, recuperou-se completamente e parece ter apagado os momentos tristes por que passou. Por que não reconstituir a vida? Ela é livre e jovem. Vê como os homens se acercam dela. Se não pedi-la em casamento, outro o fará e não quero perder essa oportunidade de ser feliz. Sei que ela não me ama, mas somos amigos e estima-me. Aprenderá a amar-me.

— Achas que ela aceitará teu pedido? — perguntei com suavidade.

— Talvez. Vou expor a situação com toda a sinceridade. Ela precisa de segurança e do braço forte de um homem ao seu lado. Se ela permitir serei esse homem. Além do mais sou suficientemente rico para ser considerado um bom partido. O que achas?

Disfarçando habilmente meus sentimentos e o ódio que sentia naquele momento, respondi:

— Bem, creio que já te decidiste. Quando pretendes fazer o pedido?

— Assim que surgir a ocasião propícia. Hoje, o mais tardar amanhã.

— Desejo-te boa sorte — respondi em voz baixa.

Agradeceu-me eufórico e afastou-se voltando para o salão, onde alguns amigos requisitavam sua presença.

Os pensamentos turbilhonavam em meu cérebro. Era preciso tomar uma providência, rápido. Levantei-me e dirigi-me ao salão onde o burburinho irritou-me. Passamos todos para a sala do banquete que ia ser servido dentro de poucos minutos.

Procurei localizar-me próximo aos oficiais ostrogodos, travando conversação animada com eles, embalados pelo vinho capitoso.

A certa altura do banquete, notando-o já meio embriagado, dirigi-me ao general do exército bárbaro:

— Senhor, vossa magnanimidade é conhecida por todos e ousaria formular-vos um pedido.

Fez-me sinal para que prosseguisse, levando a taça aos lábios, com indiferença.

— Senhor, minha esposa aguarda um filho para breve e logo entrará em trabalho de parto. Ela gostaria de adoecer em nossa casa, se fosse possível. Ousaríamos pedir a vossa permissão para retornar ao nosso palácio, levando os nossos escravos e a nobre Tamara, muito ligada à minha esposa e que reside conosco.

Percebi que Rodrigo, o bárbaro interessado em Tamara, cochichou algo no ouvido dele. O general pestanejou, dando em seguida uma gargalhada. Afinal, respondeu-me:

— Considerando que juraste fidelidade a nós e considerando também a situação de tua esposa, concedo-te licença para regressares ao palácio que continua pertencendo-te.

Agradeci profundamente satisfeito e aliviado.

Ele, porém, continuou:

— Não poderás, porém, levar a nobre Tamara. A autorização concedida só envolve tua família e teus escravos.

Surpreso e revoltado quis reagir, mas contive-me a tempo de evitar problemas maiores. Era fora de dúvida que o bárbaro desejava Tamara e que não permitiria a ninguém aproximar-se dela.

Mordi os lábios inclinando-me respeitosamente. Mas dentro de mim uma tormenta avassalava-me o íntimo capaz de causar muitos estragos e muitas desgraças.

CAPÍTULO XXX

RETORNO DE BELISÁRIO

Retornamos à nossa propriedade na manhã seguinte, já que não mais teríamos razão para ali permanecer, deixando Tamara sob a tutela dos bárbaros, o que me encheu de preocupação. A simples idéia de que ela estaria à mercê daqueles brutos tirava-me a razão. Não conseguia pensar em outra coisa e tornei-me irritadiço e desagradável.

Chegando ao palácio imediatamente convoquei o administrador e demais responsáveis para que me fizessem um relatório dos estragos havidos. Tamba fez-me um relatório verbal dos prejuízos materiais e das baixas ocorridas.

Tudo isso só serviu para aumentar meu mau humor e desejos de vingança. Secretamente comunicava-me com outros oficiais do exército bizantino, buscando uma saída para a humilhante situação em que nos encontrávamos.

Certo dia irrompeu na cidade um clamor desusado. Tivemos notícias de que o general Belisário aproximava-se de Ravena e a esperança renasceu em nossos corações, bem como um novo ânimo e forte estímulo para lutar.

Dentro de pouco tempo e sem grande dificuldade, Belisário readquiriu o controle da cidade, auxiliado pelos soldados e pelo povo que, de dentro dos portões, envidavam todos os esforços para rechaçar os ostrogodos.

Nesse ínterim, em meio à luta e talvez por efeito da emoção dos últimos acontecimentos, Lúcia deu à luz um garoto forte e robusto.

A seu lado apenas as escravas se mantinham vigilantes.

Informado de que minha esposa dera à luz, assim que me foi possível ausentar-me do combate, corri para o palácio. A criança nascera um pouco antes do prazo previsto, mas era sadia e forte.

Na penumbra do ambiente extasiava-me na contemplação do novo rebento que dormia aconchegado nos braços da mãe, quando Lúcia acordou.

Ao ver-me ao seu lado alegrou-se e sorriu satisfeita, com orgulho. Ainda enfraquecida pelo esforço despendido, lutava contra o sono.
— Viste o nosso filho? — sussurrou docemente.
— Sim, querida, é um belo garoto. Não deves, porém, cansar-te. Precisas recuperar as forças — disse, com voz carinhosa.

A um pequeno sinal meu uma das escravas aproximou-se e levou o recém-nascido para o quarto contíguo onde estava colocado o berço.

A sós com minha esposa apanhei um copo com água pura que se encontrava na mesa de cabeceira e, sem titubear, acrescentei algumas gotas de uma substância, dizendo-lhe:
— Bebe, querida. Isto fará com que te recuperes mais rapidamente. É um sedativo que foi prescrito pelo médico.

Lúcia bebeu o conteúdo do copo docilmente e fechou os olhos para repousar.

Olhei em torno. O silêncio no ambiente era absoluto. As servas estavam ausentes cuidando do recém-nascido em aposento contíguo. Respirei aliviado e deixei o quarto.

Algumas horas depois recebi a triste notícia da morte de minha esposa. Deixara-me viúvo e com um filho recém-nascido.

O médico, chamado às pressas e encontrado com muita dificuldade, tendo em vista a quantidade de feridos que tinha de atender e que aumentavam a cada hora que passava, não conseguiu fazer nada por ela. Estava morta.
— Não resistiu ao segundo parto — disse-me ele. — O esforço foi excessivo para seu organismo frágil.

Representei, a contento, meu papel de marido desesperado e inconsolável.

A alegria da vitória sobre os ostrogodos foi mesclada pela tristeza da morte de Lúcia, a quem todos amavam.

Sula observava-me, à distância, lançando-me olhares desconfiados. Procurei consolar a escrava, que sabia estar sofrendo muito, falando-lhe hipocritamente da terrível perda que sofrêramos:
— Agora, Sula, mais do que nunca preciso de ti. Nika ficou órfão e o recém-nascido carece de atenções e cuidados que só uma mulher pode dar. Estou desesperado e conto contigo.

A escrava com olhos lacrimejantes aquiesceu, humilde, já acreditando ter-se enganado em suas suposições.

Nika, sem saber da desgraça que tombara sobre sua cabeça infantil, brincava tranqüilamente em outra parte do palácio com o filho de uma escrava.

Era criança e ainda incapaz de aquilatar a perda que sofrera, mesmo se soubesse. Somente o tempo iria fazer com que sentisse a falta daquela presença amorosa e constante, dos carinhos e atenções daquela mãe sempre sorridente e gentil. A imagem de Lúcia ficaria indelevelmente gravada em sua lembrança como parte de uma época feliz e tranqüila. Na retina espiritual ficaria sempre acesa a lembrança e a figura daquela mulher que, no mundo espiritual, nunca deixaria de acompanhar seus passos e que seria seu anjo protetor.

Amparada por entidades angélicas, o espírito de Lúcia desprendeu-se das vestes terrenas partindo para uma realidade maior. Espírito vivido e consciente de suas responsabilidades, executara suas tarefas com abnegação e desprendimento, fazendo jus a um atendimento espiritual amigo e carinhoso.

Mais tarde, informada de que deixara a existência terrena por ato criminoso do próprio marido, chorara amargamente. Não pelo crime perpetrado contra a sua pessoa, mas pela derrocada moral daquele que amava ainda e sempre. Filho em outra existência, esposo nessa última, ficara um sentimento maternal forte e duradouro. Solicitou permissão dos mentores espirituais para permanecer ao meu lado amaparando-me e procurando acordar em mim sentimentos nobilitantes adormecidos.

A ocasião não permitia, porém, que nos detivéssemos demasiadamente em cultivar tristezas e dissabores. O momento era de vital importância para o exército bizantino, o que me favoreceu extraordinariamente, justificando até que esquecesse rápido a morte de minha esposa.

O povo vibrava. A reconquista de Ravena se fez sem grande esforço. Os bárbaros não possuíam contingente suficiente para vencer o nosso exército, divididos entre Roma e Ravena.

Ecos de combate ocorriam em lugares esparsos, sem representar grande perigo. Eram as últimas resistências que ocorriam sem grande expressão.

Homero estava radiante de entusiasmo. Combatia com denodo, como se estivesse dependendo da sua coragem o consórcio com a bela e inacessível Tamara.

Procurara-me, após a confidência de que pretendia pedir a mão da jovem senhora, desesperado e sofredor. Cabelos despenteados, rosto desfeito, mãos nervosas e olhos febris marejados de lágrimas. Contou-me então que solicitara permissão de Totila para casar-se com Tamara, como era de praxe na época, e não obtivera a licença necessária.

Tudo isso não deixou de alegrar-me, no íntimo. Respirei aliviado sabendo que o perigo no momento estava afastado.

Agora, vendo-o de espada em punho, ânimo forte, demonstrando toda a coragem e entusiasmo no rosto satisfeito, senti o coração apertado. Belisário não deixaria de conceder-lhe a mão de Tamara, pois era excelente partido.

Matá-lo-ia naquele instante se tivesse tido oportunidade, mas a sorte o favoreceu. Surgiram reforços e em pouco tempo todos os bárbaros estavam mortos ou fugidos.

O último reduto ostrogodo era o palácio do governador, sede do governo bárbaro.

Temia pela vida de Tamara em poder dos ostrogodos. Belisário, ao ser notificado desse pormenor, propôs um acordo: devolvessem a nobre Tamara e poderiam sair da cidade a salvo.

A proposta era aceitável e convinha aos interesses ostrogodos, já que estavam encurralados no palácio e não conseguiriam sair com vida, a não ser que se entregassem. Encontraram resistência em um dos chefes, que de modo algum concordava em entregar Tamara. Loucamente apaixonado por ela, ao ver a situação se deteriorar fugira levando-a para um dos subterrâneos do palácio e não permitia que ninguém se aproximasse. Parecia enlouquecido e Tamara, num canto do lúgubre aposento, tremia de medo.

Dois velhos conhecidos se encontram novamente reunidos numa situação de perigo. Com a força da sua personalidade ardente e orgulhosa, Tamara recupera novamente a ascendência que sempre exercera sobre o espírito de Rodrigo. Defrontam-se novamente para o necessário reajuste e sucumbem ainda uma vez, contraindo dívidas para os séculos futuros.

As horas passavam monótonas e lentas. Os soldados buscavam uma maneira de se aproximar deles, mas era difícil. Vigiavam de um dos cantos mais próximos, esperando que o cansaço o dominasse para intervir. Ao menor ruído o bárbaro agitava-se, nervoso, e brandia a espada, colérico.

Em determinado momento em que ele se acalmara um pouco e sentara-se no chão, encostando-se na parede úmida, Tamara procurou aproximar-se e falou-lhe com suavidade:

— Rodrigo, deixa que eu me vá! Não quero causar-te mal. Não vês que não existe saída para ti? O cansaço dominar-te-á e eles se aproveitarão disso. Não quero que sofras. Estimo-te realmente. Aprendi a conhecer-te nesse tempo que passamos juntos. Mas não estás sendo razoável.

— Tamara, estou louco por ti e não permitirei que outro homem se aproxime de ti, entendeste? Amo-te.

— Concorda em sair deste lugar imundo, Rodrigo. Poderás ficar em Ravena. Belisário será complacente contigo, asseguro-te, e poderemos nos ver sempre.

Seu olhar fitava-a, desconfiado.

— É certo o que dizes? Concordarias de boa vontade em receber-me?

— Sim! Por que não?

— Não me odeias? Foste obrigada a permanecer conosco e evitei que tua mão fosse dada em casamento àquele nobre bizantino.

Tamara usava suas armas de sedução com maestria e mais segura do fascínio que exercia sobre aquele homem, retrucou com sorriso encantador:

— Fizeste-me um bem, querido Rodrigo. Julgas que amo Homero? Não, não o amo e não aceitaria seu pedido de casamento!
— É verdade?! Não dizes isso para alegrar-me?
Ela meneou a cabeça com jeitinho encantador.
Rodrigo, mais tranqüilo e esquecendo-se da situação em que se encontrava, fitou-a com olhar apaixonado e radiante. Tomou o rosto dela entre as mãos fortes e aproximou-se mais da jovem.
— Tamara, não sabes que felicidade me proporcionas com essas palavras. É a vida que me devolves por tua boca.
Docilmente ela deixou-se levar e, quando Rodrigo aproximou seus lábios dos dela, não o repeliu. O bárbaro beijou-a com violência, apertando-a em seus braços de ferro. Ao se ver dominada por força hercúlea, Tamara soltou um grito de dor. Foi o suficiente. Em fração de segundos os soldados pularam sobre ele, enterrando-lhe um sabre entre as costelas, enquanto outro puxava a mulher para trás, livrando-a dos braços do bárbaro.
Seus braços se afrouxaram e lentamente escorregou para o chão em meio a uma poça de sangue.
Tamara soltou um grito ao vê-lo caído no chão. Fora tão rápido que não tivera tempo de pensar. Num momento estava entre os braços dele, sentindo seus lábios quentes e sôfregos. No momento seguinte, aquele homem forte estava no chão, exangue.
Tentei tirá-la do local, mas Tamara se recusou. Abaixou-se para verificar se realmente estava morto.
Nesse instante o moribundo abriu os olhos e vendo-a debruçada sobre seu corpo lançou-lhe um olhar hostil, dizendo com esforço inaudito:
— Traidora! Ainda uma vez me traíste! Não precisavas enganar-me assim, mulher indigna.
O escravo de outrora, que mantinha por sua ama fidelidade canina e que fora usado por ela para atingir seus objetivos criminosos e inconfessáveis, voltava agora na figura do bárbaro Rodrigo. Traído no passado por aquela por quem daria a própria alma, julgava-se também traído no presente. Ao aproximar-se da morte teve um rápido vislumbre de lucidez, lembrando-se de fatos marcantes quão trágicos do pretérito.
— Não! Não, Rodrigo...
Ela tentou explicar-se, dizendo que nada tinha com tudo aquilo, mas os olhos do bárbaro tornaram-se vítreos e exalou o último suspiro, em meio a uma poça de sangue ainda quente.
Arranquei-a daquele lugar horrível, em prantos.
— Deixa-me! — gritou ela, colérica.
Irritado e ciumento falei-lhe com voz sibilante:

— Lamentas!? Lamentas a morte desse homem que pôs em risco tua vida e que, além de tudo, é um inimigo?

Com arrogância ela retrucou:

— Enganas-te, Ciro. Minha vida nem por um momento esteve ameaçada. Embora fosse um inimigo do Império, ele me amava! Não havia necessidade de matá-lo. Se tivessem aguardado um pouco mais ele mesmo teria se entregado por sua livre vontade.

O ciúme e o despeito me roíam por dentro ao vê-la defendendo aquele homem odioso, e não me contive. Agarrei-a pelo braço violentamente:

— Insensata! Gostaste do seu beijo, confessa!

Vendo-me irritado e nervoso, ela espicaçou-me ainda mais falando com ar sonhador:

— Sim. Já que desejas realmente saber: foi agradável. Ele era um homem cativante e senti-me segura em seus braços. Na verdade, durante todo o tempo em que estive neste palácio, passamos momentos inesquecíveis juntos...

Olhava-me com satisfação, antegozando o prazer de saber-me ciumento e infeliz.

De repente, como se fosse outra pessoa completamente diferente, mudou a maneira de agir e fitou-me de um modo todo seu que fez o sangue ferver-me nas veias. Colocando a mão sobre meu braço e fazendo leve e agradável pressão, disse-me com voz macia e cheia de promessas:

— Não temas, Ciro. Ele está morto. Nós estamos vivos!

CAPÍTULO XXXI

NOVAS ESPERANÇAS

O exército bizantino fora derrotado em Roma e Belisário obrigado a abandonar a cidade com seus homens.

A amargura dominava o íntimo daquele homem leal e corajoso. Desacostumado de perder, Belisário não conseguia aceitar a derrota, ele que só conseguira vitórias em sua carreira de militar.

A contragosto, cedera, por fim, sabendo que não adiantava lutar. Seria morte certa.

Traído por soldados descontentes, que entregaram a cidade aos inimigos, antes de retirar-se enviou uma carta aos ostrogodos pedindo que não destruíssem Roma, a histórica cidade das Sete Colinas.

Retornando com seu exército para Ravena encontrou-a dominada pelos bárbaros e um furor incontido agitou-o. Como o contingente de guerreiros aquartelados em Ravena era inferior em número ao de Roma, conseguiu reconquistar a cidade com certa facilidade, auxiliado pelos soldados bizantinos localizados dentro da cidade de Ravena e pelo povo, favorável à causa de Belisário.

A alegria voltou a reinar na cidade e foram oferecidos festejos ao povo em regozijo pela vitória bizantina.

Belisário era uma figura carismática e gozava da simpatia do povo, que via nele a imagem heróica do guerreiro invencível que todos gostariam de ser.

O desfile das tropas de Belisário pelas ruas da cidade foi retumbante. À sua passagem o povo delirava. Todos queriam vê-lo e se acotovelavam para não perder os melhores lances. A chusma gritava seu nome agitando os braços freneticamente. As mães levantavam seus filhinhos nos braços para que o vissem passar. Poucos reis poderiam se vangloriar de serem tão amados pelo povo quanto Belisário o era.

A acolhida apoteótica de Ravena de certo modo compensou-o da derrota de Roma.

O carro de Belisário avançava. Sua biga dourada puxada por dois belíssimos cavalos causava admiração. Sua figura imponente, de porte atlético, o uniforme de gala brilhando ao sol, o retinir dos metais, faziam-no assemelhar-se a Marte, o Deus da Guerra.

Todos aguardavam a chegada do grande conquistador. De serviço, eu fazia parte da guarda. De onde estava podia vê-la à vontade. Tamara estava belíssima em seus trajes luxuosos e demonstrava-se muito satisfeita com a recepção ao general, seu velho amigo.

Postado no local que me fora designado, no alto da escadaria, observava as ondulações do povo que aguardava impaciente a aproximação do general.

Figuras da nobreza, oficiais do exército, autoridades eclesiásticas, todos aguardavam ansiosamente a chegada de Belisário.

Não obstante com fisionomia radiante, Tamara parecia estranha. Seus olhos permaneciam frios e havia neles um brilho metálico. Talvez sentindo-se observada, ela voltou a cabeça lentamente e nossos olhos se encontraram. Ligeiro e irônico sorriso assomou aos seus lábios, deixando-me intrigado e feliz. Mas (coisa estranha!), seus lábios sorriam mas os olhos continuavam gélidos, ao contrário do que sempre ocorria. Toda vez que Tamara sorria seu rosto se iluminava e seus olhos brilhavam como se inflamados por uma chama. Essa era uma característica sua e que acrescentava um encanto todo pessoal à mobilidade do semblante. Agora não. Apenas os lábios sorriam. Estranho!

Na verdade ela estava bem mais acessível. Nunca me tratara com tanta gentileza como nesses últimos dias e isso me deixava tonto de felicidade. Preocupava-me, porém, o fato de Homero insistir em pedi-la em casamento. Confidenciara-me, o infeliz, que agora só aguardava a chegada de Belisário para renovar a licença de casamento. Naturalmente, o general nada teria a opor, ao contrário, ficaria feliz que sua protegida se casasse com um bom partido como ele.

Petulante! Ter a ousadia de querer casar-se com Tamara! Não permitiria, porém, que isso acontecesse.

As cornetas soaram e o rufar dos tambores desviou-me o pensamento. O cortejo de Belisário se aproximava e sua biga dourada puxada por dois esplêndidos cavalos já estava à vista.

A multidão agitou-se, ovacionando-o. Em pé, firme e erecto, porte atlético, com uma das mãos segurava as rédeas com pulso firme, enquanto que com a outra acenava ao povo, mantendo o braço hercúleo erguido num gesto de vitória.

Parecia um deus descido do Olimpo e o povo impressionou-se com sua figura. A cerimônia coroou-se de toda a pompa, conforme costume da época.

Belisário, ao chegar perto da escadaria, parou. Desceu da biga, deixando-a a cargo de um oficial. Subiu com passos firmes o primeiro lance de escada, estacando na plataforma. Virou-se e seu manto purpúreo agitou-se. Ficou de frente para a multidão com o sol a refletir em seu uniforme e seus metais.

Ergueu a destra e a multidão calou-se. No silêncio que se fez, Belisário dirigiu uma saudação ao povo, agradecendo a ajuda e a acolhida que tivera, prometendo paz e prosperidade. Em seguida recebeu a saudação de todos os presentes, penetrando depois no Fórum, onde seria recepcionado.

O povo, dando por terminado o espetáculo, retirou-se aos poucos voltando para seus lares e comentando tudo o que havia visto e ouvido.

Na intimidade dos amigos, deixando de lado o protocolo, Belisário pediu notícias, relacionou acontecimentos e contou fatos interessantes ocorridos com ele.

Foi com emoção profunda que abraçou Tamara. Depois afastou-a um pouco, analisando seus traços.

— Minha querida, como mudaste!

Ela mordeu os lábios num gesto característico antes de responder num desabafo:

— Já não sou a menina com quem brincavas, Belisário. Passei por muitos reveses, sofri muito e sinto-me como se tivesse cem anos.

— Sei que sofreste muito, minha querida. A vida não foi boa contigo. Creio que deverias te casar novamente!

Tamara corou a essas palavras e Homero, que acompanhava o diálogo, próximo, achou que a ocasião era a ideal para propor seu pedido.

Logo após a jovem afastou-se e Homero aproximou-se de Belisário para cumprimentá-lo. Contou em rápidas pinceladas o que ocorrera anteriormente e expôs seu desejo de proteger Tamara pela vida toda, casando-se com ela. Belisário, com conhecimento profundo da alma humana, olhou-o perscrutadoramente:

— Ela já foi informada da tua decisão?

— Não, Senhor. Achei mais conveniente solicitar antes tua permissão, para depois falar com ela.

O general colocou a mão no braço de Homero num gesto amistoso:

— Meu rapaz, fico contente em saber que desejas antes meu consentimento, mas não te parece que deverias antes saber o que a futura noiva pensa sobre o assunto? De minha parte, nada tenho a opor! Desejo-te felicidades.

— Tens razão, Senhor. Vou imediatamente falar com ela.

Levantou-se numa agitação febril, procurando Tamara pelo salão. Com o coração aos saltos encontrou-a a palestrar animadamente num grupo formado por senhoras. Pediu licença para interromper a conversa e falou-lhe que precisava urgentemente falar com ela em particular.

Surpresa, ela acedeu ao convite. Homero levou-a para uma pequena e discreta sala vazia.

Acompanhava todos os movimentos e não me passou despercebido o que estava ocorrendo.

O ambiente era pequeno e acolhedor. O grosso tapete de pele macia amortecia os passos e dava sensação de aconchego. As cortinas e coxins eram de cetim azul e tapeçarias com desenhos de caçadas decoravam as paredes.

Homero gentilmente ofereceu uma cadeira a Tamara, que se sentou com gestos elegantes. Nervoso, ele permaneceu de pé, andando de um lado para o outro. A jovem observava-o discretamente, se perguntando intimamente o porquê de tudo aquilo.

Homero era um jovem oficial sempre alegre e galante, que gostava de estar sempre rodeado de outros jovens, contando histórias e anedotas picantes. Amava as festas e as moças da corte apreciavam sua companhia agradável. De família nobre, rico, bem-educado, de bela aparência e sempre elegante, conquistava a todos com sua simpatia.

Tamara sentia um carinho todo especial por esse rapaz que, embora possuindo tudo o que poderia desejar, tinha sempre um ar um tanto desprotegido. Agora perguntava-se o que estaria acontecendo. Não queria apressá-lo e esperou que ele se resolvesse a romper o silêncio.

O oficial olhou-a de soslaio e viu-a calmamente ocupada em despetalar uma rosa que retirara de um lindo vaso de alabastro próximo. Parou de andar e falou com um certo temor:

— Deves estar curiosa para saber o que desejo contigo, não?

Ela ergueu os olhos da flor que jazia a seus pés e cujas pétalas cobriam suas vestes e espalhavam-se pelo tapete. Seus olhos fitaram-no, tranqüilos.

— Sim, estou curiosa. Afinal, tiraste-me da festa, trouxeste-me para esta saleta e tua boca mantém-se selada como se mudo fosses.

Homero sentou-se ao lado dela num coxim e balbuciou como se não a tivesse ouvido.

— Este não é o local ideal! Não para o que quero dizer.

Ela tamborilou com os dedos no joelho:

— "Local ideal" para quê? Homero, deixa-te de mistérios e dize logo para que foi que me trouxeste aqui.

Nervoso, ele não sabia como começar.

— Já conversei com Belisário e ele não se opõe. Ah! Mas é tão difícil! Parecia tão fácil quando sozinho eu ensaiava o que ia dizer.

Ela levantou-se amuada, ameaçando deixar o aposento.

— Ora, não entendo o que dizes. Quando quiseres te explicar, procura-me. Sabes onde encontrar-me — disse, levantando-se.

O rapaz segurou-a pela mão, impedindo que se afastasse.

— Queres casar comigo? — disse bruscamente.

Ela parou e voltou-se, fitando-o com assombro.

225

— Amo-te, Tamara.

A jovem continuou calada ainda sob o impacto da surpresa. Homero, aflito, observava-lhe a expressão fisionômica. Tomou-lhe a outra mão e o silêncio fez-se opressivo.

— Nada dizes? Sempre te amei, Tamara, mas havia Agar e tu o amavas. Agora, porém, não existe ninguém mais. Precisas de alguém ao teu lado para proteger-te. Estás surpresa e tens razão.

— Homero, sempre foste meu amigo. Por que estragar o sentimento fraternal que nos une? Jamais poderia imaginar...

Já voltando ao seu estado normal e mais seguro de si, Homero retrucou:

— Deveria ter-te preparado, não é assim? Não esperavas um pedido de casamento tão intempestivo. Esse sentimento fraternal, como tu dizes, não se estragará; será transformado em algo mais envolvente, mais duradouro — fez uma pausa e continuou: — Mas, ainda não me respondeste. Podemos marcar a data?

Pensativa, Tamara demorou a responder:

— Perdoa, Homero — balbuciou em voz baixa.

Olhos fixos e brilhantes ele disse, com voz trêmula:

— Não me queres?

Com carinho muito grande ela pressionou a mão dele, que segurava a sua.

— Quero-te, como amigo, Homero.

— Por quê? — ele gaguejou com voz dorida.

— Não daria certo. Eu não te amo e não serias feliz comigo.

— Eu seria o homem mais feliz contigo ao meu lado. Temos tanta coisa em comum, Tamara, por que não tentar?

Ela balançou a cabeça agitando os belos cabelos ondulados, como se afastasse um pensamento importuno:

— Não, não daria certo.

Homero levantou-se e tomou-a nos braços tentando convencê-la ainda.

— Como podes ter tanta certeza? Está bem. Sei que não me amas, mas com o tempo aprenderias a amar-me — fez uma pausa e concluiu: — Ou sou tão repulsivo assim?

Ela fitou-o com carinho, seus olhos azuis meigos envolvendo-o com afeto.

— Tu és uma criatura adorável, Homero. Não seria difícil amar-te. Mas, não posso.

Atônito, ele reagiu:

— Não podes? Minha querida, és livre como o vento que corre nas planícies e só depende de ti.

Agarrou-a tentando beijá-la, mas Tamara reagia, defendendo-se.

— Não, Homero!

Um brilho de aço cintilou nos olhos azuis e o "não" soou peremptório. O oficial deteve-se, estranhando-a. A expressão dela era fria e distante. Ele afastou-se um pouco, largando-a.

— É a tua última palavra? Não queres pensar? Não exijo uma resposta agora.

— Não, Homero. Não preciso pensar. Não posso casar-me contigo. Minha vida não me pertence mais.

Ele ia retrucar e ainda procurar novos argumentos, mas o orgulho de raça dominou-o naquele instante. Endireitou-se, empertigando-se e ofereceu-lhe o braço para voltarem ao salão.

Tamara, trêmula e uma palidez marmórea a cobrir-lhe o semblante, aceitou o oferecimento e voltaram ao burburinho do salão. Deixou-a junto de algumas damas e, com uma profunda reverência, Homero afastou-se, encaminhando-se para o jardim.

Tamara procurava readquirir o controle íntimo, lamentando profundamente o desagradável incidente que a levara a magoar um amigo. Homero era muito orgulhoso e não perdoaria a afronta, tinha certeza. É pena! — pensou, suspirando profundamente.

Ouviu alguém dirigir-lhe a palavra com voz melíflua:

— O que se passa contigo, querida? Estás pálida, trêmula e pareces adoentada.

Reconhecendo a voz de Antonina, Tamara virou-se bruscamente:

— Ah! és tu, Antonina. Enganas-te, porém. Estou muito bem.

Segurando um véu que amassava entre os longos dedos cobertos de anéis, onde sobressaíam as unhas compridas e esmaltadas de colorido berrante, a mulher lançou-lhe um olhar irônico contraindo a boca num rictus de deboche:

— Não é o que aparentas, querida!

E vendo-me aproximar de ambas, Antonina puxou-me pelo braço, insistente. Aliás, a terrível e desagradável mulher não perdia oportunidade de chamar minha atenção, onde quer que fosse.

— Não achas que tenho razão, Ciro? Tamara está muito pálida e parece adoentada. Não te parece? Dar-se-á que estejas tendo algum desgosto, querida? Talvez algum amor secreto não correspondido, quem sabe? Olha-a Ciro e dize se não tenho razão.

Assim solicitado, virei-me e fitei Tamara de frente. Olhei aquele semblante que a irritação e a impaciência tornavam mais vívido; os olhos azuis brilhantes e sedutores que longas pestanas velavam e davam um ar desdenhoso; a linda boca de lábios frescos e rosados que um frêmito de orgulho agitava, e a pele cetinosa e transparente que ligeiro rubor embelezava ainda mais. Sorri, enquanto a envolvia com olhar carinhoso.

— Não, não creio que tenhas razão, minha cara Antonina. Tamara está muito bem. Talvez nunca tenha estado mais bela.

Ao dirigir-lhe essas palavras tomei a nívea e delicada mão de Tamara levando-a aos lábios, enquanto a fitava ardentemente, conquanto as palavras fossem dirigidas à outra.

O olhar que ela me endereçou foi de gratidão, embora pudesse notar um lampejo de irônica aquiescência. Virou-se para Antonina, com a orgulhosa cabeça erguida e respondeu, concluindo:

— Como vês, Antonina, para desespero teu, estou ótima e gozando de excelente saúde. Quanto aos prováveis desgostos... amorosos, também te enganas. São mais próprios de ti, minha querida. Felizmente tenho reputação inatacável, o que não se pode dizer de outras pessoas.

Antonina, recebendo o golpe que lhe era dirigido, mordeu os lábios, despeitada. Ia retrucar, mas Tamara não lhe deu chance.

— Agora, se nos permites, vamos respirar um pouco de ar fresco. O ar do salão está irrespirável!

Com ligeira reverência curvei-me sorrindo disfarçadamente e senti o braço de Tamara apoiando-se no meu com ligeira pressão. O calor do seu corpo junto ao meu produzia-me prazer indizível e foi com o coração cheio de íntima satisfação que me afastei com ela, deixando Antonina a ralar-se de ódio.

O ar fresco do jardim atingiu-nos. Uma brisa soprava de leve e suave aroma se evolava das flores.

Tamara respirou profundamente. Sobre nossas cabeças o céu de um azul cobalto resplandecia de miríades de estrelas. A lua iniciava sua trajetória pelo firmamento banhando-nos com safirina luz.

A proximidade da mulher amada, o roçar dos seus cabelos perfumados agitados pela brisa, o ambiente romântico e envolvente, tumultuavam-me o íntimo, agitando-me as fibras mais profundas.

Ao cabo de algum tempo, em que passeávamos pelas aléias em silêncio, perguntei-lhe solícito:

— Estás mais calma agora?

Minhas palavras quebraram o encanto e tardiamente me arrependi delas. A jovem afastou-se de mim, largando o braço em que se apoiava e respondeu tranqüila:

— Sim, estou bem. Agradeço-te ter-me tirado de lá, Ciro. Que mulherzinha venenosa e infame! Pobre Belisário, não sei como a suporta.

— Ela é uma mulher extremamente perigosa! Deverias tomar cuidado com ela. Atingiste-a muito duramente hoje e ela não te perdoará.

— Sim, eu sei. Concordo plenamente contigo. Viste as insinuações que fez a meu respeito? Praticamente acusou-me de manter ligações ilícitas e de ter amores secretos.

Olhei-a fixamente analisando seu rosto.

— Provavelmente ela estranha, como toda a corte aliás, que vivas sozinha, segregada da sociedade, sem te interessares por ninguém.

Olhou-me surpresa e indignada:

— Vivo da maneira que gosto e não devo explicações a ninguém. Sou livre, independente e dona de meus atos.

— És também muito jovem e muito bela, Tamara, para enfrentares o mundo sozinha.

Ela ficou pensativa de repente e respondeu-me como se falasse para si mesma:

— Já ouvi estas mesmas palavras hoje... Parece que todos se uniram para fazer-me perder a liberdade.

Com cuidado, observando atentamente sua reação, inquiri delicadamente:

— Homero?!...

Levantou a cabeça fitando-me interrogativamente:

— O que sabes sobre isso?

— Sei que tinha pretensões de pedir tua mão em casamento — e completei, a medo, ao ver que continuava calada e algo aborrecida: — Aceitaste?

Ela ergueu os olhos azuis muito límpidos e respondeu negativamente.

Suspirei, profundamente aliviado. Fitando-a intensamente levei sua mão aos lábios, depositando um beijo cheio de ardor. E enquanto nos fitávamos, disse-lhe com voz rouca pela emoção:

— Estaria mentindo se dissesse que lamento. Obrigado, Tamara.

— Por quê?!...

Concluí com olhar ardente e intenso:

— Por continuares livre.

CAPÍTULO XXXII

VENCENDO BARREIRAS

Durante toda a minha vida nunca havia sido realmente feliz. Sempre me dominava uma insatisfação íntima, o que me levava a sentir-me deslocado e infeliz, sem saber porque.

Os anos que passei em minha aldeia natal, embora tranqüilos e envoltos em morna monotonia, ou talvez justamente por isso, deixaram-me irritado e insatisfeito, só nos jogos e lutas encontrando prazer e descarregando a agressividade e energia de que me sentia invadido.

A lembrança da aldeia e dos meus verdes anos trouxe-me de volta a figura humilde e encurvada de meu pai e a meiga solicitude de minha velha mãe. Onde estariam? O que teria acontecido com eles?

Ao retornar a Ravena, junto do exército bizantino, preocupara-me com os velhos genitores. Próximo à aldeia, desligara-me do contingente com uma desculpa qualquer e rapidamente dirigia-me para lá a fim de obter notícias dos velhos. Ao adentrar o vilarejo, porém, pela destruição existente, percebera que chegara tarde. Um grupo de soldados que precedera o grosso do exército já se incumbira de devastar o local, matar os pobres habitantes, incendiar o que restara das casas e efetuar a pilhagem.

Caminhando entre os destroços, aqui e ali vislumbrava o corpo de algum conhecido, ou os restos de casa de um amigo, a pequena fonte da praça que, embora destruída, ainda jorrava água límpida e pura.

Ao chegar ao local onde outrora se erguera nossa humilde casa, uma amargura e emoção pungente dominou-me o íntimo. Nada mais existia a não ser ruínas.

Ainda chocado e desgostoso procurei entre os corpos os de meus pais, mas sem conseguir encontrá-los. Alguns passos adiante vi alguém sentado numa pedra, imóvel. Aproximei-me.

Reconheci logo a pessoa que ali estava como que em estado de choque. Era um velho amigo de meu pai. Não pareceu notar minha presença. Olhava fixamente para um ponto qualquer. Coloquei a mão em seu ombro chamando-o pelo nome:

— Omar! Sou eu, Ciro. Lembras-te de mim?

Ao ouvir-me a voz, lentamente pareceu voltar à realidade. Sua voz soou monótona:

— Destruíram tudo... tudo... Nossas casas, nossos animais, nossas lavouras e nossas famílias. Nada restou... nada.

— Omar, o que aconteceu com meus pais?

O velho olhava-me como se não entendesse. Tornei a repetir:

— Sou Ciro! Lembras-te de mim?

— Ciro? — olhou-me aturdido. — Sim, lembro-me de ti. Ciro... foi há tanto tempo!

— Meus pais? O que foi feito deles?

— Tua mãe morreu chamando por ti e teu pai, desesperado, saiu pelo mundo.

— Então, meu pai está vivo!

— Sim, mas sabe Deus onde se encontra! Com certeza escondendo-se dos soldados e tentando escapar.

Agradeci e deixei-o entregue à própria dor. Nada mais tendo a fazer, dali retornei incorporando-me ao exército novamente. Nada comentei com ninguém.

E agora, anos depois, a lembrança do episódio acudia-me à mente. Onde andaria meu pai? Viveria ainda?

Depois, a vida em Ravena, a adaptação a um novo estilo de vida, sentindo-me sempre um ser à parte.

Somente a imagem de Tamara dulcificava um pouco minha existência vazia.

O mergulho no crime e em novas emoções. A fuga, os sofrimentos experimentados. Ah! nunca fora realmente feliz.

Depois, a dor de saber-me preterido, mais do que isso, desprezado pela única mulher que amara, era um sofrimento que me torturava por dentro, remoendo-me as entranhas, fustigando-me as fibras mais sensíveis. Vê-la nos braços de outro, feliz e risonha, inconsciente do sofrimento que me causava era uma tortura sempre renovada. E eu, como se sentisse prazer em sofrer, em me torturar, seguia-lhes os passos, espreitava-lhes os momentos de intimidade, chorava de raiva ao vê-los abraçados e trocando ternos beijos cheios de amor.

Não, ninguém poderia aquilatar o quanto sofrera, o quanto me desesperara em noites solitárias e insones.

Na verdade, os únicos momentos de prazer que tive realmente foram os passados na guerra, lutando e destruindo, brandindo a espada e gritando a vitória. Junto aos soldados, no acampamento, sentia-me como se estivesse em casa.

Mas, agora, tudo seria diferente. A vida me sorria novamente. Percebia que Tamara me tratava mais amavelmente e sentia como se elos invisíveis nos unissem um ao outro.

Ela já não me fitava mais como antes, com desdenhoso desprezo, ou cruel indiferença. Não, estava mais acessível, já não fugia ostensivamente da minha presença.

Outro dia ela aceitara meu braço protetor e caminhara comigo pelas aléias do jardim, banhados pela luz do luar. A essa lembrança o coração bateu-me mais forte no peito e senti o sangue afluir-me à cabeça. Emoções tanto tempo reprimidas acudiam-me agora em catadupas difíceis de ser contidas.

Os transeuntes passavam por mim nas ruas sem que notasse suas presenças. O movimento da cidade era grande e o trânsito de pessoas, animais e veículos se fazia intenso.

Aproximara-me do palácio governamental e foi com expectativa febril que penetrei em seu interior. Estava de serviço e fora à procura de Belisário para transmitir-lhe mensagem urgente.

Após a audiência com o general bizantino, encaminhei-me para o parque, onde, àquela hora, sabia que Tamara provavelmente estaria.

Não a vira mais desde a recepção ao general Belisário e por isso não continha a impaciência. Caminhei entre as alamedas na esperança de encontrá-la, mas provavelmente não teria acordado ainda. Talvez se recolhesse mais tarde do que de costume na noite anterior...

Suspirei desalentado. Parecia um adolescente à espera da namorada.

Súbito, lembrei-me de um recanto particularmente discreto e acolhedor que existia no fundo do parque. Era um caramanchão encantador, formado por trepadeiras e latadas de rosas. Um banco de mármore costumava ser o refúgio predileto de Tamara e muitas vezes a encontrara ali, sozinha. Como não me lembrara disso antes? Com novas esperanças levantei-me de ânimo renovado e coração palpitante, dirigindo-me para o aprazível local.

Realmente era um recanto encantador. Refúgio próprio para amantes e corações apaixonados. Em meio às grandes árvores os passarinhos gorjeavam alegremente.

Aproximei-me cautelosamente. Na sombra, sentada no banco, eu a vi. O braço níveo apoiado no encosto do banco sustinha a orgulhosa cabeça que eu via agora abaixada, os longos cabelos esparsos cobrindo-lhe o rosto. Suspirava.

Ao dar alguns passos em sua direção, o ruído das folhas secas sob meus pés assustou-a. Levantou a cabeça e percebi que lágrimas cristalinas corriam-lhe pela face.

Aproximei-me mais, fitando-a enternecido. Ela olhava-me com aqueles olhos que me fascinavam.

— Choras?!...

A orgulhosa cabeça erguida, seus olhos luziram de aborrecimento incontido por ver assim desvendada sua intimidade. Aqueles momentos de sofrimento e angústia solitária não desejava compartilhar com ninguém. Eram só dela, pertenciam-lhe e não desejava vê-los devassados.

Foi com voz agastada e feroz que retrucou, sem responder à pergunta que lhe fora feita, por desnecessária:
— Como ousas invadir minha privacidade?

Não respondi de pronto. Percebi que não fora feliz ao interrompê-la. O seu rosto, embora demonstrasse cólera, também denotava sinais inequívocos de cruel sofrimento íntimo. Estava pálida, manchas arroxeadas circundavam-lhe os olhos e seus lábios tremiam imperceptivelmente. Com perspicácia anotei todos esses sintomas e resolvi agir de maneira diferente, invertendo a situação.

Ainda em silêncio, suspirei profundamente, dando à minha fisionomia ar contrito e melancólico. Com voz triste, falei afinal:
— Perdoa, Tamara, se vim perturbar-te em momentos de íntimo solilóquio. Não esperava encontrar-te. Desejoso de sossego e solidão para colocar em ordem meus pensamentos, sentindo-me hoje particularmente desditoso, para este recanto me dirigi, esperando ficar a sós.

Olhei-a discretamente, enquanto enxugava uma lágrima inexistente, para avaliar o efeito de minhas palavras. Como eu previra, sua expressão modificou-se, olhando-me agora com curiosidade. Continuei, aproveitando o momento favorável, após uma pequena pausa:
— Sinto-me muito só. Desde que Lúcia morreu aquela casa tornou-se fria e terrivelmente vazia. Só meus filhos conseguem aplacar minha desventura colocando um bálsamo em minha dor. Mas, um recém-nascido e uma criança de 4 anos não conseguem preencher o vazio da alma de um homem. Em minhas noites insones, sem ter com quem conversar, as horas não passam. Vejo o dia raiar muitas e muitas vezes sem ter conseguido conciliar o sono. E o que me desespera é que sei que nada mudará. O novo dia que surge será sempre igual ao anterior. Durante as horas diurnas ainda esqueço meus problemas, meu sofrimento, mas, quando a noite chega, desespero-me, porque não tenho esperanças.

Fiz uma pausa mais longa, olhando-a fixamente e concluí:
— Sabes o que isso significa?

Ela fitou-me sem aquele frio brilho metálico que ultimamente surgira em seus olhos e seu rosto contraiu-se num rictus de dor. Foi com amargura que respondeu num sussurro:
— Sim, sei o que significa. Esqueceste porventura que também já perdi o homem amado em cruéis circunstâncias? Que "inexplicável" moléstia arrebatou-me dos braços tudo o que eu mais amava no mundo? Tu, ao menos, tens duas criaturas encantadoras ao teu lado a chamar-te "papai" e que te amam, ao passo que eu nem sequer tive a felicidade de abrigar em meus braços o fruto do meu amor com a bênção da maternidade que hoje tornaria meus dias e noites menos vazios.

Riu nervosamente, fitando-me com um olhar febril e completou:
— Oh! sim, Ciro. Sei o que isso significa...
Ficamos ambos calados entregues aos próprios e tumultuados pensamentos.

O sol escoava-se por entre as folhas em tênues raios de luz como se um artesão fosse tecendo renda luminescente. A paz envolvia tudo como carícias perfumadas e o silêncio era agradável.
— Gosto deste lugar. Sempre que precisava ficar a sós, era aqui que me refugiava — disse. — Respira-se um ar acolhedor e tranqüilo aqui. É como se o mundo lá fora não existisse. Esqueço-me até dos problemas que me aguardam, mas sempre cobro energias novas para voltar e enfrentar as situações — falei, tentando mudar o clima que se estabelecera entre nós. Tamara perguntou-me cortesmente:
— E as crianças, como estão?
— Bem. O bebê nada percebe. Estando trocado e bem alimentado não se queixa. Mas, Nika, embora seja muito criança ainda, está sentindo muito a falta da mãe. Às vezes percorre a casa toda procurando por ela, depois chora até adormecer de cansaço. Embora a maior parte do tempo brinque e se distraia, nota-se que está mais triste e desanimado.

Tamara concordou com um gesto de cabeça:
— Também sinto muito a falta dela. Sabes que era a única amiga que realmente eu tinha e sinto-me muito só e desamparada sem ela. Quando entraste intempestivamente neste local, lembrava-me dela e lamentava que tivesse partido tão cedo.

Concordei, representando divinamente o viúvo desalentado e sofredor.

Tamara suspirou e ameaçou levantar-se. Tomei-lhe a mão entre as minhas, detendo-a. Minha voz soou enternecida quando lhe falei:
— Agradeço-te estes momentos de fraternal e agradável colóquio. Não sabes como me fizeram bem.
— Também sinto-me melhor. Beija as crianças por mim. Qualquer dia desses irei vê-las.
— A propósito, Tamara. Daqui a dois dias é o aniversário de Nika e faremos uma comemoração discreta. Virei buscar-te logo pela manhã para que passes o dia todo conosco. Aceitas?

Ela sorriu delicadamente:
— Naturalmente. Terei muito prazer.

Radiante agradeci: — Ótimo! Nika ficará extremamente satisfeito — e concluí: — E eu também.

Acompanhei-a até a entrada do palácio. Despedimo-nos cortesmente e deixei o local com o coração em festa.

O futuro apresentava-se risonho e cheio de promessas. O esforço despendido valera a pena, afinal.

Suspirei profundamente aliviado e com sorriso radiante mergulhei na multidão que transitava nas vias públicas.

CAPÍTULO XXXIII

NOVOS COMPROMISSOS

O dia amanhecera esplêndido. O sol convidativo envolvia tudo em morna claridade.

Logo às primeiras horas da manhã arrumei-me com cuidado. Deixei que me banhassem o corpo ungindo-o de óleos perfumados. Escolhi um elegante traje muito do meu agrado e, após, cheio de alegria, tomei a liteira que já me aguardava à porta do palácio.

Embora ainda fosse cedo, as ruas já apresentavam movimento desusado. Comerciantes à porta de suas lojas, escravos que voltavam do mercado com suas cestas carregadas de compras, transeuntes que passavam apressados de um lado e outro da via pública, crianças que brincavam nas pedras da calçada, homens desocupados que discutiam as últimas novidades.

A grande cidade começava a agitar-se e ganhar vida. Em meio ao burburinho do povo, atravessei as ruas dirigindo-me para o palácio governamental. Aos poucos o movimento foi rareando, à medida que nos distanciávamos das ruas mais centrais, o ar ficou mais agradável livre dos odores característicos de uma cidade. Uma região aprazível delineou-se a meus olhos; em meio às grandes árvores, jardins suntuosos, logo avistei os impenetráveis muros do palácio para o qual me dirigia. Suas torres recortavam-se contra o céu profundamente azul.

Tamara aguardava-me. Foi com emoção intensa que a vi aproximar-se de mim. Esperava-a numa sala onde os criados me introduziram. A visão de sua figurinha frágil envolta num belo traje azul-turqueza acelerou as batidas do meu coração. Com porte elegante e gestos graciosos desceu as amplas escadarias. Consciente da sua beleza e do fascínio que exercia sobre minha pessoa, aproximou-se sorrindo.

– Vieste cedo!

Tomando sua destra macia e delicada, depositei um ósculo respeitoso.

– Para gozar por mais tempo o prazer da tua companhia, Nika aguarda-te ansiosamente.

Sorriu misteriosamente, fitando-me com os olhos mais azuis que eu já vira.

Tomamos a liteira, que quatro escravos núbios carregavam. Tamara divertiu-se observando o movimento das vias públicas e vez por outra fazia algum comentário. Por minha vez mostrava-lhe lugares que ainda não tivera oportunidade de ver, algum transeunte particularmente engraçado ou uma bela construção recente, cujo término Belisário aprestava-se agora em concluir.

Recostada em macias almofadas de seda, Tamara sorria satisfeita. Estávamos bem próximos um do outro e eu podia sentir o calor que se evolava do seu corpo. Nossas mãos roçavam uma na outra e, vez por outra, nossos olhos se cruzavam.

A travessia da cidade, que era a coisa mais corriqueira, revestiu-se de um novo colorido. Senti um prazer tão intenso, como se fosse uma aventura empolgante e extraordinária, cheia de atrativos.

O amor transforma as criaturas e reveste todas as coisas de significado diferente. Não pude me impedir de pensar que tudo teria sido diferente e eu não teria mergulhado tão fundo no crime se desde o começo tivesse Tamara ao meu lado.

Foi com uma certa tristeza de minha parte que chegamos à minha propriedade, onde nos aguardavam.

Nika correu a abraçar Tamara com alegria pura e sincera. Mudou a roupagem terrena mas não o afeto que o antigo Godofredo, Conde de Ravena, dedicava à sua escrava. Queria mostrar-lhe seus brinquedos e o cachorro, seu melhor amigo.

Refreando seu entusiasmo infantil falei-lhe:

— Calma, meu filho. Tua Tia Tamara precisa respirar! É assim que aprendeste a receber um hóspede em nossa casa?

Embora a contragosto, ele respondeu contendo-se:

— Tens razão, papai — e, virando-se para a jovem: — Tia Tamara, vem sentar-te aqui perto de mim. Queres um refresco?

Sorriram todos ao ver o garoto tão compenetrado e aplaudi:

— Muito bem, Nika! Agora mostraste que, apesar da pouca idade, sabes receber uma visita.

Tamara riu, agradecendo:

— Agradeço-te, Nika. Mas não precisas ser tão formal comigo. Gostarias de mostrar-me teus brinquedos? Terei muito prazer em vê-los.

Nika, radiante, pulou da cadeira onde estivera sentado até aquele momento e, com olhos arregalados, perguntou-lhe:

— Queres mesmo? Ah! vamos lá para cima. Tenho em meus aposentos um presente novo que ganhei de Marcus, que é uma beleza.

Assim dizendo tomou-a pela mão e arrastou-a escada acima, enquanto Tamara dirigia-me um olhar divertido.

Atendendo depois a um pedido de Tamara fomos até o quarto do recém-nascido, onde Sula mantinha-o aos seus cuidados.

Na penumbra doce e tranqüila o menino dormia. Aproximamo-nos do berço e, em meio às cambraias e rendas delicadas, surgia o rostinho rechonchudo e sereno. Tamara enterneceu-se ao ver Aurélio. Era realmente um bebê belo e robusto. Tomando-o nos braços Tamara aconchegou-o ao peito. Suave calor desprendia-se do seu corpinho frágil e ele dormia indiferente a tudo o que ocorria ao seu redor. Uma onda de emoção dominou-a e seus olhos umedeceram-se.

— É lindo! — balbuciou, comovida. — Gostaria de mantê-lo junto a mim para sempre.

Fitei-a emocionado e agradecido. Eu amava a essa criança pequena e indefesa e seu interesse sensibilizou-me.

Reconhecíamos ambos, embora inconscientemente, nesse corpinho rosado a presença de alguém que já nos fora muito caro em passadas etapas terrenas, e que agora voltava para dar prosseguimento às suas lides, visando ao progresso espiritual.

Saímos do quarto após recolocá-lo no berço em respeitoso silêncio.

Nika nos aguardava impaciente para um passeio nos jardins.

Voltamos cansados e esfomeados. Foi com satisfação que nos dirigimos à sala onde seria servida a refeição.

Após o almoço nos acomodamos no terraço predileto para repousar e conversar um pouco.

Logo os convidados começaram a chegar, trazendo presentes e fazendo algazarra. Nika recebia os amiguinhos feliz.

Foram distribuídos doces e guloseimas, bolos e refrescos. Também para aqueles que se acercassem dos portões da propriedade, como era costume então.

O dia passou, agradável, e as horas voaram. Ao entardecer os convidados foram-se retirando e, em pouco tempo, o palácio ficou novamente vazio.

Nika, exausto, adormeceu feliz nos braços de Sula, que o conduziu para o quarto de dormir, depositando-o no leito com carinho extremo. Também ela reconhecia, no corpo frágil de um garoto doentio e franzino, aquele a quem amava com todas as forças da sua alma.

Tamara demonstrou desejo de retirar-se também. Com olhar envolvente supliquei-lhe que ficasse mais um pouco.

— Gostaria de dizer-te tantas coisas! Obrigado, Tamara, por teres vindo alegrar nosso dia. Agradeço por mim e por meu filho o lindo presente que lhe deste.

— Nika é um garoto inteligente e sensível. Não precisas agradecer. Gosto dele!

Convidei-a para um passeio no jardim. Não havia luar, mas no firmamento as estrelas brilhavam com mais intensidade na atmosfera límpida e pura.

O silêncio envolvia tudo. O agradável aroma das flores nos atingiu, tangido pela suave brisa que agitava as folhas dos arvoredos. Era como se estivéssemos isolados do mundo.

Caminhamos um pouco em silêncio. Meu coração batia precípite e não contive por mais tempo as emoções tanto tempo represadas. Precisava desafogar o íntimo das labaredas que ameaçavam consumir-me.

Tomei sua mão num impulso e ajoelhei-me a seus pés. Tamara olhou-me surpresa.

— Não desprezes o amor deste que tanto te ama. Não suporto mais a vida sem ti. Os dias são um tormento para meu coração ulcerado. Sofri muito tempo ao ver-te nos braços de outro e calei meus sentimentos para não atormentar-te a existência. Mas, agora noto que pareces partilhar de novas emoções e não repeles minha presença, o que me animou a falar-te com o coração aberto.

Fiz uma pausa para analisar sua reação ante minhas palavras. Tamara continuava a fitar-me, respiração suspensa, sem interromper meu desabafo. Continuei, mais animado:

— Dize se aceitas partilhar da minha vida! Dize se recebes o meu amor como preito de eterna união. Tamara, queres ser minha esposa?

Febrilmente fitava-a, esperando a sentença que seria exarada por aqueles lábios rosados.

Lentamente, seu semblante abriu-se num leve sorriso e brilho invulgar luziu em seus olhos. Parecia-me divisar ligeiro ar de vitória; os cantos dos lábios contraíram-se num rictus irônico e a apreensão envolveu-me. Teria visto direito? Não conseguia entender as reações que acreditava ter divisado em seu rosto. Mas, não. Com certeza me enganara. Talvez a ansiedade, o medo de ser repelido, aliado às sombras da noite, tivessem feito com que me equivocasse.

Enganara-me de fato. Agora sua fisionomia abria-se num sorriso cândido e com voz suave dissipou minhas dúvidas.

— Aceito ser tua esposa.

Radiante de contentamento, ainda sem poder acreditar em tamanha ventura, levantei-me e tomei-a nos braços, apertando-a de encontro ao coração. Aproximei meu rosto do dela, sentindo, inebriado, o perfume suave que se desprendia de sua pele jovem. Nossos lábios se aproximaram, mas, quando já quase se tocavam, Tamara virou ligeiramente o rosto e meus lábios tocaram sua face macia.

Senti que se enrijeceu ao meu contacto e afastou-me de junto de si. Seu ar estava contrafeito e as mãos trêmulas quando falou-me com voz sumida:

— Deves dar-me tempo para que me acostume à nova situação.

Entendi sua reação e sorri dos meus receios:

— Naturalmente, querida. Perdoa meus impulsos um tanto apressados. Saberei respeitar tua vontade. Terás em mim um noivo paciente e amoroso — disse beijando-lhe as mãos e completei:

— Seremos muito felizes, verás. Sei que ainda não me amas, mas saberei transformar o afeto que me dedicas em amor. Temos todo o tempo do mundo.

Ela lançou-me um olhar estranho e nada respondeu, limitando-se a pestanejar.

Conseguira tudo o que mais almejava na vida e estava eufórico. Imediatamente comecei a fazer planos para o futuro, como seria nossa vida em comum, as esperanças que me bafejavam o íntimo. Tamara, porém, parecia-me desinteressada, como se não lhe dissesse respeito.

— Não aprovas minhas intenções? — perguntei. — Se não estás contente faremos de forma diferente. Tenho agora bastante riqueza e poderemos construir uma propriedade que se adapte a teus gostos. Agora és tu que darás as ordens em meu palácio. Serás a rainha de meu reino e do meu coração.

Parecendo voltar à realidade, ela retrucou:

— Não, Ciro, está tudo bem. Concordo com tuas decisões e deixo a teu cargo os detalhes com o casamento. Agora, gostaria de retirar-me. Estou exausta e necessitando de repouso.

— Culpa minha, querida, que te prendi até estas horas. Perdoa, pois o desejo de ter-te ao meu lado fez-me esquecer as conveniências. Exigi demais de ti no dia de hoje e não sei como reparar minha falta.

— Levando-me para casa! — disse, com voz tranqüila.

Imediatamente mandei vir a liteira e fizemos o trajeto até o palácio de Belisário em silêncio.

Refreava minhas emoções e minha língua. Notava-a distante agora e não desejava importuná-la com minhas juras de amor. Intuitivamente sabia que deveria calar e dar tempo ao tempo.

Chegando à sua residência, ao nos despedirmos ela falou, fitando-me intensamente, após agradecer o dia agradável:

— Espero que não te arrependas da decisão que tomaste!

Intrigado e surpreso, inquiri com ligeiro sorriso:

— De casar-me contigo? Ah! nunca!...

Com ar irônico ela retrucou:

— Quem sabe?!!...

CAPÍTULO XXXIV

O PRISIONEIRO

    Os dias que se seguiram foram de alegria constante e terna felicidade. Jamais em minha existência fora tão feliz e parecia viver nas nuvens, olhando tudo com colorido diferente. Meus subordinados, a princípio, estranharam minha atitude, sorrindo depois discretamente às minhas costas, aos saberem da razão que me levava a ser menos severo nas atitudes e resoluções. Temiam minha violência e ferocidade no trato para com eles, mas agora, às escondidas, pilheriavam e faziam chacotas tendo-me como alvo.
    Nada, porém, tinha o poder de tirar-me do estado de graça em que me encontrava. Outrora, por qualquer questão de somenos importância, pequeno erro ou descuido impensado, mandava açoitar os escravos sem piedade, deixando Lúcia, minha falecida esposa, em lágrimas a suplicar-me complacência para com o faltoso. E, não raro, tratava-a com rigor ao encontrá-la no aposento dos escravos a pensar os ferimentos do escravo castigado, munida de sua caixinha contendo ungüentos a ataduras. Nessas ocasiões, então, dava vazão à minha cólera, patenteando as más qualidades morais de que era portador.
    Tornara-me mais brando, suavizara minhas atitudes e desculpava com mais facilidade atos que anteriormente não teria perdoado nunca.
    Aguardava com ansiedade crescente o momento de rever minha noiva, todos os dias. Fazia planos para o futuro com os quais Tamara concordava com ar complacente e distraído.
    Nika ficara radiante de felicidade ao saber que me casaria breve com Tamara, embora não entendesse bem o que isso significava, mas sabia que ela passaria a morar conosco e isso era o suficiente para deixá-lo eufórico.
    Belisário, ao ser informado do nosso próximo casamento, exultou. Afinal, preocupava-se com o futuro de Tamara a quem considerava filha do coração.
    A corte, de um modo geral, recebeu bem a notícia do nosso enlace, embora não pudessem ser evitados alguns sorrisos irônicos e comentá-

rios maldosos sobre a recente viuvez que me atingira. Com paciência e delicadeza a todos respondia que justamente minha condição de viúvo com dois filhos pequenos, sendo um deles com apenas alguns meses de idade, é que me levara a pensar em contrair novas núpcias. Aproveitava para tecer encômios a minha falecida esposa e falar sobre a minha solidão, enxugando disfarçadamente com pequeno lenço uma lágrima inexistente.

Aos poucos as opiniões foram mudando e todos passaram a fitar-me com ar condescendente e risonho.

Algumas pessoas, porém, foram desagradavelmente surpreendidas com a notícia das próximas núpcias por motivos diferentes.

Homero, ao ser informado que estávamos noivos em uma reunião festiva que Belisário mandara preparar para anunciar a todos o evento, empalidecera repentinamente. Ouvindo os votos de felicidades que nos eram dirigidos, mordeu os lábios, tentando se controlar. Suas mãos tremiam e apertavam o cabo da espada febrilmente.

Aproximei-me com um sorriso e uma taça de vinho nas mãos, dirigindo-me a ele com cortesia, enquanto colocava uma das mãos em seu braço:

— Não vais cumprimentar o noivo?

Homero fitou-me com olhar esgazeado e colérico, e com gesto rude retirou minha mão do seu braço.

— Sempre ficaste feliz em roubar-me a mulher amada, pois não? Congratulo-me contigo: esta atitude foi bem digna de ti! Não tens berço, educação ou moral. Teu caráter, nunca desmentido, revela-se sempre o pior possível — dirigiu-me essas palavras com desdenhoso desprezo.

Corei sob o impacto de suas agressivas palavras e disfarçadamente olhei ao redor a ver se alguém percebera o que estava ocorrendo. Suspirei mais aliviado e tentei retrucar. Ele, porém, cortou-me a palavra, concluindo:

— Só posso lamentar a escolha de Tamara. Não poderia ser pior!

Afastou-se com passadas rápidas e duras, seus passos ressoando no piso de mármore.

Tamara aproximou-se:
— Homero foi embora? O que houve?

Respondi com tranqüilidade, fitando-a com amor:
— Nada de extraordinário, querida. Ressente-se por não ser o noivo e não posso culpá-lo por isso. Afinal, foi rejeitado por ti e não me perdoará a ventura de possuir-te.

Tamara entristeceu-se:
— Pobre Homero. Lamento profundamente tê-lo magoado. É meu amigo e gosto dele sinceramente.

– Não te preocupes querida. Com o temperamento que nosso amigo possui não darei muito tempo para que esteja recuperado e rodeado de jovens e belas damas da corte. Além do mais – disse, relanceando os olhos pelo salão –, observa os convidados. Não há homem presente que não inveje minha sorte e ventura de ter-te ao meu lado.

Ela pestanejou, sorrindo enigmaticamente.

Antonina foi outra pessoa a quem não agradou saber da novidade. Ainda não perdera as esperanças de ter-me aos seus pés e sempre que havia oportunidade aproximava-se com olhares melosos e cheios de promessas subentendidas, o que me desagradava sobremaneira.

Além do mais, ambicioso e interesseiro, não queria desgostar Belisário a quem respeitava e de quem dependia.

Verdade é que, enquanto Belisário estava em Roma e eu obtivera uma licença para passar alguns dias com a família, à falta de ter coisa melhor para fazer, cedi às suas instâncias. Duas ou três vezes participei de suas "festinhas", onde se congregava o que havia de pior e mais dissoluto em Ravena. Após algum tempo e muitos copos de bebida, ela me parecera até aceitável e acabamos a noite juntos.

Prometi a mim mesmo que não tornaria a acontecer. Temia pelo meu pescoço e prezava demais minha vida para envolver-me justo com a esposa do general Comandante-em-Chefe das tropas bizantinas na Itália, quando haviam tantas mulheres, fossem escravas ou não, disponíveis. Na própria corte, entre as melhores famílias, não eram poucas as que me olhavam com olhares cúpidos e interessados.

Antonina nunca me perdoara o desprezo. Desejava-me com paixão e não aceitava minha indiferença. Seu orgulho ferido e amor-próprio espezinhado eram patentes. E agora, ao saber do meu casamento, fúria incontida avassalou seu íntimo, levando-a, num ataque de cólera, a quebrar todos os seus objetos de toucador, maltratar as pobres escravas que estavam a seu serviço e a indispor-se com o marido, que estranhou sua atitude sem saber a que atribuir tanta cólera. Já mais calma, havendo extravasado seu ódio, procurou ficar fria e lúcida para arquitetar algum plano em que se vingaria ao mesmo tempo de duas criaturas: de Tamara, a quem não suportava, e de mim, que cometera o crime inaudito e imperdoável de ser indiferente à beleza que acreditava ser possuidora e por ter desprezado seu amor, a suprema ventura de tê-la nos braços e partilhar de sua intimidade.

Também Sula demonstrou descontentamento ao saber do enlace. Após a morte de Lúcia tornou-se soberana em seus domínios. Minha sogra, Áurea, conquanto continuasse a conviver conosco, raramente estava em casa. Nos primeiros tempos após a morte da filha sofreu muito e se desesperou. Mas, aos poucos foi voltando à vida antiga de dissipações e agitada vida noturna, coadjuvada por Antonina, e agora raramente nos víamos, a não ser quando necessitava de recursos para seus gastos exorbitantes. Aos netos não dava a mínima atenção, pois dormia grande parte do dia e Sula passou a exercer funções de verdadeira mãe das crianças, o que fazia com real satisfação. Razão por que o fato de perder a posição alcançada e ter suas funções restringidas por Tamara que, por certo, assumiria as obrigações que lhe eram competentes como Senhora, não a agradaram.

E também porque a desconfiança vinha crescendo em seu íntimo. Não confiava em mim, eu sabia disso, e temia que viesse a se inteirar de alguma coisa que não devia. Acompanhava-me com olhares suspeitosos, vigiava meus passos disfarçadamente, enfim agia sempre como uma serpente que se prepara para dar o bote. Mas, à falta de provas, não se atrevia a acusar-me diretamente.

Sentia o perigo que Sula representava para mim e procurava sempre inspirar-lhe confiança e acalmar seus receios. Passava a maior parte do tempo livre em casa, exceto quando estava de serviço, ou quando ia visitar minha noiva. Fazia o papel de pai extremoso com maestria e evitava discutir com Nika, o que era cada vez mais freqüente, para não desgostá-la. Já percebera que tratar Nika com carinho e atenção era o melhor caminho para contentá-la. Enternecia-se e fitava-me com gratidão.

Nesse ínterim meu amigo Marcus retornara de uma de suas freqüentes e misteriosas viagens. Chegara saudoso, pois ausentara-se mais tempo do que de costume.

Abraçara Nika com extremado carinho e de repente o garoto lhe perguntou:

— Sabes que papai vai casar? Que vou ganhar uma nova mãe?

Surpreso, ele respondeu, sorridente:

— Não, querido Nika, não sabia. Mas, quem é a nova mamãe que tu e Aurélio irão ganhar?

Com alegria infantil Nika respondeu, solícito:

— Tia Tamara!

Percebi que Marcus empalideceu ligeiramente e olhou-me, enquanto acariciava os cabelos louros e anelados do menino.

— Que bela surpresa, Nika! Deves estar mesmo muito feliz. Sei quanto estimas Tamara e ela será uma mãe muito boa para ti.

O garoto concordou, sorridente.

— Está bem, Nika — falei —, já aborreceste muito teu amigo Marcus. Agora vá brincar no jardim.

Obediente, o menino despediu-se do médico e afastou-se correndo.

A sós, nos mantivemos em silêncio por algum tempo, imersos nos próprios pensamentos.

Quebrando o silêncio Marcus indagou-me sobre a saúde de Nika.

— Ultimamente tem passado bem. As crises se espaçaram bastante e raramente se repetem.
— Isto é muito bom sinal, Ciro. Mas, não te iludas. O problema dele é irreversível e não podemos descuidar no tratamento.

Fez-se silêncio novamente. Afinal, retruquei na ofensiva:
— Por que é que não dizes o que tens em mente? Sei o que estás pensando, Marcus.

Ele levantou a fronte fitando-me com insistência:
— Está bem! É verdade o que Nika acabou de me dizer?
— Sim, é verdade! O que há de estranho nisso?
— Nada estranho. Afinal já imaginava que, mais cedo ou mais tarde, isso acabaria acontecendo — suspirou profundamente.
— Desaprovas, por acaso, minha decisão?
— Não, certamente que não. Mas, como conseguiu que Tamara aceitasse teu pedido de casamento? Ela não te ama. Nunca te amou!

Enraivecido retruquei:
— Como podes ter tanta certeza?

Marcus ficou alguns momentos fitando-me calado e depois falou com voz tranqüila e pausada:
— Esqueces que conheço Tamara há bastante tempo? Esqueces que convivi com ela como médico e amigo?

Abaixei a cabeça, consternado.
— Não, não esqueci. Mas, ela pode ter mudado, pois não?
— É possível!

Após esse diálogo mudamos o teor da conversa, mas não me passou despercebido que Marcus não gostara da notícia. Sim, eu sabia que ele nutria por Tamara um sentimento mais forte do que gostaria de admitir. Não que isso me importasse, embora exacerbasse os ciúmes doentios que sentia por minha noiva.

Apesar de tudo, aqueles foram dias felizes. As festas sucediam-se ininterruptamente. A sociedade local esmerava-se em agradar o grande general Belisário, que breve partiria para nova campanha militar.

Nesse interregno, porém, a alegria e as diversões tomavam quase que todo o nosso tempo.

Certo dia estávamos numa reunião no próprio palácio governamental.

Belisário, rodeado dos amigos mais chegados e da guarda pessoal, palestrava animadamente.

Os convidados espalhavam-se pelo salão, formando grupos e entretendo-se em conversar sobre assuntos variados de interesse comum.

As mulheres falavam sobre futilidades, sentadas comodamente em coxins de seda, onde não faltavam as últimas novidades de Constantinopla, comentários sobre a nova moda, maledicências ou o escândalo mais recente.

Súbito, ouviu-se um rumor de metais e alguns soldados penetraram o salão, trazendo um homem amarrado com grossas correntes.

Sujo, barba crescida e hirsuta, cabelos desfeitos, o infeliz olhava a todos com olhar esgazeado em que o pavor era visível. Suas roupas sujas e malcheirosas davam a impressão de um homem do povo, maltrapilho. Mas, seu porte, maneira de caminhar, não eram de um homem qualquer.

Belisário, surpreso tanto quanto nós, com um gesto ordenou que se aproximassem. Com um safanão os soldados empurraram o infeliz para frente e ele, perdendo o equilíbrio, caiu ajoelhado.

Um deles, com voz estentórica, falou:

— Isso, miserável! Ajoelha-te perante teu Senhor. É nessa condição que deves apresentar-te e confessar teu crime.

Belisário ordenou que o soldado explicasse a situação.

— Este miserável que aqui vês, Senhor, nos atraiçoou. Foi ele quem facilitou a entrada dos nossos inimigos ostrogodos em Ravena. Foi ele quem nos entregou, sabendo que nossas defesas eram reduzidas.

O general, sem perder a calma, inquiriu o prisioneiro:

— Isto é verdade? Cometeste o crime de que te acusam?

O infeliz, de cabeça baixa, permanecia calado.

Belisário olhou para o soldado procurando confirmação.

— Sim, meu Senhor. Soubemos através de um amigo dele que resolveu entregar-nos o bandido. Ele fazia parte de nossas fileiras já há algum tempo. Quando o exército ostrogodo foi expulso da cidade por tuas tropas, ele sumiu. Desconfiados, procuramo-lo por toda parte sem encontrá-lo. Finalmente, há dois dias atrás, um de nossos homens avistou-o no mercado disfarçado de mercador e nós o estivemos vigiando desde então. Usando de métodos persuasivos, ele nos confessou tudo.

O general examinava o pobre homem ajoelhado à sua frente.

— Não pareces um homem do povo. Como te chamas?

Como se mantivesse calado o prisioneiro, o soldado aplicou-lhe um pontapé na altura dos rins fazendo-o dobrar-se de dor.

— Maurício, Senhor.

Alguém sussurrou algo aos ouvidos do general.

— Onde moras?

— Não tenho residência fixa, Senhor.

— É verdade que tens família aqui em Ravena?

— Sou irmão do falecido Godofredo, Conde de Ravena, Senhor.

Um ah! de admiração correu por todas as bocas.

— Por que te encontras nessa situação miserável?

O prisioneiro ergueu os olhos em que vibrava um ódio feroz:

— Roubaram-me, Senhor. Espoliaram meus bens e não tive outra alternativa senão sobreviver pelos meus esforços, como um homem do povo.

Relanceando os olhos pelos presentes, gritou ao ver-me próximo a Belisário:

– Ele é o culpado! – com os olhos fuzilando de raiva, fitava-me, colérico. – Todos os bens que por direito me pertenciam passaram para as mãos dele e por isso desejei vingar-me.

Belisário, severo, falou-lhe com dureza:

– Acusas? Toma cuidado! Tens prova do que dizes?

Um homem adiantou-se pedindo permissão para falar.

– Fala, nobre Dracon. Tens algo a nos dizer?

– Sim, nobre General Belisário. Este homem mente. O falecido Conde de Ravena, pai do meu amigo Godofredo, dotou-o regiamente, conquanto fosse filho natural. Dissoluto, de vida desregrada e dado a jogatinas, Maurício dissipou em pouco tempo a fortuna que recebera do pai. Tentou ainda embargar a herança que Godofredo deixara para sua filha Lúcia e, nada conseguindo, jurou vingar-se. Os fatos são estes, nobre Belisário.

– Agradeço-te, amigo Dracon.

Virando-se para o prisioneiro, ordenou aos guardas que o levassem.

– Levem-no! Ficará no calabouço até que os fatos sejam devidamente apurados. Então, receberá o castigo que merece!

CAPÍTULO XXXV

DENÚNCIAS

Retornando aos seus aposentos para o repouso noturno, Tamara meditava. Mergulhada em seus pensamentos, não percebeu a escrava que se aproximara com passos leves e que aguardava um sinal para ajudá-la a se despir.

Com gestos mecânicos, docilmente deixou-se despir e a escrava vestiu-lhe a camisa de dormir.

Maria, a escrava, estranhava a atitude da ama que ultimamente mostrara-se mais loquaz, contando-lhe sempre as novidades do dia e as notícias picantes da nobreza local.

Trouxe-lhe o chá de efeito tranqüilizante que ela habituara-se a beber por orientação do médico e que sorveu em silêncio.

Tamara deitou-se no amplo leito, percebeu quando a escrava diminuiu a luz da candeia e respondeu displicente ao cumprimento da escrava que lhe desejara uma boa noite de sono.

Maria saiu do aposento intrigada, mas sem animar-se a questionar a ama, já que ela não demonstrara desejos de conversar.

A sós, os pensamentos tumultuavam no cérebro de Tamara. Impressionara-se com o ocorrido na festa. A imagem daquele homem pálido e maltrapilho não lhe saía da mente. O ódio que demonstrara por Ciro, seu noivo, deixara-a intrigada. Sentia que alguma coisa existia no ar mas não sabia precisar o quê.

Ao lembrar-se do noivo, seu coração endureceu-se, como se a simples lembrança lhe fizesse mal. Dera-lhe sua mão em casamento, mas não se sentia satisfeita. Angústia febril minava-lhe a resistência e uma insatisfação imensa agitava-lhe as fibras mais íntimas. Mas, era preciso. Sua decisão era irrevogável e era sempre com esforço inaudito que controlava-se na presença dele, desempenhando razoavelmente o papel de noiva. Não permitia, porém, que Ciro se aproximasse muito e era com revolta que aceitava suas carícias, quando inevitáveis.

Seu amigo Marcus, profundo conhecedor da alma humana, percebendo o tormento íntimo que convulsionava seus dias, alertara-a com delicadeza e afeto:

— Querida Tamara, pensa bem no que vais fazer. Não conheço teus motivos para que tivesses aceito esse compromisso, que tenho razões para supor ser odioso para ti, mas ainda é tempo. De uma coisa estou certo: não é o amor que te move e não ouso externar meu pensamento — e tomando as mãos dela entre as suas: — Vês? Tuas mãos escaldam. Pareces febril, teus olhos fogem dos meus e dás a impressão de estares sendo minada por um mal interior.

Com impaciência, ela retrucou, tirando as mãos que ele mantinha apertadas entre as suas.

— Enganas-te, meu amigo. Estou muito bem e aceitei o pedido de Ciro porque me agrada. Ele é um excelente homem e saberá fazer-me feliz.

Marcus olhava-a intensamente procurando perscrutar-lhe o íntimo:

— Queres convencer-me disso, quando nem tu acreditas no que dizes? — respondeu suavemente.

Tamara fitou-o aborrecida, mas notou tanto carinho e uma preocupação tão evidente que se enterneceu. Seus olhos umideceram-se e, com voz que já não continha a emoção, respondeu:

— Não te preocupes comigo. Não vale a pena. O que decidi está decidido e não voltarei atrás. Tenho que casar-me com "ele".

— "Tens"?!! Tamara, pensa. Detém-te enquanto é tempo.

Ao ouvir estas palavras, Tamara atirou-se num pranto convulsivo.

Quantas e quantas vezes já ouvira essa mesma frase em sua mente? Desde que se decidira a tomar esse caminho, ouvia sempre essa mesma frase dita por seres imateriais que adejavam à sua volta, estivesse onde estivesse.

Às vezes, em seu quarto, na calada da noite, quando não conseguia adormecer, seres alados roçavam-lhe a fronte com mãos diáfanas e sussurravam em seus ouvidos frases de perdão, concitando-a a esquecer seus própositos de vingança. Até chegara a concordar e desejar intimamente voltar atrás em seus passos, mas, ao romper do dia, com a claridade do Sol, esquecia seus bons propósitos e levava à conta de alucinação tudo o que sentira durante a noite.

Agora, Marcus repetia esse mesmo pedido que tantas vezes já lhe fora feito.

O médico percebeu que a disposição de Tamara estava diferente, que suas palavras a tocaram e que se tornara mais acessível. Insistiu na solicitação, aproveitando o momento favorável:

— Detém-te, Tamara. Desiste enquanto é tempo. Não aumentes teus débitos para com a Justiça Divina.

Amparado por companheiros de além-túmulo que procuravam auxiliá-la, Marcus fazia-se porta-voz do mundo espiritual superior, preocupado com o futuro da jovem.

O médico percebeu que a batalha estava quase ganha. Tamara enxugou as lágrimas com pequeno lencinho perfumado que amarrotava entre os dedos, e aduziu:

— Não sabes o que me pedes, mas te prometo que vou pensar.

Marcus, mais aliviado, agradeceu expressando sua satisfação:

— Obrigado, Tamara. Posso aquilatar quanto te custa tomar tal decisão, embora não conheça as razões que te movem. Conheço-te, porém, o suficiente para saber que não agirias dessa maneira sem motivos muito graves. Asseguro-te, porém, que, sejam quais forem, não justificam que comprometas ainda mais tua alma imortal.

A jovem fitou-o enigmaticamente e manteve-se em silêncio. Não tornaram mais ao assunto e Marcus confiava que Tamara desistisse do seu intento.

Mas agora lembrava-se de tudo isso deitada em seu leito e não conseguia tirar da memória a figura daquele infeliz prisioneiro acorrentado. Como se tivesse algo a ver com ela.

Adormeceu quando as primeiras claridades da manhã penetraram pelas janelas denunciando um novo dia.

Acordou indisposta e descontente com tudo e com todos. Deixou-se ficar entre os lençóis até a hora do almoço.

Tocou a sineta chamando a criada de quarto para ajudá-la na "toilette" matinal.

Maria aproximou-se, solícita, com um sorriso nos lábios jovens:

— Bons-dias, Senhora. Como passastes a noite?

— Não muito bem. Tive estranhos pesadelos e acordei indisposta e com dor de cabeça.

— Percebi ontem à noite que não estáveis no estado normal, Senhora, e fiquei preocupada.

Ignorou a observação da escrava, deliberadamente.

— Alguém me procurou? — perguntou, entregando-se aos cuidados da escrava que a ajudava a vestir-se.

— Sim, Senhora — respondeu a escrava com satisfação, aproveitando a oportunidade de prestar alguma informação —, vosso noivo esteve aqui no palácio logo cedo, mas como estáveis dormindo não quis incomodar-vos.

— Sim?!

— Também a nobre Antonina esteve aqui em vossos aposentos. Queria falar convosco, mas disse que voltaria mais tarde.

— Ah!... Não disse o que deseja?

— Não, Senhora. E não me atrevi a perguntar.

— Está bem, Maria. Podes ir.

Dispensando a escrava, Tamara ficou pensativa. O que desejaria Antonina com ela? Não deveria ser nada agradável, partindo daquela megera. Raras vezes conversavam em particular. Em público, tratavam-se com cortesia para evitar comentários dos membros da sociedade, sempre procurando motivos novos para falatórios.

Suspirou. Olhou-se no espelho de aço polido e não pôde deixar de reconhecer que estava bela. Sorriu satisfeita à imagem refletida no espelho. Em seguida desceu para o salão, onde já a aguardavam para o almoço.

A refeição transcorreu tranqüila e agradável, animada pela verve de Belisário que, quando presente, imprimia sempre o cunho da sua personalidade marcante e do seu carisma inconfundível.

Após a refeição, enquanto os homens discutiam acaloradamente sobre problemas militares e políticos, Tamara afastou-se refugiando-se num recanto do terraço para repousar, meio encoberta pelas amplas ramagens das plantas.

Antonina aproximou-se com irônico sorriso afivelado à face. Com gesto de impaciência somente perceptível a um observador mais atento, Tamara resignou-se àquilo que não poderia evitar. Ignorava quais as intenções da outra, por isso aguardou que ela falasse.

Sentando-se com afetação e gestos estudados, Antonina deu início à conversa:

– Sempre estás feliz, pois não?

Na defensiva, Tamara retrucou:

– Por quê? Não deveria?

Ignorando a contrapergunta, Antonina continuou:

– Estás mesmo resolvida a te casares?

Sabendo que Antonina não era indene de interesse por mim, seu noivo, resolveu dar-lhe uma alfinetada:

– Naturalmente! Afinal, meu noivo é homem interessante, belo, rico e muito cortejado pelas mulheres. Seria uma tola se deixasse escapar essa oportunidade que a vida me oferece, não achas?

– Concordo contigo – respondeu a outra, contra-atacando. – É realmente um homem atraente! Sabe como tratar as mulheres e mantê-las presas ao seu fascínio.

Tamara mordeu os lábios percebendo o que havia nas entrelinhas. Sabia, ou pelo menos ouvira comentários, de um certo relacionamento entre seu noivo e Antonina e percebera a intenção de agredi-la.

Antonina, após uma pausa em que observava a reação de Tamara, continuou:

– Mas, não ouvi de teus lábios uma única vez a palavra "amor". Dar-se-á o caso que não ames teu noivo, Tamara?

– Com o respeito que mereces, Antonina, devo acrescentar que não te devo explicações sobre minha vida particular. Conhecendo-te como te conheço, sei que desejas dizer-me algo...

Antonina riu, jogando a cabeça para trás num gesto muito característico seu e fazendo tilintar os braceletes:
— Não tive intenção de ofender-te, minha cara. Descansa. Moveu-me apenas o desejo de ajudar-te...
— Não vejo em que poderias auxiliar-me, mesmo porque não preciso de teus préstimos.
— Calma, minha querida — aduziu irônica, e, com voz melíflua, tentando demonstrar um afeto que realmente nunca sentira: — És muito jovem ainda, muito sem experiência da vida. Pelo afeto que te liga a meu marido, há tanto tempo, sinto-me também um pouco responsável por ti, já que não possuis família que possa amparar-te.
Com irônico e amargo sorriso Tamara retrucou, lembrando-se de tudo o que já enfrentara em sua vida:
— Achas?!!... Pois me sinto como se tivesse cem anos.
— Sim!? Ouve-me. Sou bem mais velha que tu e bem mais experiente. Conheço melhor as pessoas. Confias com muita facilidade sem conheceres direito aqueles a quem te ligas.
— Dar-se-á o caso que alguém esteja traindo minha confiança? — perguntou, franzindo o sobrolho, com severidade.
— Não, Tamara, não quero aborrecer-te com bagatelas. Apenas acho que deves tomar muito cuidado...
Já perdendo a paciência, Tamara exigiu uma explicação:
— Minha cara Antonina. Sê franca. Sei que não me procuraste apenas para fazer insinuações. Vieste com o propósito de denunciar alguém, segundo deduzi de tuas palavras. Seja. Agora exijo que fales abertamente, sem subterfúgios e sem meias palavras, tão do teu agrado.
— Perdoa, se te magoei, Tamara, mas conhecemo-nos há tanto tempo e, embora nossas relações não sejam muito íntimas, tenho por ti uma estima real — fez uma pausa e continuou, como que a contragosto: — Queres que eu fale. Pois bem, falarei. Não te olvides, porém, que só desejo o teu bem.
Fez nova pausa e tomando atitude protetora, prosseguiu:
— Estás noiva. Vais fazer um belo casamento, mas as pessoas murmuram, comentam...
— Ah! Sobre o meu enlace o assunto que te levou a procurar-me. Comentam?!...
— Sim! Acham que foste muito apressada, que a esposa dele morreu há pouco tempo.
— Ah!...
— E por falar nisso, nunca tiveste dúvidas sobre a morte de tua amiga Lúcia?
— Dúvidas?!...
— Sim! Não julgas muito providencial a morte da esposa de Ciro?

Tamara levantou-se rubra de cólera:
— Agora começo a compreender-te. Como ousas fazer semelhante insinuação? Víbora venenosa! Precisas destilar teu veneno e escolheste a mim como vítima!
Sem perder a calma e dona da situação, Antonina prosseguiu:
— Senta-te, Tamara, e ouve. Não é segredo para ninguém aqui em Ravena que Ciro morria de amores por ti.
— Mentes!
— Não. E tu sabias disso, não podes negar. Crês que a morte de Lúcia tenha sido natural?
— Sim, tenho certeza! Estava tão fraca, a gravidez a esgotara e...
— Não, Tamara. Ela morreu assassinada.
Com os olhos arregalados, Tamara observava a outra para descobrir se mentia. O coração batia desordenadamente e a perplexidade a dominava.
— Provas. Quero provas.
Com tranqüilidade Antonina concordou:
— É justo. Não te será difícil obtê-las. Agora, acalma-te que alguém pode entrar no terraço e notar tua agitação.
Tamara fez um esforço inaudito para se controlar e depois, já mais serena, pediu:
— Está bem. Mas, estamos a sós. Conta-me, sem reservas, tudo o que sabes.
— Uma escrava de Lúcia, colocada a serviço do recém-nascido, é muito amiga de uma escrava que possuo e que adquirimos há alguns anos, de nome Marta. Essa jovem escrava cheia de inquietação e remorsos por ter-se calado durante todo esse tempo, fez confidências a Marta, desabafando o coração. Marta, que é serva de minha inteira confiança, sem saber que atitude tomar e tendo em vista a gravidade do assunto, relatou-me o que a outra lhe contara.
— Continua...
— Algumas horas após Lúcia dar à luz, as servas tratavam do recém-nascido no aposento contíguo. Lia, a serva citada, entrava no aposento de Lúcia para perguntar se precisava de algo, quando, na penumbra, viu Ciro, o marido, debruçado sobre o leito da esposa. Não quis perturbar e aguardou. Estranhou, porém, que ele colocasse um remédio que tirara das dobras da túnica num copo e desse para a enferma beber, alegando que era um medicamento prescrito pelo médico. Ora, o médico estivera há pouco tempo no quarto e fizera todas as recomendações necessárias à mãe e ao bebê, e esse medicamento não constava delas. Não deu maior atenção ao fato no momento, mas, quando sua ama veio a morrer algumas horas depois, não teve dúvidas em ligar um fato ao outro. Apavorada, não contou nada a ninguém com medo de não ser acreditada.

Num sussurro, Tamara perguntou:
— Alguém mais sabe disso?
— Não. Tomei todas as precauções para que ela não falasse a mais ninguém. Chamei-a e dei-lhe uma fortuna em jóias, ordenando-lhe que se calasse.
— Fizeste bem. E tua escrava Marta?
— Não falará, a não ser que seja preciso. É fiel a mim até a morte. O que pretendes fazer?
— Não sei. Preciso pensar. Agradeço-te o zelo em avisar-me. Agora, deixa-me só. Tenho que coordenar as idéias e ver o que devo fazer.

Antonina afastou-se com ar de triunfo. "Ah! minha bela! Atingi meu objetivo. Esse casamento não se realizará mais. A fenda que abri em teu peito sangrará por muito tempo e não deixarei que cicatrize. Quanto a ti, Ciro, não perdes por esperar. Zombaste de mim, desprezaste meu amor, mas tirei o que mais querias na vida. Aquilo por quem darias tudo: o amor de Tamara. Agora estamos quites! Verás o que te aguarda."

CAPÍTULO XXXVI

NOVOS PLANOS

Presa de cruel angústia e intenso desfalecimento orgânico, Tamara recolheu-se a seus aposentos. Jogou-se no leito, sentindo-se exangue; lágrimas doloridas e cristalinas rolaram pela face e uma saudade pungente tomou conta do seu coração. Lúcia! Querida amiga, companheira, irmã e, muitas vezes, mãe.

Os pensamentos turbilhonavam em sua mente. A par do depauperamento físico, o cérebro trabalhava, febril. O espírito agitava-se revoltado. Não era justo! "Ele" tivera a maldade de destruir a vida de uma criatura adorável como aquela, mãe de um recém-nascido. Não pensara nos filhos e no sofrimento que causaria a eles. E se não fosse verdade? Não, Antonina não inventaria uma história dessas. Dera nomes e disse que poderia verificar quando quisesse a veracidade dos fatos. Era o que faria. Mas, não tinha dúvidas. Sabia do meu caráter mau e ambicioso. Não desconhecia que era capaz de destruir o que ousasse interpor-se entre mim e o objetivo almejado, como fizera com seu querido e inesquecível Agar. Não, tinha que tomar cuidado. Eu não poderia desconfiar de nada, pois minha reação seria terrível, tinha certeza.

O ódio invadia seu íntimo, dominava seus pensamentos e envolvia-a em pesadas vibrações negativas que eram alimentadas por inimigos espirituais desejosos de perdê-la e a mim.

Na penumbra do ambiente o silêncio era total, só cortado pelos soluços que escapavam do seu peito.

À noitinha, como não descesse, Maria veio avisá-la de que eu chegara e a aguardava no salão.

— Dize-lhe que estou indisposta e não desejo vê-lo.

— Senhora! Talvez fique agastado.

— Está bem. Dize-lhe que estava indisposta e adormeci.

— Sim, Senhora. Desejais que vos traga algum alimento?

— Não, Maria. Desejo ficar só.

A serva inclinou-se numa reverência respeitosa e deixou o aposento para cumprir as determinações recebidas.

Algum tempo depois a escrava voltou. As sombras da noite tinham invadido o quarto e a escuridão era total. Acendeu uma candeia e apiedou-se de ver a ama com os olhos fixos no vazio, evidenciando intenso sofrimento no semblante desfeito. Olhara a jovem senhora estendida no leito, olhos de brilho intenso perdidos num ponto qualquer como se fora da realidade. Não se movera e nem dera sinal de ter percebido a presença da escrava. Depois, num sussurro, balbuciou:
— "Ele" já foi?
A escrava aproximou-se, solícita:
— Sim, Senhora. Deixou-vos recomendações e votos de pronto restabelecimento.
— O que mais disse?
— Comigo, nada, Senhora. Percebi que não ficou satisfeito, mas resignou-se. Conversou depois com o General Belisário e ausentou-se logo.
— Ainda bem.
A escrava desejava dizer algo mas temia a reação da ama. Afinal, decidiu-se:
— Perdoai, Senhora. Desejais ficar só, mas há alguém que insiste em ver-vos.
— Quem?
— Marcus, o médico, Senhora.
— Ah! Dize-lhe que estou dormindo.
— Já disse, Senhora, mas parece não acreditar. Insiste em falar convosco.
— Não quero vê-lo hoje. Dize-lhe que venha amanhã — falou incisiva.
A escrava resignou-se e saiu do aposento, suspirando.
Desceu as amplas escadarias e entrou na pequena sala onde o médico a aguardava. Ao vê-la, levantou-se ansioso:
— E então?
— Nada, Senhor. Não deseja ver-vos.
— Mas insististe, Maria?
— Sim, Senhor, mas ela está irredutível. Ah! Senhor, ela não está bem. Temo por ela. Não sei o que está acontecendo.
— Tens certeza de que não houve nada?
— Absoluta, Senhor.
Marcus ficou pensativo alguns instantes. — É estranho!
— Sim, Senhor. Algo deve ter abalado muito minha senhora. Está sofrendo bastante.
— Disseste que não quis receber Ciro?
— Isso mesmo.
— Quem mais esteve aqui hoje?
A escrava pareceu meditar por instantes e em seguida falou:

— Bem, Senhor. A Senhora Tamara levantou-se tarde e desceu para o almoço.

— Quem estava presente?

— Poucas pessoas. Alguns amigos do General, a Senhora Antonina, mas não a vi conversar com ninguém em especial.

— Estranho!...

— Espera! Salvo a Senhora Antonina. Após o almoço, recordo-me agora, estiveram isoladas, conversando.

— Sabes do que falaram?

— Não, Senhor. Não vivo escutando às portas! — respondeu a escrava ofendida e corando.

O médico sorriu:

— Desculpa, Maria. Não tive intenção de ofender-te. Pensei que talvez tivesse ouvido por acaso, de passagem.

— Não, nada ouvi. Mas, achas, Senhor, que pode ter sido essa conversa a razão do desgosto da Senhora?

— Sim, Maria. Acredito que sim. Chama-me Antonina. Desejo ter uma conversa com ela. Vamos, avia-te.

A escrava saiu com passos leves e rápidos. Pouco tempo depois surgia a dona da casa, sorridente. Cumprimentaram-se amistosamente e Marcus, sem rodeios, foi direto ao assunto que o interessava:

— Cara Antonina. Desculpa vir procurar-te a estas horas, mas desejava falar-te com urgência.

— Não como médico, espero! — falou com coqueteria. — Estou em excelente forma e gozo boa saúde. Mas é sempre um prazer rever-te, Marcus. A que devo a honra?!...

— Trata-se de Tamara.

— Ah! Dar-se-á o caso que a nossa jovem noiva esteja enferma? Não fui notificada, embora não a veja desde as primeiras horas da tarde.

— Não, não está doente, não te preocupes. Mas, está deprimida e gostaria de saber se tens alguma idéia do que a deixou nesse estado.

— Ah! Pobrezinha! Não, não faço a mínima idéia.

— Conversaram hoje?

— Sim, após o almoço.

— Desculpa a ousadia, mas posso saber sobre o que falaram?

— Estás a assustar-me, Marcus. Tantas perguntas! Então é sério o estado de Tamara para que te preocupes tanto! Nunca te vi preocupado assim por minha causa — falou, lançando-lhe olhares divertidos.

— Não, Antonina. Nada há de grave com Tamara, mas preciso saber. Não desconheces que possui temperamento frágil e as crises que já a acometeram no passado. Desequilibra-se facilmente e preciso saber o que está ocorrendo para poder ajudar. Agora, poderias responder à minha pergunta?

A mulher, surpresa, retrucou:
— Pergunta? Que pergunta?
Com paciência ele insistiu: — Sobre o que falaram hoje?
— Mas, isso é importante?
— Sim, muito importante.
— Bem, já que insistes! Falamos sobre o próximo casamento dela, enxoval, festas... Essas coisas. Nada de importante. Só futilidades. Ah! sim, contei-lhe também algumas estórias picantes, como a do Senador Otavius e sua jovem amante, que foi pega em flagrante com um serviçal. Nada de importante.
— Como ela te pareceu?
— Bem. Nada notei de estranho.
O médico levantou-se, despedindo-se.
— Agradeço-te a gentileza e desculpa-me ter-te importunado com tantas perguntas.
Ela estendeu-lhe a mão: — Espero que tenha te ajudado em alguma coisa. Se souberes alguma novidade, comunica-me.
Ele inclinou-se e saiu. Antonina ficou alguns minutos parada, com ar satisfeito.
— Então a flecha atingiu o alvo. Deve estar inconsolável. Pobre garota! Lamento tanto seu sofrimento!
Jogou a cabeça para trás e soltou uma gargalhada.
A escrava entrou no quarto com passadas leves para não acordar a ama que dormia. Na penumbra do aposento viu-a estendida no leito entre os alvos lençóis de linho, a massa de cabelos ondulados e escuros espalhados no travesseiro. Já se dispunha a sair, quando ouviu que a chamavam num sussurro:
— Maria!
Voltou sobre seus passos aproximando-se do leito.
— Senhora! Julguei que estivésseis adormecida e não tive intenção de perturbar-vos com minha presença — falou a serva, inclinando-se numa reverência respeitosa e humilde.
— Abre as cortinas. Desejo levantar-me.
Maria, solícita, correu a executar as ordens da ama, que parecia absorta. Ajudou-a a vestir-se, penteou-lhe os lindos cabelos e calçou em seus pés delicados mimosa sandália de couro colorido, confeccionada em tiras que se cruzavam ajustando-se aos tornozelos.
Percebeu que Tamara a observava.
— Maria, há quanto tempo serves em nossa casa?
A escrava, estranhando a pergunta inusitada, acabou de amarrar as sandálias e levantou-se:
— Já lá vão quase cinco anos, Senhora.
— Tens sido uma boa serva. Dedicada e fiel...

A jovem fitou-a com olhar sereno: — Podeis ter certeza disso, minha Senhora.
— Maria, fico contente em saber disso. Preciso de alguém em quem possa confiar.
A serva jogou-se-lhe aos pés com olhar luminoso e decidido.
— Podeis contar comigo, Senhora.
— Completamente?
— Completamente! — repetiu a escrava, continuando: — Seja o que for, estou à vossa disposição.
Tamara, com um gesto amigo, tocou-lhe o ombro e fez com que se levantasse.
— Obrigada, Maria. Preciso de alguém que me seja absolutamente fiel.
— Podeis dispor de mim, Senhora!
Tamara, satisfeita, sorriu.
— Muito bem. Dize-me, Maria, preciso visitar um prisioneiro nas masmorras. Naturalmente, sem que me vejam. Tens idéia de como poderia levar a efeito meu desejo?
A serva pensou um pouco e depois seu rosto jovem abriu-se num sorriso:
— É fácil, Senhora. Tenho alguns relacionamentos entre os soldados que servem nas prisões.
Sorriu, encabulada, continuando após uma pausa:
— Alguns dos rapazes assediam-me com propostas sem que me decida por nenhum deles.
— Aliás, provam que têm bom gosto. Tu és uma bela moça.
A escrava corou, timidamente: — Bondade vossa, Senhora. Mas, um dos rapazes, especialmente, me é muito dedicado e ficaria feliz em ter-me por esposa.
— Ah! Achas que podes confiar nele?
— Completamente. Respondo por ele.
— E como farias?
— Bem, preciso primeiro saber quando estará de guarda e direi que uma amiga tem curiosidade de conhecer as prisões, que não conhece. Ireis disfarçada e ninguém poderá reconhecer-vos.
Tamara bateu palmas de satisfação:
— Bem lembrado. Confio em ti, Maria. Ajeita de modo que possa ver o prisioneiro e não te arrependerás.
Ao ver a fisionomia repentinamente preocupada da escrava, Tamara acrescentou, tranqüilizando-a:
— Não te preocupes, Maria. Quero apenas conversar com o prisioneiro. Simples curiosidade. Estava presente quando levaram-no algemado e condoí-me da sua sorte. Estimaria ouvir sua história para poder

ajudá-lo. Agora, avia-te. Dou-te o dia livre para estabeleceres os necessários contatos.

A serva inclinou-se numa reverência e saiu para cumprir as ordens recebidas.

Tamara deixou seus aposentos, desceu as escadarias e foi ao encontro dos demais, procurando manter uma fisionomia impassível. Antonina, por mais desejasse, não conseguiu detectar nenhum sinal de desgosto ou dor em seu semblante. Conversou normalmente, discorreu sobre diversos assuntos de interesse e fez pilhérias. Marcus, também presente, perscrutava-lhe a fisionomia, preocupado. Observador atento e sensível sentiu que Tamara não estava bem, embora demonstrasse o contrário. Os olhos mantinham aquele mesmo brilho metálico e impenetrável que tanto o afligia.

Não conseguiu aproximar-se dela, porém, para uma palestra mais íntima. Tamara procurou conservar-se sempre rodeada de amigos e admiradores.

Após o almoço Tamara recolheu-se para repousar, ocasião em que Maria procurou-a para colocá-la a par das novidades.

– E então? – perguntou, curiosa, logo que viu a escrava.

– Tudo corre bem, Senhora. Encontrei Pedro e não me foi difícil convencê-lo a permitir a visita – respondeu, sorridente.

– Ótimo! Para quando será?

– Ele estará de guarda nas prisões daqui a dois dias. Deveremos estar lá por perto às primeiras horas da noite, quando o movimento diminui e fica mais fácil entrarmos sem ser notadas.

– Muito bem, Maria. Executaste muito bem tua tarefa. Aceita este mimo em agradecimento, por ora.

Assim dizendo, Tamara tomou de um pequeno broche de ouro engastado de esmeraldas que lhe prendia o manto e colocou-o nas mãos da serva.

Maria, encabulada, sorriu agradecida.

– Agradeço-vos, Senhora, embora o que fiz não fosse movido pelo interesse, senão pela estima que vos dedico e desejo de ajudar.

– Sei disso, Maria. Mas aceita o oferecimento que te faço em penhor da amizade que nos une.

A escrava beijou a mão da ama e, sensibilizada, ajoelhou-se a seus pés.

– Levanta-te, Maria. Agora, cuida dos teus afazeres e arranja-me um traje humilde de mulher do povo para a projetada visita às prisões de Belisário.

A serva levantou-se e afastou-se, com a jóia escondida na mão, enquanto Tamara ficou a meditar.

Os acontecimentos sucediam-se e aos poucos pareciam encaixar-se perfeitamente em seu cérebro.

Aguardava com impaciência o momento de vingar-se do criminoso, do miserável que lhe destruíra a felicidade e de outras pessoas.

Seu casamento aproximava-se rapidamente. Faltavam menos de dez dias para o evento, que estava causando sensação entre a sociedade de Ravena. Não se falava de outra coisa. Era assunto obrigatório em todas as rodas.

Eu desejava que o acontecimento ficasse marcado indelevelmente na história da cidade. Gastaria o que fosse preciso para fazer uma festa como nunca houvera outra igual. Afinal, agora eu era rico. Além dos bens de Lúcia, conseguira através de pilhagens e negócios mais ou menos escusos aumentar sempre o meu capital, que crescia a olhos vistos.

Nada era bom o suficiente para minha amada noiva e esmerava-me em agradá-la em todos os momentos. Mandava-lhe presentes, jóias, tecidos preciosos, objetos de toucador, que as mulheres tanto apreciam, essências raras e exóticas.

Os dias passavam e eu aguardava com febril ansiedade os nossos esponsais. Percebia que Tamara não correspondia a meus sentimentos como desejaria que o fizesse, mas consolava-me pensando que, após o casamento, teria muito tempo para conquistar seu amor.

Infeliz! Melhor seria para mim que esse dia não chegasse nunca.

No futuro haveria de arrepender-me amargamente desse dia e durante muitos séculos essa lembrança me traria tristeza e dor.

CAPÍTULO XXXVII

NA PRISÃO

Com febril ansiedade Tamara aguardava que a noite descesse completamente sobre a suntuosa cidade. Da janela do seu quarto podia divisar, à distância, as torres da Igreja de San Apolinário se recortando sobre os céus tintos de variados matizes que iam do violeta ao laranja, passando pelos tons verde-azulados. Nuvens esparsas enfeitavam o céu, levemente tangidas pelo vento.

No ar sentia-se um aroma de primavera. Do jardim rumores difusos chegavam até Tamara prenunciando a chegada da noite. Os pássaros chilreavam em alvoroço na copa das árvores, preparando-se para o repouso noturno. Vozes à distância, sons de risadas, latidos de cães. Sons corriqueiros, mas que nesse dia adquiriam conotação especial. De modo geral não os percebia, interessada em outras coisas, mas, nesse dia, em que aguardava o momento de sair, meditava, e esses pequenos sons adquiriam importância toda especial.

No recesso do seu ser, vozes difusas e suaves pareciam segredar-lhe ao ouvido: "Detém-te; detém-te enquanto é tempo".

Mas Tamara estava por demais envolvida pela revolta e pelo ódio para dar a devida importância ao esforço de seus gênios tutelares, que tentavam ajudá-la e impedir que descesse pelos resvaladouros da derrocada moral. Por demais envolvida com os seres maléficos a quem se ligara no pretérito, não deu importância às recomendações superiores que procuravam evitar que sucumbisse às sugestões das trevas.

Vestida simplesmente, com singelo traje das mulheres do povo, ninguém poderia nela reconhecer a bela e cortejada Tamara.

Quando a noite se fazia mais densa, Maria envolveu a Senhora numa ampla capa de tom marrom escuro e, puxando o capuz sobre o rosto, evitava que lhe vissem as feições.

Maria vestiu igualmente uma capa semelhante e em seguida, procurando esgueirar-se para não serem notadas, atingiram os jardins. Atravessaram as aléias e, num recanto escuro, em meio à vegetação, lobrigaram pequeno portão que abriram, saindo para a via pública.

Com o coração batendo descompassadamente, Tamara apoiou-se em Maria e, com passos céleres, caminharam pelas ruas.

Transeuntes vez por outra cruzavam com elas, alguns indiferentes, outros curiosos, outros dirigiam-lhes gracejos, o que fazia com que se apoiassem mais fortemente uma na outra, estugando o passo. Naquela época não era comum encontrar-se pelas ruas, após o pôr-do-sol, mulheres desacompanhadas, o que causava sempre uma certa estranheza. Sem serem importunadas, porém, atingiram as imediações da prisão.

Com leve batida na pesada porta aguardaram, olhando-se, aliviadas, por ali se encontrarem sem terem sido molestadas. Pedro, que as aguardava com impaciência, veio ao encontro de ambas, satisfeito pela oportunidade de rever sua amada e doce Maria.

Era um guapo rapaz de seus vinte e cinco anos presumíveis, alegre e folgazão. Confiante em seu fascínio, estava certo de que havia, enfim, conquistado a bela escrava, que se lhe rendera aos encantos.

Cumprimentou-as, beijando a mão de Maria e estendendo a destra para oscular a mão da acompanhante que se mantinha um pouco recuada, escondendo-se nas sombras que os archotes lançavam ao derredor.

Sentiu a mão macia e suave que ela lhe estendeu com relutância e fitou-a, procurando divisar-lhe os traços fisionômicos, ocultos sob o amplo capuz. Percebeu que estava diante de dama da nobreza. Aquela mão bem tratada, de pele delicada, os gestos elegantes, não eram de molde a deixar dúvida. Quem poderia ser? Que tivesse relacionamento com Maria, só poderia ser sua ama. Na verdade, pareceu-lhe reconhecer seu porte e maneira de andar, bem como o semblante, embora envolto em sombras que a luz trêmula dos archotes acentuavam.

Fingiu nada perceber. Se não queria ser reconhecida, assim seria feito. Mas era impossível deixar de notar a presença da protegida do grande General Belisário, que várias vezes vira em solenidades oficiais.

Com entusiasmo, falou da satisfação que a presença de ambas lhe proporcionava em lugar tão lúgubre, e completou:

— É sempre bom receber a visita de duas belas damas.

Maria agradeceu e falou-lhe algo ao ouvido que pareceu deixá-lo radiante e aguçar a preocupação de Tamara.

— Sem dúvida, minha bela — respondeu. — Deixaremos que tua amiga tenha sua entrevista e aproveitaremos o tempo para palestrarmos mais intimamente, não é assim?

A escrava sorriu, coquete e, de sob a capa, retirou uma garrafa de vinho que Tamara não percebera. Mostrando-a ao soldado, rematava com cumplicidade:

— Achei também que apreciarias um bom vinho! Pensei cá comigo: Pedro está de serviço e impossibilitado de sair... Por que não alegrá-lo um pouco?

— Fizeste bem, minha pombinha! — disse, esfregando as mãos. — Nada me daria mais prazer do que um bom gole de vinho...

Fez uma pausa e olhando disfarçadamente para a amiga encapuçada acrescentou a contragosto:

— Mas, sabes que não posso beber quando em serviço...

— Ora, ora. Deixa-te de bobagens, Pedro. E quem iria saber? Só estamos nós aqui e asseguro-te que nossos lábios estão selados, não é Ruth?

A interpelada agitou a cabeça em sinal de assentimento e Pedro sorriu ironicamente. — Então, que estamos esperando?

Deu uma gargalhada, que Maria acompanhou com gesto de quem também não sabia.

Pedro pediu que o acompanhassem. Atravessaram corredores, desceram escadarias e passaram por um guarda adormecido. O soldado abriu uma porta gradeada, que rangeu lugubremente no ar. Encaminhou Tamara até uma cela, abriu o grande cadeado e ordenou que entrasse, fechando novamente a porta após a entrada da jovem.

— Tens um quarto de hora para a entrevista. Após esse tempo virei buscar-te.

Tamara ouviu seus passos que se afastavam soando na laje. Sentiu-se tomada pelo desespero. Onde estava com a cabeça quando desejou visitar esse local? Lembranças dolorosas e amargas assomaram à sua mente, a par de um medo terrível. Parecia-lhe que jamais deixaria esse lugar; sentia-se aprisionada novamente e as lembranças em catadupas dominaram-lhe o cérebro.

Súbito, ouviu uma voz rouca que lhe perguntava:

— O que queres de mim? Quem és?

Procurou reequilibrar-se, dominando as emoções desencontradas. Apertou as trêmulas mãos cravando as unhas na pele delicada. A dor fez com que aos poucos vencesse o pânico de que se sentia dominada e a trouxe de volta à realidade. Procurou convercer-se de que tudo aquilo era bobagem. Estava ali de livre e espontânea vontade e precisava aproveitar o tempo, já que se dispusera a uma aventura com esse objetivo.

Suspirou profundamente tentando normalizar a respiração e olhou ao redor, apertando os olhos na tentativa de divisar o homem que ali se encontrava e que lhe dirigia a palavra.

Vendo que ela não respondia às suas indagações, o prisioneiro esperou que lhe fosse dirigida a palavra. Aos poucos, com os olhos mais acostumados às trevas, Tamara pôde lobrigar a criatura que estava na cela, prisioneira.

Percebeu uma figura esquálida, de cabelos desgrenhados e barba hirsuta; os olhos febris, muito arregalados de espanto, eram assustadores. Sua roupa era toda esfarrapada e imunda e aquele odor característi-

co de umidade, sujeira e palha apodrecida penetrava-lhe pelas narinas.
Com ironia o prisioneiro dirigiu-se a ela, ao ver que examinava a cela.

— Perdão, Senhora, se não vos posso oferecer melhores acomodações.

Ela não respondeu, fitando-o demoradamente e analisando seu interlocutor. Afinal, dirigiu-lhe a palavra:

— És Maurício, irmão do falecido Godofredo, Conde de Ravena?
— Sim. Melhor dizendo, meio-irmão. Somos filhos do mesmo pai. Sim, é verdade. E vós, quem sois?

Novamente Tamara não respondeu de pronto:

— Isto não importa. Sou alguém que pode ajudar-te — fez nova pausa e continuou — ... se tens desejo de sair deste local infecto.
— Desejo isso mais que a tudo no mundo.
— Mais do que vingar-te de Ciro, o celerado que ficou com os haveres que por direito te pertenciam?
— Sim. Sem minha liberdade não poderei vingar-me, Senhora.
— Muito bem. Queres colaborar? Juro-te que não te arrependerás.
— Que quereis que eu faça?
— Na ocasião oportuna saberás. Preciso saber se estás disposto a tudo.
— Farei o que me for ordenado, Senhora. Com uma condição.
— Qual?
— Que eu tenha condições de fugir para bem longe.
— Terás ouro suficiente para não precisares mais trabalhar o resto da tua vida, roupas e cavalo.
— Uma pergunta, Senhora.
— Dize.
— Por que desejais vingar-vos de Ciro? Eu tenho razões de sobra. Mas, e vós?
— Isto é comigo. Também tenho minhas razões. Serás avisado do momento certo para a fuga, com antecedência. Fica, porém, de olhos abertos.

Ouviram passos que se aproximavam e logo a grade foi aberta para que Tamara pudesse sair.

Ouviu-se ainda um agradecimento balbuciado pelo prisioneiro, enquanto a porta se fechava com lúgubre ruído.

Tamara estremeceu e apressou o passo. Queria sair dali o quanto antes. Maria despediu-se com beijos e olhares lânguidos do soldado e em pouco tempo estavam caminhando ligeiras pelas ruas desertas.

Tamara respirava a longos haustos, prometendo a si mesma que nunca mais entraria numa prisão.

Chegaram ao palácio e entraram fazendo o mesmo trajeto da ida. Penetrando em seus aposentos, Tamara jogou-se no leito, trêmula e assustada.

Aparentemente ninguém notara a ausência de ambas. Maria havia deixado aviso para que não importunassem a Senhora, alegando que fora acometida de ligeiro mal-estar e desejava recolher-se mais cedo.

O palácio estava tranqüilo. Todos já se haviam recolhido e Tamara deixou que Maria a despisse dos humildes trajes, vestindo a camisola.

Acomodou-se entre os acolchoados, com um suspiro satisfeito. O primeiro passo estava dado e tudo corria bem. Ah! bandido! miserável assassino! Não perdes por esperar!

Mergulhou quase instantaneamente num sono profundo e tumultuado. Imagens confusas e assustadoras povoaram seus sonhos. Criaturas horrendas, de aspecto patibular rodeavam-na dizendo-lhe que ela não lhes escaparia, que se vingariam, custasse o que custasse.

Acordou aos gritos, banhada em álgido suor. Suspirou aliviada quando percebeu que estava em seus aposentos e que fora apenas um pesadelo.

Mas, engraçado. Mesmo ali, no quarto, na penumbra do ambiente, sentia que aqueles seres maléficos ali permaneciam e enchiam o aposento com suas gargalhadas e ditos mordazes.

Apavorada, levantou-se do leito e deixou o quarto. O ar tornara-se pesado e irrespirável e não conseguia permanecer naquele ambiente.

Vestindo apenas a leve roupa de dormir encaminhou-se para os jardins. O dia clareava. Acomodou-se num banco de mármore, onde uma escrava encontrou-a adormecida, logo às primeiras horas da manhã.

Assustada, avisou Maria, criada de quarto da ama. A escrava, gentilmente, envolveu-a numa ampla capa e ela despertou.

— Que aconteceu, Maria?

— Não sei, Senhora. Hilda encontrou-vos adormecida neste banco na friagem da manhã — respondeu a serva, surpresa.

— Ah! sim. Agora me lembro. Acordei de madrugada e, como não conseguisse dormir, resolvi dar uma volta e acabei pegando no sono neste banco.

— Podíeis ficar doente, Senhora! Pegar uma pneumonia ou outra enfermidade qualquer! Tendes uma constituição tão fraca! E logo agora, quando o casamento se aproxima...

— Ah! o casamento! Tens razão, Maria. Não posso arriscar-me a ficar enferma nas vésperas do casamento, não é assim? Vou para meu quarto.

A serva auxiliou-a a levantar-se e conduziu-a para seus aposentos. Tamara deitou-se novamente em seu amplo leito. Ainda era muito cedo e todos dormiam no palácio.

Olhou ao seu redor. Nada mais percebeu de assustador. Tivera uma alucinação, com certeza, como de outras vezes. O quarto parecia-lhe o mesmo de sempre.

Maria observava-a, estranhando a ama. Sua querida senhora dera para ter atitudes esquisitas. Agora mesmo, por que será que olhava todo o quarto como se temesse encontrar algo diferente? ou como se procurasse alguém? Estava assustada, tinha certeza. O que teria acontecido durante a noite para fazer com que saísse dos aposentos em plena madrugada vestindo apenas a leve roupa de dormir?

Algo de muito estranho estava acontecendo. Saiu do quarto meneando a cabeça, preocupada.

Os dias seguintes foram de febril expectativa. Os preparativos para o casamento se faziam mais intensos; os servos esmeravam-se em arranjos, guirlandas floridas que enfeitavam as colunatas. Limpavam-se os pisos, janelas e tapetes. Retiravam-se os cristais e pratarias que deveriam servir os convivas.

Presentes chegavam sem parar. Um servo, à porta, especialmente recebia os mimos enviados aos noivos com votos de felicidades. Eram jarros, vasos e enfeites valiosos, adereços de alto preço, peças de tecidos caríssimos vindos do Egito e da Síria; ânforas contendo óleos aromáticos da Pérsia, bem como belíssimos tapetes; taças de ouro, cofres com pedrarias, jóias finamente lavradas, esculturas de artistas famosos e uma infinidade de outras coisas. Tantas, que foi preciso colocar tudo numa grande sala, onde cada novo presente vinha juntar-se aos demais.

Os servos comentavam encantados as maravilhas que chegavam, admirados da liberalidade dos convidados. Antonina, com o coração picado de ciúme e inveja, observava tudo com azedume e rancor. Belisário, eufórico, estava feliz e passeava sua alegria pelas dependências do palácio. Gozava de rara temporada de paz e tranqüilidade junto aos seus, entre uma e outra campanha guerreira. Durante todos aqueles anos em que assumira o comando do exército bizantino, poucas ocasiões tivera para desfrutar a satisfação e o aconchego do ambiente doméstico. Agora, o consórcio de Tamara, sua querida Tamara, enchia-no de alegres expectativas; o futuro de sua protegida preocupava-o. Sentira, mais do que ninguém, o golpe que se abatera sobre ela com a morte dos pais. Depois, o casamento que parecia perfeito destruído com a morte do jovem, bom e querido Agar. Sentira não poder estar próximo para consolá-la no doloroso momento, mas, envolvido na guerra contra os godos, não podia abandonar seu posto. De longe, porém, lembrava-se dela e procurava envolvê-la em pensamentos amorosos. Na verdade, gostaria de ter feito tanta coisa por Tamara e nunca pudera dar-lhe muito. Sabia que sua querida esposa Antonina nutria profunda antipatia por Tamara, antipatia essa dificilmente disfarçada e que somente era contida pela presença dele, Belisário, que não admitia desrespeito para com sua protegida.

Marcus, o médico, preocupava-se por Tamara. Percebia que ela não estava bem e, intuitivamente, sentia que o enlace era a razão do seu desespero. Tentou conversar com ela, argumentar para que analisasse melhor a situação e se detivesse enquanto era tempo, mas encontrou sempre uma barreira intransponível entre ambos. Resoluta e impassível não ouviu seus apelos. Nas suas idas e vindas pelo palácio, pois saía muito percorrendo as aldeias em derredor onde atendia os necessitados e aflitos, balsamizando suas dores, ele visitava-a, procurando informar-se da saúde dela, que ele, Marcus, sabia ser muito frágil; e saía sempre mais preocupado, mas sentindo-se impotente para ajudá-la.

Tamara definhava cada vez mais. Empalidecia a olhos vistos e estranha insônia a acometera. Nas raras ocasiões em que conseguia adormecer, terríveis pesadelos a faziam despertar apavorada e aos gritos. Maria, sempre solícita, procurava estar invariavelmente ao lado da Senhora, acalmando-a nos momentos de crise.

A aurora afugentava as trevas e tudo parecia um sonho mau, como se não tivesse existido, como se fosse tudo irreal e fruto da sua imaginação.

Tamara recomeçava o novo dia com novas esperanças e renovado alívio, sentindo-se livre das sombras noturnas, mas tudo voltava a repetir-se na noite seguinte, enfraquecendo seu organismo delicado.

Angustiada, deixava-se cada vez mais dominar-se pelas entidades rancorosas que almejavam perdê-la e a mim, seu noivo.

Perto de Belisário disfarçava seus temores e procurava aparentar felicidade e paz, para não aborrrecê-lo, sabendo-o satisfeito com o casamento.

Talvez eu fosse a única pessoa realmente feliz nesse episódio todo. Sentia-me nas nuvens e aguardava com ansiedade febril o dia que, acreditava, seria o mais feliz da minha vida.

Todos os dias, pela manhã, enviava um mimo à minha querida noiva com bilhete em que extravasava todo o meu amor. Após as obrigações na guarnição, partia com o coração em festa para junto de minha amada e passávamos horas em feliz enlevo, fazendo planos para o futuro, passeando pelo parque florido, abrindo os últimos presentes que haviam chegado naquele dia ou simplesmente permanecendo lado a lado, em cálido silêncio, gozando a companhia um do outro.

Não me passou despercebido na época que Tamara estava abatida e olheiras fundas contornavam seus belos olhos azuis, mas debitei tudo à conta dos preparativos com o casamento. Toda noiva preocupava-se nas vésperas do casamento e fiquei tranqüilo pensando que, após o enlace, teríamos muito tempo para ficarmos juntos e descansar, e ela recuperar-se-ia aos meus cuidados.

A cidade, febricitante, aguardava com impaciência o dia aprazado para a grande festa. Em todas as rodas sociais comentava-se o luxo dos presentes, a beleza dos vestuários e os preparativos que estavam sendo ultimados.

Tamara talvez fosse a única pessoa que se mostrasse indiferente a tudo o que ocorria ao seu redor. A azáfama dos servos, os presentes que chegavam, o vestido de noiva que exímias costureiras confeccionavam. Aceitava tudo com tranqüila indiferença e desinteresse total. Se solicitavam sua opinião sobre um detalhe qualquer, respondia automaticamente, como se todo aquele alvoroço dissesse respeito a qualquer outra pessoa, menos a ela.

Preparando-se para dormir entregava-se docilmente aos cuidados de Maria que lhe penteava os sedosos cabelos.

— Maria, o que mais desejas na vida?

A escrava, com os olhos brilhantes, respondeu de cabeça baixa:

— Ser livre, Senhora! — e procurando justificar-se: — Não penseis que sou ingrata, Senhora. Nada tenho do que me queixar. Estimo-vos sinceramente e sou grata por tudo o que tendes feito por mim. Embora eu não possua algemas é como se elas existissem invisíveis. Não sei explicar: Só quem é escravo pode entender o que sinto.

Tamara suspirou e concordou com os olhos fixos no vazio:

— Sim, entendo o que sentes.

Maria lembrou-se então, vendo a tristeza da ama, das estórias que contavam que sua Senhora chegara a Ravena como prisioneira, e arrependeu-se do que disse.

— Perdoai-me, Senhora. Não desejava entristecer-vos.

— Não, Maria. Não te preocupes. Teu desejo é muito justo e lamento não ter pensado nisso antes. E o que mais desejas da vida?

A escrava, com expressão sonhadora, respondeu:

— Ah! Senhora! Sonho sempre com uma vida tranqüila e feliz. Gostaria de possuir um pedaço de terra que fosse meu de verdade, uma casa simples, mas limpa e bem arrumada. Um marido trabalhador e carinhoso que me desse filhos com as bênçãos de Deus. Ah! Senhora! Pode alguém almejar mais?

A outra sorriu carinhosamente:

— E se eu te dissesse que tudo isso está em teu poder conseguir? Que depende única e exclusivamente de ti obteres tudo o que almejas?

— É verdade, Senhora? — perguntou, surpresa.

— Sim, Maria. Dar-te-ei a liberdade que tanto sonhas, uma pequena fortuna que possibilitará adquirires uma pequena mas produtiva herdade e ainda restará o suficiente para viveres o resto dos teus dias com tranqüilidade. Marido é fácil de se arranjar. Pedro te adora e ao saber que és livre e rica não deixará de desposar-te rapidamente.

A escrava não cabia em si de contente.
— Sois um anjo que desceu dos céus, Senhora. Mas, o que devo fazer para obter tudo isso?
— Deves prestar-me um favor. Necessitarás, porém, da ajuda de Pedro, sem o que nada será possível. Deverás convencê-lo a nos ajudar, o que não deve ser difícil, se falares da fortuna em jogo.

Decidida, a serva respondeu, resoluta:
— Convencê-lo-ei. O que devo fazer?

Tamara expôs seu plano em voz baixa e por muito tempo estiveram ambas conversando e estudando o que deveria ser feito.

CAPÍTULO XXXVIII

AS BODAS

Aproximava rapidamente o dia marcado para as bodas. Em torno do evento havia intensa expectativa e o povo aguardava com ansiedade a ocasião, quando seriam feitas largas distribuições de alimentos e vinhos a todos os que buscassem as imediações do palácio governamental, onde seria realizada a festa.

Quando o dia amanheceu já uma multidão se acotovelava fora dos portões do palácio, aguardando o momento de ver a noiva que teria de, forçosamente, sair por ali com seu cortejo para ir à Igreja de San Vitale, onde seria oficiado o casamento.

Pedro, que se deixara facilmente persuadir por Maria a colaborar, aguardava o momento de facilitar a fuga ao prisioneiro. Aproveitaria a hora em que todos deveriam estar encaminhando-se para a igreja e só permaneceria a guarda normal de serviço. Já levara a roupa com que o prisioneiro deveria deixar o calabouço disfarçado em mercador. Colocara leve sonífero na água da bilha que, sabia, o soldado carcereiro iria servir-se e esperou.

Na hora aprazada, sem problemas, Maurício esgueirou-se, passando pelo carcereiro adormecido, que teria problemas para explicar como o prisioneiro havia conseguido evadir-se. Do lado de fora Pedro procurou manter conversação amigável com os guardas de serviço, favorecendo a retirada de Maurício, que rapidamente desapareceu por uma das vielas laterais.

Já na via pública, Maurício dirigiu-se para o palácio de Belisário. Conforme o combinado, Maria o aguardava com impaciência para levá-lo até o aposento onde ficaria escondido temporariamente. Passaram pelos serviçais da casa, que não deram pela sua presença, preocupados com os últimos detalhes da festa. Além disso, uma barba e bigodes postiços evitavam que alguém, mesmo que o conhecesse, pudesse reconhecê-lo sob aquele disfarce. Além do mais, naqueles dias de atividade intensa na propriedade, muitas pessoas estranhas entravam, especialmente mercadores que vinham fazer entregas de seus produtos, uma razão a mais para não prestarem atenção na sua pessoa.

Em outra parte da cidade uma criatura havia também inconformada com o casamento e a felicidade que acreditava desfrutavam os noivos.

Não perdoava a mim o fato de ter matado seu querido Godofredo e, embora eu não soubesse então, estava a par também do trágico fim de Lúcia, minha falecida esposa, e também por isso me odiava. Por outro lado, jamais gostara de Tamara. Ciente da paixão do falecido conde por ela, odiava-a com todas as forças. E agora, sentindo que Tamara usurpava o lugar daquela que fora sua senhora e que amava sinceramente, Sula não se conformava pensando que teríamos aquela felicidade que ela nunca tivera e que roubáramos de Lúcia. Em seu pensamento, não achava justo que desfrutássemos de uma ventura imerecida e criminosa.

Arquitetava também projetos de vingança e aguardava o momento, odienta e revoltada, de executá-los.

Jamais lhe passara pela cabeça que Tamara não tinha culpa; que também fora uma vítima das circunstâncias e que desconhecia os fatos. Envolvia-nos em seu ódio responsabilizando-a também por ações em que só eu era o culpado.

O momento ideal para a execução de seus projetos seria o dia das bodas. Com um sorriso satânico avidamente esperava o momento de fazer justiça com as próprias mãos, impedindo nossa felicidade.

Tamara deixou-se banhar pelas servas que gravitavam ao seu redor. Ungiram-na com óleos perfumados, vestiram-na e pentearam seus longos cabelos sem que ela dissesse uma palavra. Docilmente entregava-se aos cuidados das escravas, indiferente ao que estavam fazendo. Quando terminaram, colocaram-na defronte a um espelho de aço polido para que se admirasse, satisfeitas e eufóricas com seu trabalho.

Estava realmente bela. O vestido de noiva envolvia-lhe o corpo com perfeição. De tecido branco e diáfano, lindos arabescos enfeitavam a saia formando um como barrado nas cores rosa, azul e prateado. Pequenas pérolas faziam o miolo das mimosas e delicadas flores que pareciam naturais, tão bem bordadas foram por mãos exímias. No corpo do vestido o mesmo motivo repetia-se, deixando seu colo, de pele aveludada, a descoberto. A cintura, marcada por larga faixa em tom azul-claro, era fechada por valioso broche incrustado de pedras preciosas, que imitava um "bouquet" de pequenas flores e cujas folhas eram de ouro. Os cabelos, habilmente penteados, eram sustidos com uma pequena tiara de diamantes e caíam pelas espáduas em largas madeixas. Seus braços, envolvidos por largas pulseiras ao gosto bizantino, ajeitavam um longo véu que lhe cobria a cabeça, caindo pelas costas e envolvendo-lhe os ombros. Os pés pequeninos e delicados, que se diria incapazes de suportar o peso do corpo, calçados com sapatinhos prateados, apareciam vez por outra sob os vestidos.

Exclamações admirativas partiam de todas as bocas. Maria fitava sua ama, apreensiva, pensando que ela merecia ser feliz com aquele belo noivo que todas as mulheres admiravam.

— Estais belíssima, Senhora! A mais encantadora noiva que jamais vi.

Com sorriso triste e melancólico, Tamara respondeu:

— Agradeço-te, Maria. Quisera eu que fossem outras as circunstâncias.

— Mas, o que vos aflige, Senhora? Tudo dará certo!

Maria na realidade não conhecia os fatos. Tamara nada lhe falara do seu projeto. Dissera-lhe apenas que desejava Maurício liberto da prisão porque queria aproveitar o dia dos esponsais para suplicar o perdão de Belisário, condoída da sorte do pobre homem que julgava injustiçado. Acrescentara que Belisário não lhe negaria o pedido, ciente de que era costume atender-se a um pedido da noiva no dia do casamento.

Estava portanto a escrava tranqüila, certa de que praticava uma boa e meritória ação, auxiliando a jovem Senhora e que nada havia de reprovável em suas atitudes.

Não entendia, porém, a tristeza e a indiferença da ama pelo casamento e menos ainda entendia seu desinteresse pelo atraente noivo, sempre tão gentil e agradável e que a amava tanto.

● ● ● ● ● ● ● ● ● ● ● ● ● ●

A sociedade brilhante da época participava do evento com satisfação e orgulho. Afinal, a noiva era das figuras mais cortejadas de então, não só por sua extraordinária beleza, mas também por ser riquíssima e, além do mais, muito próxima do grande General Belisário, que gozava de imenso prestígio na época.

Os convidados reunidos causavam colorido alegre e vibrante. As luxuosas indumentárias, artisticamente bordadas a ouro ou em cores vivas, confeccionadas em tecidos de brocado, seda, renda ou tecidos finos do Egito, bem ao gosto oriental, provocavam viva impressão em quem os visse assim reunidos. Godos, hunos, gregos e muitas outras nacionalidades ali se achavam mescladas, o que produzia forte contraste.

O brilho das jóias, o apuro dos penteados, os aromas diversos espalhados no ar criavam uma ambiência toda especial.

O palácio estava ricamente ornamentado para a ocasião. Os escravos esmeraram-se nas guirlandas de flores que ornamentavam as pilastras, grandes vasos de flores foram dispostos artisticamente pelos salões. Nos jardins, enfeites vários alegravam ainda mais o ambiente já festivo.

As iguarias preparadas com esmero por conhecedores do assunto, mestres na arte de cozinhar, eram de procedência variada e de paladar exótico e delicioso. Peixes ornamentados, faisões assados no mel com tempero especial e enfeitados com as próprias e belas penas, carnes as mais diversas, preparadas ao gosto oriental, acompanhadas de frutas raras e deliciosas. Sobremesas finíssimas, doces mandados vir de terras distantes e estranhas e vinhos capitosos fariam a alegria dos convivas.

Os escravos, luxuosamente vestidos, com tecido dourado que lhes envolvia a cintura como uma pequena túnica, turbante enrolado na cabeça à moda oriental, braceletes nos braços nus, aguardavam com impaciência a chegada dos convidados.

A noiva, deslumbrante em seu traje nupcial, encantou a todos os presentes arrancando um múrmurio de admiração à sua chegada.

Quem se dispusesse a observá-la melhor, sem se deixar impressionar pela riqueza do traje, o bom-gosto e apuro da confecção, a delicadeza do véu que lhe cobria a cabeça soberba, perceberia que ela não estava bem. A um observador mais atento não passaria despercebido que seus belos olhos azuis pareciam pisados e que olheiras habilmente disfarçadas contornavam-lhe as pálpebras; que sob o leve colorido artificial das faces aveludadas, palidez marmórea cobria-lhe o semblante e que sua boca pequena e bem feita contraía-se vez por outra num rictus amargo; que o leve sorriso que lhe brincava nas faces e de ordinário tão encantador, parecia frio e automático, contrastando com o brilho febril dos olhos; e, finalmente, que suas mãos delicadas crispavam-se nervosamente segurando o belo crucifixo, cujo cordão de ouro mantinha-se enrolado entre os dedos róseos.

Mas, nada disso perceberam. Os convidados, curiosos e fúteis, ávidos de festas e de gozos, de novidades e prazeres, nada viram além das aparências. Viram apenas uma noiva belíssima, risonha e feliz, embora algo tímida, como convém a uma noiva, e um noivo elegante, este sim irradiando felicidade por todos os poros.

É difícil descrever com palavras o que me ia na alma naquele momento. Sentia-me o homem mais venturoso do mundo e acreditava que nada poderia empanar minha felicidade. O momento longamente esperado, almejado com todas as forças do meu coração jovem e ardente, chegara. Como se pode descrever a felicidade? É um estado de espírito e só quem já sentiu pode avaliar como me sentia então.

Mas, esses momentos foram tão fugazes! Tempos depois eu gostaria de poder parar o tempo e permanecer sempre naqueles instantes felizes, preservando o que de mais caro eu possuía então.

Não podia imaginar que a fatalidade me atingiria tão rapidamente.

Acumulamos sobre nossas cabeças um acervo de atos nocivos, criminosos, degradantes, com total desconhecimento às leis divinas de respeito e amor ao próximo, e chega o momento em que temos que responder perante o Tribunal Maior pelos atos praticados.

No palácio, após a cerimônia na igreja, assistida por todas as maiores personalidades da região, nobres e dignitários, senadores e altos funcionários do governo, expoentes da arte e da cultura, altas autoridades eclesiásticas, deu-se início à festa.

Após receber os cumprimentos de todos, aproximei-me de minha esposa desejoso de estar ao seu lado. Até aquele momento o protocolo e as exigências cerimoniais não haviam permitido que trocássemos palavra.

Belisário, irradiando satisfação, rodeava-se de convivas, conversando animadamente. De relance vi Sula olhando-me de maneira estranha e vago pressentimento acometeu-me como prenúncio de desgraça, mas afastei de mim tal pensamento, acreditando ser fruto da imaginação.

Ao lado de minha esposa estava toda a ventura possível e nada poderia agora afastar-nos um do outro.

Fitei os belos olhos azuis de minha esposa com o coração repleto de felicidade. Uma felicidade tão grande que meu coração expandia-se num hausto de amor tão profundo que parecia não caber dentro do peito, como se fosse explodir em ternas vibrações de ternura. Tomei suas mãos entre as minhas e osculei-as com carinho infinito.

Sula aproximou-se oferecendo-nos duas taças de vinho.

Peguei as taças cravejadas de pedras preciosas e, sem desviar o olhar do de Tamara, ofereci-lhe uma das taças, que ela segurou entre os dedos, também fitando-me, de maneira algo estranha.

— Minha querida, vamos brindar à nossa felicidade. Antes, porém, quero que me digas se estás feliz.

Ela, sem baixar os olhos, respondeu-me com outra pergunta, continuando a fitar-me fixamente:

— Responde-me tu antes, meu querido esposo: estás feliz?

Com um sorriso a extravasar o afeto imenso de que me sentia possuído, a voz rouca de emoção, falei-lhe:

— Se estou feliz? Meu Deus! Não creio que exista homem mais venturoso do que eu no mundo. É como se perguntasses se são felizes às plantas que recebem o doce orvalho da manhã; à água que corre cristalina entre as pedras em busca de outras plagas; ao solo fértil que, ressequido, recebe a bênção da chuva; às flores que o Sol beija todas as manhãs; às estrelas que emitem raios de luz no firmamento; aos insetos que recebem o alimento da terra... Ah! Se sou feliz?! Não creio que possa existir felicidade maior que a minha. Sinto como se te esperasse por toda a eternidade, desde a noite dos tempos, sem te encontrar, e que só agora tivesse a ventura de ter-te ao meu lado. Seremos muito felizes, minha querida, verás!

Tamara ao ouvir as palavras que extravasavam sinceridade e amor, pareceu titubear; seu rosto empalideceu ainda mais e suspirou profundamente. Em sua mente idéias de conciliação e perdão surgiram fazendo com que desejasse esquecer tudo. Por que não dar uma nova oportunidade ao réprobo que tudo fizera por seu amor? Ele errara, sim, mais do que isso, enveredara pelos ásperos caminhos da criminalidade, mas sempre por amá-la muito, por desejá-la acima de tudo. Teria ela direito de julgar suas ações? Não lhe passara também pela mente a idéia de ferir alguém?

Contudo, outros pensamentos surgiram impedindo que pudesse decidir-se a esquecer seus projetos de vingança e recomeçar nova vida sobre bases diferentes. Invigilante, a infeliz noiva deixou-se envolver pelos inimigos trevosos que desejavam perdê-la e a mim.

Perdoar? — diziam em seus ouvidos. — Nunca! Esqueces que ele destruiu a vida do teu querido Agar com pérfida crueldade? Que dessa maneira frustrou as esperanças de uma vida feliz ao lado do teu esposo? Que matou tua querida amiga Lúcia, quando mal acabara de dar à luz, sem ao menos apiedar-se das infelizes crianças que ficaram órfãs? Como perdoar ao celerado que fere sem comiseração? Que mata por ambição e prazer? Não, mil vezes não. Criminoso maldito, não merece piedade! Aproveita o momento precioso. O tempo passa. Destrói a felicidade que ele acredita imorredoura e arroja-o ao inferno da dor e do sofrimento, como tu sofreste um dia a perda do teu amado Agar. Fere... fere-o fundo. Que ele receba tudo o que merece. Víbora assassina!

A infeliz jovem, dominada por esses terríveis pensamentos, não conseguiu libertar-se das garras dos companheiros trevosos e astutos a quem se ligara de livre e espontânea vontade. Um pensamento, um só pensamento ao Criador, teria bastado para colocá-la em contato com as entidades angélicas que tudo faziam para evitar que mergulhasse em novas e tormentosas quedas morais.

Por momentos sentiu uma vertigem a acometê-la, escurecendo-se-lhe a visão. Foi um momento breve. Logo reagiu, sua tez coloriu-se e, com olhar intenso e gélido, ela deu um passo atrás e soltou uma gargalhada, chamando a atenção de todos os convivas, surpresos com a estranha atitude da noiva.

— Vinde... vinde todos vós! Aproximai-vos e ouvi! "Meu querido esposo" — falou sublinhando sarcasticamente estas palavras — está feliz. Assegura-me que jamais foi tão feliz na vida!

Fez uma pausa, observando o efeito de suas palavras. Os presentes aproximaram-se mais, mantendo uma certa distância e, curiosos, percebendo que algo iria acontecer. Belisário, preocupado, não ousava aproximar-se mais, aguardando os acontecimentos. Antonina disfarçava o riso de deboche que lhe estuava no peito. Marcus, quando percebeu a expressão de Tamara, que nada pressagiava de bom, colocou-se em atitude mental de prece, pedindo a proteção e ajuda dos mensageiros de Jesus Cristo.

Todos mantinham-se tensos e em expectativa. Tamara continuou, agora já senhora da situação, dirigindo-se ao noivo:

— Aproveita esses poucos e fugazes instantes de felicidade porque serão os últimos que desfrutarás na vida.

Surpreso, não acreditando no que meus ouvidos ouviam, senti-me fraquejar. A taça rolou de meus dedos caindo ao chão com lúgubre ruído metálico. E ela continuou:

— Vamos brindar, sim. Não à nossa ventura como desejarias e como planejaste, mas à tua perda. Ah!... Ciro, não sabes quanto me foi difícil e doloroso suportar tua presença, calar tudo o que tinha agasalhado no íntimo e fingir, fingir por ti um amor que nunca senti. Nunca! Ouves? Jamais te amei. Por ti só sinto asco e desprezo. Odeio-te como nunca odiei ninguém. Odeio-te! Jamais perdoarei tudo o que me fizeste sofrer. Minha vingança é exatamente essa: atirar-te aos precipícios do sofrimento e da dor justo no momento em que acreditavas ter conquistado a felicidade. A felicidade que destruíste em minha vida.

Tamara jogou a cabeça para trás e soltou uma gargalhada nervosa, satânica. Parecia enlouquecida. Seus olhos lançavam chamas de ódio feroz e nada em seu rosto lembrava a doce e gentil Tamara, sempre delicada e atenciosa.

— Pensas que teus crimes ficariam impunes? A justiça divina não falha, miserável assassino, e agora terás que pagar pelos teus crimes.

Referia-se à justiça divina como se a ela incumbisse o dever de executá-la! Insensata e infeliz criatura que, por esse momento, nem em séculos conseguiria ressarcir suas dívidas; dívidas que contraíra pela incapacidade de perdoar aos semelhantes. Referia-se à Justiça Divina esquecida de que também ela estava compromissada com débitos anteriores. Continuava:

— Tu, maldito assassino, destruíste a vida de meu querido Agar para roubar-lhe a esposa. Estás assustado? Pensaste que teu crime jamais seria conhecido, mas Rufino, teu cúmplice e executor de tuas ordens, confessou-me teu crime antes de entregar a alma ao Criador. Não contente com isso, não hesitaste em matar tua esposa e minha querida amiga Lúcia, acobertando tua ação criminosa e deixando que acreditassem ser conseqüência do parto. Sim! Foste muito astuto, mas viram quando forneceste à infeliz Lúcia o veneno letal que deveria destruir-lhe a existência.

Pavor indescritível pintara-se em minha fisionomia ao ver assim denunciados meus crimes perante toda a sociedade ali reunida.

Belisário, em cujos traços lia-se o desgosto, a incredulidade e o sofrimento de quem se sente lesado e traído, pois sempre demonstrara afeto incomum por minha pessoa, fez menção de falar, mas Tamara interrompeu-o:

— Tenho as provas, Belisário. Testemunhas existem de tudo o que acabo de dizer. Mas isso não é tudo. Peço vênia, Belisário, para deixar vir à tua presença alguém que tem uma denúncia a fazer e que, pela gravidade, irá aumentar em muito os crimes deste homem — falou, apontando-me com o dedo em riste. — Peço-te, porém, indulgência para essa criatura e sei que saberás ser-me grato pelo esforço em preservar nossa nação de criminosos deste gênero.

O general assentiu com um gesto, inquieto e nervoso, e Maurício penetrou no salão por uma porta lateral, a um leve sinal que Tamara fez para sua serva Maria.

O recém-chegado jogou-se aos pés de Belisário, rogando-lhe piedade.

O general ordenou que falasse, surpreso com a presença da testemunha, e, conforme o combinado, ele passou a relatar, terminando por dizer:

"Sei que sou um criminoso, mas necessitava de dinheiro e nada teria feito se Ciro não houvesse me seduzido com artimanhas e convencido a colaborar com ele. É ele o mandante. Foi ele que, traidor, permitiu que os ostrogodos entrassem na cidade, indicando o ponto mais fraco da fortaleza e cujo acesso se faria com maior facilidade.

Arregalei os olhos. Suor pegajoso cobria-me o rosto e gritei com voz estentórica:

— Mentes, desgraçado! Este homem mente, Belisário! Jamais traí tua confiança.

Mas o general, colérico, com voz autoritária, deu ordem a seus soldados de guarda no salão:

— Prendam este homem!

Imediatamente vi-me rodeado pelos soldados bizantinos que manietaram-me. Debati-me, gritei, implorei ajuda dos meus subordinados presentes mas ninguém se atreveu a ajudar-me.

Em pouco tempo não podia sequer mexer-me. Superiores em número, embora eu lutasse bravamente como um leão para desvencilhar-me dos braços de ferro que me mantinham preso, em pouco tempo dominaram-me. Humilhado, com meu feroz orgulho ferido, o amor-próprio espezinhado, um ódio violento tomou conta de mim.

Antes que me levassem, Tamara fez sinal aos guardas para que esperassem.

Levantou a taça que ainda sustinha entre os dedos e, com riso escarninho, ergueu a voz para que todos pudessem ouvir.

— Desejavas brindar. Seja! Não brindaremos, porém, ao que desejavas, à nossa felicidade que não existe, nem nunca existiu. Brindo à tua derrocada. Ao prazer de ver-te vencido e humilhado a meus pés.

Aproximou a taça dos lábios e sorveu o conteúdo até a última gota.

Perplexos, os convidados assistiam ao desenrolar de acontecimentos tão desagradáveis reagindo de formas e maneiras diferentes. Alguns sinceramente condoídos pela sorte ingrata do infeliz noivo tão belo, sempre tão elegante e gentil. Uma outra parte sentindo prazer em ver sua desdita por inveja, ciúme, despeito, rancor, desejo de vingança, ou, simplesmente, pelo prazer de apreciar o sofrimento alheio. Outros divertiam-se com a situação, indiferentes ao drama que se desenrolava à sua frente e à sorte dos envolvidos no infausto episódio.

Presenciaram o último gesto de Tamara, tripudiando ainda sobre Ciro, não contente com a dor, o sofrimento, o desgosto e a incredulidade que se pintavam no semblante do prisioneiro.

O instante mágico prendia a atenção de todos. Enquanto Tamara, cruel, sorvia as últimas gotas do vinho, os soldados retiravam Ciro do salão, levando-o para um calabouço nas próprias dependências do palácio.

Acompanharam a figura imponente de Ciro, que saía por uma das portas ladeado pelos soldados, quando ouviu-se um gemido.

Viraram-se todos e viram Tamara, que deixara cair ao chão a taça vazia e apertava a garganta com as mãos crispadas. Olhos congestos, arregalados, denunciando sofrimento superlativo, ela soltou um terrível grito que se diria saído das profundezas do inferno e que ecoou por todo o palácio lugubremente, caindo ao solo inanimada.

Belisário que a tudo assistira de longe, ao vê-la no chão, exangue, correu e enlaçou-se a ela chorando copiosamente.

– Minha filha... filha querida... Volta a ti! É teu pai quem te chama. Perdoa não ter contado antes, mas temi perder-te para sempre. Estás a ouvir-me? Por que não despertas?

Marcus, que acorrera também, ao perceber a situação não teve dúvidas em descobrir o que acontecera. Com habilidade pediu a ajuda dos convidados que, estáticos, não conseguiam mover-se e solicitou-lhes que retirassem Belisário.

Em seguida, com presteza, pegou Tamara nos braços e levou-a a um local mais discreto, uma pequena sala, depositando-a num divã.

Fez todo o possível para salvá-la, mas o veneno altamente letal já agira destruindo-lhe a existência tão jovem.

Tamara permaneceu com vida ainda por um pequeno período de tempo que não ultrapassou meia hora. Após esse tempo, presa de inenarráveis sofrimentos, entregou a alma ao Criador em meio à incredulidade e espanto gerais.

Um dos amigos de Belisário incumbiu-se de despedir os assustados convidados que desejavam notícias sobre o estado de saúde da infeliz noiva. Em pouco tempo só os amigos mais íntimos permaneceram no local, tensos e preocupados. Quando o espírito de Tamara deixou o invólucro material, expulso que fora pelo veneno letal, o imenso palácio estava mergulhado no silêncio. Só se ouvia o choro dos criados mais afeiçoados, tanto a Tamara como a Ciro.

Sula, a infeliz Sula que com seu gesto tresloucado se comprometera por séculos futuros, fugira, já arrependida do criminoso ato. Na verdade, irritara-se ao ver que Ciro, o inimigo sempre odiado, derrubara a taça que lhe era dirigida e que igualmente também continha veneno. Seu plano era destruir os dois ao mesmo tempo e fugir. Para tanto já havia arranjado tudo e ninguém a encontraria mais. Depois, com o rumo inusitado que tomaram os acontecimentos, julgou ter sido favorecida por Tamara, que a auxiliara poderosa e inconscientemente. Sim, ele pagaria pelos crimes perpetrados e ela não teria culpa alguma.

Quando Tamara levou a taça aos lábios, Sula acordou da impassibilidade que a tolhera frente aos acontecimentos terríveis que se desenrolaram e lembrou-se que precisava fugir. Não acreditava que alguém, naquela confusão que se estabelecera, pudesse lembrar-se de quem servira as taças de vinho aos noivos, mas achou mais seguro desaparecer da cidade.

Maurício, o ser desditoso que se prestara à infame proposta de Tamara acusando Ciro de um crime que na realidade não cometera, fugira também, aproveitando a confusão reinante no local.

Antonina, perplexa, jogara-se numa cadeira parecendo alheia a tudo. A perversa e fútil mulher assustara-se com o densenrolar dos acontecimentos. Apenas não desejara que o casamento entre Tamara e Ciro se consumasse, pois nutria violenta paixão pelo rapaz. Nunca, porém, julgou que sua maledicência pudesse desembocar em episódios tão trágicos. A imagem do marido ajoelhado no chão, enlaçando Tamara e chamando-a de filha também não lhe saía da mente. Sim, sempre soubera que algo de estranho existia entre os dois, mas nunca conseguira descobrir a verdade. Algumas vezes chegara a sentir ciúmes de Tamara, mas quando ela falava de seus zelos com Belisário ele soltava uma gargalhada tão espontânea e sincera, ao mesmo tempo em que lhe dizia: Ciúmes de Tamara? Não sabes o que dizes! Ela poderia ser minha filha! – que ela não tinha jeito senão acreditar nele. Agora, porém, estava próxima a verdade. Belisário não mais poderia esconder os fatos.

Áurea, extravagantemente pintada e vestindo-se de maneira exagerada e vulgar, num canto também deixava-se envolver pelos próprios pensamentos. Na verdade, lamentava até a desdita do infeliz genro que lhe assassinara friamente a filha adorada. Mas, não deixava de pensar que, livre da presença dele e de Tamara, que passava muito mal e provavelmente não sobreviveria, ela seria a responsável pelos netos, Nika e Aurélio, que agora seriam porventura ainda mais ricos. Afinal, ela era a única parenta mais próxima e deveria gerir os bens dos menores. Ah! Quanta coisa poderia fazer com essa fortuna imensa!...

As infelizes crianças que já eram órfãs de mãe e que agora ficariam também sem a assistência do pai nenhum pensamento ou gesto de real afeto receberam da avó materna, que via neles apenas herdeiros da fortuna do pai e agora possivelmente também de Tamara, se viesse a morrer, pois o casamento fora efetuado segundo as leis vigentes na época.

Homero, desditoso e sofredor, perambulava pelos corredores e galerias sem descanso. Ele amava ainda a doce Tamara e compreendera tardiamente a razão do seu empenho em desposar-me. Iludia-se ainda o pobre rapaz pensando que Tamara poderia viver e já não teria compromissos com ninguém, visto que os laços que a uniam a mim não tinham valor algum, sendo eu um criminoso.

Belisário, trancado com Marcus e a enferma na pequena sala e dois servos da confiança do médico que o auxiliavam na assistência à moribunda, era a própria imagem da dor. Fitava-a com os olhos secos e desesperados, rememorando os fatos de sua vida, sentado em um canto do aposento. Sim, era sua filha bem-amada. Fruto de uma ligação clandestina como era de uso na sociedade da época. A mãe morrera ao dar à luz uma linda menina, que ficou órfã. Ele ainda era solteiro e sem ter para onde levar a recém-nascida, sentindo-se agora duplamente responsável por ela, expôs seu dilema a um amigo, Samir, a quem o ligava terna e profunda amizade. Samir prontificou-se a cuidar da pequena recém-nascida. Era entrado em anos e sua esposa sempre desejara um filho que nunca viera. A oportunidade era excelente e tinha certeza que Sara também exultaria com o alvitre. Satisfeito com a solução proposta pelo amigo e que era muito além do que poderia desejar, aceitou o oferecimento.

Conversavam na biblioteca do luxuoso palácio de Samir, em Constantinopla. Chamaram Sara e o marido explicou a ela a situação.

Emocionada, Sara respondeu:

— Aceito ser mãe da pequenina, mas com uma condição.

Belisário, surpreso, retrucou:

— Qual?

— A de que a criança jamais venha a saber que não é minha verdadeira filha.

Belisário suspirou aliviado, concordando:

— Se é esse teu desejo, Sara, juro-te solenemente que ela nunca saberá que teve outra mãe e outro pai. Não teria mesmo condições de educá-la convenientemente. Sabes que minhas obrigações a serviço do Imperador não deixam muito tempo livre. Viajo constantemente e raramente poderia fazer companhia à minha filha.

Sara estendeu sua mão mimosa com gesto delicado e elegante para o rapaz e sorriso feliz brincou-lhe no rosto jovem:

— Serás sempre o amigo dedicado e companheiro fiel, espero. Agora, mais do que nunca, tua presença será sempre bem-vinda a esta casa.

Nesse mesmo dia a recém-nascida entrou em seu novo lar. Sara tomou-a nos braços com carinho inexcedível e, fitando seu rostinho rosado, falou-lhe mansamente:

— Chamar-te-ás Tamara e serás, doravante e para todo o sempre, minha filha bem-amada.

Sim! Quanto tempo transcorrera desde então, mas ainda estavam vivas em sua lembrança as horas felizes passadas ao lado da doce e meiga Tamara, que parecia um anjo caído dos céus. Vira-a crescer entre folguedos e estudos, jogos e passeios. Seu tempo livre passava ao lado da criança, incapaz de manter-se por muito tempo afastado do seu convívio. Terna amizade unia-os e era sempre o "tio Belisário" o confidente de suas artes e segredos.

Depois, casara-se com Antonina tomado de violenta paixão e novas obrigações o preocupavam afastando-o um pouco de Tamara, mas sempre que possível voltava a vê-la. Suas campanhas militares o mantinham constantemente afastado de Constantinopla e tudo tornou-se mais difícil.

Mais tarde, já uma bela adolescente, aprisionada pelos inimigos, desesperara-se sem saber seu paradeiro. O Imperador Justiniano, porém, vindo ao encontro dos seus mais íntimos desejos, ordenara-lhe que invadisse a Itália e foi quando tornara a encontrá-la. Depois disso os pais adotivos dela morreram e ela permaneceu ao seu lado. Fiel ao juramento que fizera jamais contara a ela a verdade, que era seu verdadeiro pai, mesmo após a morte de Samir e Sara.

Mas agora, vendo-a exangue à sua frente, lamentava não tê-lo feito há mais tempo. Quanto sua filha sofrera sozinha para desembocar em acontecimentos tão tenebrosos! Quanto amargara na solidão do seu quarto para ficar tão amarga e tão cruel! Deus teria piedade dele e não deixaria que ela partisse e o deixasse só — suspirou profundamente.

O silêncio era profundo. Naquela pequena sala a morte rondava, terrível flagelo da Humanidade, despedaçando esperanças e levando o desespero aos corações aflitos.

Marcus, pálido e concentrado, lutava desesperadamente para salvar aquela vida que se esvaía aos poucos.

Dor lancinante o dominara. Pensamentos tumultuados envolviam sua mente e ele lamentava não ter feito algo para impedir o terrível episódio.

Na verdade, através da sensibilidade mediúnica de que era dotado, percebera o estado de perturbação de Tamara e sabia que ela não estava bem mentalmente. Sentia que algo de muito grave estava para acontecer, mas não sabia o quê. Tentara, vezes sem conta, atrair Tamara para uma conversa mais íntima, fazer com que se abrisse com ele contando-lhe seus problemas e aflições, mas ela, não sabia porque, resistira sempre. Parecia até fugir da sua presença, como se o temesse ou como se não desejasse ser importunada. Resignou-se enfim e não mais tentou ajudá-la de maneira visível, mas no recesso de seus aposentos não deixava de fazer preces por ela e vibrar em seu benefício, à distância.

Agora, ela estava prestes a desprender-se do corpo físico e voltar para a pátria espiritual. Suplicava ao Criador que a amparasse e não deixasse que caísse nas mãos das entidades malévolas e vingativas que percebia sempre ao seu redor.

Sentia-se impotente para, nesse momento tão grave, auxiliá-la como seria do seu desejo. Sua medicina nada podia fazer. O poderoso veneno logo após ingerido já iniciara o trabalho de destruição, corroendo-lhe as entranhas.

Tamara agitava-se presa de atrozes padecimentos. Olhos desmesuradamente abertos, sua expressão denotava imenso pavor. Agarrava-se ao médico suplicando-lhe ajuda com roucos gemidos.

Maria soluçava convulsivamente vendo a ama naquela situação e arrependendo-se tardiamente por tê-la auxiliado.

O tempo escorria, lento. Alguns minutos depois Marcus sentiu que o corpo de Tamara se inteiriçava, tornando-se rígido. Mãos crispadas, ela agarrou-o com mais força, fitou-o com os olhos esgazeados, fez menção de dizer algo mas não conseguiu. Entregou a alma ao Criador sem que pudesse dizer mais uma palavra que fosse.

Em meio ao sofrimento e às lágrimas dos que ficaram, inconsoláveis, Tamara desprendeu-se do corpo físico para enfrentar as conseqüências dos seus atos.

CAPÍTULO XXXIX

COLHEITA NEFASTA

Saindo do salão de festas levado pelos soldados de Belisário, percorremos corredores, galerias, descemos longas escadarias, dirigindo-nos para uma parte do palácio que eu não conhecia.

No fim de um longo corredor abriu-se uma pesada porta e penetramos em lugar escuro onde a luz do sol dificilmente tinha acesso, salvo por pequenas janelas gradeadas no alto das paredes de pedra. O ar foi ficando cada vez mais úmido e irrespirável. Chegando frente a uma pequena porta, paramos. Um dos guardas abriu-a e atiraram-me dentro da cela com brutalidade, deixando-me caído ao chão, louco de desespero.

Gritara com todas as forças a minha inocência do crime de traição que me imputavam, até ficar completamente sem fala; suplicara que me deixassem falar com o General e convencê-lo-ia de que era um ardil que me pregaram, que nunca traíra a ele, Belisário, ou ao Império, mas ninguém respondeu às minhas súplicas. Machuquei as mãos arranhando a porta e tentando abri-la, até desanimar por completo. Aquela porta nunca se abriria de novo, a não ser para conduzir-me à morte.

Não, era inútil esperar piedade daqueles que me jogaram naquela masmorra infecta.

Ainda assim a lembrança de Tamara acudia-me à mente com dolorosa freqüência. Vislumbrava-a em seu vestido nupcial, encantadora e cheia de vida; sua beleza estonteante, que me fascinara sempre, mexia com as fibras mais íntimas do meu ser.

Não compreendia como pudera ter tanta frieza e determinação para preparar a cena que me reduzira ao farrapo que era agora. Eu a amava ainda com todas as forças do meu coração jovem e impetuoso e amargava minha desdita só e abandonado no fundo de um calabouço.

Uma vez por dia alguém abria uma portinhola ao rés-do-chão e ali deixava uma vasilha com água e um pedaço de pão duro. Nunca, porém, alguém respondeu aos meus rogos. Só uma vez, condoído talvez da minha desdita e do meu desespero, respondeu-me:

— Rogo-vos que não insistais em falar-me, Senhor. Não tenho permissão para responder a vossas perguntas ou para sequer falar convosco. Peço-vos, portanto, que não torneis a minha situação mais difícil.

E foi só. Nunca mais ouvi uma só palavra ou voz humana. O calabouço ficava localizado abaixo do solo e ruído nenhum chegava até mim. Trevas espessas envolviam-me fazendo-me perder a noção do dia e da noite.

Vermes asquerosos causavam-me horror. Roedores passeavam livremente e eu tinha que disputar com eles o meu pedaço de pão. Quando, vencido pelo cansaço, conseguia adormecer, acordava com os imundos animais roendo-me as carnes. Para beber um pouco dágua tinha que cerrar os dentes para não engolir alguma barata que na vasilha estivesse ou outro qualquer verme asqueroso.

Meu sofrimento era inenarrável, superlativo, o que me levava a crises de desespero e loucura que me acometiam vez por outra, quando então eu meu jogava contra as paredes, batendo com a cabeça nas pedras, advindo daí maior dose de sofrimento e dor. Essas crises deixavam-me depois exausto e incapaz de mover-me e ficava horas ou dias, não sei, prostrado sobre a laje fria da cela, sem ânimo para sequer lamentar e praguejar.

Outras vezes punha-me a pensar o que teria levado Tamara a acusar-me injustamente de traição, acumpliciada com aquele desclassificado Maurício, e cheguei à conclusão de que ela desejara ter a certeza de que eu seria condenado. As leis do Império Bizantino eram severas e puniam àqueles que as infrigissem, com severidade. Os crimes de que ela me acusara, sabia disso, eram graves, mas me possibilitariam a defesa, pois, pelo que dissera, era a minha palavra contra a de reles escravos, e a balança da justiça penderia para o meu lado. As testemunhas que possuía dos meus crimes eram todas escravas e, entre a palavra de um escravo e de um Senhor, eu levaria a melhor. No crime de traição, porém, era diferente. Além de ser um delito que não merecia perdão, fui acusado por alguém de classe social, o irmão do falecido Godofredo, Conde de Ravena, família de projeção e respeitada na sociedade, o que acrescentava credibilidade à acusação.

E Tamara sabia disso. Sabia também que, embora Belisário a amasse, a tivesse em alta conta e acreditasse em suas palavras, era profundamente fiel à justiça, e o testemunho de escravos, um dos quais morto, não era suficiente para condenar-me. Desacreditar-me-ia perante a nobreza de Ravena, sem dúvida, mas não seria suficiente para condenar-me à morte. Mas, o crime de traição, ah!, esse, era imperdoável!

Dos crimes, o mais terrível, o mais odioso, o mais vil! Sim, Tamara sabia o que estava fazendo.

Se tivesse possibilidade de encontrar-me com Belisário, frente a frente, poderia defender-me. Meus subordinados, meus amigos, que me conheciam e estimavam, sabiam com que bravura me portava sempre nos combates, com que entusiasmo lançava-me sempre à luta dizimando o inimigo.

Onde estariam eles? Ter-me-iam esquecido? Quanto tempo fazia que estava preso e incomunicável? Quando seria submetido a julgamento? Sim, porque não poderiam condenar-me à revelia, sem possibilitar-me oportunidade de defesa. Ou poderiam?!...

Martirizava-me com essas e outras indagações a que ninguém respondia.

Durante todo o tempo em que estive prisioneiro nem uma vez sequer lembrei-me daquele que tudo pode, tudo vê, tudo sabe e tudo ouve e que era o único que poderia ajudar-me: Deus.

De outras vezes, sem que eu pudesse entender o processo pelo qual esses fatos ocorriam, percebia o vulto de Tamara ali, dentro da cela, e julgava estar sofrendo alucinações. Ela maldizia-me com palavras ásperas, exprobrava-me o procedimento criminoso, acusava-me de ter roubado sua felicidade e de tê-la afastado do seu sempre adorado Agar. Chorava convulsivamente, lançando gritos dolorosos e lancinantes; descabelava-se, acusando também a Deus por tê-la abandonado.

De outras vezes, satânica, gargalhava estentoricamente ao ver meus sofrimentos, gozando o espetáculo da humilhação que me inflingira e dizia-me que merecia mil vezes o calabouço e a suprema desventura de ver-me esquecido pelo mundo, praticamente enterrado com vida. Nessas ocasiões suas feições se transformavam e causavam-me infinito terror.

De outras vezes, porém, chegava chorosa, sofredora e aflita; sentava-se com a cabeça entre as mãos e narrava-me seus cruéis padecimentos. Dizia-me não entender a situação em que presentemente se encontrava; sentia-se atordoada, confusa e horrorizada. Dizia-me em lágrimas:

– "Sofro terrivelmente, Ciro. Não entendo o que se passa comigo. Estou presa a um outro "eu" que me atrai e me repele ao mesmo tempo. O cheiro de podridão me alucina e sinto os vermes asquerosos roendo-me as carnes, sem que eu possa algo fazer para evitar. E não é só isso. Minhas entranhas queimam, a garganta parece consumida por labaredas infernais e a dor me alucina – dizia levando a mão ao local a que se referia. – Não sei mais onde estou e ninguém me atende às súplicas desesperadas. Por estranha ironia do destino parece que só tu me ouves. Malgrado meu, parece que estamos jungidos um ao outro por laços indissolúveis. Quero afastar-me de ti e não consigo; volto sempre a este mesmo local."

E eu penalizava-me de Tamara, também sem entender o que ocorria. Mas, de repente, ela voltava a fitar-me com ódio feroz:

— E tudo por tua culpa. És o responsável pelos sofrimentos e dores que experimento. Odeio-te... odeio-te, miserável! Quero ver-te apodrecer nessa cela infecta. Hás de pagar tudo o que me deves, tudo o que me fizeste sofrer e tudo o que me roubaste, criminoso infame!

E, maldizendo-me infinitamente, saía em louca corrida, deixando-me novamente só.

Cobria o rosto com as mãos e punha-me também a chorar convulsivamente, acreditando que perdia a razão, que enlouquecia de tanto sofrer.

O que eu não poderia imaginar era que Tamara já não pertencia ao mundo dos vivos. Não sabia dos fatos que se sucederam depois da minha saída do salão, acompanhado pelos guardas, e que culminaram na morte de Tamara.

Não sabia que o vulto que via na escuridão de uma cela era realmente o que sobrevivera de Tamara, isto é, seu Espírito, que, sofredor e aflito, não tinha paz nem descanso.

Que, tendo infringido as leis eternas e sábias do Criador, que estabelecem o amor ao próximo como a nós mesmos, e que, rebelde e invigilante se colocara contra essas leis, e ainda que, sem uma verdadeira fé que muito a teria auxiliado nessa contingência, não se lembrava de rogar o amparo de Deus. Ao contrário, acusava-O de tê-la abandonado, esquecendo-se que fora ela quem se afastara do Pai.

Tal qual eu mesmo, sofria ela agora a conseqüência dos seus atos e amargaria ainda por muito tempo o afastamento das divinas leis.

Por largo tempo permaneceria o Espírito daquela que fora a bela Tamara ainda preso a cruéis sofrimentos, até que se dispusesse a modificar o tônus vibratório que possibilitaria a ação benéfica dos amigos espirituais que desejavam ajudá-la.

O tempo corria, inexorável. Não tinha noção do tempo transcorrido; perdera a noção do dia e da noite; não sabia se estava preso há uma semana, um mês ou um ano. Meu organismo enfraquecia-se cada vez mais. Sentia-me febril e dores em todo o corpo, pela imobilidade a que era obrigado, me torturavam. Pontadas lancinantes no peito tiravam-me a respiração e tosse persistente passou a afligir-me.

Até que um dia não pude mais levantar-me; deixei-me ficar estirado sem coragem para mover-me; nem sequer para apanhar o pão e a água que o carcereiro viera trazer-me, como fazia sempre.

Entorpecimento geral dominou-me o corpo. As imagens da minha existência desfilaram-me na mente com nitidez impressionante: fatos que eu já esquecera, pessoas que conhecera, alegrias e tristezas. As cenas passavam com rapidez vertiginosa pelos meus olhos, de diante para trás, até que me senti pequenino no colo amoroso de minha mãe e adormeci perdendo a noção de tudo.

Não poderia precisar quanto tempo durou esse estado de perturbação, mas, certo momento, ouvi vozes que se aproximavam. Alguém abriu a pesada porta, que rangeu nos gonzos, e dois homens entraram no cubículo que por tanto tempo me abrigava, tampando o nariz com um lenço.

Pouco tempo depois saíram, horrorizados com a imundície em que se encontrava a cela, deixando aberta a porta.

Uma leve esperança vibrou em meu íntimo. Com esforço inaudito levantei-me e, aproveitando a porta aberta, saí daquele local asqueroso onde por tanto tempo vivera segregado do mundo.

Escondendo-me para que não me vissem fugindo e aprisionassem novamente, consegui deixar o palácio. A luz do sol cegou-me. Só a muito custo pude ir aos poucos habituando-me novamente à claridade.

Afastei-me rapidamente das imediações do palácio, saindo da cidade e buscando a tranqüilidade do campo. Tinha vergonha de minhas vestes rotas e imundas e temia que me reconhecessem.

Ninguém me reconheceu, porém. Minha figura deveria estar bem diversa daquela com que sempre me apresentara em público. Galante, bem trajado, porte atlético e envergando o uniforme do exército, causava admiração onde me apresentasse. Agora, alquebrado, doente, sujo e esfarrapado, com a barba cobrindo-me parte do rosto, os cabelos desgrenhados e crescidos, os pés descalços... Não, ninguém notaria minha presença. Quem olharia para um mendigo? E fora nisso que eu me transformara.

Chegando ao campo deitei-me e repousei, refazendo as forças combalidas. Estava exausto!

Lembrei-me de meus filhos. Como estariam eles? Saudade pungente atingiu-me de chofre e desejei vê-los.

Sem saber como, vi-me dirigindo-me para minha residência. Foi com um nó na garganta que me aproximei daqueles muros tão familiares e penetrei no jardim sem que ninguém me visse. Emocionado, aproximei-me de Nika, já crescido, quase um rapazinho. Uma criança brincava ao seu lado e nela reconheci Aurélio, que vira ainda bebê. Agora era um belo garoto de, aproximadamente, uns 4 anos de idade, corado e alegre. Abracei-o, mas não pareceu perceber minha presença. Algo decepcionado, acerquei-me de Nika, olhando-o com carinho. Estava bastante crescido e achei-o muito magro. Palidez intensa cobria-lhe o semblante expressivo. Conversava com o pequeno Aurélio:

— Quero ser um guerreiro como foi nosso avô Godofredo.

Ao que Aurélio retrucava com sua vozinha infantil:

— Papai também foi um grande soldado?

— Sim, Aurélio. Mas não fales nele. Sabes que vovó Áurea não quer que pronunciemos o nome do papai aqui em casa.

— Por quê?

— Porque não. Isso basta. Agora vai brincar que tenho mais o que fazer e não posso perder tempo contigo.
— Está bem! — respondeu a criança concordando. — Mas, vou perguntar para a vovó!
Denotando impaciência, Nika retrucou:
— Perguntar o quê, Aurélio?
— Onde papai está!
— Acho que não deves fazer isso. Vovó vai ficar aborrecida. Agora, avia-te. Preciso terminar os deveres que o Mestre mandou.
Lágrimas assomaram aos meus olhos. Minha lembrança havia-se tornado maldita. Não deixavam, sequer, que meus filhos pronunciassem meu nome.
Desejei inquirir a responsável por esse estado de coisas e subi correndo as amplas escadarias. Sabia onde encontrar a mãe de Lúcia e para lá me dirigi. Não a encontrei em seus aposentos e inquiri um criado, mas não obtive resposta.
Percorri as dependências do palácio sem encontrá-la. Sentindo-me exausto e desejando descansar, dirigi-me aos meus antigos aposentos. Qual não foi minha surpresa ao vê-la, minha execranda sogra, ainda deitada em meu amplo leito.
Uma escrava atendera ao seu chamado, solícita.
— Por que tardaste tanto? Vamos, dispa-me! Preciso ir à residência do Senador Vitélio e não tenho tempo a perder. Prepara-me o banho.
Com olhares lânguidos fixava o vazio, perdida em devaneios:
— Ah! que noitada! Diverti-me imensamente esta noite...
E mudando o fio dos pensamentos:
— Alguém procurou-me esta manhã?
— Não, Senhora.
— Tens certeza? Nenhum recado?
— Não, Senhora. Nenhum.
— Ele me paga! Aposto que está fazendo a corte àquela sirigaita da Odete. Não se livrará de mim tão facilmente, verá. Sempre precisará do meu dinheiro, o miserável libertino!
Irritado, aproximei-me perguntando quem havia permitido que se apossasse do que me pertencia. Chamei-lhe a atenção, falei-lhe dos meus filhos, mas não obtive resposta.
Acusou leve vertigem e confessou-se sob grande mal-estar. Mas acreditou ser conseqüência dos excessos da noite anterior.
Amargurado, afastei-me. Não conseguia entender o que estava ocorrendo. Ninguém me dava atenção. Ignoravam minha presença e senti-me só.
Saí ganhando a via pública e perambulei a esmo, sem destino.
Sofredor e aflito, percorri as vias públicas solitário e infeliz. Car-

comido pelo ódio, percebia agora que não possuía mais nada. Apossaram-se dos meus bens, tomaram conta dos meus filhos e se assenhorearam de tudo o que legitimamente me pertencia.

Vestes em frangalhos, andrajoso, pés desnudos, cabelos e barbas sujos e hirsutos, eu perambulava envergonhado de mim mesmo.

Eu, que sempre procurara me trajar com apuro e elegância, que banhava meu corpo com óleos aromáticos, que possuía escravos que me vestiam e enfeitavam...

Pensamento em fogo, confuso, sentia estranhas sensações que não podia entender. Por que ninguém me dirigia a palavra? Por que todos fingiam ignorar-me a presença?

Cansado, sentei-me na calçada, entre os transeuntes que passavam, apressados.

Pouco tempo depois virou uma esquina, vindo em minha direção, um grupo estranho e bizarro, tendo Tamara à frente.

Fazendo algazarra infernal, aproximaram-se. Levantei-me, assustado. O que estaria Tamara fazendo em meio a esse grupo de celerados?

Ao ver-me seu rosto abriu-se num sorriso sarcástico:

— Afinal, encontrei-te, miserável! Com que então, sempre te libertaram?* Mas, se estás livre da justiça de Justiniano, não fugirás à nossa justiça. Pagarás pelos teus crimes e por todos os horrores que semeaste.

A turba gritava, alucinada, entre assobios e impropérios.

Olhei aquelas figuras esquálidas, tão andrajosas quanto eu mesmo, e um terror imenso tomou conta de mim. Ao ver-me o olhar transido de pavor, Tamara soltou uma gargalhada satânica:

— Reconhece-os? São todos tuas vítimas e aguardavam o momento de se vingarem de ti. O ódio alimentou-os durante muito tempo. Vivem só prelibando o prazer de exercerem suas vinditas.

Sim, eu os reconhecia agora. Eram todos criaturas que eu usara e despojara no afã de exercer minha vontade e atingir meus objetivos menos dignos. Entre eles estavam soldados, escravos, amigos e desconhecidos, mas percebia em todas as fisionomias o mesmo ódio que me devotavam. Todos eles acusavam-me cruelmente de havê-los destruído.

Uma onda de vibrações nefastas envolveu-me produzindo infinito mal-estar. Sofrimento atroz me atingia e, em pânico, saí em desabalada carreira, seguido pela turba. Às vezes me agarravam e espancavam de maneira cruel e infligiam-me sofrimentos inimagináveis. Torturas inenarráveis martirizavam meu corpo e, quando conseguia libertar-me, fugia desesperado internando-me pelas florestas e montes em busca de alguma furna onde pudesse esconder-me, numa tentativa infrutífera de des-

---

* Tamara acreditava-me ainda pertencendo ao mundo dos vivos, tal como eu mesmo.

fazer-me da sanha de meus perseguidores, mas era em vão. Logo descobriam-me e era submetido a novas humilhações e espancamentos que me deixavam prostrado.

Quanto tempo durou essa situação? Não saberia dizer. Perdera a noção do tempo, já não distinguia o dia da noite na região de trevas espessas em que me revolvia.

Até que, certa vez, em que fora mais do que nunca supliciado por aqueles a quem eu ferira e que se haviam transformado em meus juízes e algozes, eu chorava desesperado e sofredor, sentindo na alma ânsias incontidas. Cansado de tanto sofrer, faminto, sedento e sentindo frio intenso que me enregelava os ossos, joguei-me ao chão, prostrando-me de joelhos.

Eu que nunca lembrara de pensar em Deus, que não acreditava sequer em sua existência, agora cansado, desiludido, sofredor e aflito, não tendo a quem recorrer em meio à dor superlativa que me tomava o íntimo, lancei um brado de socorro, partido do fundo do coração:

— Ó Senhor! Basta de sofrimentos! Não suporto mais esta situação em que me encontro. Não apenas sofro pelas humilhações, espancamentos e suplícios a que sou submetido pelos companheiros de antanho. Sofro também, Senhor, o acúleo de minha consciência, que me acusa acerbamente. Sei que errei. Hoje eu sei que pequei contra Ti e contra todos. Perdoa-me, Senhor, e ajuda-me. Se realmente existes e és tão bom e tão magnânimo quanto minha mãe afirmava, envia-me um bálsamo que acalme minhas dores. Já não agüento mais! Ouve, Senhor, a minha prece! Sou um desgraçado réprobo, mas Te suplico ajuda que sei não merecer, mas que só a Ti posso pedir. Tu és minha última esperança. Não me desampares entre as trevas espessas que me envolvem. Sê compassivo e estende Tuas mãos misericordiosas para socorrer o réprobo em que me transformei.

Lágrimas abundantes lavavam-me as faces e continuei suplicando o amparo de Deus até sentir-me exausto, extravasando tudo o que guardara tanto tempo dentro do peito.

Brandas vibrações de paz envolveram-me o espírito. Senti-me confortado e mais calmo interiormente. Aos poucos uma claridade opalina foi surgindo à minha frente e divisei, com satisfação inexcedível, a figura de um ancião de barbas brancas e fisionomia serena que irradiava bondade e compreensão. Lembrei-me então. Era o mesmo que vira já algumas vezes, sempre tentando auxiliar-me e conduzir-me para o bom caminho.

Sufocado pela emoção, fitava a visão celeste do enviado de Jesus, que, nimbado de luz, postara-se à minha frente.

Estendendo a destra e tocando-me os cabelos revoltos, falou-me com voz suave e impregnada de carinho:

— "O Senhor ouviu minhas preces, meu filho. Há muito tempo temos tentado ajudar-te sem que permitisses uma aproximação maior. Essa ocasião só surgiu agora, quando, através da oração, te libertaste dos algozes a quem te uniste um dia pelos caminhos ásperos do desrespeito às leis eternas e justas do Criador. Mais uma vez falhaste em teus propósitos de progresso espiritual e malbarataste as divinas oportunidades de reajuste e elevação que o Senhor da Vida te concedeu. Mas, o Magnânimo Pai saberá perdoar-te e terás novas oportunidades para reencetares a marcha interrompida, rumo à perfeição."

Após uma pausa que fizera para permitir-me assimilar suas palavras, prosseguiu:

— "Agora, faz-se mister que repouses para recuperação das energias consumidas. Serás amparado e conduzido para local de refazimento e paz."

Com o coração túmido de agradecimento e alegria, neste momento divisei uma outra entidade em quem reconheci minha mãe, que há tanto tempo não via.

Com sorriso angelical no rosto remoçado, agasalhou-me em seus braços, enquanto a entidade mais velha elevava o pensamento a Deus em agradecimento.

Nos braços de minha mãe senti-me seguro e em paz. Vibrações harmoniosas balsamizavam-me o corpo cansado e me senti como quando criança, em nossa aldeia natal, e ela tomava-me em seus braços cantando velhas e doces canções de ninar.

Sonolência branda foi envolvendo-me e adormeci finalmente tranqüilo e em paz, sendo conduzido com carinho extremado para ambiência no espaço criada para reequilíbrios das almas que deixaram a carne em condições menos felizes.

Melodia suave atingia-me os ouvidos e uma voz terna e compassiva repetia as palavras misericordiosas do Cordeiro de Deus:

— "Vinde a mim todos vós que estais aflitos e sobrecarregados e eu vos aliviarei. Tomai sobre vós o meu jugo, e aprendei comigo, que sou manso e humilde de coração, e achareis repouso para as vossas almas. Porque o meu jugo é suave e leve o meu fardo".

CAPÍTULO XL

NO PLANO ESPIRITUAL

Aos poucos fui tomando conhecimento dos fatos, amparado pelos generosos mentores espirituais que não poupavam esforços para auxiliar a reequilibrar-me à luz da infinita misericórdia divina e sob a influência de suas leis sábias e justas.

Fui informado então de tudo o que ocorrera após minha saída do salão de festas, naquele dia fatídico em que a Providência Divina resolvera colocar um ponto final em meus desatinos.

Compreendi então que Tamara, já liberta do corpo carnal e ignorante do seu estado, visitava-me no calabouço onde eu apodrecia em vida, aumentando superlativamente meu sofrimento já tão atroz.

Belisário, horrorizado e revoltado com meus crimes, desinteressara-se da minha pessoa. A morte da filha, Tamara, atingira-o muito profundamente e custara a recuperar-se. O Imperador Justiniano, por outro lado, tendo declarado guerra à Pérsia, chamara-o para defender o Império Bizantino com seu exército e ele foi embora da cidade de Ravena, esquecendo-me enterrado vivo. Por essa razão não sofri a pena de decapitação e nem fui julgado pelas autoridades.

Os que vieram após ele nem sequer souberam da presença de um prisioneiro naqueles fétidos calabouços, desinteressados de tudo. Só continuei recebendo minha ração de pão e água porque o carcereiro, criatura simples e ignorante, consciente de suas obrigações e sem saber que atitudes tomar, continuara a exercer suas funções, já que ninguém havia revogado a ordem que lhe fora dada de tratar do prisioneiro. Até que, percebendo que a ração de pão e água não fora mexida por três dias consecutivos e não escutando rumor algum dentro da cela, resolvera abrir a porta, encontrando-me morto e já em adiantado estado de putrefação. Foi aí que fugi do lúgubre local, sem saber que já não pertencia ao mundo dos chamados vivos.

Comecei a compreender a enormidade das minhas faltas e a grandeza de Deus, que me estendera mãos amorosas e amigas, através de entidades benfazejas de além-túmulo.

Reeduquei-me, então, à luz da divina doutrina do Mestre Nazareno, acolitado por mentores generosos e amigos. As lições de amor e paz, concórdia e perdão que ecoavam ainda na aprazível Galiléia, ganharam novas luzes para meu espírito atribulado e sofredor.

Comecei a compreender o quanto errara e o quanto me afundara no pântano das iniqüidades e dos crimes, acrescentando novos débitos aos outrora contraídos.

"Ama o teu próximo como a ti mesmo", "Faze aos outros o que gostarias que te fizessem", "Perdoa, não sete vezes, mas setenta vezes sete vezes", "Cada um receberá conforme suas obras"...

Esses e outros ensinos de Jesus agora tocavam-me profundamente as fibras mais íntimas e sofrimento ainda mais atroz do que o que sofrera até então me dilacerava o coração, se é que isso era possível.

Uma vergonha imensa de tudo o que fizera de mal vergastava-me impiedosamente e o remorso, qual ferro candente, queimava-me o íntimo.

Lágrimas de arrependimento lavavam-me a alma e um desejo intenso de redimir-me e pagar meus débitos contraídos para com meu próximo e para com a Justiça Divina passou a atenazar-me a consciência.

Tudo isso dificultava o reequilíbrio tão necessário ao meu espírito, impedindo-me de bem adaptar-me no plano espiritual.

A entidade de barbas brancas e olhar profundamente doce, que era meu mentor espiritual e a quem eu também já ferira, na inconsciência e crueldade que me caracterizavam os passos, compreendendo meu drama íntimo e não sendo alheio às lutas que se travavam em minha mente conturbada, certa vez dirigiu-se a mim falando-me com bondade:

— "Ciro, meu filho, é preciso que te abstenhas de agravar teu estado psíquico com pensamentos negativos que nada acrescentarão de bom. Erraste muito, é verdade; contraíste pesados débitos que, a seu tempo, deverão ser ressarcidos e dilapidaste divina oportunidade de reajuste e elevação que a Providência Divina te facultou e esqueceste as promessas que fizeste antes do retorno ao corpo denso".

Fez uma pausa, dando-me tempo para assimilar suas palavras, e continuou:

— "O remorso é útil e bom na medida em que reconhecemos os próprios erros e nos dispomos à melhoria. Mas, a estagnação nesse estado mental poderá levar-te ao desequilíbrio generalizado, propiciando-te, inclusive, o retorno às garras dos teus algozes de hoje, vítimas tuas do passado."

Com a alma opressa e a voz embargada pela emoção inquiri, desejoso de renovação:

— Reconheço a justeza de tuas razões, generoso amigo, e se tivesse dado ouvidos a tuas recomendações sempre tão esclarecedoras e providenciais, quando ainda na carne, não me encontraria hoje na presente situação e nem teria me arrojado tão baixo. Agora, compreendo a enormidade das minhas faltas e o quanto fui desatento à ajuda que os companheiros de além-túmulo tentaram me propiciar. Amparo do Alto que não me faltou jamais. Minha cegueira, porém, era intensa e nada percebi, ignorando o esforço dos amigos. As vezes em que essa ajuda se fez mais evidente, na figura do querido amigo, cataloguei como alucinações, porque, no íntimo, não desejava mudar. Hoje, lamento profundamente minha incúria, aliada ao orgulho e ao egoísmo que sempre estiveram profundamente arraigados em meu caráter. Sinto-me um réprobo, sem rumo e sem direção, generoso amigo e benfeitor. A consciência não me concede paz e o remorso corrói meu íntimo. O que fazer?

Colocando a destra em meu braço, um sorriso meigo a bailar no semblante sereno, a entidade angélica respondeu-me:

— "Meu filho, Deus é Pai amoroso e bom, conforme Jesus nos ensinou, e está sempre pronto a receber em Seu regaço compassivo o filho pródigo. Lembra-te da imagem tão consoladora e tão pura que o Mestre nos legou referindo-se ao pastor. Qual o pastor que não deixa as noventa e nove ovelhinhas no redil e vai em busca da ovelha desgarrada e não se dá por satisfeito enquanto não a vê em segurança? É imperioso agora reconstruas tudo o que destruíste. Tua situação é invejável comparando-se com a de outras criaturas que empurraste na queda moral."

Fez uma nova pausa, que respeitei, sentindo mais do que nunca a enormidade das minhas faltas. Curioso e aflito, esperei que prosseguisse:

— "Refiro-me, querido Ciro, à nossa Tamara, que ainda permanece em regiões inferiores sem conseguir vislumbrar uma saída para sua situação e jungida ainda às infelizes entidades a que se vinculou voluntariamente. Nossa Tamara não é má, mas, espírito fraco e incapaz de perdoar, deixou-se envolver de tal maneira por idéias de revolta e vingança que não permite a aproximação de entidades amigas."

Baixei a cabeça enquanto grossas e candentes lágrimas corriam-me pelas faces. A lembrança e as notícias daquela que eu amava ainda e sempre e a quem destruíra a felicidade martirizaram-me.

Sim, eu era responsável. Tamara sempre fora orgulhosa, arrogante, vaidosa, fútil e egoísta, mas não seria capaz de um ato mau, se eu não houvesse destruído o que ela possuía de mais caro. Sim, era responsável por sua queda e sofria agora por minha causa, como tantas outras criaturas.

Fitei meu interlocutor ansioso e com sincero desejo de ajudar. Ele, que acompanhava meus pensamentos com interesse, concordou:

— "Sim, meu amigo. É preciso algo tentar em favor de nossa companheira ainda mergulhada em trevas espessas."

O coração dilatou-se-me no peito e tênue vibração de paz e esperança bafejou-me o íntimo atribulado e sofredor. Faria o que fosse preciso. Não mediria esforços para auxiliá-la e aos outros. Todo um programa de serviço se delineava à minha frente. Jesus me estendia novamente oportunidade de progresso espiritual. Era preciso aproveitar e agradecer as bênçãos recebidas.

Alcei o pensamento numa prece sentida e profundamente sincera em louvor e agradecimento ao Criador, pela oportunidade que se me deparava. E, pela primeira vez em muito tempo, senti-me mais confortado e em paz, ansiando mergulhar no trabalho renovador e desinteressado em favor do semelhante.

CAPÍTULO XLI

NOVAS TAREFAS

Com coragem e real desejo de servir, lancei-me ao trabalho com todas as minhas forças. Sem descanso enfrentei a árdua tarefa que me fora concedida, por acréscimo da misericórida divina, de trabalhar junto aos assistentes espirituais no socorro aos infelizes ainda em regiões de sombra.

Percorri os espaços, acolitado por mensageiros de Jesus, amigos dedicados que, tanto quanto eu mesmo, desejavam auxiliar o próximo.

Aprendi muito com esses mentores espirituais, conscientizando-me ainda e sempre de que ninguém lesa impunemente as leis imutáveis e sábias que regem o Universo. Aprendi a devotar-me ao necessitado com exclusão de qualquer interesse, realizando as tarefas mais humildes que me eram destinadas, e lutando com todas as veras da alma para domar o feroz orgulho e o egoísmo malsinado que foram responsáveis pelo grande número de erros que cometera no pretérito.

Compreendi que o verdadeiro amor, em nome do qual cometera tantas atrocidades e crimes inomináveis, é, antes de tudo, doação; que é paciente e compreensivo; que o verdadeiro amor é feito de abnegação e carinho e, sobretudo, de renúncias em favor do ser amado.

A consciência ainda era qual acúleo torturando-me o íntimo. Às vezes mergulhava em crises de desespero e remorso por tudo o que cometera, por todo o sofrimento que infligira aos outros, remoendo-me por dentro.

Nesses momentos meu mentor e amigo de mais Alto, aquela entidade angélica que sempre acompanhara meus passos com dedicação e carinho, aproximava-se percebendo o teor mental em que me mantinha e alertava-me a não deixar que minha mente mergulhasse em níveis mais baixos do pensamento, concitando-me ao enriquecimento de mim mesmo no trabalho redentor.

Encontrei muitos dos meus desafetos na nova vida de Além-túmulo, já que ninguém morre e que continua mantendo os mesmos desejos e aspirações. Muitos, almas simples e boas, haviam sinceramente me perdoado os deslizes cometidos contra eles ou contra seus familiares. Mas muitos deles continuavam a odiar-me profundamente, mantendo-se em esferas mais baixas do plano espiritual.

Certo dia em que meditava solitário, aproveitando os raros momentos de repouso que me permitia, aproximou-se um dos abnegados companheiros que muito me estavam auxiliando no sentido de adaptação à nova vida.

Profunda simpatia me unia a essa entidade, sempre sorridente e solícita. Em pouco tempo de convivência uma afinidade muito grande nos envolveu como se fôssemos velhos conhecidos.

Sentou-se ao meu lado, perscrutando-me o íntimo com discrição e bonomia.

– Algo preocupa-te, meu amigo – falou com serena delicadeza. – Se de alguma forma puder ajudar-te, não hesites.

– Obrigado, amigo. Sei que teu coração amoroso está sempre pronto a servir e não desconheço também que conheces a indagação que me assoma ao espírito, mas que a tua grandeza de alma faz calar para não me humilhar. Tenho encontrado muitos daqueles a quem ofendi com meus atos nessa última romagem terrena. Mas alguém existe que não avistei ainda e com quem tenho avultados débitos, acrescidos pelo fato de ter-me sempre ajudado e a quem paguei com a ingratidão e a morte. Trata-se de Godofredo, Conde de Ravena. Se fosse possível, gostaria de ter notícias dele, já que é um dos meus maiores credores. A consciência me acusa e preciso do seu perdão.

Meu interlocutor sorriu docemente, convidando-me:

– Vem comigo.

Atravessamos os espaços infinitos por algum tempo até que percebi que nos aproximávamos de Ravena. Penetramos na suntuosa cidade e emoção insólita dominou-me o íntimo, revendo o palco das minhas desventuras.

Aproximamo-nos do meu antigo palácio e nele penetramos sem maior dificuldade.

Em seus aposentos Nika estudava, mergulhado nos livros que se espalhavam sobre a mesa.

Era já um jovem de seus dezesseis anos. Conquanto fosse de estatura elevada, seu corpo era franzino, em decorrência dos problemas cardíacos que apresentara desde a primeira infância.

A emoção dominou-me e abracei-o, envolvendo-o em vibrações de alegria e reconforto.

Meu amigo e assistente apontou-me meu filho, asseverando com tranqüilidade:

— Desejavas saber notícias do antigo Conde de Ravena. Ei-lo!

A surpresa e a satisfação que acometeram meu espírito é difícil de ser descrita. Abraçado a ele chorei, deixando que copiosas lágrimas lavassem minhalma.

Ajoelhei-me e, coração em prece, agradeci ao Supremo Criador tudo o que me concedera.

Com a destra em minha cabeça, meu acompanhante falou-me, emocionado:

— Vês como Deus é misericordioso e bom? Propiciou-te meios de saldar teus débitos para com a Justiça através da paternidade. Deste a vida àquele mesmo a quem tiraste e restituíste os bens a quem de direito pertenciam.

— Compreendo agora muitas coisas, inclusive a razão da aversão de Nika por mim e, mais do que nunca, reconheço a grandeza e magnanimidade de Deus.

Com o coração em paz e confiante na Justiça Divina, percorremos as dependências do palácio evocando as lembranças que surgiam a cada passo.

Aurélio, agora com 12 anos, garoto esperto e com muita vitalidade, era o modelo da criança sadia. Exercitava-se no pátio sob a orientação de Tamba, que não era nem sombra do que fora. Os anos lhe pesavam nos ombros e era com certa dificuldade que acompanhava o vivaz Aurélio nas lições de manejo da espada.

Maria, que não tivera coragem de fugir naquele dia fatídico, julgando-se também culpada pelos infaustos acontecimentos em que sua querida ama perdera a vida, já com os cabelos grisalhos nas têmporas, sentada num banco a pouca distância, observava-os, consertando uma roupa.

Marcus, o meu bom amigo Marcus, mantivera-se fiel ao propósito que se impusera. Permanecera no palácio e fora sob sua orientação que as crianças cresceram.

Fomos encontrá-lo em seus aposentos antigos, manipulando substâncias medicamentosas, que depois distribuía aos necessitados da região.

Bateram à porta e Nika entrou pouco depois.

— Incomodo, tio Marcus?

— Não, em absoluto, meu filho. Entra.

Nika entrou e ficou postado ao lado do médico observando-o trabalhar.

Marcus, de vez em quando, olhava-o discretamente.

— Dize o que te apoquenta, meu filho. Sei que aqui não vieste só com o intuito de ver um velho trabalhar, muito embora sempre me dás prazer com tua presença.

— Tens razão! Nada posso esconder de ti. Há pouco, enquanto estudava em meus aposentos pessoais, tive a nítida impressão de que não me encontrava só.

O médico parou o que estava fazendo e fitou o rapaz à sua frente:

— Sim?! Sabes que realmente, como dizia o Apóstolo Paulo, "estamos cercados por uma nuvem de testemunhas". Não ignoras esse fato.

— Sei disso, tio. Foste tu que me orientaste sempre e falaste da existência do mundo espiritual. Mas, foi a "pessoa" que me chamou a atenção. Senti que meu pai, desaparecido há tantos anos e de quem não tivemos mais notícias, estava ao meu lado. Abraçou-me e senti uma emoção muito grande.

— Entendo, meu filho.

— Sabe, tio Marcus. Há uma coisa que nunca contei a ninguém, nem a ti. Quando eu era pequeno sempre sentia horror do meu pai, tanto quanto adorava minha mãe. No fundo do meu coração eu não confiava nele; sentia sempre que ele queria magoar-me, entende?

— Sim, prossegue.

— Certa vez sonhei que estava deitado no leito e era uma outra pessoa. Vi quando ele penetrou no quarto levantando o pesado reposteiro e, vendo-me a dormir, apunhalou-me pelas costas. Soltei um grito e acordei assustado, sentindo a dor da punhalada no mesmo local onde sempre sinto dor. No coração.

Marcus, com os olhos marejados de pranto, acompanhava a narrativa do rapaz.

Fazendo uma pausa, Nika perguntou:

— O que pensas disso, meu tio?

— Penso, meu querido Nika, que a misericórdia de Deus é infinita e que deves fazer preces pelo teu pai. E, se é verdade que ele te feriu algum dia, que possas perdoar-lhe o ato insensato. Provavelmente, Ciro já retornou ao mundo espiritual e sabe lá em que condições!

— Enquanto meu pai estava vivo e convivendo conosco nunca consegui deixar de sentir pavor à sua aproximação e nem perdoar-lhe. Mas, hoje, quando o senti ao meu lado abraçando-me com desvelado carinho, senti como se nos entendêssemos, como se eu lhe perdoasse qualquer coisa que me tenha feito sofrer. Não é interessante?

— Muito interessante, meu filho, e de uma profundidade que ainda não consegues avaliar.

Nika deixou o aposento já preocupado com outras coisas, e ficamos nós, as duas criaturas desencarnadas e o encarnado, a meditar na infinita sabedoria de Deus.

CAPÍTULO XLII

DUAS DÉCADAS DEPOIS

O tempo prosseguia seu curso, estabelecendo o destino de cada criatura, segundo a lei de causa e efeito, cuja execução era propiciada pelo uso indiscriminado do livre-arbítrio.

O entrechoque das paixões, as ambições desmedidas, o orgulho exacerbado e o egoísmo lançado a níveis inimagináveis continuavam a tecer as teias envolvendo as criaturas.

Aqueles foram anos de devastações e loucuras, extermínio e pilhagens.

O general Belisário não mais se recuperou totalmente do golpe sofrido. Foi chamado a guerrear a Pérsia, a quem o Imperador Justiniano declarara guerra, e atirou-se à luta com desespero, desejando esquecer seus problemas pessoais.

A morte de Antonina, única criatura agora ligada ao seu coração por laços familiares, mergulhou-o em sofrimento inaudito. Nos últimos tempos, sofrendo de paralisia, conseqüência da vida desregrada que sempre levara, Antonina inspirava piedade. Cuidou dela com desvelo até sua morte.

Velho e doente, contando já 65 anos de idade, Belisário foi chamado novamento por Justianino, que recorria ao grande general, que sempre estivera lutando ao seu lado, para salvá-lo de novo perigo.

O Imperador tivera conhecimento de que os bárbaros se aprontavam para invadir seu território, após terem submetido várias cidades importantes.

Atendendo ao apelo do velho amigo, Belisário arregimentou seus soldados, uns trezentos daqueles valorosos guerreiros que haviam combatido sob suas ordens, e novos mercenários entre os que pôde conseguir.

O gênio estratégico do grande general mais uma vez ficou patenteado. Com astúcia e coragem conseguiu expulsar os inimigos, que fugiram apavorados.

Justiniano ficou muito agradecido e mais uma vez devedor daquele homem de escol. Era, porém, muito sensível a comentários e facilmente maleável por aqueles que o rodeavam e que sentiam inveja da glória que Belisário sempre tivera.

Convenceram Justiniano de que Belisário conspirava contra Bizâncio. Se não, por que não fora atrás do inimigo para aprisionar seu chefe?

O Imperador Justiniano, crédulo e ambicioso, tomou metade dos bens do general Belisário e destituiu-o do cargo que ocupara por tanto tempo.

Enfraquecido pela idade e pelos problemas, o Imperador nos últimos anos de sua existência levou vida retirada e discreta, preocupado com jejuns e orações e discutindo temas de teologia.

Enfrentara gravíssimas crises em seu governo, que fora todo pontilhado por guerras, pestes, freqüentes terremotos e revoltas dos súditos. A morte de Teodora, porém, fora um golpe forte demais para a sua resistência já combalida.

Já não conseguia controlar as rédeas do governo e dominar as crises que surgiam ininterruptas. O poder esvaía-se entre seus dedos.

Morreu alguns meses depois de Belisário, no mesmo ano de 565, sofrendo de medos insólitos, deixando o Império em situação calamitosa. Os cofres que ele recebera cheios se encontravam vazios e perdeu o Império Bizantino grandes territórios que o exército reduzido e mal pago já não conseguia defender.

Triste fim para um grande Império e para um Imperador que sonhara com a união entre o Império Romano do Ocidente e do Oriente.

Dos trinta e oito anos do seu reinado ficaram as obras que mandara construir e o Código de Leis, denominado por todos como o Código de Justiniano, com o qual procurara manter a ordem e a paz social.

As cidades italianas sofriam as conseqüências das freqüentes invasões. Roma não era nem sombra do que fora e a nobreza desapareceu. Somente os destroços e ruínas atestavam a grandeza de uma raça. Milão ficou completamente destruída e seus habitantes mortos. Nápoles, Veneza, Florença também sofreram pelas continuadas invasões. Os impostos, que coletores desonestos extorquiam, e os saques freqüentes reduziram à miséria centenas de cidades e aldeias, antes prósperas e alegres.

Ravena, a cidade de suntuosas arquiteturas, de esculturas e obras de arte, de igrejas como as de San Vitale e San Apolinário, luxuosamente decoradas, também não passou incólume, como se um sopro de destruição varresse a região.

Nossas personagens continuavam a lutar enfrentando os problemas que surgiam.

Áurea, a mãe de Lúcia, fútil e vaidosa, ambiciosa e interesseira, continuava a levar vida desregrada e dissoluta. Passava as noites em festas orgíacas e, no dia seguinte, vestia-se discretamente, cobria o rosto com fingida humildade e ia à igreja rezar e pedir perdão para os seus muitos pecados. Confessava-se, recebia a comunhão, deixava gordas espórtulas, o que tinha por finalidade amolecer o coração dos sacerdotes, e voltava perdoada e de consciência tranqüila para, logo mais à noite, repetir tudo novamente.

Por essa razão, embora não fosse da família, mas possuindo ascendêcia moral sobre a infeliz mulher, Marcus não permitia que ela se imiscuísse na educação das crianças. De resto, na verdade ela considerava terrivelmente enfadonho cuidar de crianças, e era com satisfação que transferia suas obrigações de avó para o médico, a quem respeitava pelas elevadas virtudes morais de que era portador.

Nika e Aurélio cresceram sob a tutela benfazeja de Marcus, a quem se ligavam por laços de afeto profundo. Dessa forma compensavam-se da perda dos pais em tão tenra idade.

O jovem Nika, embora desejoso de ser um soldado, não possuía saúde para tanto. O menor esforço físico o cansava. Era penoso vê-lo tentando exercitar-se, tendo que desistir dentro de pouco tempo. Os batimentos cardíacos aceleravam-se, ficava pálido e trêmulo e muitas vezes desmaiava nos braços de alguém que corresse para socorrê-lo.

Era, portanto, com tristeza e profundo desgosto que Nika via Aurélio crescer sadio e forte, executando tudo aquilo que ele gostaria de fazer e não podia. Dedicava-se aos livros como um derivativo, incentivado por Marcus que percebia seu estado de espírito e a revolta que o dominava.

O fato de ver Aurélio, sorridente e bem disposto, sem a túnica e tendo apenas uma faixa a cobrir-lhe os rins, com o corpo jovem dourado pelo sol, bagas de suor a escorrerem pelo rosto e os olhos brilhando de satisfação após uma partida qualquer ou uma luta corpo-a-corpo com o filho de um escravo, deixava-o amargurado.

Gostava do irmão ternamente, mas sentia inveja dele, o que aumentava muitas vezes a distância entre eles.

Certo dia um dos cachorros demonstrou sinais inequívocos de que estava doente e era preciso matá-lo antes que ferisse alguém. O animal raivoso não permitia que ninguém se aproximasse dele e os guardas do palácio estudavam qual a atitude que deveria ser tomada.

Estavam no pátio interno, para onde o cão havia se refugiado, e todos escondiam-se apavorados.

Um dos guardas resolveu atingi-lo com uma flecha.

Pegou o arco, assentou a flecha e todos aguardavam com ansiedade o desfecho, quando Nika viu Aurélio que, saindo por uma das portas e desconhecendo o que ocorria, penetrava no pátio, justamente próximo ao cão, vindo por detrás. Num átimo, percebendo o perigo que o irmão corria e estando perto do local, correu e jogou-se na frente dele.

O cão moveu-se naquele exato momento e Nika recebeu a flecha endereçada ao animal, caindo aos pés do jovem Aurélio que, assustado, não compreendia o que tinha ocorrido.

Ao ver o irmão mais velho com o peito sangrando, trespassado por uma flecha, Aurélio jogou-se sobre ele soluçando.

Desorientados e sob forte emoção, todos se aproximaram. Nika vivia seus últimos momentos de vida na Terra.

Quando Marcus chegou, após ter sido avisado por um criado, já nada mais pôde fazer. Desesperado, tomou-o nos braços apertando o corpo já sem vida. Nika havia partido para o plano espiritual.

Seu frágil coração deixara de bater. Assistido pelos amigos espirituais que o socorreram no momento do desenlace, foi conduzido inconsciente para um local onde receberia o atendimento necessário à sua recuperação.

Foi com emoção que o acompanhei, embora sem poder ajudar pela minha falta de condição, no retorno à pátria espiritual.

Após muito esforço e dedicação um raio de esperança envolveu-me o coração. Tamara dava os primeiros sinais de cansaço e desânimo. Demonstrava descontentamento com a vida que estava levando e às vezes a surpreendíamos pensativa e saudosa dos antigos afetos.

O mentor do nosso grupo espiritual reconheceu que chegara a ocasião adequada para resgatá-la à falange a que se vinculara.

No momento preciso demandamos rumo à região onde estacionara há tanto tempo. Deixamos em poucas horas o ambiente aprazível em que nos movíamos para mergulhar em atmosfera pesada. Cada vez mais asfixiante tornava-se o ar que respirávamos e uma densa neblina envolvia tudo. De longe em longe víamos alguma vegetação raquítica de galhos escuros e retorcidos; gritos lancinantes nos atingiam a sensibilidade e, vez por outra, vultos escuros cruzavam à nossa frente escondendo-se no nevoeiro.

Atingimos, após algum tempo de marcha contínua e em silêncio absoluto, uma região escura e cheia de cavernas onde infelizes seres se abrigavam. Algumas construções de aspecto asqueroso e terrível se espalhavam aqui e ali.

Percorremos algumas vielas e, sempre em silêncio, adentramos em um recinto sujo e escuro. Era um amplo aposento onde dezenas de infelizes entidades se reuniam em grupos afins. Uns tramavam novas investidas, outros cogitavam de novos meios para derrotar seus adversários, outros contavam anedotário obsceno, outros ainda proferiam impropérios e pensamentos de vingança.

Dirigimo-nos para um canto do aposento onde, solitária, Tamara permanecia afastada dos demais. Ninguém notou nossa presença e nos movimentamos com facilidade. Pelo baixo teor da vibração mental que emitiam e sintonizavam com aqueles que se demoravam nas mesmas condições, não logravam perceber o que se passava em outro plano, embora tão próximo.

O responsável por nosso grupo chegou-se até ela, enquanto nos mantínhamos em atitude de oração. Colocou a destra em sua fronte e deu-lhe uma ordem para que se afastasse daquele recinto. Imediatamente, Tamara levantou-se e saiu, buscando local mais tranqüilo, seguida de perto por nosso grupo.

Andou um pouco, sempre orientada pelo mentor, até chegar a um local menos asfixiante do que aquele em que estivéramos. Sentou-se no solo, onde uma gramínea rala se estendia e pôs-se a meditar.

Não sabia porque, nos últimos tempos, sentia-se tão desgostosa e insatisfeita com tudo. Aspirava a algo melhor, mas o quê? Sentia saudades do ambiente em que vivera, lembrava-se dos amigos, do palácio de Ravena, das conversas, das festas e uma tristeza muito grande a envolvia. Quanto tempo se passara desde então? Perdera a noção do tempo; não sabia se fora há uma semana, um mês, ou há um século que se realizara seu casamento com o detestado Ciro. Perdera de vista todos os amigos e conhecidos; aqueles que a amavam a haviam esquecido e ela sofria sozinha naquele inferno. Onde estariam todos? Por que a abandonaram sem socorro e sem assistência?

Sentia-se cansada da vida que levava, embora não pudesse fugir das companhias detestáveis que desfrutava, por serem as únicas que possuía. Suspirou profundamente. Aspirava a algo melhor, sem saber embora o que fosse.

Sempre assessorada pelo dirigente do grupo de socorro, Tamara modificava aos poucos o teor mental. Sugeria-lhe ele pensamentos de renovação e paz, desejos de reformulação íntima e de uma nova diretriz.

Retirada do ambiente nocivo em que se comprazia, tornou-se mais maleável às sugestões do amigo espiritual.

A infeliz criatura lembrava-se de Agar, o ser amado, e lágrimas candentes escorriam pelo seu rosto.

Um pouco afastado, carinho infinito dominava-me as fibras mais íntimas e o desejo de ajudar me envolvia o coração, apiedado da triste situação daquela que eu amara desde sempre.

Nesse momento o mentor dirigiu-nos a palavra:

— Irmãos, é chegado o momento. Mantenhamo-nos em prece. Só existe uma criatura que pode nos ajudar neste cometimento, pelas ligações profundas e ascendência moral sobre nossa Tamara. Elevemos o pensamento ao Mestre suplicando a misericórdia divina de que é tão pródigo.

Assim dizendo, elevou a fronte e concentrou-se profundamente. Delicada e comovedora oração envolveu-nos a todos em vibrações harmoniosas.

Logo após, ao nosso lado, surgiu uma entidade que reconheci como aquele que na última encarnação fora o generoso Agar. Precedido por safirina claridade, aproximou-se do grupo, iluminando a região inóspita onde nos encontrávamos. A luminosidade iridescente que espraiava em derredor foi-se apagando aos poucos sob o influxo de sua vontade poderosa, até tornar-se completamente obscuro, para não humilhar os circunstantes.

Sua presença, agradável embora, enchia-me de emoções desencontradas. Uma vergonha imensa acometeu-me e baixei a fronte humilhado, sentindo-me um verme. Era a primeira vez que nos revíamos após o meu regresso ao plano espiritual e, naquele momento, senti desejos de sumir, queria que o solo me tragasse para não ter que enfrentar o momento tão difícil e delicado para mim.

Cabeça baixa, não percebi que Agar acercara-se de mim, percebendo o estado mental que me tumultuava o íntimo. A entidade, portadora de excelentes e raras virtudes morais, com voz carinhosa acalmou-me dizendo:

— Não temas, meu irmão. Somos todos filhos de um mesmo Pai e igualmente devedores. Tenho acompanhado teus esforços para auxiliar nossa Tamara e sou-te profundamente grato. Acalma o coração, serena a mente para agirmos com acerto, frente aos propósitos que nos irmana.

Virou-se em seguida para os demais, cumprimentando-os amavelmente e trocou algumas palavras com nosso mentor.

Logo após acercou-se de Tamara que, incapaz de perceber-nos as presenças, mesmo assim sentia que algo de inusitado se passava ao seu redor.

Com ternura extrema e doce expressão no olhar amoroso, envolveu-a em abraço comovente.

Tocou levemente a fronte do inditoso espírito e passou a destra sobre seus olhos com suavidade.

A jovem, que permanecia envolta em vibrações pesadas, pareceu acordar de repente, passando a vislumbrar a entidade que permanecia em prece ao seu lado.

Reconheceu seu amado Agar de quem estava separada há tanto tempo. Uma alegria incontida dominou-a a par de uma vergonha muito grande pela condição de inferioridade em que se reconhecia, tal qual acontecera comigo.

A elevada posição espiritual de Agar era patente. Embora tivesse procurado tornar-se opaco para não nos humilhar com suas conquistas espirituais, a vibração de amorosa solicitude que irradiava nos envolvia, especialmente Tamara, ajoelhada à sua frente e traduzia-se por branda claridade que, ao nos tocar, enchia-nos de bem-estar inefável.

Tamara sofria. Frente ao antigo companheiro não conseguia controlar as lágrimas que lhe banhavam o rosto.

Mantendo a destra sobre a cabeça de Tamara, suas palavras saíram vazadas em grande emoção:

— "É tempo de refazeres as diretrizes que tomaste desatinadamente. Não obstante as oportunidades que te foram concedidas por misericórdia divina e as bênçãos infinitas que colheste sem perceber e sem dar o devido valor, preferiste mergulhar na insensatez e no ódio aviltante. Bastas vezes a misericórdia divina fez-se luz em teu caminho através de conselhos e orientações que desprezaste. Não contente com isso, numa revolta sem motivo, deste condições para que as tendências inferiores que ainda dormitavam em teu íntimo aflorassem, partindo para a vindita degradante."

Fez uma pausa para dar tempo a Tamara de assimilar suas palavras.

Cabeça baixa, a jovem angustiava-se perante a justeza da análise emitida, mas ainda, tentando justificar-se, pensou que tudo o que fizera fora por amor dele, Agar.

Continuando, a entidade demonstrou ter ouvido seus pensamentos, exprobrando-a:

— "Nada justifica a revolta contra a Providência Divina, minha querida. Estava programada a nossa separação em breve tempo, já que não merecíamos ainda a felicidade de uma vida em comum, tendo em vista débitos contraídos no pretérito."

Com voz embargada pela emoção ela atreveu-se a interromper:

— O infame Ciro destruiu-te a vida e não pude suportar o sofrimento e a dor. Amo-te acima de tudo e a revolta dominou-me. É errado desejar a justiça? É errado querer o convívio do ser amado? — questionou, dando vazão ao fel que a remoía por dentro.

Agar ouviu-a em silêncio, deixando-a liberar os pensamentos nocivos que abrigara por tanto tempo.

— "Não é errado desejar a justiça, sublime aspiração da Humanidade, mas buscando o desforço aumentaste ainda mais a distância que nos separa. Não deves persistir entretecendo pensamentos de ódio e revolta que te são profundamente nocivos. O monoideísmo que te impuseste foi a causa de permaneceres durante tanto tempo em trevas espessas. Ciro é um irmão muito amado e credor de toda a nossa consideração. Atingindo-me e destruindo-me a vida material não fez mais do que cobrar uma dívida de antanho. É verdade que se tornou responsável perante a Justiça Divina por esse ato criminoso, já que não precisaria ser ele o cobrador. Deus teria condições de fazer-me resgatar o débito sem sua interferência. De resto, é companheiro de priscas eras e temos nos encontrado em muitas oportunidades com roupagens e em épocas diferentes e já é tempo de apararmos as arestas que nos separam. Portanto, minha querida, a resignação e a paciência perante o sofrimento e as adversidades são o melhor remédio contra novas quedas. Procura esquecer os pensamentos malsãos que tens entretecido como idéia fixa e modifica o tônus mental para recomeçares uma nova vida. Para isso é preciso que esqueças as divergências e te reaproximes de Ciro.

A nobre entidade tomou-me pela mão, aproximando-me mais e só então Tamara pareceu notar minha presença.

Agar fitou-me com compreensão e ternura e percebi em seu olhar sereno que agora era minha vez. Aproximei-me humildemente e, com a voz que a emoção modificava, falei-lhe de coração aberto:

— Sei que nada mereço, Tamara. Tens razão para desprezar-me e odiar minha simples presença pelo mal que te causei. Mas peço-te, neste momento, olvida o passado e perdoa-me. Muito tenho sofrido e só agora, já renovado, entendo os desatinos que cometi e a enormidade das minhas faltas. Desejo apenas que me seja concedida nova oportunidade quando espero reparar o mal que causei.

Tamara, ainda indecisa, fazia visíveis esforços para se dominar, vendo o terrível inimigo à frente.

Agar dirigiu-se a ela com brandura e serena autoridade:

— Não deves esquecer que, se foste agredida, também agrediste torturando-o e obsidiando-o por longo tempo, incapaz de perdoar. Ciro, mais acessível e menos vingativo do que tu, embora detentor de mais pesados débitos, compreendendo seus erros, há muitos anos dedicou-se a te ajudar, envidando para isso todos os seus esforços. Depende de ti, portanto, que deixes de sofrer. Perdoa, como única oportunidade de seres feliz e recomeçares uma nova etapa em tua vida. Perdoa, para seres feliz!

Tamara, afinal vencida pelos argumentos e também cansada de sofrer, desejando renovação, aceitou a mão que eu lhe estendia em proposta de conciliação.

Satisfeitos com o resultado do encontro, agradecemos ao Criador as bênçãos recebidas com os corações jubilosos.

A jovem Tamara, exausta pelo esforço despendido e por tanto tempo de vida de desatinos e sofrimentos, mergulhou em sono profundo.

Um enfermeiro prestimoso colocou-a numa espécie de padiola e retornamos com o ânimo forte e esperanças renovadas no coração, após termos cumprido nossa missão com pleno êxito.

Em local apropriado Tamara receberia o necessário atendimento para seu restabelecimento moral e espiritual, amparada pelos nossos dedicados benfeitores espirituais e fortalecida pela excelência da mensagem de Jesus, profundamente renovadora:

— "Eu sou o Caminho, a Verdade e a Vida. Ninguém vai ao Pai se não por mim."

CAPÍTULO XLIII

NOVOS RUMOS REDENTORES

Meditava na infinita misericórdia do Criador e na perfeição da sua obra, percorrendo os espaços infinitos onde a glória de Deus se fazia sempre mais patente. Contemplando os diferentes mundos encastoados no firmamento e as miríades de estrelas cuja luz atravessava distâncias incomensuráveis até chegar a mim, extasiava-me perante o altar divino.

A uma velocidade vertiginosa percebia as cidades que, mergulhadas na atmosfera terrena, assemelhavam-se a pequenos brinquedos.

Quanto sofrimento! Como são vãs as glórias e riquezas terrenas – pensava eu, enquanto pelas telas da memória revia os desatinos que cometera durante longos séculos. Por duas vezes o cetro do poder servira para que mergulhasse na morte e na destruição, malbaratando divinas oportunidades de elevação que me foram concedidas. Por duas vezes a volúpia do poder dominou-me e o fascínio da conquista e da guerra foram meus companheiros inseparáveis. O orgulho feroz que me vibrava no peito levou-me a cometer atrocidades sem nome e destrocei lares, matei e mutilei seres humanos pelo prazer de matar e mutilar. A sede de riquezas e de glórias arremessou-me num mar de desvario e sangue.

Contemplando as cidades destruídas, os campos calcinados, mergulhados na paz noturna como um negro sudário, meditava na vacuidade e pequenez de tudo aquilo.

O que restava do meu "trono de fantásticas riquezas?" Apenas a tristeza e desolação.

Mergulhara novamente na carne com vistas ao progresso moral e novamente falhara, retornando à pátria espiritual porventura ainda muito mais endividado, após tantas promessas de renovação. Entendia agora porque ao avistar Roma, a Cidade das Sete Colinas, o coração se me confrangeu no peito. Inconscientemente lembrava-me de uma outra vez que penetrara na cidade como conquistador, espalhando o sofrimento e a dor, a destruição e a ruína, o medo e o ódio.

Um suspiro profundo agitou-me o ser. Aproximava-me do local aprazado para a reunião.

Numa região entre os mares Adriático e Mediterrâneo, sobre a psicosfera de Ravena, situava-se a ambiência criada por benfeitores espirituais para auxílio a espíritos necessitados que retornassem ao Além-Túmulo em condições difíceis, ou para assistência e reconforto de irmãos em desequilíbrio psíquico.

Fôramos convocados para essa reunião com vistas ao estudo e programação de novas encarnações que se faziam necessárias ao progresso espiritual do grupo.

Vibrações harmoniosas envolviam a psicosfera, enquanto música celeste nos atingia as fibras mais íntimas falando da glória do Ilimitado.

No local estavam todos reunidos. A alegria do reencontro, a saudade dos seres amados e a satisfação que vibrava em nossos espíritos faziam do ambiente local acolhedor e agradável. O reencontro difícil com desafetos e adversários de antanho não conseguiu empanar o desejo de reconciliação e paz que nos envolvia a todos, auxiliados pelo ambiente adredemente preparado e saturado de emanações positivas de amor e entendimento.

Lá estavam meus pais; minha querida Tamara, amparada por aqueles que foram seus pais na última romagem terrena, Samir e Sara; a querida e inesquecível Ana, Nika, Bruno di Castelverde, Rufino, Antonina, Belisário, Lúcia e Áurea, sua mãe, Marcus, Maurício, Homero e finalmente Agar, e mais alguns espíritos que me eram desconhecidos e que percebi que eram ligados a cada um dos presentes.

Após algum tempo que nos fora concedido para o reencontro e conversa informal, penetrou no recinto, nimbado de luz, o mentor espiritual do grupo, a venerável entidade de barbas brancas e terno sorriso que, sem afetação, com simplicidade tocante, cumprimentou-nos a todos.

Tomou assento à mesa, juntamente com outras entidades de elevada hierarquia, e, espraiando o olhar sereno sobre a reduzida assembléia, dirigiu-nos a palavra:

– "Que Jesus, o Mestre de Incomparável Bondade nos abençoe! Não ignoram os queridos irmãos a razão desta reunião que ora se realiza. Destina-se ela à tomada de posição e programação de novos cometimentos com vistas ao futuro de cada um" – fez uma pausa em que pareceu meditar mais profundamente e prosseguiu: – "Somos todos criaturas falidas em busca do amparo de Deus, nosso Pai, que é todo amor e misericórdia..."

Neste momento não pude deixar de notar a grandeza moral dessa entidade e a profunda humildade que lhe exornava o caráter, ao ombrear-se conosco, unindo-nos todos na mesma situação, como se também ele fosse realmente uma criatura falida e necessitada do amparo do Altíssimo.

Prosseguiu a generosa entidade:

— "Não ignoram os companheiros os compromissos assumidos anteriormente e a distância que nos separa deles. Mergulhados na carne a grande maioria esqueceu-se dos propósitos para os quais renascera, aumentando os débitos para com o próximo e para com a Justiça Divina, dilapidando abençoado patrimônio destinado à renovação e ao progresso. Sois todos espíritos ligados desde um passado distante, em busca do reajuste e da conciliação, que se faz, mais do que nunca, imprescindível. Busquemos portanto o amparo de Mais Alto, suplicando que as bênçãos do Pai de Amor se façam sobre nós neste momento solene de nossas vidas, nos orientando e esclarecendo para as diretrizes do porvir."

Calou-se por um momento, analisando o efeito de suas palavras sobre os presentes e dando a cada um tempo de assimilar e digerir o que fora dito.

Após a oração, que polarizou a atenção de todos os presentes num mesmo pensamento dirigido às Altas Esferas Espirituais e em que, emocionados, pudemos sentir a presença dos Emissários Celestes nos envolvendo em emanações dulcíssimas e balsamizantes, o dirigente da reunião prosseguiu fitando a cada um:

— "Sois todos viajores do passado em busca do próprio burilamento moral e espiritual, tentando vencer as próprias tendências inferiores e unidos por laços muito estreitos que se perdem no tempo. As raízes dos problemas surgidos nessa última romagem terrena estão em grande parte sedimentadas em acontecimentos ocorridos no Século IV da Era Cristã, quando então destes origem aos dramas ocorridos recentemente.

Um certo Rei visigodo espalhava o terror e a desolação por onde passava. Semeando a destruição e a morte, sedento de glórias e de poder, ele avançava sempre deixando um rastro de sangue. As cidades apavoradas rendiam-se, indefesas. Ciro foi esse Rei, Alarico, cujo nome seria execrado pela posteridade. Godofredo, Conde de Ravena (Nika) e seu irmão Maurício e Bruno di Castelverde seus subordinados e cúmplices.

Na conquista de uma cidade, Tebas, as hordas bárbaras invadiram um templo causando pânico e apreensão. Numa das salas encontraram uma sacerdotisa ajoelhada, trêmula de pavor. A beleza da vestal impressionou logo a Alarico e seu acompanhante, que não era outro senão Godofredo-Nika. Submeteram a jovem aos maiores vexames por recusar-se a ceder a seus caprichos. Um dos sacerdotes tentou defendê-la mas foi morto pelos bárbaros. Não era outro senão Marcus, que nutria pela jovem acendrado carinho. A pequena vestal era a nossa Tamara, que nunca perdoou aos bárbaros o crime praticado.

Aproveitando um momento de descuido dos seus algozes, Leftis agarrou um punhal e enterrou no próprio peito, preferindo a morte à desonra. O Sumo Sacerdote, Agar, quando penetrou no santuário para defender a jovem sacerdotisa, também foi morto barbaramente.

Esses acontecimentos trágicos geraram débitos que séculos não seriam suficientes para sanar.

Belisário, na época, era general romano que, apesar da diferença de raça e de estirpe, nutria respeito e admiração pelo bárbaro, pela sua capacidade e gênio militar. Ainda na época em que Alarico estava em Roma, aperfeiçoando-se na arte militar e assimilando as modernas técnicas romanas, eram amigos e companheiros. Antonina era ainda a mesma mulher, voluntariosa, que dividia seus interesses e favores entre Belisário e Alarico, sem que os dois amigos soubessem. Sula era companheira de Alarico, sua escrava e cúmplice, e tinha medo dele. Amava, porém, o seu ajudante-de-ordens, Godofredo. Outros personagens, como Rufino, por exemplo, também seu escravo, fazia o que lhe fosse ordenado pelo amo.

Lúcia, na época também reencarnada, era romana e amava o jovem Alarico, mas seus pais não queriam saber de compromisso entre eles, por ser Alarico visigodo.

O que o jovem bárbaro desejava, porém, era o poder e a glória. Suas tendências cedo afloraram e fazia o que fosse preciso para conseguir seus objetivos.

Ultrajado por não lhe concederem o cargo de general do exército romano, voltou-se contra aqueles que o haviam ajudado e passou a hostilizá-los. Voltou para o seio do seu povo, constituiu um exército que passou a comandar e tornou-se Rei dos Visigodos.

As traições, os ataques e as atrocidades sem nome cometidas sob o arbítrio do poder só o tempo poderia apagar, através de resgate difícil e doloroso.

Fazendo uma pausa mais longa, a generosa entidade deu-nos tempo de meditar sobre o rápido retrospecto que fizera do passado, enquanto um ou outro soluço se ouvia entre os participantes.

— "Aí tendes, queridos amigos, em rápidas pinceladas, os fatos que culminaram nos tristes quão dolorosos episódios do VI Século, tendo por palco a esplendorosa cidade de Ravena. Que Jesus vos inspire e fortaleça nas decisões que deveis tomar. Todos que aqui estais, com raras exceções, tendes condições para deliberar sobre o futuro e programar a próxima romagem terrena, em respeito ao livre-arbítrio de cada um. Alguns de vós sereis compelidos a aceitar determinações superiores, como é o caso da irmã Sula, que, apesar dos esforços de abnegados companheiros, continua imersa em trevas densas.

Tivestes outras encarnações nestes séculos que transcorreram, nos quais continuastes perpetuando os gravames, mas somente agora surgiram as condições adequadas para reuni-los novamente.

Calou-se o mentor e dirigente da reunião.

Sob funda emoção, muitos de nós não contínhamos o pranto de arrependimento e vergonha. Eu, particularmente, sentia naquele momento todo o peso do remorso e a indefinível dor da própria incapacidade de vencer as más tendências.

No ambiente adredemente preparado e saturado de emanações dulcificantes, seres angélicos nos transmitiam esperança, confiança e paz, por divina misericórdia do Excelso Amigo, balsamizando os corações ulcerados.

Cada um de nós sentia no imo da alma o que nos competia fazer.

É preciso que se diga que nem todos viam tudo o que se passava na reunião, pela faixa mental em que cada um particularmente estacionava. Tamara e Rufino viam apenas parte do que estava ocorrendo, acompanhando com dificuldade a reunião, e não tinham condição de vislumbrar a todos os participantes.

Aos poucos, vencendo a natural reserva, os candidatos a novas oportunidades começaram a surgir.

Após ligeiro diálogo, apertando-se as mãos numa transmissão de força e energia, com os olhos úmidos de emoção, Sara e Samir dirigiram-se ao dirigente da reunião:

— Generoso benfeitor. Estamos dispostos a aceitar novo mergulho no "corpo denso", objetivando bendita oportunidade de crescimento espiritual. Frente às responsabilidades do passado, queremos nos colocar à disposição dos nossos instrutores para o que se fizer necessário, encarecendo a bênção de termos Antonina por filha do coração, reconhecendo que grande parte dos seus desvios atuais se devem à falta de orientação de nossa parte quando seus genitores, em pregressa romagem terrena. Temos espíritos muito ligados ao nosso coração que já se encontram reencarnados há uma década e se dispõem a receber-nos como filhos. Para tanto, desejamos as bênçãos e o consentimento do Alto.

Com voz enternecida, o dirigente aprovou o alvitre.

Em seguida, com determinação, deu um passo à frente aquele que fora o General Belisário:

— Querido Companheiro. Por duas vezes, nesses últimos séculos, foi-me dada a oportunidade de possuir poder e glória, comandando exércitos que só trouxeram desespero e dor, desolação e penúria. Comprometera-me a, através da luta de conquista, unir os povos sob uma só bandeira, proporcionando paz e conforto, progresso e ordem. Consegui apenas reeditar os erros de antanho, sem executar a tarefa que me fora confiada por sagrada bênção divina. Frente à destruição dos campos calcinados e ao desespero dos povos, desejo, se permitido for, ter existência humilde, de dificuldades econômicas e dedicada às artes e ciências. Procurarei dar ao povo, através do conhecimento, do saber, o que lhes roubei como militar. Quero dedicar minha existência ao próximo, reconstruindo socialmente o que inadvertidamente destruí.

— Falas sabiamente, meu filho. Apesar de teres perdido a existência, como asseguras, tens excelentes qualidades morais que te credenciam para a tarefa a que te propões. Tens também a teu favor o fato de teres, lealmente, dedicado tua vida inteira a um soberano que, ingrato, não soube reconhecer teu serviço e teu valor. Tens o beneplácito do Alto!

O generoso espírito agradeceu com humildade.

Adiantou-se depois o espírito de Lúcia e com a grandeza moral que lhe caracterizavam as ações, falou, reverente:

— Generoso Amigo. Sei que as solicitações são analisadas do ponto de vista do merecimento de cada um, mas também sei que podemos nos candidatar, favorecendo os menos felizes. Com o beneplácito do nosso Mestre Jesus, gostaria de voltar à Terra em nova romagem junto de Ciro, que está muito ligado ao meu coração. Se permitido fosse, estimaria recebê-lo em um novo lar como filho do coração, como também àquele que foi meu pai na penúltima encarnação e a quem devo a vida. Desejo educá-los dentro do sagrado respeito à pessoa humana e tendo o nosso Mestre como guia seguro para evitar prováveis deslizes morais. Embalados por sacrossanto amor, farei com que se respeitem e passem a se estimar e perdoar as mútuas ofensas que já se estendem por longo tempo.

Assim dizendo, a bondosa entidade fitava-os com carinho extremado, enlaçando-os num mesmo abraço.

A entidade de barbas brancas e olhar doce sorriu compreensivo, aprovando a sugestão.

— És a criatura ideal para elevá-los ao Criador. Teus propósitos serão aceitos. Aurélio, que ainda está reencarnado, reunir-se-á mais tarde ao grupo para os reajustes que se fizerem necessários.

E assim, um por um, foi sendo selado o destino dos componentes da reduzida assembléia.

Quando chegou a vez de Tamara, ela ouviu de cabeça baixa as determinações a seu respeito, já que pela incapacidade de perdoar e esquecer não tinha permissão para decidir o próprio futuro.

— "Um lar abençoado e amigo recebeu-te preparando-te para venceres na vida. Ainda quase uma adolescente, foste aprisionada passando por grandes vexames e sofrimentos, consoante a lei de causa e efeito que rege o Universo. Nada aconteceu por acaso, minha filha, e se tivesses te resignado à condição que te era imposta terias conseguido vencer a ti mesma e saldar antigos débitos do pretérito. Apesar da condição servil, poderias ter tornado tua existência aceitável e consolidar laços afetivos com antigos desafetos do passado. Godofredo amava-te e estava disposto a depor o mundo a teus pés. Orgulhosa, rebelde e insatisfeita, mergulhaste no erro, acrescentando novos agravantes aos já existentes. Teu casamento com Agar foi um oásis de paz necessário para te dar força e energia para prosseguir na luta, mas estava determinado que seria breve. Te rebelaste contra a situação, quando deverias aceitar e resignar-te ao que não poderias mudar. Agar necessitava, por envolvimento do passado, sofrer a prova que sofreu, embora isso não justificasse a intervenção de Ciro e Rufino, responsáveis perante o Altíssimo pelo crime perpetrado. Devotaste ódio feroz ao infeliz criminoso e aumentaste com isso a cadeia de desatinos que te prendia cada vez mais. Acusaste-o injustamente de traidor, juntamente com outro comparsa do passado. Ciro era terrivelmente culpado por muitos erros e crimes, mas não era um traidor. Acusaste-o e ele pagou pelo crime que não cometera nesta existência, mas que tinha raízes no pretérito. Tua culpa, porém, permanece. Não contente com isso, durante muitos anos o martirizaste no espaço, cruelmente. Nosso irmão Ciro, embora devedor revel, amou-te acima de tudo. A ti só ajudou e protegeu. Se tivesses aceitado de boamente a mão que te oferecia lealmente e perdoado o passado, extinguirias uma corrente de ódio e ressarcirias antigos débitos."

A entidade fez uma pausa intencional e perguntou-lhe com afeto:

— "Percebes quantas oportunidades abençoadas perdeste de te reergueres espiritualmente nesta última existência? Deus, Nosso Pai, sempre foi muito pródigo contigo. Porém, não escutaste o apelo dos companheiros que, do lado de cá da vida, procuravam incutir-te idéias de perdão, esquecimento e renovação. Retornarás à Terra, já que nova oportunidade te é concedida por Deus. Encontrarás, porém, dificuldades, tropeços e sofrimentos que precisarás vencer. Tua existência não será fácil, mas será o de que precisas para reeducares teu espírito rebelde, orgulhoso e incapaz de perdoar. Sula, a quem não perdoas também pelo envolvimento em tua morte, acompanhar-te-á para, juntas, tentarem uma reaproximação. Uma entidade amiga prontificou-se a receber-te, preocupada em ajudar-te, cúmplice que foi na última existência, embora inconsciente do que estava praticando. Trata-se de Maria, a serva dedicada e afetuosa, que já se encontra mergulhada na atmosfera pesada da crosta. Confia em Deus, minha filha, e procura elevar-te ao Criador através dos pensamentos e atos. Que Jesus te abençoe!"

Tamara, olhos marejados de pranto, cabeça baixa, ouvia o que lhe estava reservado. Quando o Benfeitor terminou de falar, ela dirigiu-se a ele, contrita:

— Sei que errei muito e mereço o que me foi reservado. Benfeitor Amigo, só sei que, como no passado, me será muito difícil vencer sem ter Agar ao meu lado...

Pranto convulso explodiu-lhe do peito. Sara envolveu-a com imenso carinho materno.

— Terás, porém, que te resignares à decisão de Mais Alto. Agar estará sempre contigo amparando-te e dando-te forças. Confia, filha, na Providência Divina.

Chegara a minha vez. Fora deixado por último por ser o maior devedor entre todos os do grupo. Meu coração batia precípite e ouvi com emoção o que me era dirigido:

— "Tu, Ciro, de todo o grupo és o devedor maior. Te afundaste no lodo da iniqüidade e do crime. Te deixaste envolver por entidades maléficas que só desejavam o teu mal e deste campo às tendências inferiores que se te enraizavam no espírito. A vaidade, o orgulho, o egoísmo e a ambição desmedida te arrojaram cada vez mais baixo e acrescentaste muitos gravames ao teu acervo já bastante comprometido. Nasceste em lar humilde, de pais dedicados e amorosos, para que aprendesses a simplicidade e a pureza de coração, a humildade e o desprendimento. Na primeira oportunidade, em que reencontraste teus companheiros de passado, Tamara e Godofredo, mergulhaste de cabeça no desequilíbrio emocional que te levou a cometer os atos nefandos que te pesam na consciência. Godofredo estendeu a mão socorredora e amiga e, ingrato, pagaste-lhe com a morte. Roubaste-lhe a mulher amada e fugiste com ela para novos desatinos. Já em Ravena, te consorciaste com aquela que, entidade amiga e devotada, te brindou com dois filhos que vieram enriquecer teu lar. Por ambição e paixão devastadora, destruíste-lhe a vida, deixando duas crianças órfãs de mãe. Arrojaste criaturas ao desespero e criaste compromissos que muitos séculos não serão suficientes para resgatar. Propiciaste a uma alma, Tamara, a queda moral, pois até teres conduzido a nossa irmã ao desespero mais atroz ela ainda nada fizera de mal. Com teus atos insanos, arrojaste-a ao abismo moral e és responsável por isso também. Não obstante, amaste com sinceridade e onde brota o amor, bendito sentimento que une as criaturas, existe a esperança. És dotado também de capacidade de perdoar e esquecer, o que favoreceu em muito tua situação na espiritualidade. Além disso, tens a teu favor o fato de teres recebido Godofredo como filho, o pequeno e frágil Nika, a quem devolveste o patrimônio que de direito lhe pertencia. Renascerás para grandes sofrimentos; terás vida dificultosa e amarga, onde te serão vedadas facilidades. Mas, se venceres, terás dado um grande passo para teu soerguimento espiritual. Que Jesus te ampare e ilumine sempre!"

Com o coração repleto de confiança, olhei Tamara que, inconsolável, mantinha-se a alguns metros de distância.

O nobre Agar, enternecido e cheio de amor, não se conteve mais. Tornou-se visível para ela, envolvendo-a em vibrações harmoniosas de paz.

Tamara fitou-o, surpresa e magoada:

— Minha querida! Sei o que te vai pelo pensamento e é imprescindível que mudes tua maneira de pensar.

— Mas não é justo! — ela falou, com voz embargada pela emoção.

— Sei que pensas não ser justo que Ciro, que prejudicou a tantas criaturas, esteja em situação melhor do que a tua no Além-Túmulo. Esqueces, porém, que também prejudicaste muito e não só a ele, mas também a duas crianças que ficaram sem a presença do pai, por tua causa. Modifica, portanto, tua maneira de pensar. Lembra-te que tens recebido muito mais do que mereces e que a Misericórdia de Deus tem sido pródiga contigo. Estaremos sempre juntos, embora separados. Velarei por ti da Espiritualidade e, quem sabe, Deus me concederá a suprema ventura de ir reunir-me a ti na crosta terrestre. Tem bom ânimo! Mantém elevado teu espírito, trabalha e progride, luta e adianta-te, ama e serve, para que um dia possamos nos reunir sob as bênçãos do Altíssimo. E, acima de tudo, minha querida, aprende a perdoar. Perdoa!... Perdoa!...

Foram as últimas palavras que Tamara ouviu dos lábios do seu querido Agar, palavras que ficaram vibrando no ar como divino convite à renovação e ao entendimento.

Todos se sentiam de ânimo renovado. Ana ficaria na Espiritualidade atenta a outros deveres, inclusive preocupada em dar assistência a uma criatura que muito a prejudicara e que se encontrava nas zonas de trevas espessas, sofrendo muito: o ex-frade Alberico. Mas seria sempre um anjo bom a guiar-nos os passos na senda do dever. Marcus voltaria também para continuar a tarefa a que se impusera como divino apostolado: auxiliar as criaturas necessitadas.

Terminada a reunião, a entidade venerável que a dirigia convidou todos à oração de agradecimento. Com simplicidade e sem sombra de afetação, ele exorou:

— "Divino Benfeitor!
Como míseros réprobos que somos,
carentes do Teu amor,
suplicamos a Tua bênção para nossas almas sofredoras.

Por muito tempo, Senhor, temo-nos revolvido no charco das nossas imperfeições e dilapidado divino patrimônio que nos concedeste por sublime oportunidade de elevação e crescimento individual.

Agora, porém, Mestre Amantíssimo, nos candidatamos à renovação íntima, conscientes de nossas necessidades e, para tanto, volveremos à atmosfera pesada da Terra mergulhados num novo corpo.

Ajuda-nos, Celeste Amigo, para que não nos percamos entre as sombras do mundo; que as facilidades não nos amolentem o caráter; que as riquezas perecíveis não nos corrompam e que os prazeres do mundo não nos façam olvidar os compromissos assumidos.

Entregamo-nos à Tua guarda, Senhor, suplicando não nos esqueças entre as lutas do carreiro.

Que os companheiros abnegados que ficaram na retaguarda sejam nossos guias e condutores em meio às dificuldades do caminho.

Para tanto, Senhor, te rogamos que nos seja concedido, sempre, não aquilo que pedirmos, mas o que for necessário para o nosso espírito.

Senhor da Vida! Apieda-te de nós e sê nosso Caminho e Direção.

Que as Tuas bênçãos de Amor e Paz nos acompanhem rumo ao novo porvir. Assim Seja."

Com o coração renovado e banhados em suaves e confortadoras vibrações que nos vinham de mais Alto, nos afastamos mergulhando no espaço infinito, cada qual buscando o seu caminho.

O céu tornava-se mais claro e tingia-se de tonalidades mil.

Um novo dia surgia trazendo novas esperanças e sublimes bênçãos de Luz.

Jésus Gonçalves

Rolândia, 10/05/85

CARO LEITOR

Maneira simples de você ficar bem informado sobre as conquistas do Espiritismo no Brasil e fora dele. Assine o jornal O Clarim e a Revista Internacional de Espiritismo. O que mais você tira destas duas publicações é o conteúdo doutrinário.

— • • • —

Se não encontrar nas livrarias o livro espírita de sua preferência, peça-o diretamente através do Serviço de Reembolso Postal.

— • • • —

Também fornecemos gratuitamente, desde que solicitado, o catálogo dos livros por nós editados.

— • • • —

CASA EDITORA O CLARIM
Rua Rui Barbosa, 1070 – CEP 15990
– MATÃO – SP –

O SEQÜESTRO

Autora: Isolina Bresolin Vianna

O romance O SEQÜESTRO é uma obra que vem contribuir de maneira agradável para a divulgação dos postulados espíritas, especialmente a reencarnação. Esta que será o fundamento filosófico e doutrinário da revolução espiritual de nosso tempo.

160 páginas

• • •

O SONHO DE MAURÍCIO
O ANIVERSÁRIO DE PATRÍCIA

Texto: Elfay L. Appollo
Ilustrações: Alzira M. Appollo

Temos a satisfação de colocar nas mãos de nossas crianças: O SONHO DE MAURÍCIO e O ANIVERSÁRIO DE PATRÍCIA (duas histórias num só volume) – de uma série de oito histórias, facilitando-lhes através de textos acessíveis e ilustrações interessantes um aprendizado importante: *Espiritismo para as crianças,* no dizer de Cairbar Schutel.

56 páginas